SALON DE 1827.

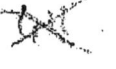
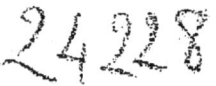

IMPRIMERIE DE J. TASTU,
RUE DE VAUGIRARD, Nᵒ 36.

DELACROIX (Eugène.)

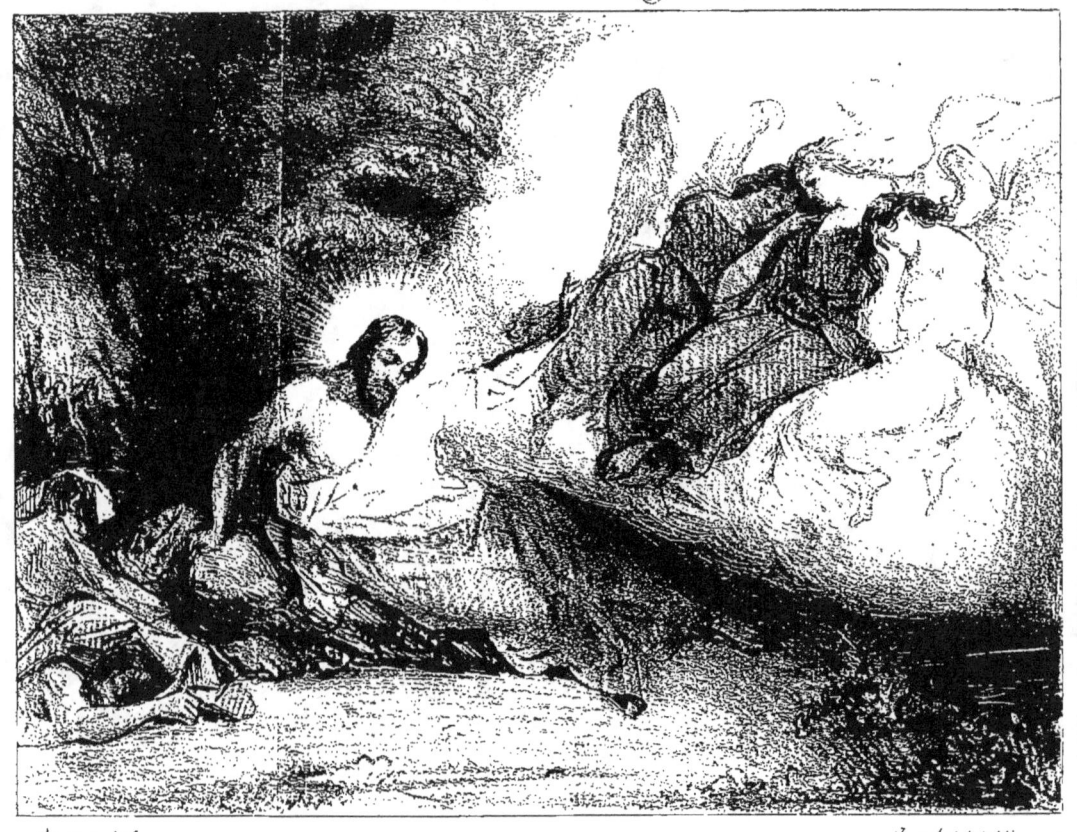

Potvelet lith.   Imp. lith de M. Gaugain

Le Christ au jardin des Oliviers.

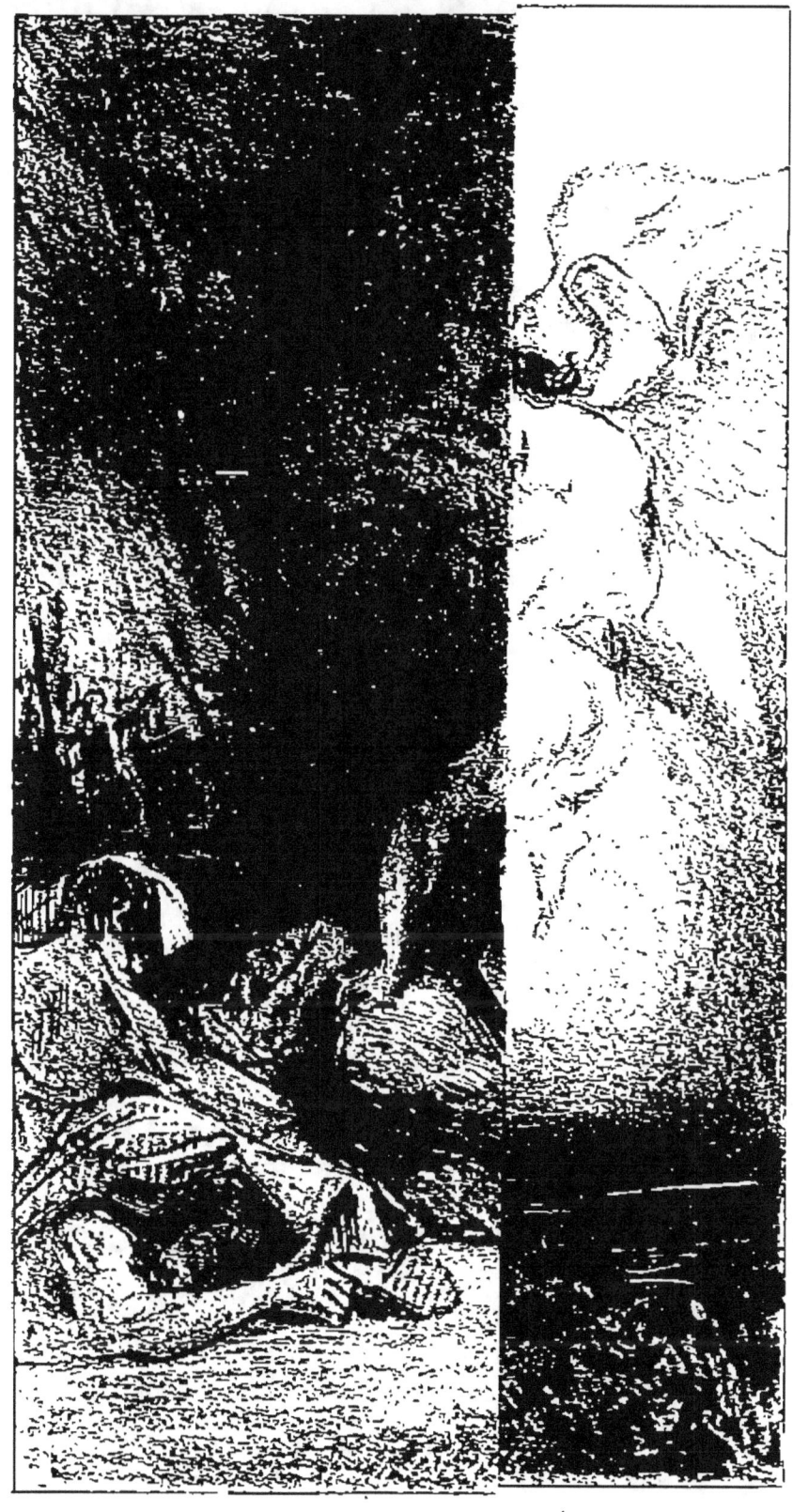

ESQUISSES,
CROQUIS, POCHADES,

ou

Tout ce qu'on voudra,

SUR LE SALON DE 1827.

PAR A. JAL.

AVEC DES DESSINS LITHOGRAPHIÉS.

*

Quand i'eusse peu prendre quelque aultre forme
plus honnorable et meilleure, ie ne l'eusse pas faict.
MONTAIGNE. *Lettre à madame de Duras.*

*

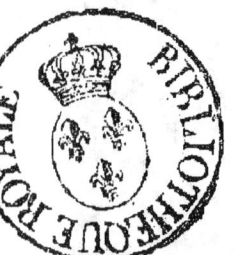

PARIS

AMBROISE DUPONT ET Cie, LIBRAIRES,
ÉDITEURS DE L'HISTOIRE DE NAPOLÉON, PAR M. DE NORVINS,
RUE VIVIENNE, No 16.
*
1828

A M. Ch. N......

Tu en parles bien à ton aise, mon ami : « Un livre
» piquant, raisonnable, point technique, pas trop
» politique, consciencieux, et qui ne te fasse pas d'en-
» nemis dans les ateliers et chez nos inquisiteurs. »
Bien obligé de la tâche ! N'aurais-tu pu trouver encore
quelques difficultés à m'imposer? Vois cependant ce
que tu demandes :

Un ouvrage critique sur l'exposition de cette année, et il faut que cet ouvrage soit

« *Piquant;* » c'est-à-dire qu'il ait un cadre heureux, qu'il soit amusant, varié, abondant en saillies
ingénieuses, remarquable par des épigrammes fines,
semé de plaisanteries de bon goût ; tel enfin que l'aurait fait Diderot, aidé par Rivarol, et revu par Étienne.

a

« *Raisonnable ;* » fort bien ! Raisonnable et piquant ! c'est-à-dire que je dois être, à ton compte,
grave et gai, modéré et vif, songeant à la peine qu'a
donnée un mauvais ouvrage, avant de prononcer sur
son mérite, et cependant, pour le juger, formulant une
malice que je lancerai bien doucement ; classique et
romantique, ou ni l'un ni l'autre ; respectant les personnes, et sincère à l'égard des talens, juste et original dans la critique.... N'est-ce pas comme si tu disais : Aie les connaissances et le bon sens d'un artiste,
et le langage d'un homme d'esprit de bonne compagnie? Courier enté sur David serait assez bien ton affaire ; je te souhaite ce phénomène, et pour moi, je
suis bien ton serviteur.

« *Point technique ;* » afin que les gens du monde
ne soient point effrayés, n'est-ce pas? Oui, et les
peintres se moqueront de moi ! Je courrai après une
périphrase quand le Dictionnaire technologique me
donnerait le mot propre à la chose que je veux dire,
et la périphrase ne fera pas que je sois clair pour ceux
qui ne savent rien de la langue des arts, et elle sera ridicule aux yeux de ceux qui savent cet idiome ! Une
dame que tu connais me disait un jour : « Écrivez

donc sur mon album *le combat du Vengeur,* mais point
de beauprés, de lof, d'embardées et de branle-bas ; il
faut que tout le monde puisse comprendre sans peine
votre récit ; le technique gâterait tout. » Castil-Blaze
et Fétis étaient là. « Mes amis, leur dis-je, rédigez
l'analyse de la partition de *Don Juan* ou de la *Sémiramide,* mais point d'arpéges, de diatonique, de mi-
neurs et de dominantes. Vous me direz quand vous
aurez fini, et nous adresserons sous la même enve-
loppe notre travail à Madame. » Il n'est question dans
l'album ni de *Sémiramide,* ni du *Vengeur,* ni de *Don
Juan.* Un peu, mais pas trop de technique ; laisse-moi
faire. D'ailleurs, sois convaincu que la plupart des
personnes pour qui tu plaides me sauraient fort mauvais gré du soin que je mettrais à éviter les termes d'a-
telier. Tout le monde peint ou dessine maintenant,
comme tout le monde chante ; la duchesse de...... a
des leçons d'Hersent, le libraire L....... en a de Bru-
guière ; le libraire parle très-joliment de modulations,
et la noble dame entend à merveille *style et magie de
tons.*

« *Pas trop politique ;* » tu es charmant avec ta recommandation ! Comme si tout n'était pas politique à

présent ; tout, excepté la conduite de nos hommes d'État. Le peuple compte avec ceux qui le gouvernent ; l'absolutisme lutte encore contre la légalité ; un grand mouvement s'achève, et tu ne veux pas qu'à propos de tout on parle de politique ! Le Salon est aussi politique que les élections ; le pinceau et l'ébauchoir sont des instrumens de partis aussi bien que la plume. Les vœux de l'Église et du ministère sont manifestes dans une douzaine de tableaux ou de statues. Et puis, parle du *Trocadéro* et d'*Arcole*, sans faire de la politique ! Parle de l'abbé de La Mennais sans parler de Rome, et de Rome sans parler des jésuites, êtres politiques, s'il en fut ! Parle de l'archevêque Villèle sans t'occuper de son cher cousin ! Le romantisme en peinture est aussi politique, car c'est la révolution ; c'est l'écho du coup de canon de 89, comme dit plaisamment le danseur Beaup..., qui est un petit homme très-spirituel.

« *Consciencieux* ; » avais-tu besoin de me le dire ? Tu sais que je n'appartiens à aucune coterie. J'ai des amitiés, et, sans le vouloir, je suis peut-être partial pour Rouget, Bonnefont, Delacroix, Cogniet, Grénier ou un autre ; mais qui pourrait me rendre injuste pour le reste? Je n'ai point de préventions d'écoles ; j'aime tout ce qui est bien ; je crois que le beau n'est pas dans de certaines conditions imposées par tel ou tel système ; j'admire Raphaël et Téniers..... Mon Dieu, tu sais mes goûts et mes sentimens, et tu me recommandes la conscience !

« *Qui ne te fasse pas d'ennemis dans les ateliers et chez nos inquisiteurs ;* » mon parti est bien pris là-dessus. J'ai déjà sur les bras presque toute l'école de Lyon, parce que je préfère Terburg à M. Revoil, et Wouwermans à M. Duclaux. Tous ceux que je ne louerai pas seront mes ennemis ; car tu le sais, l'espèce peintre est encore plus irritable que l'espèce-poëte : Horace perdrait son latin à vouloir contenter tel amour-propre de *rapin* que je pourrais te nommer. J'eus à parler un jour de l'ouvrage d'un de nos grands artistes, je le traitai d'*admirable.* J'avais flatté cet homme, il se fâcha pourtant ; un de ses amis me le dit ; je publiai alors un *errata* où je lui donnai du *sublime.* Il m'écrivit pour me remercier, mais par sa lettre il me fit très-bien comprendre que *sublime* était encore un peu sec. Quant à nos inquisiteurs, le plus fort est fait. Je ne suis pas de leurs amis, grâce au ciel[1] ; il n'y a pas grand mérite à ne se pas déshonorer ; aussi je ne m'en vante pas, mais je te dis ma position pour te rassurer.

Ainsi, mon ami, récapitulation faite de tout ce que tu exiges de moi, comment veux-tu que je te satisfasse ? Mon goût me porte à entreprendre ce que déjà deux fois j'ai exécuté (je pourrais dire, si j'avais plus de vanité : *cum approbatione regis*, du public, tu entends ; car le public est souverain en matière de livres et de succès) ; mais tu m'effraies. Je prends courage cependant ; tu auras mes opinions sur le Salon. Je ne ferai pas un ouvrage *ex-professo*, parce que, fussé-je bien sûr de moi, j'aurais l'air d'un pédant, parce que je serais fort ennuyeux même pour les artistes qui aiment assez à rire aux dépens les uns des autres, parce qu'enfin.... Je t'épargne le troisième motif ; j'ai entendu dire que les trois raisons déduites sentaient la rhétorique. Je ferai ce que je pourrai : des aperçus,

[1] L'auteur des *Esquisses, Croquis, Pochades*, etc., a publié le *Manuscrit de 1905*, la *Lettre au comte Corbière sur l'inquisition littéraire*, et *Napoléon et la Censure*; ce n'était pas pour se bien mettre avec le pouvoir.

(*Note de l'éditeur.*)

des ébauches, des chapitres détachés ; point de plan
suivi, diversité ! c'est si bon ! ici un dialogue, là une
scène ; plus loin un article biographique, ou une discussion sérieuse ; les hommes, les choses, l'époque,
l'avenir, le passé ; philosophie, morale, politique et
même peinture ; il y aura de tout dans cette macé-
doine que je t'adresserai aussitôt qu'elle sera faite. J'y
mettrai ce que je croirai capable de t'intéresser ou de
t'amuser ; si je suis en train de gaieté, il y aura à rire
pour toi...., mais pas pour tout le monde. Je cher-
cherai à varier mes formes, à être le moins commun
que je pourrai ; de l'équité, je t'en promets si le diable
ne s'en mêle ; pour de l'esprit, fasse mon bon ange
que j'en aie autant qu'en a peu... j'allais te nommer un
de nos politiques fossiles ; choisis.

Mais un titre ! c'est ce qu'il y a de plus difficile à
trouver. L'étiquette du sac, c'est le grand point !
Allons au plus simple, et faisons entendre ce que je
veux faire : *revue*, usé ; *examen*, vieux ; *promenades
au Salon*, nauséabonde... Empruntons quelque chose
à ce vocabulaire que tu m'interdisais ; voyons : *Esquisses... Croquis... Pochades ;* pas mal ! Mais lequel
des trois ? tous les trois, parbleu. Eh bien ! soit : *Es-*

quisses, *Croquis*, *Pochades*, ou tout ce qu'on voudra
sur le *Salon de* 1827, par, etc. Arrangé par Tastu,
cela fera le mieux du monde sur une couverture; c'est
déjà quelque chose ! Oh l'habit, l'habit ! demande à ce
vieux successeur du maréchal de Saxe pourquoi on
lui présente les armes ! Adieu.

A. JAL.

Paris, 7 novembre 1827.

P. S. J'oubliais de te dire que je publierai mes *Esquisses* par livraisons. Il y en aura trois, et la dernière paraîtra avant la fin de janvier; leur réunion
formera un volume de quatre cents pages environ.
Quelques dessins lithographiés d'après les ouvrages les
plus remarqués, seront l'*illustration* du livre que je te
dédie. Parmi ces dessins tu auras des originaux; tu
vois si je te gâte !

SALON DE 1827.

Ouverture du Salon.

Le jour de la fête du Roi avait été fixé pour l'ouverture du salon de peinture. C'est une petite combinaison de flatterie bien heureuse! Dieu, qu'ils ont d'esprit ces courtisans! qu'ils sont ingénieux dans les galanteries qu'ils font aux princes! L'un imagine de planter sur le haut d'une montagne une école de marine, parce que M. le grand-amiral porte le nom d'Angoulême; l'autre fait ouvrir le Louvre aux peintres dans le mois des brumes et des pluies, parce que le roi de France s'appelle Charles! Si le monarque avait nom Paterne, Blaise ou Hubert, les tableaux auraient été exposés en février, avril, ou mai; si M. le Dauphin avait eu le titre de comte de Brest

1

ou de duc de Toulon, les élèves-officiers des vais-
seaux de guerre auraient appris la manœuvre des
bâtimens sur une rade et non dans une cour soigneusement pavée ! Imaginative des hommes du
pouvoir, que de belles inventions tu as eu depuis
douze ans ! Tu as pris le Trocadéro à Chaillot,
tu as arrangé des conspirations, tu as fait Wellington maréchal de France, tu as enveloppé la
nation dans le filet jésuitique, tu as relevé les
statues de la discorde, et pour désaffectionner
le peuple de ses souverains, tu as créé les in-
demnités, tu as désarmé les citoyens, et tu as
livré la presse périodique aux agens de la police
congréganiste. Sois donc glorifiée, car on te retrouve partout luttant contre le bon sens et la
justice ; bonne guerre celle-là où tu finiras par
être vaincue : tes folies ont duré trop long-
temps [1] !

Le 4 novembre, dès le matin, la foule des artistes

---

[1] L'opinion publique long-temps méconnue finit par se faire jour ;
les droits de la raison sont reconnus tôt ou tard. On a tant fait, qu'à
partir de 1829 le salon aura lieu toutes les années et commencera en
février ; l'École d'Angoulême sera transférée à Brest ; les équipages de
haut-bord sont réorganisés à peu près comme ils l'étaient sous l'empire. Vous verrez qu'on finira par remercier M. de Villèle et par re-
chasser les Jésuites.

et des amateurs empressés assiégeait les portes du
Louvre; on avait dit la veille qu'elles s'ouvriraient
à dix heures, une affiche démentait cette assurance : le public était invité à attendre jusqu'à
une heure après midi. Le public pouvait attendre,
il n'est que curieux; mais ces pauvres peintres!
leurs ouvrages avaient-ils été accueillis par le
jury? Voilà ce qu'ils brûlaient d'apprendre, et
on ajoutait trois heures d'agonie à celle qu'ils
souffraient depuis qu'on avait annoncé dans le
monde que plus de quatre mille tableaux avaient
été refusés. Des murmures s'élevaient dans les
groupes formés sur la place. « Encore, disait-on,
si personne n'avait pénétré dans les salles de l'exposition; mais, non; le privilége se glisse partout.
Les artistes sont cependant tous égaux; pourquoi des préférences? De quel droit Monsieur
un tel entre-t-il avant nous?.... » Et la médisance
de se donner carrière, et des anecdotes, des épigrammes, des saillies vives et gaies, de se croiser
comme un feu roulant.... Tous les yeux sont fixés
sur la petite porte; madame Lizinka de Mirbel
en sort; madame de Mirbel, qui n'a rien envoyé
encore au Louvre, en dépit des arrêtés du directeur, et qui bravant le jury dont elle aurait certainement fléchi la sévérité, vient de retenir à une

croiséc, pour ses miniatures, la meilleure place
qu'un garçon de salle a marquée sur-le-champ,
au nom de la noble dame. C'est la loge du gentilhomme de la chambre restant vide le jour d'une
représentation gratis. Madame de Mirbel passe
auprès de ses confrères trop galans pour faire des
observations fâcheuses ; mais elle a trop d'esprit
pour ne pas remarquer sur toutes les figures un
air d'étonnement qui sera bien plus prononcé dans
deux heures, quand on lira sur une toile verte,
isolée entre les peintures de M. Saint et celles d'un
autre miniaturiste, ces mots à la craie blanche :
Madame de Mirbel.

Il faut tromper l'ennui de l'attente ; que faire?
Causer ; de quoi? de politique. On essaie, mais
le cercle est bientôt désert. Les artistes sont indépendans, mais ils n'osent parler librement ;
tous espèrent des travaux du ministère ou de la
préfecture. C'est tout simple ; il faut bien penser
d'abord, puis bien parler ou se taire, et après
peindre bien si l'on peut.

Des jeunes gens retardataires apportent leurs
tableaux et fendent la presse pour arriver à temps.
Leur présence excite une hilarité générale; on
applaudit, on siffle, on hue ; il semble que ce
soit de malheureux acteurs qui ont manqué leurs

entrées, ou des maires de petites villes qui ont fait
désirer leur présence pour le lever du rideau. Le
buste colossal du feu Roi qu'on a recouvert d'une
nouvelle couche de vert antique, occupe un
instant l'attention qui est bientôt distraite par un
spectacle dont on court se donner le plaisir. Un
homme, le chapeau sur l'oreille, la redingote
militaire garnie de brandcbourgs, arrive, portant
une boîte et une table de sapin ; tout le monde le
reconnaît ; c'est le fameux L'Esprit, le héros du
gobelet et de la gibecière. Il s'installe promptement et commence sa séance par une allocution
à l'assistance illustre devant laquelle il s'apprête
à *travailler*. « Je vois, Messieurs, que j'ai l'honneur d'être entouré d'artistes, je vais faire tous
mes efforts pour satisfaire des connaisseurs aussi
distingués. » Et, en effet, l'escamoteur fait des prodiges ; jamais pelotes et muscades n'ont paru et
disparu si habilement ; l'œil le plus excrcé est mis
en défaut par la main rapide de L'Esprit ; jamais
monologue de prestidigitateur ne fut plus amusant, plus mêlé de *cuirs* ravissans de prétention ;
L'Esprit est en verve, il a l'inspiration du coq-à-
l'âne et du rébus. Il est applaudi et fait une excellente recette.

Les causeries recommencent après les tours du

joueur de gobelets. Deux hommes se promènent
ensemble ; on les remarque : ils portent la livrée
de la misère, et sont crottés jusqu'à l'échine,
ainsi que cet honnête Colletet raillé cruellement par Boileau, parce qu'il n'était point pensionné du roi et que sa pauvreté venait peut-être
de sa haine pour la flatterie. Ce sont deux peintres,
dit-on ; ils n'ont pas eu la bonne chance pour eux.
Leur malheur rappelle celui de Greuze. Greuze
est mort accablé par la mauvaise fortune ; il était
à l'aumône et n'obtenait de la pitié de quelques
amis qu'un peu de pain et quelquefois une omelette, son dernier régal. Cette omelette est devenue proverbe dans les ateliers ; à un jeune
homme paresseux ou vicieux, on dit : « Tu finiras
par l'omelette! » Et cette prophétie fait frémir.

Le bon homme Greuze avait une fille qui a tout
sacrifié à son vieux père ; sa jeunesse, elle l'a dépensée au service de l'infortuné auteur de tant de
bons ouvrages. Elle n'a connu aucun des plaisirs
sensuels de la vie ; respectable enfant qui se ren-
ferma dans les devoirs de la piété filiale, et les
préféra à une existence que l'amour aurait pu
embellir. Elle vit encore, âgée, très-pauvre,
supportant son état avec la résignation d'une
piété sincère, dont elle aurait pu tirer parti

dans ce siècle des spéculations cagotes , et attendant la fin d'une carrière que la conscience de sa
vertu a seule rendu supportable.

Peu de personnes savaient que mademoiselle Greuze végète ainsi malheureuse. Un artiste distingué, qui nous pardonnera de le nommer,
M. Destouches , l'apprend à toutes celles que la
conversation a rassemblées auprès de lui. Il ouvre
un avis , c'est de recommander la fille de Greuze
aux dispensateurs des grâces. Il se charge volontiers de faire des démarches auprès de M. de
Forbin , qui s'empressera sans doute de demander une petite pension au département des beaux-
arts pour celle qui porte un nom justement célèbre , et à l'éclat duquel elle a ajouté par la constance de ses sentimens honorables. Nous faisons
des vœux pour qu'on détourne du budget une
parcelle de cet or dont il n'est que trop prodigue
pour la corruption. La fille de Greuze doit ,
comme la petite-fille du grand Corneille , trouver
des secours dans le trésor national.

....Midi vient de sonner; la porte du Louvre
est ouverte. On se précipite , et bientôt on étouffe
dans les salles. Les artistes cherchent leurs productions. Ceux-ci ne les trouvent pas , et les secrets des délibérations du jury leur sont révélés;

ceux-là les voient accrochées, mais ils les trouvent
mal éclairées, mal placées, et ils courent se mettre
en réclamation auprès de M. de Cailleux, qui les
satisfera s'il peut, car il est d'une grande obligeance et d'une impartialité à l'épreuve même des
exigences ridicules de certains artistes. Quant au
public, il est mécontent.... Le premier jour, le
salon est toujours mauvais ; plus tard, c'est différent; on a débrouillé le chaos ; on a vu, et les
opinions se modifient beaucoup. Les délicats
seuls persistent, ceux que plaignait La Fontaine,
et que rien ne saurait satisfaire ; ils se font gloire
de trouver tout pitoyable. Il faut bien avoir l'air
connaisseur ; et puis la sévérité est *bon genre.*

L'Emplacement.

Ils ont raison de se plaindre ; tous, ou presque tous, sont mal servis par l'emplacement. On a voulu laisser dégagées les salles qui recèlent les trésors des écoles anciennes, et l'on a bien fait ; il est bon que les étrangers, venant pour faire connaissance avec notre peinture moderne, apprennent un peu l'histoire de l'art en France, et voient depuis Valentin et Stella, jusqu'à M. Delacroix ; il est bon aussi qu'ils puissent admirer nos collections italiennes et hollandaises, et qu'ils sachent qu'à l'heure qu'il est, le Musée et le Salon étant ouverts, il n'est pas un lieu au monde où il y ait, réunis dans un espace aussi vaste, autant de chefs-d'œuvre dans tous les genres. Nous applaudissons à cette idée qui a bien son coin de vanité nationale ; mais ici la vanité est bien placée et il ne faut point en rougir.

Le grand salon, la première travée de la grande galerie et la galerie d'Apollon n'ont reçu aucuns des ouvrages nouveaux ; les productions des artistes ont été reléguées dans les salles qui donnent sur le jardin de l'Infante. La plus grande, éclairée à l'italienne, a reçu les morceaux capitaux ; le jour y est triste, mais toutefois meilleur que celui des autres pièces. Dans la plupart de ces dernières, la lumière frappe les tableaux en face, et force le spectateur à se placer hors des points de vue véritables pour lire les sujets et juger l'exécution. C'est un malheur auquel il n'y a pas de remède, mais que les peintres ont très-fort le droit de déplorer. Cette année les industriels ont été très-mal logés dans les barraques, les peintres ne le sont pas mieux dans les salles hautes ; voilà l'égalité comme on l'entend ici.

Le Jury.

LA CHAIRE DU DIABLE. — LA FEMME A BARBE. — LE GÉNÉRAL FOY. —
PORTRAIT DU ROI PAR M. GROS. — MM. DELACROIX, CONSTABLE,
DANIEL ET ARNAUD.

Toujours et partout le timbre de la douane ! Il
faut un passe-port pour aller de Paris à Villers-
Cotterets ; il faut un permis de MM. de l'académie des Beaux-Arts pour exposer au Louvre le
tableau, la statue ou le dessin qu'on a créé. Le
jury est une institution nuisible, car il ne peut
pas être absolument juste, et quand il le serait,
je ne vois pas en vertu de quel droit il serait équi-
tablement sévère. Pourquoi pas la liberté absolue
à la peinture ? Pourquoi M. Lepage n'est-il pas
aussi libre dans l'exercice de son industrie que
M. le chevalier de Fonvielle dans l'exercice de la
sienne ? On a toutes les bonnes raisons possibles
contre le jury, on n'en a point en sa faveur ? Si fait,
on en a une, une seule, et la voici : « Les refus
du jury détournent de la carrière des arts

des jeunes gens qui s'y jettent sans vocation,
et ne pourraient rien dans l'avenir ni pour leur
fortune, ni pour la gloire du pays. » Bon pour
les jeunes gens; encore resterait-il à savoir si
cette sollicitude, qui ne s'étend pas au-delà de la
profession du peintre et du statuaire, est bien
raisonnable. Tous les états manuels peuvent-ils
donc être embrassés absolument sans vocation !
Ne voyez-vous pas que si vous vous rendez juges
des premiers travaux de l'artiste, il faudra aussi
que vous ne permettiez la mise en vente d'une re-
liure de livre, d'un morceau de fine serrurerie,
d'une montre, qu'après examen préliminaire ?
Mais en accordant que le jury soit utile *à l'endroit* des jeunes gens, comme disait Corneille,
quel bien fait-il aux vieux artistes qu'il blesse
dans leur amour-propre, dans leur liberté et
dans leur industrie ? On dit que le Roi prête son
Louvre pour l'exposition des ouvrages de nos artistes, et qu'il est bien libre de ne faire figurer
dans ses salons que des choses qui le puissent
agréer. On dit là une des plus étranges sottises;
mais passons, la servilité en a bien trouvé d'autres. Le jury, fût-il tout-à-fait juste, serait certainement très-injuste; que doit-il être quand il
est livré à toutes les chances de partialité qui

tiennent à la condition des hommes et aux circonstances ?

Je suppose six hommes parfaitement indépendans , voulant juger seulement avec sévérité ; le
pourront-ils ? Non. Ils ont d'abord, sur les arts
et leurs expressions , des idées faites qu'ils vou-
dront faire triompher ; le juré classique repous-
sera M. Saint-Evre, et le juré romantique ,
M. Couder; la question se décidera à la majorité,
et c'est le hasard qui décidera de la victoire d'une
école sur l'autre ; mais la sévérité leur sera-t-elle
toujours possible ? Non. M. Guillemot n'a pas
été heureux cette année, mais il a fait, il y a
quelques années, des tableaux distingués ; devra-
t-on le refuser en 1827, pour le rendre peut-être
incapable de produire en 1829 ? Voilà une considération. On recevra M. Guillemot, et alors
pourquoi ne reçoit-on pas Monsieur tel qui n'a pas
fait plus mal que M. Guillemot? On admet de droit
tous les tableaux des académiciens , des élèves
de Rome, pourquoi cela ? Un membre de l'Académie fait-il toujours bien? Un lauréat de l'Institut
est-il infaillible ? Le *portrait du Roi*, par M. le
baron Gros , est-il au-dessus de la critique ?
Croyez-vous que cette figure sans vie et sans
grâce , que ce cheval si roide , que ce groupe de

diplomates si grotesques, que ce ton général si
jaune et si lourd, soient des qualités qui recommandent une production académique? Vous avez
admis cependant l'ouvrage de M. Gros, et vous
avez bien fait, parce que vous devriez tout admettre et laisser le public juge entre les mauvaises et les bonnes choses d'un maître ; mais
vous avez refusé un portrait de M. Delacroix,
et vous ne persuaderez à personne que ce morceau ne valût pas celui de M. Gros que vous ac-
ceptiez de droit. De droit ! Il ne devrait y avoir
de droit pour personne quand il y a un jury, sans
quoi le jury est inutile. Voyez cependant que de
dérogations au système de rigueur adopté seulement contre quelques pauvres diables ? On admet
de droit au Louvre les travaux des académiciens,
ceux des pensionnaires de Rome, ceux que le
ministère et le préfet de la Seine ont commandés,
et l'on soumet tous les autres à la censure. Il y a
là gros comme une montagne d'injustices ; ajou-
tons-y les passe-droits en faveur du peintre qui
a fait un médiocre portrait de quelque grand seigneur, de l'artiste recommandé par une duchesse, et de tant d'autres que des considérations
de famille ou de partis, imposent au jury, et vous
me direz à quoi est bon le comité de nos juges :

à désoler ceux qu'il repousse, et voilà tout.

Je voudrais que le Louvre pût recevoir toutes les peintures qu'on oserait y apporter. Il est beaucoup d'artistes qui n'exposent au Salon que pour le pot au feu ; c'est leur adresse dans le livret qu'ils veulent beaucoup plus encore que l'admission de leurs tableaux dans les salles. Pourquoi refuser à M. Lepage, auteur de *la femme à barbe* et des *Lapons,* demeurant rue et île Saint-Louis, n° 12, ce que vous accordez à d'autres artistes qui ont plus de prétentions et moins de talent peut-être ? Madame veuve Lemaire, qui peint pour toutes les ménageries ambulantes, a autant de droit au Salon que madame D...., qui n'a dû long-temps son admission à la galerie d'Apollon, qu'au rang des personnages dont elle faisait les portraits.

Il y a un certain art à placer le jury dans une fausse position pour forcer son indulgence ; presque tous ceux qui se sentaient trop faibles pour réussir auprès de lui par la seule puissance de leur mérite, ont fait des ouvrages de circonstances où un prince était intéressé personnellement, et les juges les ont acceptés dans la crainte de passer pour de mauvais royalistes. M. Dumont (François) a largement usé de ce

moyen. Il y a quelques années, on reçut, malgré
la peinture, *l'Entrée du Roi* et *l'Apothéose de
Louis XVI*, que cet artiste présenta au jury. Cette
année on a accueilli de lui *une discussion à la
Chambre des Députés,* mais pour d'autres motifs
tirés du même principe. Dans le tableau de
M. Dumont, le général Foy est représenté à la tribune montrant à l'assemblée la Charte qu'il invoque contre le ministère. Voilà une très-bonne
pensée ; mais comme elle est rendue, dieu du
pinceau ! quelles plaisantes figures ont les quatre
secrétaires de la Chambre, et ce bon M. Ravez,
et les huissiers, et l'illustre orateur ! C'est une
parodie excellente ; dessin, couleur, composition, expression, tout est de la même force.
Supposez un autre sujet, et l'ouvrage est rejeté
unanimement. Pourquoi a-t-il donc été reçu ?
Pourquoi, le voici : si le portrait du général
Foy avait été refusé, les commissaires pouvaient
être accusés par l'auteur de poursuivre la mémoire
du député libéral, ou de se liguer avec Nos Ex-
cellences contre la Charte ; ils n'ont pas osé s'exposer à ce reproche, et je ne penserais pas à les
blâmer d'une telle faiblesse si je ne les savais im-
pitoyables sur d'autres points où l'art est beaucoup moins engagé.

Nos relations de bon voisinage avec les Anglais, notre raison qui triomphe à la fin des étroits préjugés de nationalité dans les arts, ont ouvert le Louvre aux peintres de l'Angleterre, comme elles ont donné Favart à ses acteurs. C'est fort bien, et il y a trois ans que deux tableaux de Constable et deux portraits de Laurence justifièrent notre courtoisie ; mais cette année la galanterie du jury a été poussée trop loin. Sévères à l'égard des Français, les juges se sont montrés d'une facilité très-grande pour les artistes de Londres ; l'injustice est doublement fâcheuse. Le tableau de Constable exposé sous le n° 219, est plus que médiocre ; avec tous les défauts de la manière de son auteur, il n'a ni la naïveté ni le coloris qui avaient fait estimer en 1824 les productions du premier paysagiste anglais. C'est une nature triviale et sans charme, c'est une exécution systématiquement grossière, c'est enfin une masse de couleurs sans éclat et sans vérité. Daniell n'a pas mieux réussi dans son *Combat de matelots lascars contre un boa*, et dans son *Éléphant mort;* point de jour, un coloris de convention, un effet maussade, un dessin commun, tout ce qu'il faut enfin pour faire rejeter des tableaux exécutés par des peintres français,

2

se trouve dans ces ouvrages étrangers qu'on a reçus avec un empressement poli, que je ne blâmerais point si le Salon s'ouvrait librement à tout le monde. *La vue* à l'huile *du château de Windsor* que nous devons à Daniell, est loin d'être un morceau irréprochable; les arbres en sont mal dessinés, et peints avec une négligence inconcevable; le ton général en est lourd; mais il y a une vérité de perspective et un coup de soleil si naturels, qu'il y aurait eu de la mauvaise grâce à ne pas l'admettre. Ses aquarelles sont très-bonnes, à cela près de quelques défauts qui tiennent à son système de paysage, et elles sont pour le Salon un ornement qu'on serait fâché de n'y pas trouver. Les aquarelles et la grande vue de Windsor devaient être reçues par le jury, *l'éléphant* et *le boa* rejetés, aussi bien que le tableau de Constable. Les membres du comité ont voulu que nous ne fussions pas hospitaliers à demi; c'est à merveille. Les égards, la politesse, sont une obligation dont nous faisons très-bien de ne pas nous affranchir envers des étrangers; mais ce n'est pas aux dépens des nationaux qu'il faudrait que nous fussions obligeans. On a repoussé comme indignes de figurer au Louvre, des paysages de M. Arnaud, jeune artiste lyonnais, qui aime

la peinture avec passion, qui a besoin de vendre
ses ouvrages pour pouvoir continuer ses études,
et qu'on découragera peut - être par un acte
de sévérité vraiment rigoureux. On a commis
une injustice ; M. Arnaud n'est ni un Bertin,
ni un Watelet, ni un Rémond, ni un Regnier,
ni un Jolivard ; mais il a des dispositions, mais
ses paysages refusés ne sont pas inférieurs à celui de Constable et aux deux que je reproche à
Daniell. Pourquoi l'a-t-on cruellement repoussé ?
Pourquoi en a-t-on repoussé d'autres qui méri-
taient autant d'indulgence ? Il faut supprimer le
jury. Les expositions officielles sont ridicules.
Liberté pour tous, et laissez faire au public ! Que
messieurs les académiciens fassent des élèves,
qu'ils perpétuent dans leurs ateliers les bonnes
traditions ; mais qu'ils laissent l'exposition ce
qu'elle doit être. Il y avait quelquefois à la place
Dauphine des chefs-d'œuvre comparativement aux
croûtes académiques qu'on étalait au Louvre avec
privilége. Ouvrez les portes bien grandes à tout
venant ; le public fait justice des mauvais poëtes,
des prosateurs absurdes ; il fera justice aussi des
mauvais peintres et des statuaires sans talent.
Une exhibition chaque année, et vos salles seront
assez grandes pour recevoir tout le monde ; plus

de jury, c'est le seul moyen d'être juste. Les jurés ont eux-mêmes intérêt à se récuser ; ceux qui
sont artistes courent le risque d'être taxés de jalousie ; ceux qui sont amateurs peuvent être accusés d'ignorance. En leur accordant toutes les
vertus et toutes les lumières, il est impossible
qu'ils soient absolument impartiaux ; ils com-
mettront au moins une injustice involontaire, et
c'est beaucoup trop pour que la suppression du
jury ne soit pas un besoin. Se constituer le juge
de l'honneur d'un citoyen, disposer de sa vie en
vertu d'une loi qui donne la mort, c'est une nécessité cruelle à laquelle le juré en matière cri-
minelle doit se soumettre ; mais quelle nécessité
y a-t-il à se constituer le juge du talent d'un rival ?
Liberté, liberté !

Il nous manque en France une chose que
M. Victor Hugo appelle gaiement *la chaire
du diable ;* c'est ce qu'il faudrait créer partout.
Nos gens du pouvoir se sont fait l'habitude de
parler tout seuls ; la contradiction est de droit
naturel, et c'est contre elle qu'on a institué toutes
les censures. Le professeur hardi et le faiseur de
prônes sont forts du silence de leurs auditeurs ;
donnez-nous le banc des conférences libres, et le
professeur ne débitera pas de vieilles sornettes,

et le prédicateur ne prêchera que la morale évan-
gélique, sans se mêler des partis pour les divi-
ser, de la Charte pour la maudire. Censure,
jury..! voilà le cri des intéressés au silence; liberté! liberté! voilà le nôtre.

Les Tableaux d'Église et les Portraits.

DIALOGUE ENTRE LE PÈRE CHONCHON ET LA CI-DEVANT BAILLIVE
DE COULOMMIERS.

> Mais les saints prévaudront....
> VICTOR HUGO. *Cromwell.*

> L'on encadre au besoin
> Son boucher, son hôtesse et l'épicier du coin.
> FABRE D'ÉGLANTINE. *L'Intrigue épistolaire.*

LA BAILLIVE. — A la bonne heure, père Chonchon ; mais, plaise à votre révérence, il me semble qu'il est ridicule de voir, dans le palais du roi, des faces de vilains, à côté desquelles une personne de qualité serait toute honteuse de se voir accrochée. J'ai pu me faire peindre, encore l'année dernière, par M. Kinson dont le pinceau est tout-à-fait gentilhomme ; il désirait beaucoup de reproduire mes traits qui ont causé tant de ravages autrefois à Coulommiers et dans toute notre province ; il aurait eu plaisir à rendre les méplats de mon nez, qui n'ont pas été moins

célèbres que ceux de la petite comtesse de Genlis;
mais je n'ai point voulu. Etre au Louvre à côté
d'une bourgeoise, m'a toujours paru une chose
humiliante. Mon cher abbé, que dirait-on, chez
les gens de bien, d'une ci-devant baillive, vicomtesse et sœur de marquis, qui dérogerait à ce
point? Et cependant, ne voilà-t-il pas ce qu'il
y a de mieux à la cour, qui a commis cette là-
cheté! Cela fait pitié, d'honneur. Le siècle...

LE PÈRE CHONCHON. — Vous avez bien raison,
ma chère dame, le siècle fait horreur. On n'a
respect pour rien. Depuis, voyez-vous, qu'on a
en France des citoyens et plus de sujets, tout est
perdu, pour nous surtout, nous, humbles ser-
viteurs de Dieu...

LA BAILLIVE. — Ah! ah! l'abbé, doucement;
voilà de l'exigence au moins. De quoi vous plai-
gnez-vous? Que n'avez-vous pas obtenu? Votre
respectable ordre, que lui a-t-on laissé à désirer?

LE PÈRE CHONCHON. — Eh! Madame, croyez-
vous que ce nous soit contentement ce que nous
avons? Que de persévérance, d'adresse, de ruse,
il faut employer chaque jour pour gagner un peu
de ce terrain qui nous est disputé! Nos conquêtes
sont-elles si faciles? Ce ne sont pas les lois ren-

dues autrefois contre nous qui nous arrêtent ;
nous sommes , grâce à Dieu , fort au-dessus des
lois , et nous avons des garans contre leur
sévérité , à la cour , au ministère , au parquet
des tribunaux , partout enfin où la foudre pourrait se forger contre nous ; mais ce que nous ne
redoutons pas des anciens édits , nous le crai-
gnons des mœurs nouvelles. La liberté d'écrire ,
la chaire politique élevée, par ce qu'ils appellent
une Charte, contre la chaire d'où nous faisons descendre la parole jésuitique , l'esprit de philosophie qui travaille les populations d'un bout de
l'Europe à l'autre , cette ardeur de tout comprendre, de tout juger, de tout réduire au droit strict,
voilà les obstacles que nous avons à vaincre.
Certes , vos ministres nous aident ; ils nous ché-
rissent, tremblent de nous déplaire , travaillent
à notre vigne que nous leur avons fait prendre
pour la vigne du Seigneur ; mais ils sont trop timides ; s'ils font un pas , ils ont l'air d'en rougir
devant le peuple ; nous voudrions qu'à la face du
ciel et à la barbe des gens à chartes, ils nous
reconnussent pour les souverains des souverains,
et ces messieurs marchandent encore !

La Baillive. — Il me semble pourtant....

Le père Chonchon. — Non, Madame, non,

ils sont d'une mollesse honteuse. Ils nous force-
ront à frapper un grand coup, et gare les gallicans ou les ultramontains tièdes ! Si le Dieu des
armées nous met un jour le glaive à la main,
que ceux-là tremblent qui nous auront résisté ou
qui n'auront pas assez vite levé la barrière opposée
à nos droits! car c'est nous qui sommes légitimes,
c'est nous qui légitimons quelquefois les rois ou
les renions, selon les besoins de notre règne.
Malheur, voyez-vous, malheur aux impies, aux
constitutionnels! nous en ferons un marche-pied
pour notre général.

LA BAILLIVE.—Vous me faites trembler, père
Chonchon; bonté divine, les yeux vous roulent
dans la tête comme à ce vilain Brutus qui vient
de tuer l'empereur César.

LE PÈRE CHONCHON. — C'est que je suis en colère, je l'avoue, ma chère dame; mais c'est une
sainte colère que celle-là, le ciel me la pardonnera. Si nos légendes disent qu'un chrétien des
premiers âges battait son père pour le convertir,
qui oserait prétendre que ce zèle un peu brutal
n'est pas excusable? L'intention, madame la vicomtesse, je vous l'ai dit, cela justifie tout. Nos
Pères l'ont écrit, et cette doctrine est sacramen-
telle pour les honnêtes gens.... Mais croyez-vous

que l'inspection de ces tableaux ne soit pas faite aussi pour m'irriter?

LA BAILLIVE. — J'y vois cependant un grand nombre de sujets édifians, et certainement si quelqu'un avait à réclamer ici, ce serait la noblesse et non pas l'Eglise. Saints et moines abondent au Salon; mais des exploits de la vieille noblesse, des beaux traits de vertu de nos aïeules, pas d'apparence.

LE PÈRE CHONCHON. — Des saints, des moines, et vous appelez cela des sujets édifians! Eh bien! voyons un peu: *Saint Jean l'Évangéliste!* saint Jean, c'est fort bon; mais en quoi cette image peut-elle nous être utile? Celle du père Fayet, notre apôtre, ne vaudrait-elle pas cent fois mieux pour notre sainte cause? Passons: *l'Adoration des Mages!* vieux, connu et de peu d'effet pour nous; Ignace de Loyola, notre saint fondateur, entouré de rois agenouillés, de princes le front dans la poussière, de peuples baisant la trace de ses pas, serait une page d'une éloquence insinuante, profitable à nos intérêts et dont l'auteur mériterait, non cette croix d'honneur qu'on jette au premier venu et dont les nôtres ne se soucient guère, mais une large part au budget de la congrégation. Suivons: *Résurrection de Ta-*

bithe ! miracle représenté par vingt maîtres anciens et dont toutes les églises ont une répétition. *La Résurrection de la Compagnie de Jésus,*
annoncée par l'évêque d'Hermopolis aux députés
des provinces, voilà qui serait un tableau de sacristie du plus haut prix et qui aurait beaucoup
de succès à l'exposition! J'y voudrais voir saint
Ignace et saint François Xavier dans une gloire,
entourés d'un chœur de Jésuites célèbres, et se
manifestant au peuple ravi; le premier plan du
tableau serait occupé par la tribune où Frayssinous déclara le miracle authentique; sur la
tête du digne prélat descendrait un rayon lumineux sortant de la bouche de M. Franchet
que porterait un nuage d'or; enfin au pied de la
tribune ramperait le gallicanisme blessé à mort.
Je me figure que cela serait beau, exécuté par un
homme habile comme M. Lordon ou M. de la
Noë.... Toutes nos vieilles traditions sacrées sont
excellentes, ma chère amie; mais le peuple les sait
par cœur et n'y fait plus attention; il lui faut des
saints nouveaux, de nouveaux prodiges. Au lieu
des *Christ au jardin des Oliviers,* des *Déli-*
vrances de saint Pierre, des *Assomptions de la*
Vierge, il faut lui montrer les souffrances et les
mortifications des disciples de Paccanari, l'expul-

sion de Russie de nos Pères, leurs combats pour la
foi, leurs miracles surtout, madame la vicomtesse;
car le peuple qui n'entend pas les paraboles se
laisse prendre par les yeux. Le tonnerre éclatant
derrière le maître-autel d'une église au moment
où un homme de notre ordre prêche sur le jugement dernier; une croix apparaissant au curé
et aux officiers municipaux de Miné pendant la
prédication d'un docteur de notre société; le prince
de Hohenlohe guérissant des malades sans l'im-
position des mains, ce sont là des sujets que le
gouvernement devrait proposer aux artistes qui
veulent être encouragés; ceux-ci ne manqueraient
pas de les traiter, car ils trouveraient dans leur
exécution le double avantage d'un salaire très-
beau et de grandes facilités pour le paradis dont
nous disposons. Des ouvrages tels que je les
conçois feraient la gloire de cette époque; ils seraient d'un secours incroyable pour notre politique et le perfectionnement de la science morale
dont nous nous occupons, comme vous savez. Il
y a dans ce genre des monumens à élever; mais
d'abord qu'on fasse des *plantations de croix de
la Mission* pour les musées de nos grandes villes,
qu'on représente le *père Guyon brûlant Voltaire
et Rousseau*, qu'on montre au peuple les hono-

rables préfets portant, avec les crocheteurs et les
soldats, le bois saint des calvaires restaurés par
nous, et vous verrez où nous irons! La peinture
est un moyen, croyez-moi. Il est nécessaire qu'elle
soit jolie pour persuader davantage; de jolies
têtes d'hommes ou de femmes laissent de profonds
souvenirs dans les ames tendres, comme les airs
les plus agréables de rythmes et de chants gravent
pour toujours nos cantiques dans la mémoire des
mondains que nous convertissons. Ah! que si
j'étais premier ministre....

La Baillive. — Je vous prierais, père Chonchon, d'interdire le Salon aux gens de rien, afin
que nous autres....

Le père Chonchon. — Qu'il y a peu d'humilité
dans ce vœu, madame la vicomtesse! Je vous en
demande pardon, mais j'espérais mieux de votre
piété.

La Baillive. — Ma piété est connue, M. l'abbé;
on en parle à la cour, je ne manque guère la
messe du roi, et je vais à la procession le cierge
à la main tout comme un maréchal. Mais je ne
suis pas recluse, et les innocentes pompes du
démon sont assez de mon goût. Je ne suis plus
de la première jeunesse, et je n'ai pas encore passé
le temps où l'on se plaît aux choses du monde.

Chacun son affaire et son sentiment; vous voulez
des tableaux qui poussent à la révolution que
vous avez entreprise, moi j'en veux qui m'amusent ou me retracent quelques hauts faits de nos
vieux preux. Je consens qu'on se fasse peindre
quand on a de douze à vingt quartiers; mais des
roturiers, des comte de Villèle, des Villemanzy,
voilà ce que je ne souffre point. Si j'étais d'humeur à prêcher comme vous, je vous ferais un
beau sermon sur l'inconvénient qu'il y a de laisser
prendre aux petites gens le ton de se faire portraire; mais je vous fais grâce de mes idées là-
dessus. Tenez, père Chonchon, une chose me
scandalise qui ne paraît pas vous offusquer beaucoup. Je n'aime pas qu'on ait pendu pêle-mêle *saint
Étienne* et *une odalisque, saint Jean-Baptiste* et
Léda, saint Pierre et *Érigone;* ne pouvait-on
séparer l'ivraie du bon grain? Je vous avoue que
j'aime mieux *Léda* noire et laide, comme nous l'a
faite M. Vignes, qu'un martyr tant fût-il bien
représenté; je n'ai pas de goût pour la peinture
d'église, mais je crois qu'on doit avoir respect pour
elle : il fallait éloigner le profane du sacré...

LE PÈRE CHONCHON. — Non pas, Madame, s'il
vous plaît, non pas. Le peuple est trop indifférent pour que nous nous hasardions à faire une

chose semblable, il irait en foule au profane, il
voit au moins le sacré par occasion.

LA BAILLIVE. — Tout est combinaison chez
vous, profond politique! Ah! père Chonchon,
si vos révérends frères sont tous de votre force,
la France sera bientôt votre domaine.

LE PÈRE CHONCHON. — Je suis un indigne moi
au prix d'eux, ma chère dame; si vous connais-
siez nos pères Gury, Godincot, Coulon et Lori-
quet, vous seriez dans l'admiration. Ce sont des
génies ceux-là!

LA BAILLIVE. — Modestie sublime! Ah! cher
abbé, si je n'avais pour directeur un ci-devant
dominicain, je serais toute à votre ordre.

LE PÈRE CHONCHON. — Je vous demande sa survivance, madame la vicomtesse.

LA BAILLIVE. — Entre nous, mon père, l'emploi est un peu une sinécure.

LE PÈRE CHONCHON. — Nous accommoderons cela
avec le ciel; mais vous me promettez d'employer
votre crédit dans les salons du faubourg Saint-
Germain pour le triomphe de notre Compagnie.
Voyez un peu Corbière et Chabrol; obtenez du
petit Reineville, notre élève, que toutes les commandes de tableaux faites aux artistes soient dans
le sens que je vous ai dit tout à l'heure....

La Baillive. — Oui, mais à condition que de votre côté vous ferez exiler la peinture bourgeoise qui encombre le Louvre. Il est une autre révolution que je voudrais faire et où vous pourriez m'aider. Je suis à la tête d'une conspiration contre le costume moderne; il faut en revenir pour tout au bon temps de Louis XV.

Le père Chonchon. — Il est vrai que la peinture y gagnerait autant que les mœurs.

La Baillive. — C'était dans ce temps-là que nous étions ravissantes! et les hommes, ils étaient beaux! Vous surtout étiez charmant avec votre petit collet et votre large coiffure poudrée; vous promettiez de devenir le plus bel évêque du monde; et soit dit sans vous fâcher....

Le père Chonchon. — Les combats maigrissent, madame la vicomtesse.

La Baillive. — Voyez cette jolie duchesse de Guiche, dites-moi si cette petite femme-là, avec ses beaux yeux, sa figure allongée et ses jolis bras, ne serait pas dix fois mieux dans une robe à panier, et la tête chargée d'un galant édifice de fleurs et de cheveux poudrés?

Le père Chonchon. — Assurément, Madame; mais il faut respecter les petites coutumes, quand on veut faire de grandes révolutions. Nous som-

mes, nous autres, pour les manches à gigot tant
qu'elles seront à la mode; pour la titus et les
pantalons que les Français affectionnent, parce
qu'ils gênent moins que la culotte et la perruque
à bourse.

LA BAILLIVE. — C'est une fâcheuse concession
faite au mauvais goût.

LE PÈRE CHONCHON. — Je ne dis pas le contraire, mais voici notre conviction : qu'on triple
les contributions, qu'on nous donne l'état civil,
qu'on rende ses biens au clergé, qu'on gar-
nisse les bancs de la pairie d'évêques et de cha-
noines, qu'on fasse des processions, qu'on refuse
la sépulture aux libéraux, aux philosophes, aux
excommuniés, qu'on nous permette d'hériter au
détriment des familles; le peuple ne dira rien.
Mais qu'on mette un impôt sur votre petit chien,
sur le chat de votre portière, sur le perroquet de
votre frère, et alors troubles, révolutions, sang
versé. La cherté du pain cause à peine de légers
murmures, décrétez la queue et tout est fini pour
nous.

LA BAILLIVE. — C'est bien dommage. Car voyez
quelle tournure ont tous ces portraits ? Autrefois, ce bon prince de Hohenlohe-Barteinsten
aurait-il été représenté debout, un petit bâton à

3

la main, et engainé dans un habit étroit comme
celui d'un laquais prussien? M. Vanloo l'aurait
représenté en Hercule terrassant l'hydre de la
révolution espagnole. Il n'aurait pas manqué de
le couronner de laurier et de lui donner une belle
pose de capitan. Cette demoiselle de Korzakoff,
à qui Gros a fait de si grands yeux, M. Boucher
en aurait fait une Diane; au lieu de violettes, elle
aurait à la main un arc; à cet air mélancolique
le grand artiste aurait substitué un air de provo-
cation et de noble fierté. C'est qu'il était divin,
M. Boucher! il entendait les femmes, lui! Je me
rappellerai toute ma vie la duchesse de Millan-
court, elle voulut se faire peindre et alla chez le
peintre des grâces. — Je veux un joli portrait,
monsieur l'artiste. — Je ferai l'impossible, madame la duchesse. Et en effet il fit une chose
merveilleuse. La duchesse était louche, l'habile
homme la peignit de profil, du côté de son bon
œil; elle était rousse, il la fit blonde; elle était
plus que contrefaite, il dissimula sa bosse avec
une peau de tigre, adroitement jetée sur l'épaule
disgraciée. Nos gens d'aujourd'hui n'entendent
rien à tout cela. Je ne vois ici qu'un portrait pas-
sable, c'est celui de madame Lafont, et pourquoi?
parce que le peintre a mis les doigts de la dame sur

les cordes d'une lyre, et qu'aujourd'hui personne
n'a de lyre. Cela est original, galant et bien
trouvé; je ne parle pas de la peinture qui est
d'une mollesse charmante et d'une couleur délicieusement fausse. Cet ouvrage fait honneur
à M. Robert Lefèvre.

Le père Chonchon. — Robert Lefèvre! at-
tendez donc; oui, c'est lui. Oh! l'aimable homme,
le bon chrétien! Avez-vous su ce qui lui arriva,
il y a dix-huit mois environ?

La Baillive. — Non vraiment; contez-moi
donc cela, monsieur l'abbé.

Le père Chonchon. — Nos pères du Mont-
Valérien avaient besoin, pour orner leur église,
de belles peintures religieuses. Ils les voulaient
gratis, car ils ne sont pas bien riches. Ils frap-
pèrent à tous les ateliers; mais semblables aux frères quêteurs des capucins qui se voient repoussés
par les voluptueux qui donnent tout au diable
et rien aux pauvres moines, ils n'essuyèrent que
des refus. M. Robert Lefèvre fut le seul à penser
que les bénédictions de notre général valent tout
l'or donné par un Colbert; il fit le *Christ en
croix* que vous voyez là-bas. Un peintre m'a assuré que cela n'est pas bon, que le dessin, la
couleur... Que sais-je moi? Bref le tableau plut

3*

beaucoup ; vous savez le proverbe : à cheval
donné on ne regarde pas la bride. Le supérieur
voulait témoigner toute sa reconnaissance au
peintre dévoué ; il ne savait que lui offrir pour le
satisfaire et il lui dit un jour : « M. Robert, de-
mandez ce qui de nous pourrait vous être agréable ; nous avons quelque crédit, mettez-nous à
l'épreuve ; les décorations du mérite vous les
avez obtenues ; vous avez fait les portraits de nos
deux Rois aussi souvent que vous avez fait celui
de l'Empereur (je ne vous rappelle pas vos anciens ouvrages pour vous les reprocher, mais
pour énumérer vos récentes productions officielles) ; que voulez-vous, dites, Monsieur ? —
Mon père, je vous rends grâces, je suis trop payé
si j'ai pu être agréable à messieurs les mission-
naires. — Le ciel m'inspire une idée, M. Robert ;
voici là-bas notre cimetierre ; les personnes
pieuses de la cour et de la ville briguent une
place dans cette enceinte sacrée autant qu'une
charge au Palais ou une fortune à la Bourse ; eh
bien, permettez que nous vous offrions *gratis*
six pieds carrés de notre terrain. Je ne veux
pas vous dire combien se vend d'ordinaire le petit
espace que nous vous prions d'accepter, ce serait malséant ; mais prenez et croyez que vous

n'avez pas fait une mauvaise affaire. » Le peintre
ne put refuser ; il possède à perpétuité un emplacement qu'il a choisi, et il sera enterré en fort
bonne compagnie, je vous assure.

LA BAILLIVE. — Cette anecdote a beaucoup
couru et je l'avais traitée d'invention ridicule,
mais puisque votre révérence....

UN GARDIEN. — Allons, Messieurs, sortons,
il est cinq heures.

LA BAILLIVE. — Déjà ! comme le temps passe
vite en votre compagnie, père Chonchon !

LE PÈRE CHONCHON. — Ah ! Madame la vicomtesse, vous me comblez. J'ai l'honneur de vous
présenter mes hommages très-humbles. Ah ça,
souvenez-vous de nos conventions.

LA BAILLIVE. — Et vous, mon père : *remem-
ber*, comme disent les acteurs anglais.

LE PÈRE CHONCHON. — Les acteurs anglais !
Quoi ! Madame, et vous aussi, vous donnez dans
le libéralisme effronté du théâtre anglais? Vous
allez entendre Shakspeare et Otway ?

LA BAILLIVE. — Que voulez-vous?...

Et la conversation allait reprendre de nouvelles
routes quand le gardien recommença son avertissement. Le père Chonchon salua la ci-devant
baillive de Coulommiers d'un air fort maussade,

celle-ci lui tira une révérence et lui lança un
sourire qui demandaient pardon, et ils se sé-
parèrent.

De la Manie de l'Imitation.

Peuple singe....
C'est proprement le mal français.
LA FONTAINE.

L'ORIGINALITÉ semble être un vice en France; on
la poursuit, on la combat, on la tue quand par
hasard elle n'est pas tombée dans une tête puissante; l'imitation au contraire, on la caresse,
on l'encourage, on lui décerne tous les honneurs
du génie. L'invention qu'on estime assez dans les
arts industriels, est comptée pour bien peu de
chose dans les arts libéraux; un froid imitateur
de Campistron ou de Lamotte est plus estimé que
Népomucène Lemercier ou Lamartine. Victor
Hugo ne jure point par Rousseau le lyrique, ou
par un autre, et l'on ne veut voir que les défauts
de ses qualités brillantes. A Béranger, pour n'a-
voir point voulu continuer Panard et Collé, on
conteste le titre de chansonnier, lui le premier,
le plus populaire de nos poëtes contemporains !..

Mais il a vu dans la chanson autre chose que l'amour, le vin, la bonne chère et l'insouciante gaieté, et voilà son crime.

Tout ce qui sort des routines étonne ici. Vieilli sous la monarchie absolue, le peuple (je parle de celui que domine encore le gothique esprit des moines et des seigneurs de village) ne comprend pas le gouvernement nouveau ; la révolution n'a pu le déshabituer de ses anciennes coutumes. Il dit : « Ma foi ! qu'ils s'arrangent, cela ne me regarde pas ; ce sont leurs affaires et non les miennes. » Et le garnisaire vient pour lui faire payer l'impôt ordonnancé par Villèle, et il paie, parce qu'il n'a pas voulu se mêler des affaires de Villèle ; il paie, en maudissant le receveur qui n'en peut mais, et par peur, il illumine le lendemain si son commissaire de police le veut absolument. C'est la manie de l'imitation qui l'amène là ; s'il avait voulu se donner la peine d'étudier un peu le gouvernement constitutionnel, il courrait à l'élection, donnerait des contrôleurs consciencieux à l'intendant des finances, et rougirait d'aller, aux jours de curée municipale, chercher aux Champs-Elysées des saucisses

Qu'un gendarme galant couvre de papier gris,

Peuple! peuple! tout le monde est peuple,
entendez-vous bien, sur le chapitre de l'imitation.
Une bonne chose ne réussit que tard; quand elle
est adoptée, on n'en veut plus sortir. En musique, on n'a souffert long-temps que le Gluck et
le Grétry; on ne tolère maintenant que le Rossini. Aussi, compositeurs de quadrilles et d'opé-
ras font du Rossini, Dieu sait! Ils en feront
encore après qu'un homme de génie sera venu
faire autre chose qui aura bien de la peine à se
naturaliser.

En peinture, la foule des imitateurs est immense; on imita Pierre, de Troy et Natoire;
madame Mongez imite servilement David; M. Delacroix a beaucoup d'imitateurs, ou plutôt de
victimes; M. Genot a imité M. Bonnefond,
quand cet artiste, aujourd'hui si distingué, était
dans la mauvaise voie d'où il est maintenant
à cent lieues; M. Clérian fils calque pour ainsi
dire M. Granet... C'est une épidémie dans le
troupeau des moutons de Panurge. Aussi chez
nous point de type en rien; nous nous sommes
teints successivement des reflets de l'Angleterre,
de la Russie et de l'Italie; nous sommes Italiens,
Russes, Anglais, tout ce qu'on voudra, et c'est
par-là que nous sommes Français. Le peuple pa-

risien est comme une de ces médailles effacées
que chaque antiquaire baptise de noms différens,
et qui ne gardent aucune trace de leurs emprein-
tes antiques. Dans le midi, dans le nord et dans
une partie de l'ouest, il y a des caractères; il n'y
en a point à Paris, et Paris est la France, selon
le vœu du système de centralisation qui annihile
l'esprit des départemens.

Il y a quelques oseurs dans les arts; mais on
leur fait les cornes, et cependant ces oseurs sont
encore bien timides, car presque tous imitent Byron, Goëthe, Shakspeare, Schiller, Moratin,
Rossini, Constable, Boningthon et une foule
d'autres. L'habitude est une poétique toute faite
pour le peuple; l'imitation, une inspiration
toute trouvée pour les artistes. Sortirons-nous
jamais de-là? Non. Nous sommes au centre du
monde civilisé; on nous apporte des idées de tous
les points de la circonférence; nous les adoptons
parce que c'est plus tôt fait que d'en chercher
nous-mêmes. Notre paresse vient en aide à nos
préjugés, et nous sommes classiques, romantiques, gallicans ou jésuites, selon que le vent
souffle du nord ou du midi; bonnes gens d'ailleurs, aimables et spirituels, au dire de l'Europe
entière, et gastronomes, oh! gastronomes!....

Pour cela nous n'imitons personne , et nos maîtres en fait de vignettes sont de très-humbles
écoliers dans nos cuisines et nos offices. J'en suis
tout fier !

M. Delavau.

Or sù, presto, sbrighiamo la e si stampi questa
cosu por l'excellentissimo signor prefetto di
pulizia, c'est-à-dire : Vite, qu'on imprime ceci
pour monseigneur l'excellentissime préfet de police
(ou de propreté, car c'est le même mot en italien).
PAUL-LOUIS COURIER. *Lettre à M. Renouard.*

J'ARRIVAIS auprès du cadre de **M. Saint**, curieux
de voir le portrait d'un officier des *gardes à pied
ordinaires du corps du Roi* [1], dont une femme
m'avait parlé comme d'une fort bonne miniature.
Deux individus étaient debout devant les ouvrages
de l'habile peintre ; leur tournure me parut singulière, leur vêtement contrastait désagréablement avec ceux de toutes les personnes qui visi-
taient le salon cette matinée-là. C'était un sa-
medi, jour privilégié, où toutes les belles
dames de la finance et de la noblesse, où tous les
fashionables de l'armée et de la bourse viennent se
voir et parler de tout, excepté des tableaux dont
ils sont entourés. Nos deux hommes attachaient

[1] M. de Terne.

leurs regards sur le portrait d'un personnage en
habit noir , et modestement décoré d'un ruban
rouge, comme tout le monde ; ils se parlèrent
tout bas ; puis, l'un d'eux prononça distincte-
ment le nom de M. Delavau, pendant que l'autre
cherchait à deviner l'impression que produisait
sur les personnes présentes la révélation qui leur
était faite certainement avec intention. J'exami-
nai plus sérieusement , et alors me revinrent en
mémoire les vers de MM. Barthélemy et Méry :

> La redingote bleue et l'étroit pantalon,
> Le gilet haut croisé, les bottes sans talon,
> Et ce large col noir dont la ganse impuissante
> Dissimule si mal une chemise absente.

Je reconnus à ne m'y pas tromper , tant le
signalement leur convenait, à quelles gens j'avais
affaire. C'étaient des espions ou

> Des gendarmes subtils en hommes déguisés.

Déjà j'avais eu cette idée, lorsqu'étant devant
l'effigie Kinsonnée de M. le maréchal de Hohenlohe, je vis mes deux observateurs se pincer les
lèvres et froncer le sourcil pour un propos incon-
sidérément échappé à un pair de France de 1814,
sur le double miracle auquel M. de Barteinsten
doit le bâton et la pairie. Les agens attendaient

que quelqu'un se hasardât à parler de M. Delavau, et fournît la matière d'un de ces rapports
qui peuvent faire avancer leurs auteurs d'une colonne au registre de M. de Saint-Jules. J'eus
pitié de ces pauvres diables, et dans l'intérêt de
leur fortune, je leur donnai bien vite le texte
d'une dénonciation. D'abord je parlai de l'ouvrage
exposé par M. Saint; je louai la vérité du coloris,
la manière large et forte dont est touché le portrait de Monseigneur, le naturel de la pose et
l'expression qui doit être très-fidèle. Mes auditeurs en titre d'office s'impatientaient; la largeur
un peu outrée des points, le modelé, l'ajustement,
n'étaient point leur affaire; il leur fallait mieux que
cela pour le quai des Orfèvres, je les satisfis. Mais,
afin que M. Delavau puisse contrôler le rapport de ses agens, et savoir jusqu'à quel point il
doit compter sur leur fidélité, je vais transcrire
ce que je dis alors :

« C'est un homme envers qui la France, Mont-
Rouge et la cour sont bien ingrats, que M. le préfet
de police; il devrait avoir des statues dans tous
les carrefours de Paris, et je ne vois ici qu'un portrait de trois pouces; encore n'est-ce pas une of-
frande faite par la nation à un de ses bienfaiteurs.
Les services rendus par M. Delavau, depuis qu'il

a l'emploi qui immortalisa Lenoir, sont immenses. Qui les pourrait énumérer, et qui peut cependant les avoir oubliés? Magalon attaché à un forçat galeux n'est qu'une de ses plus minces conceptions. Le cercueil de l'honorable duc de Larochefoucault jeté dans un ruisseau; le convoi de Manuel troublé par des cavaliers religieux; la translation du corps de Talma faite comme en secret à sept heures du matin, sont de ces combinaisons dont un autre se parerait, mais qui ne sont rien pour un génie de la portée de celui-là. Monseigneur est admirable pour les grandes choses; on siffle M. Récamier à l'École-de-Médecine; Monseigneur monte tout de suite à cheval par procuration, et charge, comme un héros, les mutins qu'il poursuit jusque dans la rivière; on crie *vive la Charte!* (Cri séditieux s'il en fut, parce qu'il faut que seul M. de Villèle vive, qui est bien autrement important à la France que la Charte.) Monseigneur se fait dragon et gendarme en même temps, et il sabre à dire d'expert; on illumine pour les élections, vite Monseigneur court dans la rue Saint-Denis, l'arquebuse au poing, et il tire aux constitutionnels comme ce bon Charles IX tirait aux calvinistes! Quelques reproches sont faits à M. le préfet, c'est

vrai ; mais que de louanges pour compensation !
Sans doute on pique, on arrête, on vole, on
blesse, on tue même quelquefois dans notre bonne
capitale ; mais quand il y a un cortége royal ou
une procession honorée de la présence des
princes, voyez si les quais, places et rues par où
doivent passer le Roi et sa famille, ne sont pas
bien sablés et soigneusement nettoyés. Rendez
donc justice pleine et entière à M. Delavau.

C'est un homme qui.... Ah! un homme, un homme enfin.....

« Et puis, il est d'une rare sagesse ! Jamais il ne
va au spectacle ; c'est exemplaire, dans un temps
où les dévots arrangent fort bien ensemble mademoiselle Mars et l'abbé Fayet, la gourmandise
et l'observation du carême. M. Delavau a refusé
ses loges aux théâtres ; vous verrez qu'un jour il
refusera son traitement, parce qu'il provient de
l'impôt levé sur les maisons de jeux et les filles de
joie. M. de Bonald n'en fera jamais autant, lui, il
a et il gardera une pension de 12,000 francs sur
les produits de là roulette que ce tyran de Bonaparte l'avait forcé d'accepter ; aussi le noble pair
n'aima jamais cet empereur, pas même quand
il sollicitait l'emploi de gouverneur des enfans de
Lucien ou d'un autre des Napoléon. »

Monseigneur l'évêque de Beauvais.

La jeunesse en sa fleur brille sur son visage :
Son menton sur son sein descend à double étage.
BOILEAU. *Le Lutrin.*

On oubliait ses attraits enchanteurs,
Dès que sa voix frappait ses auditeurs.
GRESSET. *Vert-Vert.*

MA CHÈRE AMIE [1],

M. Hersent...., tu sais qui je veux dire ? le
peintre de *Ruth*, l'auteur du portrait de la jolie petite madame Hyacinthe Didot ; M. Hersent
vient de nous donner un chef-d'œuvre. Nous en
sommes toutes émerveillées ici, et nous te plai-
gnons bien de ne pas pouvoir jouir du plaisir que
nous éprouvons à sa vue ; mais aussi, que fais-tu
dans ton Beaujolais quand le Salon est ouvert ?

[1] Nous avons trouvé cette lettre toute décachetée sur les degrés de
la petite porte de Saint-Sulpice : une mendiante nous a dit qu'elle
venait de tomber du sac d'une jeune demoiselle qui sortait du salut.
Nous la publions en supprimant quelques détails qui pourraient faire
reconnaître l'auteur.

4

Ce n'est point un grand tableau qu'a exposé M. Hersent, mais un portrait; portrait de qui? devine. Tu vas croire, je suis sûre, que c'est celui de notre belle et bonne Séphélie? Mieux que cela, ma chère; de la duchesse de P.? Mieux encore. C'est l'évêque de Beauvais que notre ami (car le peintre de celui que nous aimons mérite ce titre) a fait revivre tout entier sur la toile. Ah! Pauline, qu'il est bien, qu'il est doux, qu'il est ressemblant!

Tu ne peux avoir oublié les traits de celui dont Angélique nous disait: « Mes bonnes amies, prenez donc M. Feutrier pour confesseur, il a de si beaux yeux! » Eh bien! depuis ton départ il est encore mieux qu'il n'était alors. Le violet lui sied à merveille; il est d'un embonpoint qui charme; il a l'air content du sort que notre Saint-Père et le Roi lui ont fait; cette satisfaction nous est une grande joie, et il n'est, je te proteste, aucune de nous qui n'eût acheté au prix de quelques chagrins cette quiétude dont notre directeur paraît goûter les délices.

M. Hersent a représenté Monseigneur debout. Son port a de la grâce; il a la tête haute sans affectation, le regard modeste et assuré à la fois, le front serein, le teint plus calme que frais; il

sourit, mais point à la façon des mondains. Si
ses lèvres s'ouvraient, ce serait pour laisser échapper quelques-unes de ces phrases inspirées par
l'amour de Dieu, et qui nous donnaient une idée
de l'éloquence du bel ange que reçut la Vierge-
Marie. Ses mains sont bien blanches, bien po-
telées, d'une forme presque antique; la bague
épiscopale fait ressortir tous les avantages de la
droite; l'autre se détache sur un bréviaire relié,
comme celui du vice-amiral Allemant, que tu
admirais un soir à la chapelle des Tuileries avant
les vêpres.

Je ne peux pas te dire combien le pinceau caressant de l'artiste a délicieusement terminé ce
portrait. Il faut voir cette rondeur de joues, ce
coloris tendre qui ferait l'envie de tant de nos
dames, cette charmante mollesse de contours et
de touche à laquelle M. Hersent s'est forcé pour
rendre mieux son modèle! Je vois quelque chose
d'enfantin et de grave dans cette physionomie
dont je rêverais, si on ne m'avait averti des dangers qu'il y a pour une jeune fille, à penser dans
ses songes aux radieux archanges ou aux hommes qui leur ressemblent. Point de ces angles
et de ces grandes cavités que les peintres prodi-
guent dans la représentation des figures de

4*

Saints ; point de ces couleurs sombres dont ils couvrent le front de leurs anachorètes. Une femme peignant Eliacin ou le fils de Tobie, n'aurait pas fait mieux.

Les libertins, comme dit le père Guyon de ceux que le démon tient sous sa loi, ont trouvé moyen de critiquer l'ouvrage de M. Hersent ; ils l'ont déclaré *joli* et n'ont voulu convenir jamais qu'il fût *beau*. Quelle méchante haine ! Des jansénistes se sont récriés sur l'exposition du portrait d'un prêtre ; ils ont trouvé cela inconvenant, peu conforme à l'humilité chrétienne, que sais-je ? Comme si l'image d'un ecclésiastique revêtu d'un beau rochet de dentelle et d'un camail d'une riche moire était déplacé dans un lieu public, en France, au temps où nous avons le bonheur de vivre !

Les vipères cherchent toujours à mordre, il faut les laisser faire et prier pour leurs victimes. Unis-toi donc d'intention avec nous pour obtenir du ciel de longues années pour notre cher M. Feutrier.

Il m'est venu une idée qui a eu tout de suite un grand succès dans nos salons ; c'est une inspiration, ma chère ! J'ai proposé d'ouvrir une souscription pour l'exécution de cinquante co-

pies de l'admirable portrait de monseigneur de
Beauvais. Mon projet a été adopté avec enthousiasme par toutes nos jeunes amies. Nous en
parlerons à M. Hersent, et j'espère qu'avant un
an (si cet artiste a des élèves habiles et un peu d'industrie ¹), chacune de nous aura dans son oratoire
une image du digne abbé que nos pauvres regrettent et que nos vœux ont suivi dans son diocèse.
Ce monument de notre piété fera rire les gens du
siècle ; mais le ciel nous en tiendra compte.

Adieu, ma Pauline ; reviens vite parmi nous.
Alphonsine est accouchée d'un fils joli, gras, se
portant à merveille ; elle le destine à l'Eglise.
Dieu ! le beau cardinal que cela fera, si la vaccine
le préserve et s'il tient tout ce que son visage
promet !

Je t'embrasse comme je t'aime ;

ATHÉNAIS DE RI......

Paris, le 5 novembre 1827.

P. S. Tu es capable dans ta campagne de
Beaujeu de ne pas lire les journaux et de ne pas

¹ Sous le gouvernement impérial, M. Benoist avait établi une fa-
brique de portraits de Napoléon : c'est sans doute ce souvenir qui a
inspiré à mademoiselle Athénaïs l'idée des copies du portrait de
M. Hersent. M. Benoist était employé au ministère de l'intérieur ; il

savoir ce qui se passe. Moi, je lis tous les jours deux des feuilles publiques ; c'est une occupation charmante ; aussi quoique je n'aie pas seize ans, j'entends fort bien le gouvernement. La *Gazette Universelle de Lyon* et la *Gazette de France* sont mes *Heures* politiques. Imagine-toi que la *Quotidienne* nous a à peu près trahies. Elle a passé à la révolution. — Mon père est le candidat ministériel, c'est-à-dire royaliste, d'un des arrondissemens de Paris. — M. Feutrier préside un des collèges de la province. — Achille de M... sera fait capitaine de lanciers si son père vote bien à la Chambre. Qu'il sera distingué sous le bonnet polonais ! Il est fort agréable, Achille ! Victorine l'aime toujours beaucoup, mais on dit qu'il adore en secret la baronne de R... J'en serais fâchée. Il a pensé un moment à moi ; mais ce n'est pas dans l'armée que j'ai placé mes affections. — Notre petite négresse est baptisée ; c'est un évêque *in partibus* qui a fait la cérémonie ; nous

suggérait aux conseils de préfectures et aux mairies la pensée de demander à l'Empereur son effigie. Sa Majesté accordait cette faveur aux municipaux dévoués ; les pétitions retournaient à M. Benoist qui chargeait madame Benoist de l'exécution des ordres de Bonaparte. Madame Benoist avait un talent très-agréable ; la plupart de ses portraits de l'Empereur sont fort bien faits.

(*Note de l'éditeur.*)

espérons la faire rosière l'an prochain à Surêne
ou à Sceaux. Les maires de ces deux communes
nous sont très-dévoués et ils connaissent la vertu
de Mila. — Maman a chassé notre jockey Péters,
je ne sais pourquoi; il était si gentil sous la livrée !

M. Léon Cogniet.

SAINT ÉTIENNE. — UN MOT SUR LE SYSTÈME NOUVEAU. — LE GRE-
NADIER DE MOSCOU. — LE MARÉCHAL DE HOHENLOHE. — HISTOIRE
SINGULIÈRE.

M. COGNIET débuta en 1824 avec beaucoup d'éclat; son *Marius sur les ruines de Minturnes* obtint un succès d'estime parmi les connaisseurs; son *Épisode du massacre des Innocens* réussit auprès des artistes et du peuple. Le jeune peintre ne s'est point arrêté là; il a marché dans la voie qu'il s'était ouverte, et il est arrivé à un talent très-réel que le temps peut fortifier encore, mais qui est déjà un des plus dignes d'estime entre tant de talens divers dont notre école de peinture se doit glorifier.

Saint Étienne portant des secours à une pauvre famille nous paraît un fort bon ouvrage sous tous les rapports. D'un dessin plus élégant et plus pur, d'une couleur plus riche et plus solide que le *Massacre des Innocens*, pour pro-

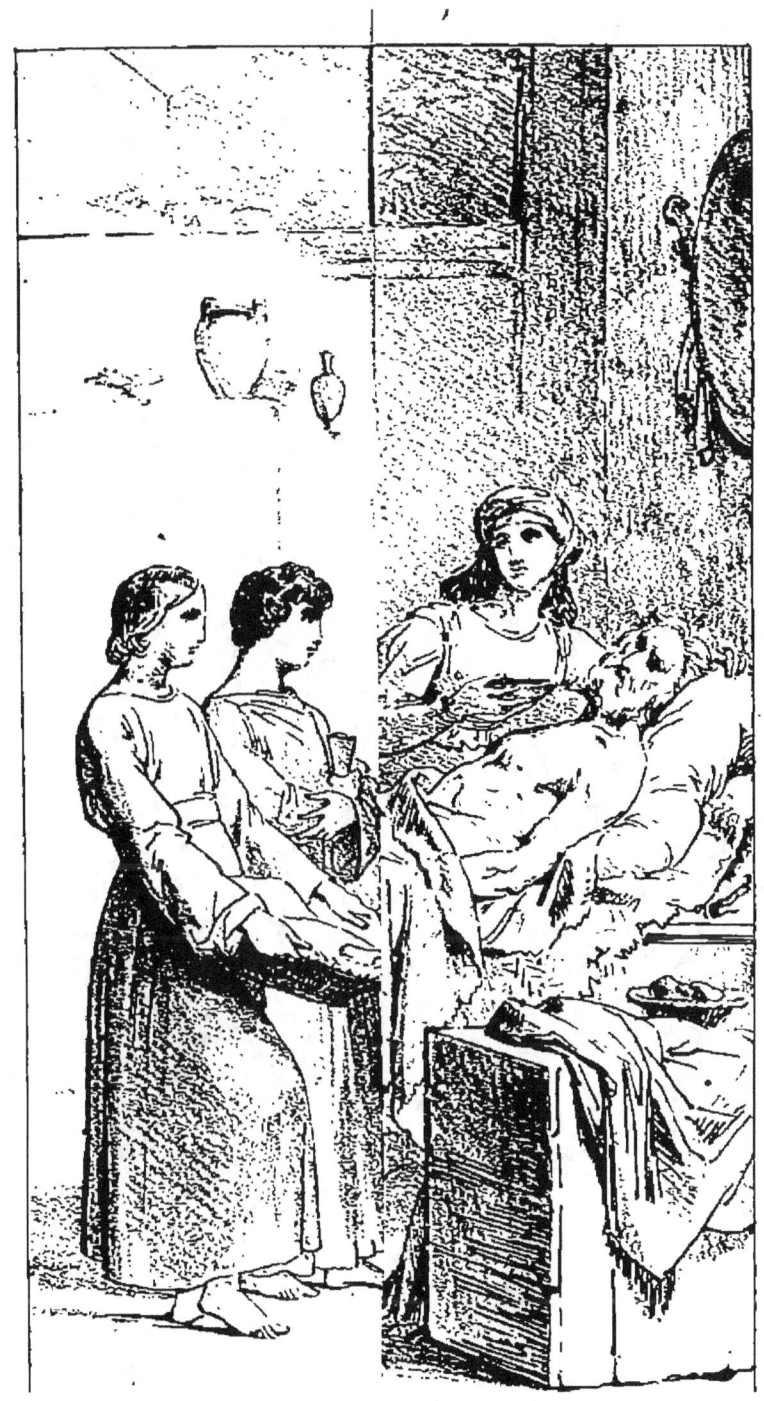

COGNIET (Léon)

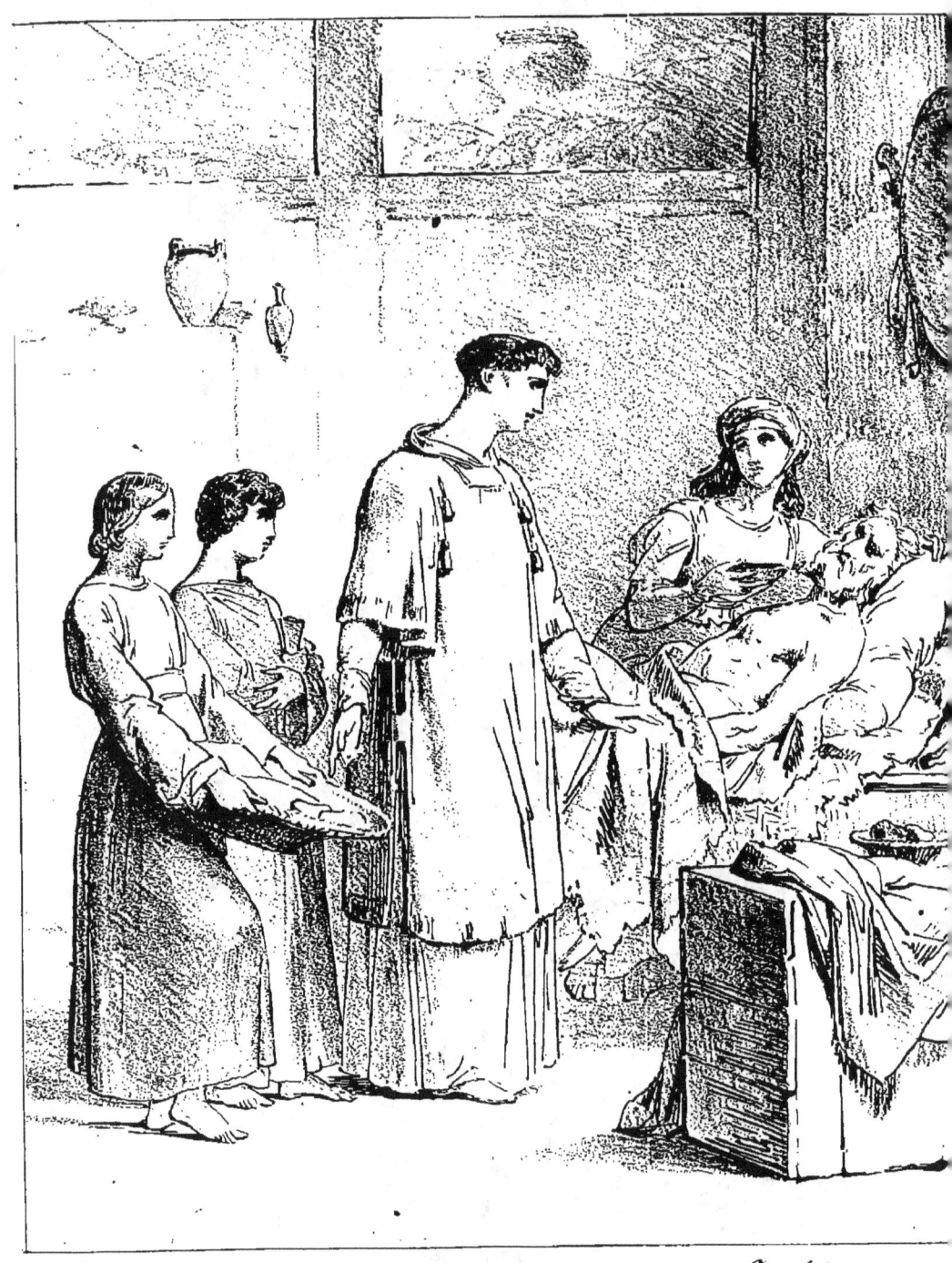

St Etienne portant des secours à une pauvre famille.

duire aux yeux du vulgaire autant d'effet que ce
tableau, il ne lui manque qu'un sujet à qui tout
le monde s'intéresse davantage. La crainte d'une
mère pour les jours de son enfant que le fer du
bourreau va frapper peut-être, jette une émotion
profonde dans tous les cœurs ; la visite d'un
modeste chrétien chez un malheureux soldat,
n'éveille pas au fond des ames un sentiment aussi
vif. Il n'y a point de terreur. Si l'on est né généreux, l'action du charitable visiteur paraît
toute simple ; si l'on n'a pas la vertu qui porte à
secourir son semblable, on ne comprend pas
cette action. Tout l'intérêt que M. Cogniet pouvait mettre dans son sujet, en le traitant avec une
sage simplicité, nous le trouvons assurément dans
son tableau. Sa composition, exempte de l'exagération et du fracas, qui est le défaut trop ordinaire
des ouvrages historiques, est en harmonie avec le
caractère du personnage principal.

Etienne, appelé par la misère sous le toit d'un
vieux guerrier, dont Tibère a méconnu les services, et que le ministre de l'empereur a condamné peut-être à mourir de faim, parce qu'il
n'a pas voulu appuyer de son glaive les volontés
tyranniques de Séjan ; Etienne, suivi de deux
jeunes disciples de la nouvelle loi, apporte au

moribond du pain et des paroles de consolation.
Le vieillard, étendu sur un lit que sa faiblesse ne
lui permet pas d'abandonner, exprime seulement par un regard, sa reconnaissance pour le
bienfait dont il est l'objet. Une jeune femme, la
fille du pauvre, est au chevet du grabat, et joint
ses paroles au témoignage muet de gratitude que
donne son père. Les compagnons d'Etienne assis-
tent à cette scène attendrissante sans étonnement
et presque sans émotion. Chaque jour le spectacle du malheur frappe leurs yeux, chaque jour
ils voient leur maître pratiquer la bienfaisance ;
ils n'admirent plus le vicaire des apôtres, et déjà
ils ont appris de lui à regarder comme une épreuve
tentée par Dieu sur la force morale de l'homme
ces souffrances auxquelles le soldat est près de
succomber.

On a blâmé les trois figures de profil de saint
Etienne et de ses disciples ; on a eu tort et raison :
tort, parce que le hasard seul semblant avoir
assigné leur position dans le tableau, cette idée
éloigne toute apparence d'arrangement ; raison,
parce qu'il résulte de-là quelque uniformité. Les
têtes sont au surplus d'un charmant caractère ;
elles se ressemblent un peu, mais qui aurait le
courage de s'en plaindre! La femme dont nous

parlions tout à l'heure, porte sur ses traits les dégradations de la pauvreté; son expression a cependant de la noblesse, elle est jolie encore quoique les pleurs aient flétri son visage. La tête du vieillard est remarquablement belle ; ses yeux enfoncés dans leur orbite qu'ont creusé la maladie et le besoin, sont d'un effet sévère ; la maigreur de ses traits et de son corps fait peine à voir, mais elle n'a rien de repoussant. M. Cogniet a su être vrai sans être trivial ; c'est un grand mérite dans ce temps-ci.

Le style du morceau que nous louons avec tant de plaisir, est gracieux à la fois et énergique. Le dessin est élégant, mais sans recherche, correct d'ailleurs, et bien loin de ce mépris des formes qu'on affecte aujourd'hui, par une contradiction singulière avec la propension qu'on a pour la reproduction scrupuleuse de la nature ; comme si dans une figure d'homme jetée sur la toile, la première chose ne devrait pas être un homme, c'est-à-dire ses proportions, ses os, ses attaches et la configuration de ses muscles! Plusieurs de nos peintres romantiques, qui méritent à beaucoup d'égards les éloges qu'on leur donne, peignent avec chaleur *les dessus*, mais paraissent oublier qu'il y a sous la peau quelque chose qu'il

faut peindre aussi. M. Cogniet, en s'éloignant du
système des beautés convenues que l'abus de
l'admirable école du style avait introduites dans
l'art du dessin, s'est cependant mis en garde
contre le laid. Il ne peint pas des statues, mais
il choisit dans la nature.

L'effet général du *saint Etienne* est calme;
la couleur est vierge de manière; elle a de la solidité et ne manque pas d'éclat dans les têtes et les
extrémités des jeunes gens et du saint. La touche
de M. Cogniet est large, facile; elle est douce
ou vigoureuse, selon qu'elle arrondit le front
adolescent d'un des suivans d'Etienne ou qu'elle
modèle le torse et la face décharnés du vieux
soldat. Nous ne saurions trop louer le tableau
que nous venons d'analyser, il renferme des
beautés d'un ordre supérieur, et nous n'y voyons
rien de médiocre; le principal y est excellent, et
les accessoires, traités avec la fermeté d'une peinture d'histoire, sont faits avec le soin d'une peinture de genre.

M. Cogniet a de la pensée; toutes ses compositions en font foi. Le *Massacre des Innocens*,
que nous rappelions au commencement de cette
note, réussit surtout par la poésie du sujet. Le
Grenadier de Moscou doit aussi à ce mérite

d'avoir fixé l'attention du public ; d'autres qualités encore le recommandent aux amis des beaux-arts.

Les coupoles dorées du Kremlin brillent au milieu des flammes que le désespoir national vient d'allumer dans Moscou.... Les ressources promises aux Français vont être anéanties par l'incendie ; le feu ravira tout espoir à la conquête, et le froid vengera le peuple vaincu des exploits du conquérant... Le besoin de la retraite est pressant ; mais cette retraite comment s'opérera-t-elle ? Voyez cette vaste plaine recouverte de neige, et dites quel avenir promettent aux braves cet horizon de glace et ce ciel chargé de frimas, qu'un sort ennemi a rendu plus rigoureux qu'il ne le fut jamais, pour faire expier à notre armée trente ans de gloire et de bonheur....

Nos soldats fuient les dangers que présente la ville embrasée et se précipitent dans des périls contre lesquels leur valeur ne sera que trop impuissante. Les colonnes commencent ce mouvement rétrograde qu'ont précédé tant de regrets et que va suivre la mort si horrible sur la terre étrangère....

Quelques tirailleurs se sont écartés d'une division des grenadiers de la garde et s'avancent

dans la campagne, où un parti de Cosaques vient
prendre position pour inquiéter la marche de nos
régimens. Seul, au milieu d'un petit cimetière
dont il s'est fait une espèce de fort, un vétéran
de ces légions qui firent trembler le monde, et
commencèrent au bord du Nil leur carrière qui
devait s'achever au bord de la Moskowa, attaque
les cavaliers du Don et se défend contre leurs ri-
postes. Plusieurs ont déjà été frappés; d'autres
ont pris la fuite; plus hardis, deux ou trois s'a-
vancent de nouveau; mais un est atteint d'une
balle qui le renverse de son cheval; le grenadier
recharge son fusil qui fume encore; sa conte-
nance assurée présage le destin réservé au premier qui se trouvera à la portée de son arme.
Une compagnie franchit le mur d'enceinte du cimetière et vient soutenir cet intrépide tirailleur
qui n'a ni appelé, ni souhaité peut-être un tel
secours, et qui, après avoir calculé toutes les
chances de l'armée, a fait avec sang-froid le sacrifice de sa vie. Hélas! il semble repousser les
Russes, moins pour remporter une dernière victoire que pour faire respecter son tombeau.

Le combat de ce héros est un épisode plein
d'intérêt. Dans la composition de M. Cogniet
tout va à l'ame. Rien n'est plus touchant, plus

capable d'inspirer des réflexions mélancoliques
et de rappeler de grands souvenirs, que la situation de ce soldat dans lequel on peut voir le représentant allégorique de l'armée entière. Les
objets qui l'entourent disent assez quel sera le
dénouement de l'action où il s'est engagé; le Russe
ne sera pas son plus cruel adversaire! le reflet
de l'incendie s'étendant sur la plaine et confon-
dant d'une manière si poétique les élémens de
mort qui menacent les Français.... On voit que
là va périr le grenadier; une voix sinistre semble
lui crier : « Tu n'iras pas plus loin, et la croix de
ce cimetière a été plantée pour toi! »

Comme peinture, le tableau de M. Cogniet
n'est pas moins remarquable qu'il ne l'est comme
conception romantique [1]. L'effet en est terrible,
et rien n'y sent le mélodrame. La simplicité dans
l'arrangement de la scène et dans la pose du
soldat est très-louable. La figure du grenadier est
d'un bon dessin; elle est naturelle avec noblesse.
Le coloris de ce morceau fait honneur à la palette
de l'artiste dont il faut louer aussi la touche large
et ferme.

Des qualités analogues, et en rapport, quant à

[1] Exposé en mars 1826 dans les salons de la *Société des Amis des
Arts*, cet ouvrage échut, par la faveur du sort, au Roi qui en a fait

l'effet, au sujet qu'il avait à représenter, recommandent le tableau au bas duquel on lit : *Santona*. L'histoire de cet ouvrage est singulière ; il faut que je vous la conte.

La guerre d'Espagne était achevée, et les sujets de Ferdinand commençaient à jouir du bonheur que la présence de nos troupes dans la Péninsule devait assurer au pays ; la gloire de nos conquêtes était consacrée par la poésie ; le préfet de la Seine voulut que la peinture la consacrât aussi. Il commanda une série de tableaux représentant les faits d'armes les plus importans de la campagne. Il y eut de l'illustration à l'huile pour tous les officiers et pour M. de Damas aussi. La collection de la préfecture figura à l'Hôtel-de-Ville, puis au salon de 1824 ; elle est maintenant disséminée sans doute, car M. de Chabrol aura fait à chaque général la galanterie de lui donner la page de cette histoire mémorable qui le concerne. Par une fatalité bizarre, le prince de Hohenlohe-Barteinsten qui n'est jamais oublié du ministère et qui doit au souvenir toujours présent de monseigneur Villèle la dignité de maréchal et la pairie par-dessus le marché, M. de Hohenlohe fut oublié. L'hono-

présent à madame la Dauphine. Cette princesse possède aussi le tableau de *Santona*.

rable guerrier s'en affligea ; M. le préfet le sut et
il se hâta de se faire pardonner une faute com-
mise sans volonté. L'affaire était embarrassante : il
fallait choisir, dans la part d'action prise par M. le
prince Barteinsten aux travaux militaires de 1823,
un sujet qui mit sa seigneurie en évidence. Un
commis feuilleta les bulletins et ne vit rien.—Un
peintre sera peut-être plus heureux, dit le préfet;
qu'on m'aille chercher un peintre. On s'adressa à
M. Cogniet, et on lui dit : « Il nous faut un tableau
où le juste amour-propre de M. de Hohenlohe
puisse trouver son compte; le temps est la guerre
d'Espagne, le sujet ce que vous pourrez ! » Et
M. Cogniet se mit bien vite à l'œuvre. Il s'informa,
fit de longues enquêtes et ne découvrit rien. Il
n'aurait pas fallu moins qu'un miracle pour qu'il
en arrivât autrement. La division du général n'a-
vait pas trouvé l'occasion de se signaler; il n'y
avait pas eu de gloire pour tout le monde dans
une guerre si courte ! Le baron de Damas avait
été plus heureux, lui qui n'avait pas besoin du
combat de Llers pour montrer qu'il est grand
homme de guerre ! M. Cogniet revint à M. de
Chabrol qui s'avisa d'un moyen excellent. « M. le
maréchal, pensa-t-il en lui-même, saura peut-être
à quelle affaire il s'est trouvé; écrivons à son ex-

cellence. » Il écrivit. M. de Hohenlohe se rappela
qu'un jour il s'était présenté devant Santona pour
le forcer de capituler; qu'il avait envoyé aux rebelles un parlementaire reçu civilement, mais ren-
voyé sans réponse; que la ville s'était rendue
plus tard, mais qu'il était dans son lit au moment de la capitulation. Il raconta ces faits avec
la naïveté modeste et touchante que mettait le
grand Condé à dire ses exploits *immortels.
M. Cogniet se décida à jeter Santona sur le dernier plan de sa toile, comme prétexte de tableau,
et il groupa ensuite sur le devant quelques officiers d'état-major dont un reçoit l'ordre d'aller
sommer les constitutionnels de se rendre.

Le madrigal de M. le préfet arrangé par
M. Cogniet est une fort bonne chose; nous ne
voudrions pas pour beaucoup que M. de Hohenlohe n'eût pas éprouvé de regret à l'oubli de
l'édile parisien. La composition de ce morceau
historique exécuté dans de petites proportions
est simple. Le général est en avant de ses aides-de-
camp, monté sur un cheval blanc qui bat la terre
du pied, et, comme celui de Louis XIV, semble se
plaindre de la main qui l'attache au rivage. Le
colonel, que les Espagnols vont revoir bientôt, est
sur le second plan à droite du prince qu'on voit

par le profil droit; les officiers sont derrière leur
chef, et un soldat à gauche présente les armes.
Hommes et chevaux sont bien dessinés, largement peints et naturellement en scène. La figure
du carabinier, le sac sur le dos et rendant les
honneurs militaires à M. de Barteinstein, est très-
belle. La couleur de ce tableau est solide et brillante ; l'effet en est simple ; les personnages se
détachent en vigueur sur le fond. Un seul mot
suffira à l'éloge de l'ouvrage de M. Cogniet :
M. Horace Vernet a rarement fait mieux et il n'a
pas toujours fait aussi bien dans ce genre.

M. Cogniet a exposé, outre les trois tableaux
que nous venons d'analyser, d'autres productions
dignes de leur auteur, mais d'une moins grande
importance.

M. l'abbé de La Mennais.

M. L'ARCHEVÊQUE DE BOURGES. — M. LE CARDINAL DE LATIL.

> .... Aujourd'hui l'Église militante
> Pour des lambris dorés a déserté la tente.
> BARTHÉLEMY ET MÉRY. *Rome à Paris.*

Un rigoriste disait qu'une femme vertueuse et un prêtre ne doivent pas permettre qu'on expose leurs portraits au Louvre. Cela est trop absolu, au moins de moitié. Une femme peut être fort honnête, et vouloir, si elle est jolie, obtenir au Salon de peinture les mêmes succès que dans le monde; voyons, en conscience, y a-t-il là quelque chose qui soit réellement contraire aux mœurs? Quant au prêtre, il n'y a pas plus de mal de sa part à se montrer dans ce lieu profane, que dans un autre, la cour, par exemple, ou le salon du ministre qui fait les évêques et les pairs. Il est vrai qu'il n'est pas très-bien que l'antichambre de Son Excellence ou celle du prince, reçoivent un homme supposé étranger aux intrigues et à la corruption du monde.

Un peintre fait des portraits pour vivre ; il ne lui est pas indifférent de portraire un citoyen obscur, si beau de couleur et d'expression qu'il puisse être, ou un personnage connu, tant laid soit-il. Le peintre du bas étage, qui spécule sur les affections de famille ou les vanités des concierges, expose à la porte de son allée, Odry, le Marquis chansonnier, ou la marchande de gâteaux de Nanterre; il atteste par-là qu'il sait *attraper la ressemblance.* Le peintre du grand monde s'adresse à d'autres modèles; pour que tel banquier lui paie un jour deux cents louis le portrait de sa femme ou de sa fille, il sollicitera la faveur de peindre le Roi, M. de Villèle, M. Frayssinous, ou la vieille duchesse de Ser..... Il exposera ses ouvrages au Louvre, et ce lui sera une bonne enseigne pour son atelier.

Dans le temps où la mode était aux bonnets de grenadier, les artistes cherchaient à faire des militaires; depuis qu'on a pu dire :

Ecce tricornigeri veniunt, nigra agmina, patres [1].

les portraits d'abbé sont très-courus. C'est à qui

---

[1] Plaisante allusion faite par M. Rouvet de Cressé à l'arrivée, auprès

aura l'honneur d'avoir devant son chevalet un prince de l'Église. Nous pourrions nommer un homme d'un talent médiocre, qui a dû de faire une quinzaine de portraits aristocratiques au bonheur qu'il eut de fixer sur la toile les traits d'un jeune prètre de qualité, répandu dans le plus grand monde et oracle de sa coterie ; encore l'effigie du faiseur de conférences n'avait point été mise au Louvre !

Que voulez-vous qu'un évèque réponde à ceci : « Monseigneur, je suis artiste et j'ai besoin de vivre. Le portrait est ce que nous appelons *le pot-au-feu*. On est devenu si pudibond depuis quelques années, que bien des gens répugnent, par dévotion, à se faire peindre ; ils voient un péché dans une chose toute simple, et qui ne fut réputée en aucun temps peu orthodoxe. Si Votre Éminence voulait lever les scrupules de ces chrétiens timorés, elle me rendrait un service insigne ; je vous prie donc, Monseigneur, de permettre que je reproduise vos traits vénérés, que je place mon tableau au Salon, et qu'à l'abri de ce pieux charlatanisme, je gagne un argent dont j'ai besoin. »

du vaisseau *la Montagne*, du navire portugais *le Saint-Ignace*, qui portait à sa proue la figure du fondateur des jésuites. Ce navire avait été capturé au commencement de la campagne de 1794.

L'évêque refusera-t-il ? Mais les œuvres de charité se pratiquent de cent manières, et celle-là est
une des plus sortables. Il acceptera donc pour
obliger le peintre, et viendra au Salon braver vos
sarcasmes. Un autre motif encore le fera condes-
cendre au désir de l'artiste : l'Eglise a des idées de
conquêtes, et il ne lui faut négliger aucun des
moyens de réussir ; peupler le Louvre de têtes
ecclésiastiques est une excellente chose dans le
système. Le prêtre a raison, il oblige le peintre
et sert la cause sainte. Quant au peintre, il a
raison aussi ; mais nous ne pouvons nous empê-
cher de comparer ce spéculateur, qui se fait
commanditer par un prélat, au pauvre que nous
voyons demander l'aumône en récitant des *Pater*
et des cantiques.

Il est certainement quelques hommes qui ne
vont pas au-devant des gens d'Eglise, mais que
ceux-ci vont chercher; il faut bien le dire, nos
saints ont aussi leur petit coin d'orgueil. C'est
donc pour le général, ce que je viens de dire, et
non pour le particulier.

M. Paulin Guérin nous a donné un excellent
portrait de M. l'abbé de La Mennais. L'éloquent
écrivain est représenté composant une page de
l'Essai sur l'indifférence. Il vient d'écrire le

mot de *pape*, et il sourit malignement, comme
si ce mot jeté dans la discussion doit être à
l'instant le sujet d'une de ces luttes animées auxquelles se plaît son génie. Ne cherchez pas sur cette
figure le doux patelinage, la réserve arrangée,
la grâce mystique, la fraîcheur nonnette d'un abbé
de ruelle ou d'un moine de l'antique Citeaux. Il
n'y a rien là qui puisse ravir des yeux dévots, rien
qui aille aux belles pénitentes ; examinez de plus
près, et vous verrez qu'il n'y a rien non plus qui
aille au pouvoir. Cette petite tête maigre, longue,
caractérisée ; ce teint lymphatique, ces yeux
gris, pénétrans et spirituels ; ces joues sillonnées,
des pommettes au menton ; ces lèvres un peu
grosses et plus violettes que vermeilles ; ce sur-
baissement des sourcils ; ces rides du coin de l'œil
qui s'accordent avec le mouvement des muscles
de la bouche pour marquer le sourire ironique ;
cet air d'assurance qui n'est pas vaniteux ; cette
conviction de la force et du talent, qui se révèle
sous la naïveté la moins cherchée ; ce corps frêle ;
cette petite main au bout de ce petit bras ; tout cet
ensemble qui n'a rien de quêteur, vous dit que
vous avez affaire à un être hors des données communes. Il est prêtre et ne veut point être évêque ;
il vit dans un temps de servilité, et il ne rampe de-

vant personne; il ne recherche pas les succès de
boudoir , il ne catéchise pas, entre le café et le
boston, des infidèles qu'il convertirait par des
madrigaux , il s'attache à de grands systèmes , à
de grands hommes. Il se mesure avec Rousseau,
et souvent il est de la taille du philosophe. Figurez-
vous François de La Mennais à la place de Chris-
tophe de Beaumont, et voyez l'archevêque aux
prises avec l'auteur d'Emile ! Quelle admirable
guerre! Si la vérité ne sort pas du choc de ces
deux génies , la vérité n'est pas !

L'abbé de La Mennais est un homme à part ,
un prêtre à part. Il tient pour la puissance suprême de Rome. Il veut des bulles pour charte ,
un pape pour roi ; il fait d'admirables ouvrages
pour la légitimité temporelle du successeur de
saint Pierre ; et, de ce souverain, le seul qu'il com-
prenne , il ne veut rien , rien, pas même le chapeau rouge. On a dit que M. de La Mennais a choisi
une cause , comme Rousseau ; je n'en sais rien.
Si cela est, il faut convenir qu'il peut y avoir bien
du génie en dehors des convictions. On a dit qu'il
est la dernière colonne de l'Église romaine; je le
crois.

Il prit un jour à M. de La Mennais le désir
d'aller à Rome, et il partit. On se hâta de répan-

dre qu'il allait chercher les faveurs du Saint-Siége;
il revint comme il était parti. Ce n'est pas que le
pontife l'eût accueilli sans distinction ; mais son
indépendance refusa tout. Il fut logé au Vatican,
reçu par des cardinaux, admis aux audiences intimes du pape, traité en roi; il quitta le palais
où l'on intrigue pour la barrette, et après
avoir baisé la main de Léon XII, il recouvrit sa
tonsure de la simple calotte noire. A Capri, on
l'arrêta comme carbonaro. On n'a pas songé
encore à l'arrêter en France comme franc-maçon.

Je me plais à parler longuement de M. de La
Mennais avec qui je n'ai cependant aucune sym-
pathie politique ou religieuse; mais j'admire ce
grand écrivain; j'aime son imagination vive et
brûlante, le tour de son esprit téméraire et original ; je l'estime même quand il oublie la modération jusqu'à nous menacer de nous faire voir *ce
que c'est qu'un prêtre ;* je crois sa doctrine encore moins raisonnable que dangereuse ; mais
j'honore son caractère. Indépendant et chevalier
de la thiare ! voilà de ces contrastes qu'on ne
rencontre pas souvent; c'est comme un paradoxe
de conduite.

L'ouvrage de M. Paulin Guérin est très-re-
marquable par son coloris, sa touche fine et ferme

et la vérité du sujet représenté. Reprochons au peintre un détail qui nuit à l'effet naïf d'un portrait d'ailleurs si bon. Pourquoi avoir affublé du petit manteau M. de La Mennais? ou pourquoi lui avoir mis la plume à la main? Est-ce un trait caractéristique? L'auteur de l'*Essai sur l'indifférence* ne peut-il écrire sans mantelet? Buffon ne composait pas sans manchettes.

M. Robert Lefèvre a recouvert des habits épiscopaux Mgr. de Bourges, et il a bien fait. M. de Villèle tient son rang dans l'Eglise par la mosette; l'abbé de La Mennais le tient par la plume; c'est une faute de goût de représenter l'écrivain avec les accessoires de la coquetterie, c'en serait une d'oublier les dentelles de l'Eminence. Jetez dans le tourbillon du Louvre M. de Villèle avec une simple soutanelle, personne ne devinera en lui un homme d'importance; essayez d'y perdre l'abbé de La Mennais : s'il a son rabat et ses armes, s'il jette un regard sur vous, comment pourrez-vous le méconnaître? M. Robert a bien conservé à la physionomie de Mgr. de Bourges son caractère; il y a du gascon dans ses traits; du gascon, oui, moins.... je n'ose pas dire. L'abbé de Villèle eut quelques succès à la chaire, quand M. le comte de Villèle était chef de l'Opposition royaliste; il

est arrivé à l'archiépiscopat quand l'ennemi du
ministère est devenu ministre. C'est un plaisir
d'avoir un cousin comme ce bon Joseph! il pense
à tous ses parens; plante ceux-là au palais Rivoli, les autres au palais de Bourges, et l'espèce est si bonne qu'elle prend partout. Monseigneur l'archevêque doit chanter *in petto* de
beaux *Te Deum* en mémoire de la révolution;
sans elle le ministre régirait une sucrerie, et le
voilà fouet de Metternich ; que serait alors le
prélat? chapelain d'un capitoul, ou gouverneur
des enfans d'un négrier!

La peinture de M. Robert Lefèvre n'est pas
mauvaise; c'est tout ce qu'on en peut dire. Si sa
couleur était plus vraie, son dessin plus élégant,
sa touche moins molle, son effet plus vif, on
pourrait louer son ouvrage.

Simplicité, naturel, c'est ce qui recommande
le portrait de M. Latil exécuté par madame Varcollier [1]. Cette jeune dame, qui débute dans les
arts, ou du moins qui expose au Salon pour la
première fois, annonce d'heureuses dispositions.

---

[1] Madame Varcollier est auteur d'un portrait de M. Hesse
(n. 1023) que nous préférons encore à celui de M. de Latil, et qui est
un ouvrage très-digne d'éloges.

(*Note de l'éditeur.*)

Son pinceau est exempt de manière et il ne manque pas d'énergie ; son crayon est pur, et il ne va qu'à la vérité. Le portrait du cardinal est fort bien, quoique les ombres du bas de la figure soient un peu trop noires, que le camail soit d'un ton un peu crû et que par-là le coloris de la tête perde de son éclat. Quelques glacis remettront tout cela dans une heureuse harmonie. Madame Varcollier fera bien aussi, si Son Eminence le permet, de tempérer les feux de cette plaque du Saint-Esprit que Monseigneur porte sur la poitrine. Il me semble qu'il y aurait de la convenance à jeter dans l'ombre toute la partie mondaine de cette peinture religieuse ; M. de Latil ne doit pas chercher à briller par les cordons ; cette faiblesse est bonne pour un courtisan séculier. Les bijoux et les rubans, que sont-ils pour un homme si intimement lié à l'histoire de la Restauration? Ce qui décore M. de Latil, ce n'est pas un ordre ou dix, mais la reconnaissance de l'Église pour le rang qu'elle occupe aujourd'hui dans le monde politique, et celle des jésuites pour les importantes conquêtes qu'il a faites à leur ordre. Saint Vincent de Paule... Mais voyez la manie des comparaisons! Comparaison n'est pas raison, n'est-ce pas, Monseigneur?

Eh bien ! point de comparaison, je la rétracte et
avec La Fontaine :

> Je me tais et ne veux vous causer nul ennui,
> Ce ne sont pas là mes affaires.

Sir Thomas Lawrence.

PORTRAIT DE MASTER LAMBTON.

L'ÉCOLE anglaise allait perdre toute l'importance qu'elle avait acquise il y a trois ans ; on
s'en réjouissait, on s'en affligeait. « Voyez, disait ce paysagiste, Constable est bien mauvais
cette fois. — Tant pis. — Tant mieux vraiment !
Battus aujourd'hui, les Anglais ne se montreront
pas en 1829 ; ils ne nous arracheront plus les
décorations et les suffrages du public. — Mais
ils vous ont fait entrer dans des voies nouvelles.
— Ils ont tourné la tête à quelques jeunes ex-
travagans, et voilà tout ; c'est une pitié que leur
système ; du lazzi, des effets forcés, et pour du
classique pas l'ombre. Tenez, ce que nous connaissons d'eux prouve qu'ils n'entendent rien à
la peinture ; et ma foi, Dieu soit loué ! ils ont
conspiré eux-mêmes contre l'engouement qu'ils
avaient excité ! Quand on est Français, Wellington et Kean, Castlereagh et Wilkie, c'est tout un.

Certainement miss Smithson est admirable, entraînante, sublime, naturelle, gracieuse, passionnée, tout ce qu'il vous plaira ; elle m'a ravi dans *Belvideira* et dans *Jane Shore*, mais je n'ai pu l'applaudir. Ses succès me faisaient saigner le cœur pour cette pauvre demoiselle Duchesnois ; j'ai juré de ne pas aller voir Young et Macready par respect pour Joanny et Lafon. On perd le vrai beau, on mine l'esprit national. — Et l'on sort des vieilles routines. — Oui, pour tomber dans les routines nouvelles. Les préjugés romantiques valent-ils mieux que les préjugés classiques ? — Qui parle de défendre les préjugés ? C'est pour la liberté que l'on dispute. — Dites donc pour l'anarchie. Aristote et David sont détrônés, on a horreur de l'Olympe et des Atrides ; on s'est fait des héros pour faire une autre école. Encore si les novateurs n'étaient pas des copistes, s'ils créaient quelque chose ! mais en littérature ils jurent par Schiller ou Shakspeare, en peinture ils reconnaissent pour maîtres Delacroix ou Lawrence. Mais Lawrence leur manque cette année, et c'est déjà la moitié de notre cause de gagnée. »

Lawrence n'a pas manqué aux partisans de l'école anglaise, un de ses plus beaux ouvrages

est arrivé au Louvre, et à quelque système qu'on
appartienne, il faut avouer que ce morceau est
délicieux. C'est le portrait du jeune Master Lambton, que nous connaissions par la belle gravure
(à la manière noire) de Cousins, artiste de Londres. Pour l'école, à laquelle nous avons eu raison de faire quelques emprunts, mais qu'on ne
peut sans folie opposer à la nôtre, mieux vaudrait que Lawrence eût envoyé une grande composition. Il ne nous a rien montré encore de capital, le Gérard britannique; ce n'est cependant que
lorsque nous aurons vu quelques tableaux historiques de ce maître, que nous pourrons juger
de son mérite et de la peinture anglaise. Est-ce
sur un portrait de Vandick qu'on a pris la mesure du talent des peintres hollandais?

La pose de l'enfant représenté par sir Thomas
Lawrence est pleine de grâce et de vérité. Assis
sur une roche qui domine un abîme, la jambe
droite pliée sous la cuisse gauche, la tête inclinée
à gauche et appuyée sur la main de ce côté; le
bras droit étendu et la main posée sur un angle
du rocher, les yeux élevés au ciel, et la physionomie calme, le petit Lambton paraît plongé
dans une rêverie mélancolique au-dessus de son
âge; on dirait un Byron de douze ans.

6

L'expression de cette figure est ravissante ;
belle et jolie, elle a tous les caractères du génie
qui devance les années ; des cheveux noirs , bou-
clés sans trop de soins , donnent au teint de cette
aimable créature un éclat que le pinceau a rendu
d'une charmante suavité. L'exécution de la partie
principale de l'ouvrage, la tête, est irréprochable;
on ne peut trouver rien de plus finement modelé, rien de plus élégamment dessiné. Le coloris
pur et sans manière, la touche gracieuse et spirituelle, font un chef-d'œuvre de ce portrait,
peint avec une conscience que ne nous avaient
pas fait soupçonner les portraits du duc de Richelieu , du baron Gérard et d'une dame anglaise, les seules productions de Lawrence que
nous connaissions.

Il est à regretter que le corps du jeune Lambton soit si négligemment indiqué; il se dessine
mollement sous le velours rouge dont il est recouvert. Ce velours lui-même est d'une facture
médiocre ; le système de plis adopté par l'artiste
est disgracieux. Les roches qui servent de point
d'appui et de fond à la figure manquent de solidité. Quant à l'effet, il est inintelligible; le soleil
devant, et derrière la lune. Ce non-sens dépare
le tableau, mais il faut le pardonner ; il faut savoir

isoler la tête de Master Lambton des accessoires
qui l'entourent; elle est admirable, ils sont
mauvais.

La gravure de Samuel Cousins, où le sentiment de l'original est parfaitement conservé,
corrige plusieurs des défauts que nous reprochons
au portrait de Lawrence; il y a là de la fermeté
dans le paysage et dans le vêtement. La planche
de Samuel a beaucoup de succès à Londres; l'exposition au Louvre, du morceau dont elle est
l'heureuse traduction, va lui donner la vogue à
Paris.

Le portrait que nous venons d'examiner est
l'objet de la prédilection particulière de son auteur; c'est de tous ses ouvrages celui dont sir
Lawrence se pare le plus volontiers, c'est son
enfant chéri. Certes, l'affection paternelle se conçoit ici; qui pourrait dire qu'elle est aveugle?

Master Lambton est destiné à la pairie; il est
d'une famille de lords. Quelle héritière des Trois-
Royaumes ne sera heureuse de recevoir le nom et
la main d'un jeune homme qui aura fortune, nais
sance, beauté et esprit? génie peut-être; oui génie, ou son portrait a menti.

Peinture officielle.

PORTRAITS DU ROI ET DE MADAME. — LE TROCADÉRO. — LE MONUMENT
DE QUIBERON. — ENTREVUE A CHARTRES. — PORTRAIT D'UNE
DILIGENCE A LA DAUMONT, APPARTENANT A MONSEIGNEUR LE
DAUPHIN.

MM. Gros, Paulin Guérin, Robert Lefèvre, Serrur, Dubois-Drahonnet,
Kinson, Delaroche, Couder, Garnier et Schmitz.

Sous Louis XIV et sous Napoléon la peinture
officielle fut brillante; d'où vient qu'elle l'est beaucoup moins aujourd'hui? Question oiseuse s'il en
fut et qui ne vaut guère la peine qu'on la résolve.
Paul-Louis Courier vous aurait dit cela crûment,
lui; mais il ne ménageait rien ce diable d'homme;
aussi il est mort d'une balle ajustée par quelque
dévot au *Freischutz*. Cela apprendra à vivre à tous
les gens qui ne savent avoir égards ni politesse
pour personne, débitent hardiment ce qu'ils
croient vrai, et ne songent point qu'il y a des
oreilles auxquelles rien ne va de ce qui n'est pas
mensonge galant et fade adulation. Or donc la
peinture officielle n'est pas heureuse maintenant;

elle n'est pas toute mauvaise non plus, mais il
faudrait pour l'effet qu'on en attend qu'elle fût
toute bonne. Il faudrait! je n'en dis pas la cause;
mais vous comprenez bien, n'est-ce pas? La peinture d'église aussi devrait toujours être excellente; une *Adoration*, par M. Ansiaux, un
Christ, par M. Robert Lefèvre, une *Sainte famille*, par M. de La Noë, aident les indifférens, les
incrédules, les railleurs. Ce n'était pas trop de
Raphaël pour peindre la Vierge, ce ne serait pas
trop de Rubens ou de David pour représenter
les faits de la monarchie.

Je vois au Louvre quatre portraits du Roi;
aucun n'est satisfaisant, c'est un vrai guignon.
Le baron Gros, qui a fort bien réussi en peignant
M. Macips et mademoiselle Korzakoff (je n'oublie
pas M. Villemanzy, dont je n'aime pas cependant
la main systématiquement modelée), s'est trompé
tout-à-fait en représentant Charles X. Il a fait le
monarque trop jeune et sans aucun des caractères distinctifs de sa physionomie; il l'a monté
sur un cheval de bois plaqué de nacre, au poitrail
large, à la croupe angulaire; il l'a fait agir au
milieu d'une atmosphère lourde et jaune sans soleil, sur un terrain mesquinement composé et en
présence d'une centaine de petites figures les plus

étranges du monde. Ce qui représente, dit-on, le corps diplomatique dans cette conflagration pittoresque est du plus étrange effet. M. Gros ne s'était pas encore trompé à ce point; le hasard est bien cruel.

M. Paulin Guérin n'a guère mieux réussi. Les accessoires de son tableau sont brillans de couleur, fermes d'exécution, mais le principal est tout-à-fait manqué. Cette face enluminée, ce nez outré, cette coiffure blanche, donnent à la figure du Roi un air de ressemblance avec celle d'un personnage comique napolitain dont, par respect, je ne dirai pas le nom. M. Guérin a peint M. l'abbé de La Mennais !

Le portrait en costume militaire, de M. Robert Lefèvre, est d'une médiocrité désespérante. Le Roi fait une grimace qui est aussi loin de la grâce que de la noblesse. Les larges sillons de ses joues, la saillie de sa bouche et la forme de son nez enlaidissent beaucoup une tête qu'avec un peu de goût on pouvait faire agréablement vraie. Quant à la pose, elle est *mannequinée*. Le bras droit est roide; ce n'est pas une main qui le termine, mais un moule de bois, garni et recouvert d'un tricot; cela ne tiendrait jamais ni une épée ni une plume. La vie manque à cet ouvrage, faible de

couleur, plus faible de dessin, et qui ne rappelle
en rien que le monarque fut ce jeune comte d'Artois réputé par l'élégance de sa tournure et les
charmes de son visage.

Un valet de pied et un page, quelque peu ado-
nisé, sont les meilleures choses d'un ouvrage de
M. Serrur, où figurent Charles X et Monseigneur le Dauphin. Les deux princes ne sont reconnaissables pour personne. La peinture de
M. Serrur est d'un poli d'acier; on l'aimerait
mieux plus brutale. Tous les acteurs de la scène
représentée par l'artiste, à qui nous devons d'autres productions meilleures que celle-ci, sont
tirés à quatre épingles comme s'ils allaient passer
une revue de propreté. Je paierais bien cher un
peu de poussière sur les bottes et l'habit du page,
un peu de boue sur le pavé de la cour des Tuileries!

Madame, duchesse de Berry, a été peinte par
M. Dubois-Drahonnet. Le portrait est joli et ressemblant; les ajustemens en sont combinés avec
art; les détails de robe, de fourrures sont bien
exécutés. Si la tête et les bras étaient d'un pinceau plus finement coloriste, l'ouvrage serait très-
estimable.

L'auteur du charmant tableau de *Jeanne d'Arc*

interrogée par le cardinal de Winchester, a représenté la *Prise du Trocadéro*. Le sujet était
rebelle à une espèce de peinture qu'on appelle
encore, et ridiculement, *historique*, à cause de
ses grandes proportions; la peinture de chevalet
s'en serait beaucoup mieux accommodée. Un effet de feu et de nuit, des lignes de terrain désa-
gréables, un horizon très-haut placé, une confusion de figures sur les derniers plans; et sur les
premiers, quelques officiers immobiles, voilà ce
qui était donné à M. P. Delaroche et ce que l'artiste a été obligé d'accepter comme élémens d'une
grande composition. *Inanitas!....* M. Delaroche
a abordé franchement la difficulté, et il ne faut
pas lui tenir moins de compte d'avoir peint le Trocadéro, qu'à nos soldats de l'avoir pris. Le ton
général du tableau paraît bleu au premier coup-
d'œil; mais après un moment d'examen on reconnaît combien il est exact. Il ne faut pas s'arrêter aux plans éloignés du tableau où on lit mal
l'action; tout le mérite de l'ouvrage est dans le
groupe de l'état-major du Dauphin et dans la
figure de ce prince. On ne peut voir un portrait mieux en action, plus ressemblant que celui
du duc d'Angoulême; il est naïf sans trivialité.
La pose, les habitudes du corps, le geste, la phy-

sionomie, et jusqu'au lorgnon dont Son Altesse
a coutume de se servir, M. Delaroche a tout reproduit avec fidélité : voilà comme on doit être
vrai; la peinture officielle n'est bonne qu'à cette
condition. C'est ce qui avait surtout distingué
le portrait équestre du Roi par M. Horace Vernet. Les têtes des personnages de la cour du
généralissime sont extrêmement bien modelées;
le peintre y a mis tout son talent, et s'il n'a pu
faire un tableau entièrement bon, il a peint du
moins trois ou quatre très-bonnes figures.

MM. Garnier et Couder n'ont pas eu la même
précaution, tout est de la même force dans leurs
ouvrages : plébéïens, nobles, robins, magistrats,
évêques et princes, secs chez M. Couder, mous
chez M. Garnier ; chez l'un et chez l'autre également dépourvus de noblesse, de charme et de coloris. M. Garnier est membre de l'Institut; ce
père conscrit des beaux-arts, critique très-sévère, a eu bien tort de faire sa *Rencontre de
Leurs Altesses Royales le Dauphin et la Dauphine à Chartres;* il a donné une ample matière
de plaisanteries aux élèves qu'il censura dans ses
rapports à l'Académie. Que n'ont pas dit ces
Messieurs sur les *bonhommes* officiels qu'il a jetés

sur sa toile? Ils ont ajouté un verset à la litanie
du Seigneur : « Du classique Garnier, *libera nos,
Domine !* » Classique !... Le classique, il y a une
conspiration flagrante contre lui, de la part surtout de ceux qui défendent sa cause la brosse à la
main. Tous les d'Aubignac de la peinture ont plus
contribué à la ruine de l'*école du style* que
M. Delacroix, M. Scheffer et leurs imitateurs.
M. Couder, qui recueillit les suffrages de tous les
gens de goût en faveur de son *Lévite d'Ephraïm*
en est à l'*Attila*. Si au moins il revenait à l'*Agé-
silas !* Mais hélas ! nous avons peur qu'il ne soit
plus en son pouvoir de faire ce pas rétrograde.
Quelle affligeante pensée ! et comment s'en défendre en présence de cette *Pose de la première
pierre du monument de Quiberon?* en présence
de ce *César* et de ce *Virgile mourant?* Pour n'être
point sans mérite, le *Saint Ambroise refusant
l'entrée du Temple à Théodose* est-il un tableau
digne de la première réputation de l'auteur? N'est-
ce pas comme un souvenir du dix-huitième siècle?
encore faut-il convenir qu'il n'y a ni la facilité de
Vanloo, ni l'arrangement de de Troy. Une armure
très-bien faite est ce qu'on remarque dans le
Tannegui-Duchâtel de M. Couder; mais qu'est

ce vêtement de fer et de cuivre dans un ouvrage
où il y a une figure nue? Qui voudra comparer le
jeune Dauphin à la femme du lévite? Qui retrou-
vera quelque chose du style dont cette femme
était un modèle si élégant chez l'adolescent enlevé par Duchâtel?... Nous n'avons garde de vouloir décourager M. Couder, qu'en d'autres temps
nous louâmes avec tant de plaisir; mais la vérité
a ses droits que le public défendrait contre nous,
et c'est nous qu'on sifflerait.

Le Salon n'a rien à envier à l'exposition des
produits de l'industrie; chapes, chasubles, mi-
tres, dais, calices, encensoirs, croix, ostensoirs,
burettes, vierges d'argent et de plaqué, châsses
de saints, abondaient dans les baraques de la
cour du Louvre; adorations, descentes de croix,
évangélistes, ascensions, résurrections, miracles, évêques et cardinaux, abondent à l'exhibition des travaux de nos peintres. Encore un
point de ressemblance entre les deux expositions : à l'industrie on nous a montré la *voiture
du sacre;* nous voyons aux beaux-arts la *diligence à la Daumont* de Monseigneur le Dauphin. Le carrosse du Roi était fort déplacé parmi
les objets utiles qui figuraient comme échantillons de nos trésors industriels; c'était une lourde

machine, bonne à rien, de mauvais goût, mais
que la critique a dû respecter plus que si c'eût été
l'ordonnance d'Andujar ou notre pauvre Charte.
La Daumont de Monseigneur est au moins un
morceau de peinture, et, à ce titre, elle a pu
trouver place au Salon; seulement, c'est un tableau parfaitement sans intérêt. Qui a pu songer
à faire le portrait d'une diligence? Je conçois la
marquise qui veut avoir celui de son griffon, le
cavalier qui désire celui de son cheval de bataille,
le cordonnier qui a celui de sa linotte; mais d'une
voiture, à quoi bon, si elle n'est historique, si
elle n'a facilité l'évasion du comte de Provence ou
reçu une femme chérie? La table de sapin auprès
de laquelle M. Gérard a placé Louis XVIII,
est un détail tout philosophique; il était bien
de la peindre, elle rappelait l'exil au milieu
des témoignages de la puissance actuelle. Mais
un coupé de chasse, quel souvenir éveille-t-il?
M. Schmitz n'a pas songé à cela; chevaux, pos-
tillons, piqueurs, harnais, voiture, il a tout représenté avec naïveté, et sans se mettre en peine
d'autre chose que de la ressemblance des bottes,
des roues, des lanternes et de la livrée. Comme
Titien, peignant sa maîtresse, avait placé un mi-
roir dans son tableau afin que deux fois les traits

de celle qu'il aimait fussent reproduits sur la
toile, M. Schmitz a mis *la Daumont* de Son Altesse auprès d'une mare qui en réfléchit les formes élégantes et les couleurs; c'est une attention
dont le carrossier ne peut savoir mauvais gré au
peintre. L'ouvrage de M. Schmitz n'est pas mal,
et il serait bien s'il disait quelque chose au cœur
ou à l'esprit; c'est de la peinture matérielle qui
va à portraire la robe de chambre d'un financier,
l'épée d'un conseiller-d'Etat ou d'un huissier du
cabinet, le davier d'un dentiste, la toque d'un
héraut-d'armes !.. Mais le chapeau de Napoléon [1]?
Oh ! c'est différent; la tête est toujours sous
ce chapeau. Toute l'histoire de Bonaparte est
dans les positions données si spirituellement par
M. Steuben à la coiffure du général, du consul
et de l'empereur. Vous sourirez d'abord en voyant
ce tableau, qui ne paraît qu'une plaisanterie ingénieuse; regardez-le dix minutes, et dites-moi,
quand vous vous en éloignerez, quelles pensées
ont tourmenté votre ame. Arcole, Austerlitz,
Dresde, Fréjus, Waterloo, Sainte-Hélène, il y
a tout cela dans ce petit chapeau droit, incliné,

[1] On connaît le dessin lithographié du petit poëme dont nous
parlons; il obtint un grand succès, fut saisi, rendu au public, puis
ressaisi, etc.

couché et renversé, qui parle mieux des triomphes et des revers, de la politique heureuse et
des fautes de Napoléon, que les bulletins de l'empire et les preuves de Scott.

Les trois Hohenlohe.

Hohenlohe sera maréchal.
Prédiction de PAUL-LOUIS COURIER.

Le diable lui livra une rude guerre....
VIE DE SAINT BENOIT. *Les Miracles*.

Triple je suis sans cesser d'être unique.
PARNY. *La Guerre des Dieux*.

TROIS portraits de S. A. le prince de Hohen-
lohe-Bartcinstein, maréchal et pair de France,
sont exposés au Louvre. Un est de M. Kinson,
l'autre de M. Eugène Lami, le troisième de M. Cogniet [1]. Cette trinité se prit un matin à causer

[1] M. Kinson a peint M. de Hohenlohe en pied, et de grandeur
naturelle; son tableau est destiné à la salle des maréchaux. Le prince
est représenté debout auprès d'un petit tertre que couronne un arbre;
orme ou chêne, je ne sais pas lequel des deux; mais à coup sûr ce
n'est pas un laurier. Monseigneur a la tête découverte (c'est peut-
être le perruquier de Son Altesse qui l'a désiré); il regarde un point
de vue dans la campagne. Son œil est bon; l'expression de sa figure
est douce; il n'y a point là l'arrogance d'un militaire de profession,
mais la bienveillante politesse d'un conseiller aulique; sa main
droite est tranquillement reposée sur un bâton bleu fleurdelisé;

entre elle. Un gardien qui faisait sa ronde entendit la conversation. Il nous l'a rapportée, et nous la transcrivons ici sans malice. Pour qu'on puisse reconnaître les interlocuteurs, nous désignons le premier par H-K, le second par H-L, et l'autre par H-C [1].

H-K et H-C (riant). Ah! ah! ah! que c'est drôle !

H-L. — Qu'avez-vous donc ?

H-K. — Vous ne voyez pas comme ils m'ont fait beau ?

H-L. — Bien brodé, vous voulez dire ?

des plaques de toutes les formes garnissent sa poitrine, des clavicules aux fausses côtes ; un cordon bleu coupe obliquement le tronc un peu frêle du prince, enfermé par l'artiste dans un habit vernissé qui ne ressemble pas mal à une boîte de tôle. Les bottes de M. de Barteinstein sont encore sur les embouchoirs. L'exécution de ce morceau est aussi satisfaisante que sa composition. Mou, poli, petit de style, faible de modelé et de couleur, voilà ce que n'est pas le portrait du lieutenant-général comte Lagrange, qu'on voit en face de celui de Monsieur le maréchal, et qu'on doit à M. Drolling. M. Kinson réussit à peindre les femmes ; il sait les ajuster avec goût. Madame la marquise Amelot avec ses enfans (n. 607) est bien : c'est un tableau fort agréable ; l'auteur devrait s'en tenir à ce genre d'ouvrages. Il manque de la vigueur qu'il faut pour peindre les guerriers ; il n'a pas mieux fait le prince de Hohenlohe qu'il n'avait fait le duc d'Angoulème.

[1] H-K (Hohenlohe-Kinson), H-L (Hohenlohe-Lami), H-C (Hohenlohe-Cogniet.

H-C. — Et moi, avec mon air d'assiégeant, suis-je assez plaisant ?

H-L. — Il est vrai que vous êtes passablement comique comme cela. Moi, j'y mets moins de prétention ; je vais le nez au vent, la bouche ouverte, et la main dans ma poche ; mon cheval me mène à la gloire que je rencontrerai s'il ne se trompe pas de route [1].

H-C. — A la gloire ? J'y suis, moi.

H-K. — Moi, j'en suis revenu.

H-C. — Voyez Santona.

H-L. — Chut !

H-K. — Voyez mon bâton.

H-L. — Vous le tenez de mauvaise grâce.

H-K. — C'est qu'il est trop lourd pour mon bras.

H-L. — Vous serez donc au salon des maréchaux de France ?

H-K. — Ne m'en parlez pas, c'est horrible. Quelle compagnie, *mein Got!*

H-C. — Des gens de rien, ducs de deux jours, enfans de la révolution....

---

[1] M. E. Lami aurait pu donner à Son Altesse une physionomie plus spirituelle; il est des cas où il est permis de flatter son modèle. Le portrait est d'ailleurs bon sous le rapport du dessin, du coloris et de la touche.

H-L. — Des soldats qui ont fait la guerre.

H-K. — Contre nous , parbleu.

H-C. — Si mylord Wellington était arrivé on trouverait à qui parler.

H-K. — Celui-là, à la bonne heure; il ferait ca: de nous. Le mieux né entre tous ces parvenu: français , c'est Lauriston ; il descend de Law.

H-L. — Oh ! origine de finance !

H-K. — Oui , mais étrangère.

H-C. — Il faudra savoir tenir son rang , au milieu de ces gens-là.

H-K. — Nous sommes prince souverain , e: nous nous en souviendrons.

H-L. — Faites-nous honneur.

H-K. — Je ne demanderais pas mieux si j'étais autrement tourné que je ne suis.

H-C. — Il est vrai que Kinson ne vous a pas flatté.

H-K. — Ah! ne parlons pas de figure; Cogniet ne vous a guère caressé non plus ; avec vos ailes de pigeon et votre chapeau en pointe , vous avez la mine de don Quixada haranguant les moulins à vent, avant de les attaquer.

H-C. — C'est comme cela que j'étais à Santona, et je nous trouve très-ressemblant dans ce portrait.

H-L. — Moi, je ne suis pas mal, et je me ferai graver pour populariser nos traits.

H-K. — N'allez pas faire cette sottise ; vous n'entendez donc pas ce que dit le peuple quand il nous voit ici ?

H-L. — Bah ! des plaisanteries, des méchancetés ; propos de loustics révolutionnaires ! On se moque de nous, et sous prétexte que nous sommes Allemand, on ne nous pardonne pas notre fortune militaire en France ; mais les honnêtes gens de la cour sont pour nous. On a ri quand nous avons été fait maréchal, et Villèle nous a donné la pairie ; qu'on rie encore, et Villèle...

H-K. — Que pouvons-nous espérer encore? la cassette particulière nous pensionne, le budget de la guerre nous traite largement, nous sommes châtelain de Lunéville ¹, nous sommes cordon bleu, maréchal et pair...

H-L. — Justice que tout cela.

¹ M. le prince de Barteinstein a reçu de S. M. Louis XVIII, à titre d'usufruit viager, le château de Lunéville que Son Altesse habite plusieurs mois de l'année. M. le maréchal est fort aimé des habitans de l'antique cité lorraine qui ont toujours trouvé en lui un excellent homme. Les Lunévillois ne le nommeraient peut-être pas député, mais ils le prendraient certainement pour juge-de-paix ou pour curé.

(*Note de l'éditeur.*)

H-C. — Sans doute, la maison de Bourbon acquitte sa dette. Nous nous sommes sacrifié pour elle; nos revenus de Hohenlohe, nous les avons dépensés à son service.

H-L. — Vous rappelez-vous les lignes de Weissembourg?

H-K. — Certes... mais, maréchal!

H-L. — Les canons que nous avons pris au camp retranché de Bowdenthen?

H-K. — Très-bien... mais, maréchal!

H-C. — Maréchal! maréchal! on ne peut rien de moins pour un homme de notre rang.

H-L. — Le bâtard Maurice de Saxe ne fut-il pas maréchal aussi? Qu'avait-il fait de plus que nous?

H-K. — De l'équité, Bartcinstein. Il n'eut pas le bâton à si bon marché.

H-C. — Et Wellington?

H-K. — Il a triomphé des Français, et c'était bien la moindre des choses qu'on récompensât le vainqueur de Waterloo.

Il-C. — Si nous avions pris du service sous Napoléon, on ne nous raillerait pas; mais nous avons refusé les propositions de l'Empereur. Nous n'aurions pas voulu faire comme de Wrède!

H-L. — Laissons dire les méchans et jouissons

tranquillement de notre position. Nous voilà trois
fois au Salon; Augereau n'y est qu'une fois, et
une fois Bonaparte; j'y ai vu Foy[1], mais si mal
peint, qu'il n'est pas reconnaissable. Nous, nous
sommes brillans. Nous aurions incendié le Pala-
tinat comme Turenne, battu le Stathouder comme
Condé, commandé les grenadiers français comme
Audinot, gagné vingt batailles d'Austerlitz,
qu'on ne nous traiterait pas mieux. Que les géné-
raux dont les bulletins de l'Empire citèrent chaque jour les noms, déclament contre ce qu'ils
appellent notre *gloire anonyme;* ne répondons
rien : il faut être philosophe. Livrons notre figure, notre tournure, nos huit plaques aux épigrammes françaises; c'est un mauvais moment à
passer. La salle des maréchaux nous vengera, et,
après elle, la galerie des Invalides. Le ministère
est un appréciateur plus équitable de notre mérite que la nation; allons donc au Luxembourg
voter pour le ministère.

[1] M. de Bartcinstein se trompe; le général Foy a deux portraits au
Louvre; un, peint par M. Dumont, l'autre, lithographié par M. Mauzaisse, je crois. C'est M. Ladvocat qui n'est qu'une fois au Salon,
comme Augereau et Bonaparte.

(*Note de l'éditeur.*)

Les Anglo-Vénitiens.

LE ROMANTIQUE ET LE GOTHIQUE. — L'ÉVANGILE SELON SAINT EFFET.

MM. Delacroix, Saint-Evre, Devéria, Decaisne, De Lausac, Poterlet, Tiersonnier, Souchon, Tassaert, Colin, Boulanger, mademoiselle Boulanger

LE classique se débat partout contre la mort, c'est l'ancien régime des beaux-arts. Au théâtre, il aurait vécu encore avec Talma; il n'aurait pas été aussitôt vaincu, au Salon, avec David. Mademoiselle Duchesnois et Lafon hâtent ses derniers instans, aussi bien que MM. Ansiaux, Garnier, Couder et Guillemot. M. Ingres lutte, et son exemple pourrait plus que toutes les harangues de M. Quatremère, si une impulsion violente n'était pas donnée, si la révolution n'était pas faite dans les esprits. M. Ingres ne tombera jamais dans la disgrâce du parti vainqueur. C'est un peintre qui a son originalité quoiqu'il soit imitateur de l'école romaine. Son style est sévère, son dessin d'une grande pureté, sa couleur brillante et solide, sa touche ferme et pure ; il tient peut-être un peu trop pour le Perrugin ; mais avec ses qualités on ne meurt pas, on peut passer de mode....

Passer de mode ! Il est triste d'être obligé d'avouer que les arts sont sujets au caprice du temps. La forme est variable ; le fond ne devrait pas l'être, il l'est pourtant aussi ; tantôt on veut une peinture métaphysique, tantôt une peinture sans idéalité. La poésie et le raisonnement triomphent tour à tour. Les uns ont fait un but des arts du dessin, et ils n'ont peint que pour faire des Académies bien proportionnées, bien touchées, bien colorées ; les autres en ont fait un moyen, et c'est le sujet qui les a exclusivement occupés. Pour les premiers la forme était sacrée, pour les autres elle est devenue très-accessoire. Ceux-là cherchaient le beau dans la composition pittoresque, dans l'élégance et la correction du trait, dans l'imitation de l'antique, dans la simplicité des expressions ; ceux-ci vont à l'émotion d'abord, au naturel vulgaire, à l'effet piquant ; et, quant à leur style, il est systématiquement opposé à celui des grandes écoles anciennes.

La société changeant de direction philoso-

phique et politique, et renonçant la plupart de
ses vieilles croyances, toutes ses expressions doivent changer aussi. La littérature et la peinture
tendent à se modifier, pour arriver, où? c'est ce
que je ne puis dire. On sait bien ce qu'on ne veut
plus, on ne sait pas encore bien ce qu'on veut.
On n'aime plus Oreste et Hélène, voilà ce qui est
certain. La mythologie, avec ses sensualités, ennuie; le mysticisme chrétien plaît aux ames poétiques. Les traditions fabuleuses des premiers
âges de la Grèce et de Rome sont désenchantées;
c'est le positif des chroniques qui les a tuées.
Nous savions très-bien ce qu'avait fait Hercule ou
Numa, nous apprenons ce qu'a fait Pépin Hé-
ristal ou Louis XI. La tragédie ne nous intéresse
plus si elle n'est vraie d'action et de langage; la
peinture historique n'aura plus de succès qu'à la
même condition.

Entendons-nous pourtant. La révolution romantique ne peut aller aussi loin en peinture
qu'en littérature. Il est une partie matérielle de
l'art sans laquelle un tableau est bien peu de
chose; c'est le dessin...... Des costumes fidèles, une action fortement indiquée, une combinaison de scène habile, une expression naïve,
sont de grandes qualités, mais ne suffisent pas.

Il faut encore que les personnages qui agissent, qui représentent une époque, qui s'agitent sur la toile pour nous émouvoir, il faut que ces gens-là soient vrais autrement que par leurs habits. Je veux voir des bras sous leurs manches, des jambes dans leurs bottines. Un homme qui a quelque tournure avec un manteau, je veux pouvoir le déshabiller par la pensée et le trouver homme encore, avec de bonnes proportions, de beaux contours, un ensemble musculaire capable de produire le mouvement qui m'est indiqué. Maintenant on nous fait des étiques, comme si l'étisie était l'état naturel des constitutions au moyen âge. On évite de peindre le nu, parce qu'en général on ne le saurait pas. Le mépris de la plupart des peintres de la réforme pour l'antique, fait qu'ils sont incapables de *mettre une figure sur ses pieds* et de montrer qu'ils en connaissent l'anatomie. Ils ne peuvent dessiner un torse ni le modeler, et à peine se mettent-ils en état d'indiquer les plans d'une tête ou de faire une main. Aussi quel débordement de critiques contre eux, et combien la critique a raison ? Ils compromettent une cause excellente, par l'application fâcheuse de leurs théories. Ils se sont déclarés les ennemis des anciennes conventions, et ils ont fait des conventions nouvelles qui ne sont pas moins ridicules ; ils ont dit : « David a formé des statuaires et non des peintres, rejetons les principes qui mènent à un tel résultat ; » et de peur d'être roides, ils sont devenus mous ; de peur d'être trop beaux, ils se sont appliqués à paraître laids. La manière de David a fait des victimes, la manière actuelle en fera plus encore. La couleur n'est pas plus chez la majorité des novateurs un sentiment intime, que le dessin ne l'était chez les élèves de l'école du style. Ils apprennent à se faire une palette comme on apprenait chez David à épurer une académie. Imitateurs, copistes même, ils se moquent des copistes et des imitateurs d'un grand peintre qu'on avait tort de copier, parce que dans les arts il faut être soi et non pas un autre, mais dont on pouvait s'inspirer et qu'on doit étudier sans cesse, parce qu'il a un goût toujours pur et qu'il est plein de science et de raison.

Les anti-classiques ont arrangé une poétique dont les principes sont aussi serviles au nom de la liberté, que ceux des écoles de Raphaël et de David l'ont été au nom de l'autorité des maîtres. On devait espérer qu'ils seraient nouveaux, naturels surtout de dessin et de couleur ; loin de-là ;

ils se sont composé, des genres anglais et vénitien, un goût pastiche (si je puis dire ainsi), qui
est sacramentel aujourd'hui. Ils ont cherché à reproduire le coloris et l'effet des ouvrages vénitiens ; mais ils les ont exagérés. Ils ont fait de
vieux tableaux en copiant des tons que le temps
et le travail du vernis sur les couleurs ont rendus
crus et noirs. Encore leur passerait - on l'abus
d'un système qui a produit dans leurs mains des
choses véritablement remarquables sous quelques rapports, s'ils voulaient dessiner; mais non,
ils se défendent du dessin comme d'une affectation puérile. Paul Véronèse, Titien, Tintoret, et
les autres Vénitiens, dédaignaient-ils donc la
forme ?

Nos jeunes gothiques, quel que soit d'ailleurs
leur mérite, s'ils n'abandonnent pas leur manière
outrée, s'ils font encore et toujours des chairs
putréfiées, s'ils appauvrissent et broient comme
à plaisir le corps humain, s'ils persistent à reconnaître le vrai-ignoble pour le seul beau, re-
culeront autant le triomphe des idées nouvelles
en peinture qu'ils auraient pu l'avancer. S'ils allaient nous forcer à regretter les statues coloriées et les vieilleries classiques ! S'ils allaient
nous faire admirer le *Scamandre* de M. Lancre-

non ou le *Léonidas* de M. Couder ! Je tremble
rien que d'y songer.

M. E. Delacroix est regardé comme le chef de
l'école nouvelle ; c'est lui qu'on imite, c'est par lui
qu'on jure ; on fait tort à son nom de toute la gloire
de l'école gothique. Il a produit en 1824 un ouvrage
hors des routes ordinaires, et un Aristote d'atelier a fait des règles d'après l'œuvre du maître
oseur, comme on en avait fait d'après Sophocle,
Euripide, Shakspeare et Molière. M. Delacroix
a de l'originalité, de la verve, une excellente
éducation, la passion de son art et une imagination dont on peut désapprouver les écarts, mais
dont il faut reconnaître la puissance peu commune. Il y a je ne sais quoi de satanique dans ses
créations, je ne sais quoi de fascinateur dans son
exécution presque sauvage ; le poëte Hugo est
peut-être le seul homme qui puisse être dans le
secret du génie de ce peintre, que Dante aurait
si bien compris. Coloriste chaleureux et énergique, il ne lui a pas été donné d'être parfaitement
vrai ; on pourrait presque dire qu'il a l'hyperbole
de la couleur. Sa palette est riche et terrible ; les
tons gracieux qu'elle porte quelquefois ont une
harmonie singulière qui ne se définit pas : il faut
en être saisi pour l'aimer. Ce n'est point des yeux

qu'on la peut juger. Une ame froide ne sympa-
thisera point avec le talent de M. Delacroix ;
supposez Laharpe devant un tableau de ce jeune
artiste, et tâchez d'obtenir de lui autre chose
qu'un : Fi donc ! L'auteur du *Massacre de Scio*
pouvait être dessinateur pur, il ne l'a pas voulu.
Pourquoi ? Qu'un autre le devine. Son style lui
appartient en propre : il est bizarre et il fait des
fanatiques ! On ne peut pas plus exiger que
M. Delacroix ait l'élégance et le charme de Raphaël, qu'on ne peut trouver mauvais que David
n'ait pas la vigueur de Tintoret ou la finesse de
Vandick ; mais on a le droit de demander à un
peintre de son mérite qu'il soit correct. Si c'est
un parti pris chez lui que l'incorrection, il est
permis de s'en affliger : tout système est fâcheux
en peinture ; celui qui mène à ne pas vouloir
qu'un homme soit un homme, mais un être souvent difforme, incomplet et presque toujours
laid, celui-là est bien funeste. Les types adoptés
par M. Delacroix répugnent à la peinture romantique aussi bien qu'à l'autre, il lui était facile
d'en choisir d'autres : ce n'est pas le génie qui a
décidé ici ; c'est l'esprit, l'esprit systématique. Il
ne faut donc voir dans l'auteur du *Pâtre de la
campagne de Rome*, de *Marino-Faliero*, et du

Massacre de Scio, que le peintre d'expression et
le coloriste. Sous ce double rapport, les productions de M. Delacroix sont fort remarquables.
Le pâtre, blessé mortellement, qui se traîne jusqu'au bord d'un marais pour se désaltérer, et qui
plonge dans l'eau sa tête hideuse, excite l'horreur
beaucoup plus sans doute que ne font tant de
martyrs des écoles d'Italie ; mais il dégoûte aussi,
et ce n'est pas l'impression qu'il devrait produire.
Quelqu'amour qu'on ait pour la peinture, on ne
peut arrêter long-temps ses regards sur cette
image infernale des souffrances auxquelles est
condamné un malheureux pour un crime qu'on
ignore. A peine peut-on examiner avec assez
d'attention le tableau pour voir dans quel effet
dramatique l'artiste a jeté son personnage. La
couleur de ce morceau est belle comme celle
d'un paysage qu'aurait imaginé Byron pour y placer le corps sanglant d'un tyran de Missolonghi ;
mais est-ce là l'Italie? Ce tableau frappe l'imagination et la rend malade. Il est plein de poésie?
Sans doute ; la morgue en est pleine aussi...... Il
y a cela à dire que si l'ouvrage était vraiment
mauvais, personne n'y ferait attention ; on en ri-
rait comme d'une bouffonnerie, et je ne me repro-
cherais pas d'être forcé de le blâmer.

On a fort critiqué la composition du *Marino-Faliero ;* je ne saurais me ranger à l'opinion générale sur ce sujet. Ce n'est pas une page historique que M. Delacroix a eu la volonté de tracer, il a fait de la chronique peinte. Je pourrais appeler ce tableau un procès-verbal à l'huile, car ce n'est pas autre chose. Le cadavre du doge décapité est sur le premier degré de l'escalier du palais ducal ; le bourreau, debout auprès de sa victime, jette les yeux sur la foule pour étudier l'impression que produit le supplice ; en haut de l'escalier un serviteur des Dix montre la robe d'or dont on a dépouillé Faliero avant l'exécution ; au milieu de la galerie, un des membres du conseil présente aux Vénitiens l'épée qui a frappé le doge ; les Dix et tous les dignitaires de la république remplissent la galerie ou sont rangés contre le mur de l'escalier ; le peuple est au pied des marches du palais, il attache ses regards sur le glaive, le bourreau et le traître que la loi vient de tuer. La marche de toute cette représentation est bonne, car elle est vraie ; et si elle ne satisfait pas aux règles de la composition pittoresque, je ne le reprocherai pas à M. Delacroix. Quand M. Gérard a composé son *Philippe V,* quand il a disposé le *Sacre*

de Charles X, il a dû se soumettre à des conditions particulières. Les tableaux d'étiquette
doivent être faits selon l'étiquette. Il y avait aussi
un maître des cérémonies à Venise pour les dé-
capitations des doges. Si M. Delacroix avait représenté la conspiration de Jaffier, une silhouette
de bourreau ne se serait pas dessinée toute seule
sur cet escalier qu'on reproche tant au peintre
de Marino-Faliero ; il en aurait fait le théâtre
d'une action violente ; il y a placé le dénouement
froid d'un drame dont les mouvemens nous sont
cachés.

Cet ouvrage est original justement par le défaut que les classiques y ont repris ; son aspect
étonne , et il serait du plus grand intérêt si les
figures ne semblaient pas n'être que le prétexte
trouvé par l'auteur pour faire briller son coloris.
Les têtes sont d'une laideur repoussante ; c'est
une population de damnés ou de scélérats du plus
bas étage, que celle dont M. Delacroix nous a
donné l'échantillon. Quant au dessin il est plus
maniéré dans cette production que dans aucune
autre du même artiste. Il semble que ce soit sous
l'inspiration de ces vieilles gravures en bois qui
nous viennent des âges gothiques, que l'auteur
a dessiné tous les personnages. Le bourreau est

vraiment comique ; j'en suis fâché , mais je ne puis le voir sans songer à Potier jouant la parodie d'un valet de l'inquisition. Les costumes des 12e, 13e, 14e et 15e siècles ne peuvent-ils donc revêtir que des squelettes ? Est-il convenu que la grâce sera dans les formes négatives , et la vérité dans l'absence de toute proportion ?

M. Delacroix ne restera pas dans un système où il a entraîné beaucoup d'imitateurs ; ceux-ci n'en sortiront plus, parce qu'ils ne sont pas riches de leur propre fonds. Ils marcheront encore à la suite du maître , mais les défauts primitifs ne s'effaceront point. M. Delacroix renoncera au trivial et à l'exagération ; il est poëte par la pensée, il sera peintre par la forme. Jamais , sans doute, il n'aura le style pur et châtié de Girodet, mais il ne se contentera plus de revêtir d'une couleur prestigieuse *des à-peu-près humains;* il se gardera du mannequin et de la statue, mais il attachera des membres à des corps , et non des lambeaux livides à d'autres lambeaux. Déjà il a fait un grand pas vers une nouvelle route; son *Christ au jardin des Oliviers* prouve que l'artiste sentait le besoin de changer sa manière. C'est un bel ouvrage que celui-là , et quand M. Delacroix ne produirait plus rien , ce *Christ*, le tableau du

8

Dante et Virgile et celui du *Massacre de Scio*, lui assureraient une réputation durable. Son génie est tout entier dans ces trois morceaux qui procèdent l'un de l'autre sans se ressembler. Le groupe des trois anges qui apparaissent à Jésus est délicieux d'expression, de sentiment et de style. C'est une révélation qui nous est faite; c'est le ciel des chrétiens qui s'est ouvert pour nous. Quelle douleur dans ces messagers de consolation! Leur parole a frappé d'abattement le fils de Dieu, et il semble qu'ils voudraient pouvoir racheter le mal innocent qu'ils viennent de faire à la victime dont ils ont abreuvé le cœur d'amertume. Ravissante création! C'est un poëme que Châteaubriand ou Nodier analyserait, que traduirait Lamartine, et dont je puis à peine indiquer le sujet. La couleur de ce groupe est admirable, le mouvement en est d'une grâce et d'une naïveté touchantes; on s'arrache difficilement à la contemplation que fait naître une telle vue. La figure du Christ est moins heureuse. Sa pose est naturelle, mais n'annonce-t-elle pas une souffrance trop humaine? L'expression de son visage est pénétrante, mais le caractère n'en est-il pas un peu commun? Il manque de cet idéal qu'on aime à trouver dans les anges dont le

charme nous gâte peut-être le reste du tableau;
et puis le ton de la carnation!... Si la palette
qui fournit à M. Delacroix la couleur dont
il peignit les trois figures aériennes que je ne
me lasse pas de louer, ne s'était pas si tôt épuisée;
si le Christ était beau comme les envoyés du
Seigneur, l'ouvrage serait, en dépit de quelques
incorrections, un chef-d'œuvre romantique. Le
bras droit, éclairé du coude au poignet, paraît
maigre; il gagnerait à entrer tout-à-fait dans
l'ombre. La tête, que la brillante et divine auréole efface trop, aurait besoin de quelques lumières et de quelques vigueurs pour reprendre
toute son importance! Le tableau de M. Delacroix est conçu et exécuté plus largement que
tout ce qu'a créé jusqu'à présent cet artiste si
distingué; il produit un grand effet, il est d'une
poésie très-élevée, il marque dans le talent de
son auteur une heureuse révolution, il est digne
enfin de beaucoup d'éloges.

M. *Saint-Evre* a fait des progrès. Ce n'est
déjà plus l'auteur de *Job* que le public a à juger;
il a modifié son coloris et même un peu son style;
il est dans le système gothique, mais sans trop
de raideur. Son petit tableau de *Charles IX et
Marie Touchet* est très-agréable; l'effet en est

8*

franc et bien entendu. La figure du jeune roi, que M. Saint-Evre a fait lymphatique et comme marquée d'un sceau fatal, est d'un joli ton; le parti de demi-teinte dans lequel elle est enveloppée est heureux. Marie se relève en clair sur le fond; il eût été à désirer que sa tête fût plus finement touchée; le tableau étant dans de petites dimensions, devrait être un peu plus caressé. J'ai horreur des peintures limées au blaireau, léchées et refroidies par un fini égal dans tous les plans et pour tous les objets; cependant j'aime qu'un ouvrage fait pour être vu de près soit plus terminé qu'un morceau de grandes proportions; voilà pourquoi, même indépendamment de leur couleur si fine, si pure, j'admire Metzu, Mieris, Terburg et Téniers, et je ne fais aucun cas de MM..... Mais pourquoi nommer? Ces messieurs ont foi en eux; ils ne souffrent pas la critique; ils disent qu'on les poursuit injustement, et il n'y a parmi eux qu'un homme de courage qui va demander à Rome si en effet on manque d'équité envers son école! Rome l'instruit, et il en revient très-bon peintre. Belle leçon, qui ne profitera point aux autres; celui-là était né pour les arts. Les accessoires du tableau de M. Saint-Evre sont bien faits, mais

seulement, comme il conviendrait pour une toile
dix fois plus grande ; ce défaut de mesure est
surtout sensible dans le rideau rouge qui couvre
le lit du roi. Les petits *costumes du temps de
Louis XII*, par le même auteur, sont jolis. La
femme vêtue de jaune est surtout très-bien ; elle
a de la grâce ; sa tête est d'un ton que je ne
trouve pas dans celle de la noble dame qui con-
sulte une marguerite : celle-ci a certaines touches
roses aux joues, aux lèvres et au menton, que
je ne trouve pas bien vraies. L'aspect de ce morceau est flatteur. Je ne dis rien des *Mousque-
taires* qui ont peu d'importance. Le portrait de
mademoiselle C. D'E.... manque de charme ; le
coloris de la figure est diapré par taches. Le portrait de madame H... a les mêmes défauts ; de
plus, il est affecté. Le costume du seizième siècle
est une fantaisie malheureuse.

M. *Decaisne* a un talent plus complet que la
plupart de ses compétiteurs romantiques. Les
ouvrages qu'il a exposés cette année sont remarquables. Ce qui, de lui et de tout autre, serait un morceau excellent, c'est son tableau de
la *Mulâtresse tenant un enfant*, si les jambes
de cet enfant n'étaient pas très-pauvres de forme.
La couleur de cette petite figure est charmante ;

la poitrine et le ventre sont d'une finesse qu'un grand coloriste voudrait avoir rencontrée. Le portrait d'une dame qui met son gant et dont les épaules sont recouvertes d'une palatine de petit-gris (je donne ce signalement pour faire reconnaître le morceau dont je veux parler); ce portrait, qui a l'aspect d'un tableau anglais, me paraît très-bien. La tête, la poitrine et les bras sont d'un joli ton et d'un modelé simple; les accessoires et le costume sont touchés et colorés avec force; le fond est d'un trop vieux tableau. Le portrait d'une autre dame, aux cheveux blonds très-bien rendus, est agréable, mais il n'a pas assez de relief. L'effet en est bon; la lumière, qui effleure la joue du côté gauche, serait bien imaginée si elle n'aplatissait le visage qu'un peu plus de saillie caractériserait mieux. *La Jeune fille à sa fenêtre*, où elle joue avec un serin, est un ouvrage pensé à la hollandaise et exécuté plus à l'anglaise qu'à la vénitienne ou à la française. Si l'épaule et la gorge de cette adolescente étaient d'un dessin plus soutenu, ce morceau serait irréprochable dans le système de l'école nouvelle. Il plaît par l'aspect, le coloris et la touche. *Milton aveugle, dictant le Paradis perdu à ses filles*, a toutes les qualités de son auteur et n'en a

pas les défauts.... Qui ne voudrait orner son
cabinet d'un tableau de chevalet de ce mérite? La
tête du poëte est très-expressive, celles de ses
filles sont gracieuses. M. Decaisne dessine mieux
que nos gothiques; ce morceau en est la preuve.
Un scrupule pourtant; je ne suis pas bien sûr
que les jambes de la jeune fille, qui est sur le
premier plan, ne soient pas trop courtes.

Une *scène de la Ligue* que M. Decaisne a composée dans des proportions plus grandes que celles
de son *Milton*, est le morceau capital de ses produits
de cette année. Le tableau ne manque pas d'effet,
il manque plutôt d'expression; cela tient à une
seule figure, celle de Marguerite de Valois repoussant un soldat qui a déjà blessé, avec sa halle-
barde, un protestant venu pour chercher un asile
contre les soldats de Guise, dans la chambre à
coucher de l'épouse d'Henri IV. Le visage de
cette femme arrachée au sommeil, et que l'irruption de la soldatesque dans son appartement a
dû effrayer, n'a pas l'apparence de la terreur qui
est bien dans les traits de la victime des hallebar-
diers. Le dessin de ce morceau n'est pas irréprochable; il est un peu lourd en général. Le bras
gauche de Marguerite présente surtout ce défaut.
Il y a de très-belles parties de couleur et un ton

général fort brillant dans l'ouvrage estimable que j'analyse, trop brièvement sans doute, et qui a plus de mérite et de défauts que cette courte appréciation ne le fait supposer.

Les élémens du coloris de M. Decaisne sont l'orangé, le violet, le vert foncé et le jaune ; il en use systématiquement, surtout dans ses accessoires. Cet artiste a déjà beaucoup de talent; sa part dans l'exposition est belle ; s'il joignait à son savoir-faire un peu de cette flamme dont M. Delacroix est dévoré, ce serait un peintre romantique fait pour les plus grands succès.

M. *Eugène Devéria.* — *Lecture de la sentence de Marie Stuart.* D'où vient que je ne suis point touché à cette représentation d'un événement dont le récit m'a toujours si vivement ému ? C'est que cela est froid et sans dramatique. Tous ces gens-là sont trop du parti d'Elisabeth. La belle figure de Leycester qu'il y avait à imaginer ! Leycester immobile, cherchant à cacher son trouble, composant son visage et ne trahissant les secrets mouvemens de son ame que par quelque contraction de sa main , comme le *Brutus* de David! Il fallait chercher, inventer et ne pas s'en tenir à une donnée commune. Ce n'est pas un mauvais tableau que celui de M. Devéria, mais c'est un ouvrage qui n'est pas aussi bon que son auteur pouvait le faire. La partie matérielle du travail du peintre est estimable dans quelques figures, mais l'ensemble est maniéré. Le ton local est un peu lourd; des têtes dans la demi-teinte sont cependant jolies; celle de Marie Stuart ne plaît pas. Quand je vois des peintures du genre de celle-ci et que je me rappelle le *Gustave Wasa* de M. Hersent, combien je regrette que nos jeunes gothiques n'aient pas emprunté à l'auteur romantique [1] qui a su revêtir de formes élégantes et nobles *Ruth* et *Gustave*, la grâce qu'ils sont allés chercher dans les miniatures des vieux Psautiers! M. Eugène Devéria a beaucoup plus de mérite que son tableau de Marie Stuart ne le fait supposer; il en a donné la preuve dans un grand ouvrage dont nous allons parler tout à l'heure : bonne et loyale justice lui sera rendue alors comme maintenant. Je ne fais point entrer dans le compte que cet artiste a à régler avec la critique, sa *Côte des deux amans ;* c'est un péché véniel qu'il faut lui remettre bien vite. Ainsi, qu'il ne soit plus

---

[1] Ces messieurs n'avouent pas que M. Hersent soit romantique; M. Hersent s'en défendra peut-être lui-même. L'académicien aura tort, aussi bien que les Anglo-Vénitiens qui le regardent comme classique.

parlé des chairs vertes des personnages , du
dessin de la figure du jeune homme et surtout
d'un certain bras droit qui s'accorde si mal avec
l'épaule; oublié, pardonné, et puis voyons *Marc
Botzaris!*

Une femme suppliante, un joli ton local : voilà
à peu près tout ce qu'on doit louer dans ce tableau qui pouvait être charmant, avec un meilleur dessin et moins d'affectation. Passons, et
ne disputons pas sur des fautes d'orthographe
quand nous avons une bonne page à examiner ;
le plaisir de la critique minutieuse est si peu de
chose ! Admirons cette *Naissance d'Henri IV*
qui fait le plus grand honneur à M. E. Devéria ;
et, en blâmant le parti que cet artiste a pris de
faire un tableau vieux de quatre siècles , disons à
sa louange qu'il semble que son ouvrage a été peint
dans l'atelier de Paul Véronèse et retouché par
l'auteur des *Noces de Cana*. La composition en est
simple et très-bien entendue. *La brebis* qui vient
d'accoucher du *lion*, est étendue sur un lit de repos , vêtue d'habits de fête , la tête penchée en
arrière et soutenue par une fille d'honneur , et la
gorge à demi recouverte : l'heureuse mère a
donné le premier lait au nouveau né. Au pied de
la reine, le duc de Vendôme présente, en l'élevant

en l'air, le fils que Jeanne lui a donné ; les officiers
de sa maison sont au bas de l'estrade, inclinés ,
agenouillés ou debout, mais tous pénétrés de joie.
Le peuple arrive en foule dans le château de Pau
dont les portes ont été ouvertes par les hérauts
d'armes. Sur le devant un bourgeois salue respectueusement ; à côté de lui est le nain de la duchesse, qui joue avec un chien et a l'air de lui
conter la joyeuse aventure du 15 décembre 1553.
L'expression de toutes les figures est très-bonne.
Celle de Jeanne d'Albret est délicieuse ; la joie,
l'espérance, la douleur physique et le courage, se
lisent sur les traits de cette femme pleine de grâce
et de pudeur. Cette tête est d'un charmant dessin
et d'une couleur fort agréable dans le système de
l'ouvrage. Le style de M. Devéria est, ici, bien
différent de ce que nous l'avons vu dans ses autres tableaux ; il est noble et élégant, sans recherche, sans raideur, sans abandon. Le dessin est
correct presque partout ; il est gracieux et soutenu dans les figures de Jeanne d'Albret, de ses
dames d'honneur et d'une jeune fille vêtue de bleu,
sur le premier plan ; il est plus ferme dans celle
d'un homme qui monte, à droite, sur l'estrade ;
il est un peu lourd dans les jambes du cavalier qui
descend près du nain. Le coloris de cet ouvrage

est plus fort, plus vigoureux et moins maniéré
qu'il ne l'est ordinairement chez M. Devéria, et si
l'on admet l'âge du tableau, quatre cents ans, il
faut convenir qu'il est brillant et vrai. Une foule
de charmans détails se font remarquer dans ce
tableau romantique, qui restera après avoir obtenu le succès du moment. Il y a des mains de
femme, des têtes dans la demi-teinte (celles de
trois hommes du peuple à droite, celles des dames auprès de la reine et d'une femme âgée, sur
le devant à gauche), des accessoires, des vêtemens,
etc., et qui sont dignes de tous les éloges, sous
le rapport du dessin et de la couleur. L'effet du tableau aurait pu être plus vif, mais l'auteur a voulu
être simple, et il a eu raison. La figure du médecin
et celle du page qui tient la burette au vin dont
on a trempé les lèvres du Béarnais, sont très-bien.
Les délicats blâmeront le petit grotesque, il n'en
faut point douter. Je l'aime beaucoup pour moi,
ce nain; il est de costume, si je puis dire ainsi; et
je le préfère à tout ce qu'on aurait pu mettre à sa
place, à ceci par exemple: *Paul Véronèse* f. 1554.
Il date le tableau, et d'une manière piquante. M. Devéria a placé son portrait dans son ouvrage; il
s'est représenté les mains jointes (à gauche),
comme son maître s'était fait, jouant de la basse

aux *noces de Cana*. M. Devéria porte la moustache et la royale vénitiennes. Les éloges qu'a mérités M. Eugène et la vogue qui s'attachera sans doute à son tableau pendant toute la durée du Salon, et encore après s'il va au musée du Luxembourg, seraient peut-être un avertissement pour les gothiques. Puissent-ils lui faire comprendre qu'entrer dans un système pour être seulement extraordinaire est une folie, et que cela seul est bien dans un système donné qui serait bien dans tous.

M. *de Lansac* est une victime de M. Delacroix ; c'est le maître, moins l'inspiration, moins la couleur, moins le dessin ! Comment encourager le talent auquel on doit cette femme grecque qui vient de tuer son fils et qui va se tuer aussi pour ne pas tomber vivante aux mains des Turcs ? Le jury l'a protégé, et l'on nous dit gravement que sans le jury on verrait au Louvre des choses !.... Ils sont charmans messieurs du département des beaux-arts !.. M. de Lansac réussira peut-être un jour, mais que d'études il lui reste à faire ! Il n'a pas encore commencé.

M. *Poterlet* est un néophyte de la nouvelle religion pittoresque, dont nous avons nommé les apôtres. Il a reçu le baptême dans l'atelier de l'auteur du *Marino-Faliero*; il a juré de renoncer au classique, à ses pompes et à ses œuvres, et il a tenu parole. De vérité, de correction pas l'apparence dans la scène de la comtesse Derby, arrêtée par le major *(Peveril du Pic)*. C'est un mensonge des plus gros qui se fasse dans le monde romantique; mais ce mensonge est plein de charme. Vu à six pas, le tableau de M. Poterlet flatte et séduit; l'effet en est piquant, mais déraisonnable, que c'est un plaisir! La lumière, l'ombre, les reflets sont capricieusement jetés sur les figures; on dirait une féerie, ou une de ces délicieuses impossibilités que les Anglais arrangent merveilleusement en vignettes. Le ton du morceau est très-joli, brillant et solide à la fois. La comtesse Derby est une réminiscence de Vandyck; mais quelle main que cette main droite! Est-ce là dessiner des doigts? La figure du major est assez bien indiquée, mais comme le reste, elle est ébauchée seulement; un petit enfant blond assis aux pieds de la comtesee, est fort gentil de loin; approchez-vous, cherchez quelque chose dans ce brouillard coloré, et vous n'y trouverez rien; tout a disparu comme un songe. Il fallait si peu de chose pour que cela fût délicieux! Étudier un peu les têtes, accuser gra-

cieusement les corps de ces enfans et de ces
femmes, finir (je ne dis pas polir) les chairs, et
terminer largement les draperies, M. Poterlet
le pouvait sans doute ; mais *l'évangile selon
saint Effet* en ordonne autrement, et il faut
obéir. Un système funeste perdra-t-il ce jeune
homme qu'une bonne direction peut sauver ?
David disait un jour à un de ses élèves qui s'ap-
pliquait à le copier : « Nigaud, regarde-moi, mais
ne me copie pas ; si j'avais copié, je serais plus
mauvais que Vanloo ou Doyen ; j'ai voulu ne ressembler à personne et je suis moi. » M. Delacroix devrait tenir le même langage à ses copistes, pour des raisons encore que David n'avait
point ; il leur rendrait un grand service et il rem-
plirait la mission du véritable romantique, qui
est de ne pas imiter et de ne pas former des serviles.

M. *Tiersonnier* est arrivé au suprême laid ; il
peut porter le défi au plus habile de créer des
hommes aussi hideux que ceux qu'il a imaginés,
et la victoire lui est assurée d'avance. Les pèlerins
reçus par les moines de la Trinité-du-Mont, sont
de ces êtres que notre bon Geoffroy-Saint-Hilaire
paierait bien cher, si Dieu voulait leur donner la
vie ; mais que Dieu nous en préserve ! La triste

humanité est assez dégradée. Le tableau des Pélerins a un certain sentiment de couleur qu'on
retrouve dans une *jeune Napolitaine* qui donnerait de la beauté et de la grâce des filles de Naples
la plus mauvaise idée, si le pinceau de M. Tiersonnier pouvait être accusé de fidélité. Le chef-
d'œuvre de l'auteur dans sa manière est le tableau
où il a représenté un *soldat prenant possession
d'une des habitations que César a données aux
vétérans après la bataille de Philippe.* Une
traduction de Virgile ! Quel style et quel coloris !
C'est une famille de charbonnier qu'un ramoneur
dépossède. La vue d'un tel ouvrage afflige en
vérité. J'ai vu bien des gens en rire, je ne sais
pour moi ce qu'il y a là de gai. Je ne pourrais
sourire en voyant un homme se noyer par sa
faute, je me hâterais de lui jeter une corde. Pour
M. Tiersonnier, c'est M. Ingres qui a la corde de
sauvetage.

M. *Souchon* que nous n'avions pas vu encore
dans les rangs de l'école anglo-vénitienne, vient
de s'y faire agréger. Une tête de *malade* est son
morceau de réception. Il n'a pas encore de vices.

M. *Tassaert* a fait du gothique pour lequel il
n'a pas la moindre vocation. J'ai vu parier que
le tableau de *Louis XI et Lavaquerie* est une

épigramme contre les peintres de la loi nouvelle,
et que M. Tassaert est un classique déguisé qui
fait une malice. Je le croirais, à voir le page,
la longue dame que précède le roi, et le monarque lui-même ; c'est bien là l'esprit de la
caricature ! Exagérer les défauts du style, du
dessin et de la couleur d'une école; outrer son
expression , c'est le moyen de montrer ce
qu'elle a de ridicule. La plaisanterie est spirituelle et de bon goût; mais est-ce bien une
plaisanterie? Si c'était de bonne foi que M. Tassaert a exécuté son ouvrage, il faudrait lui
conseiller de se faire expliquer le *labor improbus.*
On fait bien des choses avec de la persévérance,
de la raison, de la modestie et les avis d'un
maître habile ! M. Tassaert n'a peut-être pas
passé le temps d'étudier.

M. *Colin* est un adepte; toutefois il est plus
Anglican que Vénitien. La *jeune fille assassinée*
qu'il a exposée n'est pas sans mérite; mais la
figure principale est d'un dessin très-incorrect.
L'épaule tuméfiée, dépassant la tête, comme une
montagne l'humble roche de la vallée, est horriblement exagérée. La figure d'une paysanne qui
s'approche de la victime, est jolie. L'effet du
tableau est naturel; il y a assez de vigueur

dans le coloris qui sent le Constable et qui,
bien entendu, ne vaut pas celui qu'il rappelle.

M. *Magimel*. Gothique apprenti celui-là!
faible, maigre et lourd. Il a voulu peindre les
premiers maîtres du moyen âge, et il a été
plus sec que ces maîtres dont il n'a pas même
la grâce. Que de tourment il faut se donner
pour en arriver là! J'admire comment on peut
abdiquer son goût à ce point; comment on peut
torturer son talent pour un tel résultat! *Cimabué*
et le chevrier *Giotto* sont deux figures qui ne
peuvent être produites au Salon que dans un
temps de liberté. Imaginez un gouvernement absolu, et sur le trône un roi connaisseur en
peinture, et dites-moi.... Dieu! quelle horreur!
Cela serait pourtant, si Néron, au lieu de jouer
de la flûte, s'avisait de la palette. Eh bien! il y a
des gens qui ne bénissent pas les chartes!

M. *Boulanger*. Gothique renforcé celui-ci!
Déjà!... Il y a des gens plus royalistes que le
Roi, plus ultramontains que le Pape; M. Boulanger est peintre comme ces gens-là sont politiques et religieux. Il a les plus belles dispositions du monde, mais il a donné dans toutes les
exagérations de l'école; un brave romantique m'a
donné sa parole que ce jeune homme en aurait

un jour tous les mérites. *Amen! amen!* Paysage
rouge, vert et noir : ton de maître, comme ils disent
sans rire ; figures *pochées* à l'anglaise et stylées
à la manière des statues du portail de Saint-
Germain-l'Auxerrois ; costumes tranchés de couleurs ; cheval blanc emprunté à Lesueur (tableau de la *Visite du comte Roger à saint
Bruno*) ; tel est le signalement de l'ouvrage de
M. Boulanger, qui porte le titre du *Départ.*
Départ pour *départ,* et tout romantique que
je suis, je préfère celui d'Albert Cuyp ; mais
où ai-je l'esprit d'aller songer aux Hollandais?
M. Boulanger est auteur d'un *Mazeppa* qu'on estime et dont nous reparlerons ; il vaut cent fois
le Départ; c'est un ouvrage aussi remarquable
par ses qualités que par ses défauts.

Mademoiselle *Boulanger* est aussi une initiée.
Elle a représenté deux *Turcs de la suite de
Sidi-Mahmoud.* Quand M. de Puymaurin le
saura, il en sautera de joie, s'il peut sauter encore, car il est gros, vieux, partant un peu
lourd. Pour l'amour des Tunissiens, M. le comte
voudra peut-être embrasser la jeune artiste, mais
franchement, je conseille à cette demoiselle de
dire comme Henriette :

Excusez-moi, Monsieur, je ne sais pas *l'arabe.*

Il est vrai que le directeur de la monnaie des médailles pourrait bien répliquer qu'il ne le sait pas non plus, ce qui égaliserait la partie. Ma foi, elle verra; les femmes ont tant de courage! Des deux Turcs de mademoiselle Boulanger, l'un est barbu et dans la force de l'âge, l'autre est jeune et a les yeux d'une odalisque. Je ne sais plus quelle dame avait peint Henri III aux genoux d'un blondin à qui il venait de donner le collier du Saint-Esprit! Le petit tableau de mademoiselle Boulanger est gentil, mais les têtes semblent touchées avec des aiguilles; les mains sont faites trop sans façon; le ton général est agréable; les détails sont spirituellement indiqués; c'est une esquisse qu'on peut louer. Pastiche d'ailleurs de MM. Delacroix et Devéria.

La série des romantiques n'est point épuisée ici. Il en est beaucoup d'autres encore à nommer; mais ce sont des schismatiques; ils ont modifié le système sous le rapport du dessin; nous les trouverons autre part. Respectons les nuances.

Anecdotes.

LE MARQUIS PEINTRE. — LE GRAND SEIGNEUR OBLIGEANT, OU LA
LEÇON DE PEINTURE.

> Ménageant tour à tour avec un soin égal
> La chèvre royaliste et le chou libéral.
> H. DE LATOUCHE. *Les Classiques vengés.*

> Va, vient, fait l'empressée ; il semble que ce soit
> Un sergent de bataille allant en chaque endroit
> Faire avancer ses gens et hâter la victoire.
> LA FONTAINE. *Le Coche et la Mouche.*

Vous voyez ces deux individus que le hasard a rapprochés sur ce banc où ils se reposent ; il faut que je vous raconte deux anecdotes piquantes dont ils sont les héros.

Le premier est étranger, artiste renommé dans son pays, homme de beaucoup d'esprit, fin diplomate, fort bien avec son roi qui l'a fait marquis, mieux encore avec les adversaires du pouvoir (car où n'y a-t-il pas une Opposition aujourd'hui ?) dont il partage les opinions, premier peintre de la cour, ambitieux et tenant à ne le pas paraître.

L'autre est un grand seigneur français, revêtu d'un emploi important, aimant les arts avec passion, mais sans instinct, bienveillant protecteur, se jetant en travers dans toutes les affaires politiques ou autres, rempli de bonnes intentions, mais, comme Jocrisse, cassant tout ce qu'il touche, à moins qu'une main prudente ne vienne arrêter son bras; on lui a fait une réputation de sottise qu'il n'a pas tout-à-fait méritée; on le doit estimer parce qu'il est sans orgueil et que ses petites vanités ne sont point hostiles; on le doit aimer parce qu'il est bon, facile et obligeant.

Or voici ce qui arriva au marquis, je vous dirai ensuite ce qui advint au gentilhomme. Le marquis avait fait graver une partie de son œuvre, et se disposait à la publier. Il s'était entendu avec un libraire de Munich pour cette publication; le Barbin devait préparer la couverture du livre, et la montrer au Raphaël. Il la lui apporta en effet! « Qu'est ceci, mon cher M. Citadino? — Le projet du titre de votre ouvrage, Monsieur. — Y pensez-vous : *OEuvre du marquis Fritz, premier peintre*, etc. Vous le savez, je ne suis pas comme ce fou de Canova qui estimait plus en lui le marquis d'Ischia que l'auteur de *la Made-*

leine ; je supporte le titre qu'on m'a imposé, mais je ne m'en pare pas. Voulez-vous me brouiller avec mes amis de l'Opposition? Marquis! marquis! que cela est ridicule! Point, s'il vous plaît, mon cher Citadino; *premier peintre*, à la bonne heure! Je crois la qualification juste; elle m'honore, j'en tire vanité en secret, et, si tout haut je ne m'en targue pas, c'est de peur d'humilier mes confrères. Ainsi effacez votre *marquis* et revenez me voir. »

Le libraire obéit, et il présenta le lendemain la couverture amendée. « Eh bien! voilà qui n'a pas le sens commun, Citadino. Dieu! que vous êtes maladroit! Voulez-vous me brouiller avec la cour maintenant? Le Roi m'a gratifié d'un titre, c'est pour que je le porte peut-être? Et vous ne devinez pas cela? Je ne suis déjà que trop en froid avec Sa Majesté; on n'ignore pas au palais que je tiens pour les doctrines libérales; on sait que je fais à contre-cœur le tableau du mariage qui m'a été commandé; on ne me voit jamais au cercle des princes, ou chez le grand chambellan; je ne vais point à la chapelle comme mon ami le feld-maréchal qui s'est fait dévot par esprit de flatterie. Faut-il que je me fasse disgracier? dites, Monsieur? — Ma foi, Monsieur, que le Roi vous disgracie, ou que ce soit l'Opposition, peu m'importe. Hier vous vouliez ce que vous ne voulez plus aujourd'hui ; je n'entends pas être ballotté ainsi. Quand vous serez décidé à quelque chose, vous me ferez l'honneur de me prévenir. Adieu, M. le marquis. » L'œuvre de Fritz n'est pas encore publiée !

Venons à notre grand seigneur. Il s'intéressait au Salon ; il aurait voulu que l'exposition fût encore plus belle qu'elle n'est, et il se donnait mille peines pour y parvenir. Il savait que beaucoup de peintres étaient loin d'avoir fini leurs ouvrages ; car ces messieurs ne commencent jamais à temps, et puis tous veulent imiter celui de leurs confrères qui n'arrive qu'au moment de la fermeture... pour produire plus d'effet, disent les envieux. Il se mit donc à courir les ateliers, à piquer, harceler celui-ci, celui-là, tous. Un de nos artistes célèbres reçut sa visite un beau matin. « Je viens vous tourmenter, mon cher Monsieur. — Monseigneur, vous ne pouvez jamais être un fâcheux pour personne. — Nous allons ouvrir bientôt, serez-vous prêt ? — Mais pas tout-à-fait, Monseigneur. — Oh ! mon Dieu ! que me dites-vous là ? Comment voulez-vous qu'on fasse ? — Mais, comme on a fait les autres années. — Est-il de bonne fête sans vous? — Croyez-vous, Monseigneur, qu'on s'apercevra seulement que je n'en suis pas? — Si on s'en apercevra!... Et pourquoi n'avez-vous donc pas fini? — Un accident qui m'est arrivé... — Vous m'effrayez. — J'ai deux doigts malades. — Ciel! — Et je n'ai pu tenir la brosse. — Que c'est affligeant! Mais, pour deux doigts vous vous abstenez de peindre? — Il le faut bien, c'est l'index et le pouce. — C'est singulier; j'imagine pourtant un moyen; tenez. — Voyons, Monseigneur. » Monseigneur prend alors une bougie dans un chandelier, la place entre la première phalange de son *index* et celle de son *medius*, va contre la porte du salon, et figurant le mouvement de la touche : « Vous voyez bien, mon ami, que c'est très-facile. — L'invention est excellente en effet; j'essaierai, Monseigneur. » Le gentilhomme sortit de chez le peintre, enchanté de son idée; celui-ci rit encore de la leçon dont il n'a parlé à personne, tant il est discret, mais que tout le monde sait, parce que l'inventeur du procédé a dit tout de suite à qui a voulu l'entendre : « Nous aurons le tableau d'un tel, je lui ai donné un moyen. » Et il a raconté naïvement l'aventure.

Scène d'après nature.

UN BOURGEOIS, SA FEMME ET UN SERGENT. — *Passage du pont d'Arcole, par M. H. Vernet.*

C'ÉTAIT un dimanche; des curieux en grand nombre se pressaient autour d'un tableau placé au centre de la salle du Trône. L'ouvrage qui faisait foule est de M. Horace Vernet. Le livret ne porte point l'indication du sujet; cette puérilité m'a rappelé la prudente périphrase d'un explicateur des Panoramas, qui, ayant à parler de Napoléon, à propos de la bataille de Tilsitt, montrait sur la toile une place nouvellement repeinte et disait : C'est là qu'était *l'homme que la pudeur m'empêche de nommer.* Dans le groupe, étaient un bourgeois et sa femme qui, pour arriver au premier rang, poussaient de toutes leurs forces; devant eux se trouvait un vieux sous-officier en uniforme; il regardait attentivement le côté droit de la composition de M. Vernet, quand se sentant trop fortement poussé, il se retourna en disant : Ah ça ! bourgeois, 'mmobile, s'il vous plaît.

LE BOURGEOIS. — Ne voyez-vous pas qu'il y a une dame derrière moi. Passe donc, ma bonne.

LE SERGENT. — Les dames, c'est bon ; mais vous individu ; après moi ; s'il en reste.

LA FEMME DU BOURGEOIS. — Monsieur, je ne quitte pas mon mari.

LE SERGENT. — Avez-vous pas peur qu'on vous le prenne, ou qu'on vous enlève, vous ?

LE BOURGEOIS. — Que ces militaires sont grossiers !

LE SERGENT. — Doucement, doucement, *pékin !* pas de propos, ou sinon....

LA FEMME. — Oh Dieu ! il lève la main sur nous ! C'est une horreur ! Ah ! les soldats, les soldats ! Il n'y a donc pas moyen de leur échapper ; un jour, rue Saint-Denis, avec des fusils ; un autre jour, avec leurs poings, au Salon !

LE SERGENT. — N'vous fâchez pas, ma petite bourgeoise. Je n'tire pas sur le peuple. Dame ! on me pousse, je me retourne et j'avertis ; on s'emporte, je vois un particulier en colère, je le toise, il me dit des mots ; je suis vif, j'ai plutôt levé la main que la langue ; mais je reconnais mes

torts... excusez. Vous avez peur, c'est tout
simple... Vous m'avez l'air d'être de la rue Saint-
Denis, et moi, j'en suis né natif; ça se trouve
bien, nous sommes des compatriotes; venez donc
devant moi, ma chère dame, et, vous, bourgeois,
arrivez de ce côté.

La Femme. — Vous êtes bien bon, monsieur
le soldat.

Le calme se rétablit. Un instant après :

Le Bourgeois. — Ma femme, qu'est-ce que
c'est donc que ça ?

La Femme. — Parbleu! c'est assez visible, j'espère ! *C'est le passage de la Bidassoa.*

Tous les assistans rient.

Le Bourgeois. — Eh bien! c'est drôle, je ne reconnais pas le duc d'Angoulême; il me semble
qu'il est plus ressemblant dans ce grand, bleu
tableau que nous avons vu tout à l'heure en entrant.

Le Sergent. — Laissez donc, farceur ! je crois
bien que vous ne reconnaissez pas le Dauphin....
Vous n'avez donc jamais vu une pièce de cent sous
de l'an XII.

Le Bourgeois. — Si fait j'en ai vu; après ?

Le Sergent. — Regardez donc !

Le Bourgeois. — Regardez, regardez... C'est

dans le livret qu'il faut regarder. Voyons. (*Il cherche.*) Ah! voilà! *Jésus au jardin des Oliviers!* (De grands éclats de rire partent de tous les points du demi-cercle.)

Le Sergent. — Ah! ah! ah! *Jésus au jardin des...* Quel Jésus! quel jardin! Allons, bourgeois vous ête un bon enfant ; vous avez de la gaieté. Si celui-ci en bottes à revers était Jésus, j'étais un apôtre, moi ; car j'y était aussi, dans le jardin, comme vous dites. Mais c'était pas des olives qui tombaient, je vous en réponds, c'était des *prunes* et joliment dures encore.

La Femme. — Tu ne vois pas, mon ami, que monsieur se moque de toi.

Le Bourgeois. — Sergent, ce n'est pas poli, au moins ; et j'entends que....

Le Sergent. — Là, là, ne nous fâchons pas. Mais où diable allez-vous voir là-dedans Jésus, je vous le demande?

Le Bourgeois. — On se trompe ; mais avec des personnes honnêtes il n'y a pas d'affront !...

Le Sergent. — La route de Villa-Nova, un jardin des Oliviers ! c'est-y pas cocasse?

La Femme. — C'est peut-être le livret qui a tort, monsieur le militaire.

LE SERGENT. — Le livret ! Prendre les drapeaux de l'armée d'Italie pour celui de Judas !

LA FEMME. — Mais, puisque vous savez ce
que c'est, sergent, ayez donc la bonté de nous
le dire.

LE SERGENT. — Ah ! pour ça, ma petite maman, sauf votre respect, c'est pas possible.
Si j'étais en *pékin* je n' dis pas, mais en tenue,
votre serviteur. Je vous expliquerai le *Trocadéro*
tant que vous voudrez ; pour ceci, *motus*. C'est
de l'ancien régime ; et si je venais à vous dire ce
qui en est, que *l'autre* prit le drapeau, que nous
le suivîmes, que je fus blessé à la jambe gauche,
que Lannes y fut blessé aussi, que le brave Muiron y fut tué, que *l'autre* n'eut pas plus peur
devant la mitraille que moi devant un canon de
marchand de vin, que nous passâmes le pont
en criant : *Vive la Répub...*, je me compro-
mettrais, je me ferais casser ; parce que, voyez-
vous (je n' dis ça pour personne) , mais y a
toujours, dans la foule, des... vous savez bien,
et il ne faudrait qu'un mauvais rapport pour
que je soye traité comme séditieux. Tout ce que
je puis vous dire, c'est que c'est bien ça, et que
celui qui a fait ce tableau est un troupier.

Alors le sergent, portant la main à son bonnet,

dit adieu à ses interlocuteurs et sortit de la foule.
Le pauvre bourgeois était fort embarrassé ; je
m'approchai de lui, et lui dis tout doucement :
« Ce que le sergent n'a pas voulu vous dire, parce
qu'il est en uniforme, le voici. Ceci représente
le général Bonaparte au passage du pont d'Arcole. » La figure du bonhomme changea subite-
ment de couleur ; il me regarda , et dit à sa
femme d'une voix émue : « Viens, ma bonne, al-
lons-nous en... » Et cependant je n'ai pas l'air
d'un de ces hommes qui ont des relations se-
crètes avec M. Delavau , et

Possesseurs de la secrète plaque,
Montrent, pour être admis, au magistrat *ad hoc*
Le visa d'un jésuite au brevet de Vidoc.

Le tableau de M. Horace Vernet est plein de
vérité et de mouvement ; le ton général en est
peut-être trop clair ; les devans, moins reflétés
de blanc, donneraient à l'ensemble plus de vigueur
et d'effet ; c'est l'affaire d'un glacis. La figure du
général en chef est très-bien ; la confiance dans
le succès se lit dans son regard. L'expression de
l'officier blessé mortellement et soutenu par un
hussard est excellente ; cet officier est probablement Muiron dont le nom fut toujours cher à

l'Empereur. On a blâmé le soldat tombant au milieu du pont; on a dit qu'il fait la culbute et que sa pose a l'air d'une bouffonnerie. Le peintre a exprimé une chose d'observation, il n'a aucun reproche à se faire. Certes, un classique ne se serait pas permis cette hardiesse; il n'aurait eu garde; il aurait profité de la circonstance pour peindre un Ajax, et M. Quatremère l'en aurait longuement félicité pour trois raisons : la première, la seconde et la troisième. M. Vernet, qui veut être vrai avant tout, et qui est académicien quand même, s'est laissé aller à faire un grenadier, atteint par derrière d'un morceau de mitraille et tombant, la tête et les mains devant, sans songer qu'il eût été plus noble de tomber sur les reins en levant au ciel des yeux et un bras menaçans. La petite figure du tambour est charmante. Les accessoires militaires sont exécutés avec l'esprit et la fidélité que l'auteur sait apporter à tout ce qu'il fait dans ce genre. Le tableau d'*Arcole* obtient beaucoup de succès, il est fort remarquable et fort désiré; bien des gens lui préféreraient cependant celui de *Montmirail;* moi, je ne choisirais pas.

Le Grand Salon.

C'est le but de toutes les ambitions. Pour
arriver là, on prie, on sollicite, on intrigue, et
souvent, quand on y est, on se plaint d'y être
mal. Messieurs les peintres ne sont pas faciles à
contenter, les plus médiocres surtout. « Je suis
trop haut. — Je suis trop bas. — Le voisinage
de ce tableau tout noir me fait paraître tout blanc.
— Je suis à contre-jour. — On m'a sacrifié à un
tel. — Les faveurs ne sont jamais pour moi. »
Cela et cent choses pareilles, voilà ce qu'on entend tous les matins de la bouche de ceux qui
sont arrivés cependant à l'Oasis bienheureuse.
Il faudrait, pour satisfaire tous les exposans, bar-
raquer la cour des Tuileries ou la place Louis XV;
encore y aurait-il un coin qu'on se disputerait et
dont la possession deviendrait le sujet de la cor-
respondance la plus sottement orgueilleuse, de la
part des solliciteurs, avec la direction du Musée.

M. Sosthène de Larochefoucauld n'avait pas
donné d'abord la pièce de prédilection aux ar-

tistes qui la demandaient avec instance ; il l'a ac
cordée plus tard, il a bien fait : elle est plus fa
vorable que toutes les autres ; et puis elle es
fashionable. Tout peintre qui peut dire dans le
monde : « J'ai un tableau dans le grand Salon, »
passe pour avoir un talent réel ; c'est un préjugé
qui le rend heureux, et il est doux de faire des
heureux. Plusieurs tableaux qu'on avait vus dans
les salles qui font partie du Musée Charles X,
ont été transportés au grand Salon. Quelques-
uns y ont beaucoup gagné, d'autres y ont perdu,
que la vanité de leurs auteurs a sacrifiés. Je ne
cite point, mais c'est un fait notoire. Un ouvrage
remarquablement ridicule n'y figure pas ; le
peintre s'en est formalisé, et il a prétendu que
c'était une brigue qui l'avait éloigné. Le pauvre
homme, en se plaignant du tort que lui a fait le
directeur, a dit, avec la plus touchante intrépi-
dité d'amour-propre : « Ce sont de ces choses qui
n'arrivent qu'à moi ; mon tableau de cette année
est assurément ce que j'ai fait de mieux (tenez
pour certain que c'est ce qu'il a fait de plus mal);
je comptais sur son succès pour la croix d'honneur, eh bien ! on me l'enterre ! Et voilà comme
on encourage les arts ! comme on est équitable ! »
J'ai entendu un homme de mérite, qui s'est d'ail-

leurs cruellement trompé cette année, se plaindre de la place qu'on a assignée à son tableau ;
David n'en eût pas voulu d'autre pour son
Léonidas. « Le bel honneur d'être dans le grand
Salon, » disait un peintre qui, pour avoir fait un
bon ouvrage, ne devrait pas se donner le tort de
décrier tous ceux de ses confrères ; « s'il faut s'y
trouver à côté de M. tel ! » Il est certain que ce
M. tel a du bonheur, du malheur plutôt, car le
grand jour du Salon montre toute l'absence de
son mérite, et le ridicule de ses prétentions. Un
membre de l'Académie a choisi, dit-on, lui-
même le clou où il voulait qu'on pendît son tableau ; on a suivi ses intentions, et il a réclamé
ensuite.

Bien des suppositions furent arrangées, à l'ouverture de l'exposition, sur le refus que le département des beaux-arts avait fait de livrer le
grand Salon aux artistes et au public ; parmi les
moins fondées, il faut placer sans doute celle qui
tendait à établir que M. Gérard avait voulu garder le Salon pour lui tout seul. Cela est absurde.
M. Gérard n'expose pas en même temps que tous
ses confrères, parce qu'il est libre de laisser ses
ouvrages un mois seulement au Louvre, parce
que trois mois de succès ne lui conviennent peut-

10*

être pas. Il ne se produit donc qu'à la fin du Salon ; mais se produire seul, dans une pièce à part, faire une exhibition particulière dans le local des exhibitions publiques, se donner l'apparence d'une immodestie qui est loin de ses habitudes, certainement M. Gérard ne le fera point. C'est le bien mal connaître que de supposer une chose semblable. Et où serait donc ce tact, cet esprit que vous lui connaissez? Le grand Salon est cédé aux artistes, M. Gérard en profitera, il n'y a pas l'ombre d'un doute; mais ce n'est pas pour lui seulement qu'il a été ouvert. Comment imaginerez-vous que l'auteur du *Sacre* aura pu dire à M. de Larochefoucauld, en parodiant la menace d'*Armantine* à *Cerberti* [1] : « Point de salon, point de tableau? »

[1] Dans *une Folie*, opéra-comique : *point de salon, point de modèle.*

La Chasse au Daim.

TABLEAU D'HISTOIRE, PAR M. CARLE VERNET.

Domestica facta.
Les faits domestiques.

Oh ! je les entends d'ici nos classiques : « Tableau d'histoire ! tableau d'histoire ! » Eh oui, Messieurs, par saint Hubert, tableau d'histoire ! Qu'y a-t-il là qui vous choque ? Les proportions ? et le *Jugement de Salomon*, du Poussin ! Le style ? et les *Batailles de Louis XIV*, par Vander-Meulen ! Le sujet ? mais il est cent fois plus historique, c'est-à-dire plus vrai, sous le rapport du fait représenté, que toutes les Andromaque, les Clytemnestre, les Athalie, que tous les Charlemagne, les saint Louis et les Titus. Vos poëtes, vos historiens, vos chroniqueurs nous en donnent à garder avec leurs récits. Que savons-nous de positif sur la veuve d'Hector ? Pouvons-nous contrôler les Mémoires de Joinville ? Savons-nous s'il est certain que Titus employait bien ses journées ? Pou-

vons-nous affirmer que Charles se soit occupé
lui-même des Capitulaires, ou Louis-le-Gros des
Chartes? La *Chasse dans les bois de Meudon*,
en 1818, est au contraire un événement que nul
ne peut nier; cent témoins vivent encore, qui ont
pu l'attester à M. Carle Vernet; je m'en souviens
très-bien moi-même; à telles enseignes que je
faillis être dévoré par un détachement de la
meute qui me rencontra sur la lisière de la route
de Versailles, et qui me prit apparemment pour
le daim. De fortune, la bête passa sur le moment, et me délivra d'un choc que j'aurais payé
de la vie, pour avoir eu l'imprudence d'aller à
pied, le jour de Saint-Hubert, de Sèvres à
Montreuil. Pauvre voyageur! j'en frémis encore
quand j'y songe! Ces terribles animaux m'auraient traité comme ceux de Chantilly ont traité
un petit griffon bourgeois qui, se promenant
tranquillement sur une pelouse, donna dans la
meute du sanglier. Il n'en resta qu'une pate.

Pardon de la digression.

Le sujet est donc historique, par le fait en lui-
même, puis par les personnages. C'est le privilége des rois et des princes de faire toujours de
l'histoire : une chasse de M. Lafitte serait un tableau de genre; une chasse de M. Rostchild,

baron et prêteur d'argent patenté par des souverains, serait un ouvrage presque historique ; une
chasse du prince de Monaco serait un tableau
d'histoire, et *à fortiori*, de l'empereur de Russie,
du grand Turc, de l'empereur d'Autriche, du roi
de France ou de Georges IV. Le tableau de la
Chasse au Daim est plus historique que celui de
la *défaite de Darius ;* autant que celui *d'Henri IV
soupant chez Gabrielle*, et plus que celui de *Fleu-
rus ;* celui de *Montmirail* ne le serait que par la
présence de Napoléon, roi illégitime, de vrai,
mais que sacra le Pape, et qu'épousa l'empereur
François II. M. Horace Vernet a peint la bataille de Montmirail, c'est son chef-d'œuvre
peut-être, mais il n'a pas fait un tableau d'histoire. Napoléon n'est pas dans sa composition ;
les convenances de 1823 ne lui permettaient pas
de l'y mettre : alors il n'aurait pas fait le *pont
d'Arcole ;* plus tard il fera peut-être Wagram.
Et voilà l'histoire, modifiée, altérée, suivant les
temps, les craintes et les espérances des partis.

Ici, au moins, elle est entière, rien n'y manque, personne n'a intérêt à la faire mentir ; ce
n'est pas le sort d'un royaume qui se joue sur la
toile de M. Carle Vernet, c'est la mort d'un pauvre daim que l'on y conspire.

Pour fêter le saint des chasseurs, on s'est mis
en campagne dès le matin; botté, éperonné, le
fouet à la main, le cor en bandoullière, le coute-
las au côté, l'habit vert sur les épaules, on a
couru par monts et par vaux, sautant les fossés,
franchissant les buissons, excitant les chevaux
et les chiens; on a trouvé le daim qu'on a poursuivi, en cherchant à deviner ses ruses pour les
déjouer; on l'a contraint à chercher un asile dans
un étang, mais la meute l'y suit, et bientôt il
mourra après d'inutiles efforts. Ainsi les Autrichiens, je crois, périrent dans des marais où
les soldats de l'Empire les avaient acculés;
c'est la tactique de la guerre transportée à la
chasse.

Le moment choisi par M. Vernet est celui où
le daim, amené par des combinaisons de straté-
gie dans l'étang de Ville-d'Avray, va recevoir
l'assaut des chiens. Tous les chasseurs entourent
la pièce d'eau; des spectateurs en foule bordent
la route de Versailles : deux calèches sont sur le
chemin.

Ce tableau est spirituellement composé.

Un officier des chasses rend compte au prince
de ce qu'il a fait pour la réussite de l'affaire. Cette
figure est bien, mais elle manque un peu de no-

blesse ; j'aime mieux celle de Rapp dans le tableau *d'Austerlitz* de M. Gérard.

Un valet de chiens sollicite les paresseux avec
le fouet ; les derniers piqueurs arrivent au milieu des séchoirs d'une blanchisseuse qui a étendu
son linge à la descente du bois. On dira que ces
détails d'âne effrayé, de draps au sec, de laveuses
dans leurs boîtes, ne sont pas dignes de la peinture historique. Erreur ; ce qui est vrai, sans
être ignoble, est toujours bon dans un tableau d'histoire. C'est par ce côté-là que celui de M. Carle
Vernet est romantique ; il est classique par un
autre. M. le comte d'Artois a son cordon bleu ;
je ne sais si l'étiquette le veut pour le jour de la
Saint-Hubert, mais j'en doute fort ; c'est un ap-
prêt qui sied mal à la chasse. Quand on va courir
le bois et la plaine sur les traces d'un cerf, on ne
s'affuble d'aucun ornement capable de gêner :
c'est bien assez qu'on soit contraint de s'en décorer quand on représente dans un cercle ou dans
une revue. Je pense que M. Vernet, s'il a exprimé une chose exacte, a eu tort ; j'aurais dissi-
mulé le cordon du Saint-Esprit. Que dirait-on
du peintre qui mettrait le ruban d'azur sur la
poitrine de Louis XV visitant les cuisines de Versailles, pour voir *mettre la viande au fer*, plai-

sir qu'il prenait souvent, à ce que m'a dit un de ses anciens rôtisseurs. La chasse n'est pas une occupation plus grave ; il est possible que le chevalier du Saint-Esprit soit tenu de porter toujours la décoration de l'ordre, mais il est des jours d'incognito : la visite chez les pauvres et la chasse me paraissent de ces jours-là [1].

L'ouvrage de M. Vernet est d'une exécution très-louable ; on ne croirait pas qu'une main septuagénaire l'a dessiné et peint; il témoigne d'une facilité rare, même chez un jeune homme. Les chiens, si unis d'intention, si divers de poses et de mouvemens, sont parfaits ; on pourrait

---

[1] Un cardinal disait, en 1777, à un très-grand seigneur, jeune et un peu libertin : « Monsieur, lorsque vous allez au Palais-Royal ou au Vaux-Hall de Thoré, laissez à votre valet de chambre vos cordons et votre épée. Quand on ne fait pas acte de gentilhomme, il ne faut rien avoir d'un gentilhomme. »

On s'amusa beaucoup, au milieu du siècle dernier, d'un vieux duc qui, ayant été nommé chevalier commandeur des ordres, avait commandé un cordon bleu, de taffetas gommé, pour se mettre au bain.

Feu le père Élysée, médecin du roi, se parait du cordon de Saint-Michel pour venir au théâtre des Variétés, où il passait presque toutes ses soirées dans une petite loge sur la scène. Ces joies d'enfant se conçoivent dans un garçon de douze ans.

Un collégien voulut se coucher avec ses premières bottes; on le lui permit, et on eut raison. Il comprit le lendemain combien il avait été ridicule. Le vieux docteur et le vieux duc n'auraient pas eu tant de bon sens.

presque en dire autant des chevaux et des hommes. La figure d'un gendarme des chasses, sur le premier plan, me paraît la meilleure du tableau ; dans tout le reste, il a tant d'esprit, tant de fidélité d'observation, qu'on aurait mauvaise grâce à critiquer. Un peu de faiblesse et de crudité dans la couleur, un peu de dureté dans la touche, mais beaucoup moins cependant qu'on en peut reprocher au tableau de la *Course des chevaux à Rome*, ne nuisent point au succès de la *Chasse au daim*. Son succès serait plus complet encore si l'auteur avait trouvé un effet plus piquant.

M. Carle Vernet est un de ces artistes privilégiés, qui ont une vieillesse juvénile; il a conservé à peu près toutes les facultés auxquelles nous avons dû un si grand nombre de productions remarquables. Quelle carrière que celle du peintre qui, sans beaucoup déchoir, finit par la *Chasse du comte d'Artois*, après avoir commencé par le *Triomphe de Paul-Émile!*

La Décence et la Police congréganiste.

LES STATUES. — LES FEUILLES DE VIGNE. — L'ABBÉ GALLAY. —
VÉNUS VIERGE. — LES FEMMES MODÈLES. — LA CUILLER A POT.

> « On n'a qu'à entrer dans la sacristie de la
> cathédrale de Sienne, on trouvera, servant
> d'antiphonier, un groupe admirable des trois
> Grâces ; ce qui ne détourne en aucune manière
> de bons chanoines que j'ai vus, leurs lunettes
> sur le nez, occupés seulement de leur plain-
> chant. »
>
> DE MONTLOSIER. *Les Jésuites, les Congré-*
> *gations et le parti Prêtre en* 1827.
> (Mémoire à M. de Villèle.)

Elle fait des tableaux cacher les nudités,

mais elle fait vendre le catéchisme poissard,
mais elle facilite l'évasion du curé Maingrat, mais
elle protége l'abbé Contrafatto ! Dévote police de
la congrégation, que tes œuvres soient admirées
et respectées ! Le viol, l'assassinat, tu les innocentes, si, par hasard, ils ont déshonoré la robe
du prêtre ; mais l'expression de tous les traits de
l'homme dans une statue, tu la poursuis comme
un délit. Cela s'appelle entendre la morale ! cette

pudeur hypocrite se voit partout maintenant; on allonge les jupons des danseuses de l'Opéra, on défend la représentation d'un clocher dans une décoration de théâtre, on voile le sexe des figures de marbre qui ornent les jardins publics, on souffle la loi du sacrilége, et puis on ouvre à minuit nos églises, le jour de Noël, on attire aux prédications du soir nos filles, nos femmes et nos jeunes gens, pour leur faire chanter des paroles mystiques sur des airs profanes, on donne la chaire de la science au plus docte en pratiques bigotes, on débite sous le nom de miracle les grossières impostures de Migné, on prêche l'abstinence en dégraissant le budget pour rendre plus onctueux le potage de Tartufe, on met à un cierge la dragonne aux quatre étoiles.... Bénies soient nos saintes gens !

Diderot a dit à peu près ceci : « Apollon tout nu, Vénus toute nue, ne sont point des statues indécentes; ce qui serait indécent, c'est une Grâce avec une cornette et des mules. » Diderot avait-il raison? Oui, selon le bon sens, non selon nos jésuites; et puis c'était un philosophe; quelle apparence qu'il n'eût pas toujours tort? L'abbé Gallay le lui a bien fait voir [1]. Cet ecclésiastique

----

[1] Novembre 1827.

pudibond et qui avoue Mont-Rouge, étant allé
prendre la direction du collège de Perpignan, a
commencé sa mission jésuitique par la destruction
des idoles. L'école de dessin des élèves était four-
nie de plâtres et de dessins, propres à être copiés;
l'abbé a voulu savoir leur moralité, il les a passés
en revue, et révolté de leur immodestie, il les a
fait briser et lacérer. Tout a péri, et Vénus la
première, à qui Panufle se fût contenté de dire :

Couvrez ce sein que je ne saurais voir.

Antinoüs, Adonis, le Gladiateur, chefs-d'œuvre antiques que tout le monde admirait sans
songer à mal, ont été mutilés et jetés à la voirie,
comme les protestans travaillés par les dragons
de Louis XIV; un portrait de madame de La
Vallière n'a pu trouver grâce devant le terrible
Gallay; La Vallière, qui pourtant fut maîtresse
de roi! Mais elle se mêla peu de l'église, et con-
fessa elle-même son amant qui n'avait pas encore
assez de foi à la compagnie d'Ignace! Pareille
chose ne serait point arrivée aux images de Maintenon et d'Octavie : ces femmes-là ont appuyé les
jésuites.

La police congréganiste fait son office au Louvre tout comme à Perpignan; seulement elle n'a

pas osé briser. Elle a découpé de larges feuilles
de vigne, et a puni Achille, Thésée, Daphnis,
l'Amour et Spartacus du péché d'Adam. Si cela
n'était que ridicule, il faudrait se contenter d'en
rire, mais il faut y voir tout ce qu'il y a : cela est
immoral. Oui, M. Franchet, oui, M. Delavau,
immoral. L'imagination d'une jeune fille innocente ne s'est jamais arrêtée où vous croyez,
quand l'œuvre du statuaire a été exposé tel qu'il
était sorti de ses mains; aujourd'hui elle soulève
la feuille de vigne, parce qu'elle s'aperçoit qu'on
veut lui cacher quelque chose qu'elle ne soup-
çonnait pas d'abord. Voilà ce que vous faites
avec vos sages précautions; on cause de cela devant la statue du *Soldat laboureur*, au lieu de
s'occuper de l'expression, de la tête et des détails de la poitrine et des pieds; et puis on rit un
peu plus loin, en voyant que vous avez épargné
le petit *Amour à la coquille*. Pourquoi n'avez-
vous pas mis un fichu et un caleçon à *Sylvie* et à
la *Nymphe de la Seine?* Nos lycéens sont-ils
donc moins tendres à la tentation que les élèves
de madame Clément ou de madame Daubray?

Inconséquens! et vous l'êtes en toutes choses;
votre pudeur est une niaise immoralité. Vous
laissez *Acis et Galathée* se faire la cour sur une

toile coloriée, c'est-à-dire en chairs et en os, si la
peinture est bonne [1]; et pour un *Thésée* de plâtre, découvrant les sandales de son père, vous
vous informez de sa nudité, afin de la dissimuler
et d'attirer nos regards sur le voile bête que vous
y attachez; l'œil lascif d'*Érigone* et le geste de
son *Bacchus* en disent cent fois plus que tout ce
que vous prenez tant de peine à voiler.... Je ne
veux pas qu'on fasse de sculpture indécente;
assez il y a, pour corrompre le peuple, de gravures, de chansons du bon temps, de couplets nouveaux (permis par la police) et de traditions de
la cour ancienne; ne souffrez point qu'on nous
montre un Satyre embrassant une Nymphe, ou
qu'en un groupe historique on nous couche Didon
auprès d'Énée, et François Ier auprès de la
belle Ferronière; ne laissez point exposer un
buste de Henri III à côté de celui d'un de ses mignons; voilà votre mission. Mais que la feuille de
la vigne ou du figuier vienne par vos soins nous
dénoncer une indécence que nous n'aurions
point devinée, voilà ce dont vous devez vous garder.

J'ai vu, dans l'église d'un petit village de Bre-

---

[1] Il est bien entendu que ceci ne fait allusion en rien au tableau
de M. Guillemot.

tagne, une statue de la Vierge, toute nue ; sa
vue ne scandalise personne. Cette vierge n'a pas
toujours été ce qu'elle est; c'est une ci-devant Vénus du temps de la décadence des arts, à Rome.
Le statuaire avait représenté Cypris tenant dans
ses bras l'Amour qu'elle allaite; l'Amour avait
des ailes, on les a abattues; une râpe grossière a
cru en effacer les articulations, mais elle les a
laissées saillantes; je les ai facilement reconnues.
Cupidon est devenu Jésus comme Vénus est devenue Marie : Jupiter Olympien est bien un
saint Pierre maintenant! Aux jours de fête, les
filles basse-brètes recouvrent les épaules de la
statue avec un grand manteau d'étoffe de soie,
brodé d'or, et chargé de petites images représentant des saints et les traits de la vie du Christ. La
Vénus dont je parle n'est pas d'un bon style,
mais elle a des formes qui plairaient dans une
femme. Eh bien ! je suis sûr qu'à aucun des
voyageurs qui l'ont vue dans la chapelle de la
Vierge, il n'est venu plus qu'à moi un souvenir
d'Ovide ou de Parny. Si le curé du lieu avait
mis un cotillon et une guimpe à ce marbre, il
l'aurait rendu peut-être indécent ; à coup sûr
il aurait provoqué de mauvaises plaisanteries,
ou mis le désir en tête à quelque paysan,

jeune et amoureux de tout ce qui ressemble à la villageoise qui n'est pas encore sa conquête.

La pudeur jésuitique a gagné quelques artistes; il est en province un professeur qui n'a pas permis à ses élèves les modèles du sexe féminin. Qu'est-il arrivé de là? qu'un de ces jeunes gens, ayant à peindre une *Jeanne d'Arc*, a fait une figure qui n'est ni d'un homme ni d'une femme. Il lui fallait modeler la gorge de la Pucelle d'Orléans, il s'est trouvé fort embarrassé, et il a été réduit à appliquer sur la poitrine d'un de ses amis une cuiller à pot de métal pour figurer la nature défendue. Ce que je raconte là est exact.

Les femmes qui servent de modèles aux peintres ont en général une assez mauvaise réputation. Je ne suis ici ni pour les accuser ni pour les défendre; il y a cependant un fait en leur faveur et qu'il faut que je dise. Ces pauvres créatures ne viennent à l'atelier que pour remplir un devoir; et elles mettent toute la décence possible dans l'exercice de leur métier fâcheux. Cela est si vrai, qu'elles ne se déshabillent jamais que derrière la toile, à côté de laquelle elles vont poser ensuite, ou à l'abri d'un paravent. C'est un sentiment véritable de pudeur qui les guide dans cette action; elles paraissent cependant toutes nues, deux minutes après, aux regards de l'artiste ; mais elles savent qu'alors son imagination n'est pas libertine, et qu'elles ne sont plus qu'un instrument passif dont le dessinateur ou le coloriste se sert comme il se sert au besoin d'un arbre et d'une plante.

M. Franquelin.

NOÉMI, OU LE SOUVENIR UN JOUR DE NOCE. — LA VEUVE
DU MARIN.

« JE suis à tes pieds, Noëmi. Non, rien ne
pourra désormais nous séparer; toutes mes craintes se sont évanouies devant une de tes larmes.
Je t'avais accusée, j'avais douté de ta foi; ingrat
que j'étais! mais tu m'aimes et tu pardonnes un
soupçon injurieux.

» L'amour peut donc rendre injuste et cruel?
Je t'estime, et cependant je suis jaloux; oh! oui,
jaloux!... Crois-moi, Noëmi, mieux vaudrait
pour toi la mort que l'inconstance. Si tu pouvais
oublier tes promesses, si tu m'allais trahir, si
jamais un rival!.. Toute mon ame se soulève à
cette idée.

» Quelle folie! Dois-je douter de ta tendresse?
N'ai-je pas pour garans les gages précieux que
tu m'en a donnés? Voudrais-tu démentir les douces paroles que, dans le secret de nos entretiens,

tu as toujours opposées à mes terreurs ? Non ; tu
es incapable d'une perfidie ; ces paroles saintes
et sacrées, tu te les rappelles, tu les as répétées
cent fois, et cent fois j'ai payé chacune de leurs
syllabes d'un baiser brûlant.

» Noëmi, bonheur éternel pour nous, puisque
nos nœuds sont indissolubles ! Ils le sont ; tu l'as
juré. « Je sens que tu es nécessaire à mon exis-
» tence.... Chaque instant ajoute à l'attachement
» que j'ai pour mon meilleur ami.... S'il fallait te
» perdre, Félix, je crois que je mourrais.... »
N'est-ce pas là ce que tu disais dans ces lettres
si tendres et si rares dont tous les mots sont gra-
vés dans mon cœur ? N'est-ce pas là ce que tu
m'écrivais encore le jour anniversaire de celui où
je sentis, pour la première fois, ton sein palpiter
contre le mien, où pour la première fois j'enten-
dis ta bouche prononcer avec émotion ces mots :
« Je t'aime, je t'ai choisi, je suis à toi pour toujours. »

» Aimons-nous bien, malgré les obstacles et les
dangers qui nous environnent. Courage ! amie ;
le ciel qui nous fut si propice, ne nous abandon-
nera point. Que notre passion soit un mystère
pour tous, notre félicité ferait trop d'envieux !
Ecris-moi souvent ; c'est une si grande joie pour

ton amant de lire, de commenter, d'étudier tes
billets si tendres et qu'il trouve encore trop froids!
Créature parfaite qui me parais autant au-dessus
des autres femmes, que l'ange est au-dessus de
l'homme; trésor au prix duquel tous les trésors
de la terre ne sont rien; esprit noble et délicat,
cœur généreux et sensible, toi, mon bien, mon
tout, l'unique pensée de ma vie, sois fidèle à.....

» Mais que vient-on m'apprendre ? Tu as con-
senti à te marier ? Oh ! non, c'est une affreuse
supposition inventée par un méchant, qui aura
deviné le mal qu'elle devait me faire. Cette madame T... avait l'air de triompher de ma douleur en m'apprenant un aussi odieux mensonge !
car c'est un mensonge, n'est-ce pas ? Tu es à moi
pour la vie, as-tu dit; tu ne peux donc être à un
autre ! L'hymen ne nous désunira point... Et
d'ailleurs que porterais-tu à un époux ? Qu'est-ce
qui de toi t'appartient encore ?... M'abandonner,
me ravir ce que tu m'as donné, cette idée n'aurait-
elle pas révolté ton cœur ? Tu n'auras point cédé
à des volontés que tu as bravées jusqu'ici; mais
s'il était vrai, Noëmi.... le jour de ta noce serait
celui de ma mort et de la tienne ! J'irais au pied
de l'autel te demander compte de tes sermens;
j'irais défier le *oui* qui devrait faire mon malheur,

et si un de mes regards ne le paralysait sur tes lèvres !.. Oh ! ciel, quel horrible cauchemar ! j'en suis accablé... Chassons ces idées de sang... Tu m'aimes, tu me resteras fidèle. Adieu, écris, écris vite à ton Félix. »

« Et Noëmi n'écrivit point. Son mariage était arrêté ; un vieillard riche, titré, avait demandé sa main, et l'avait obtenue.

» Le jour où devait s'accomplir le sacrifice auquel était condamnée Noëmi, il fallut que la malheureuse amante rassemblât toutes ses forces pour marcher à l'église. Le matin, elle versa des torrens de larmes, quand elle reçut de son père l'ordre d'aller revêtir les habits nuptiaux. Sa femme de chambre, que pour la première fois elle mettait dans le secret de son amour, pleura avec elle et ne lui présenta le bouquet de fleurs d'orange qu'après qu'elle eut relu la lettre de Félix et couvert son portrait de baisers et de pleurs. Noëmi se laissa parer enfin de la couronne virginale qu'elle avait long-temps repoussée; elle alla au temple, pâle et en proie au plus affreux désespoir ; le prêtre vint pour bénir le mariage... Tout-à-coup Félix parut au milieu du sanctuaire ; Noëmi qui craignait et désirait sa présence, l'aperçut, poussa un cri déchirant, prononça ces

seuls mots : *Félix !.. toujours !* et mourut. Un
instant après, sous le porche de l'église, on entendit une détonation d'arme à feu, Félix n'était
plus. »

La situation la plus pathétique de ce drame a
été reproduite par M. Franquelin dans un tableau
que toutes les femmes ont remarqué, que tous
les amans ont vu sans doute avec attendrisse-
ment. Noëmi, le regard attaché sur l'image de
celui qu'elle adore, s'est assise auprès de la table
où sont les ornemens dont elle sera forcée de
charger son front décoloré; la lettre de Félix
qu'elle vient de relire est par terre à côté d'elle ;
la chambrière, témoin triste et muet de la scène
douloureuse qui aura bientôt un si cruel dénouement, est debout derrière sa maîtresse, attendant que Noëmi se décide à faire la toilette des
noces. L'auteur de cette jolie petite composition
n'a point exagéré l'expression de ses figures ; il a
été vrai et touchant; que d'autres à sa place auraient été outrés et froids ! Le caractère du talent
de M. Franquelin est un naturel gracieux que
l'artiste sait faire valoir par un heureux choix de
sujets. *La Veuve du Marin*, que déjà la litho-
graphie a popularisée, plaît à tout le monde ; la
veuve est une figure charmante ; quelques-uns

de nos peintres de genre dessinent plus purement
que M. Franquelin, d'autres sont plus coloristes,
d'autres encore ont une touche plus vive et plus
ferme ; M. Franquelin a des qualités agréables
qui lui assurent des succès. Les artistes lui préfé-
reront sans doute l'auteur de *miss Macdonald*
ou celui de *la Bénédiction des fruits de la terre ;*
le public qui n'entend pas malice aux choses de
l'art ne lui préférera personne.

Peinture de Marine.

MM. GUDIN, ISABEY, HORACE VERNET, MOZIN, OLRY, GARNERAY, CRÉPIN, TANNEUR, VERBOECKHOVEN, GILBERT, THURIN, ULRICH, GRÉNIER, GASSIES.

C'est un très-bon peintre, que M. Gudin; un peintre, lui, sans manière, complet, consciencieux et fécond. Il a encore un mérite dont je lui sais bien bon gré; c'est de s'être exercé dans un genre déconsidéré par les succès qu'y ont acquis des gens, fort estimables d'ailleurs, mais qui avaient fait dire que la France n'aurait jamais de peinture de marine. Cette peinture, très-intéressante et très-difficile, quelques Hollandais y ont réussi; Claude Lorrain et Joseph Vernet, en France, s'y sont fait des noms dont personne n'oserait contester la gloire. M. Crépin a représenté le combat de la *Bayonnaise* et le *Naufrage des canots des frères Delaborde*, et, comme lassé des efforts que lui avait coûtés la production de deux beaux ouvrages, il s'est arrêté. On ne con-

çoit pas une décadence si prompte; on s'afflige
d'un si malheureux changement.

M. Garneray a fait des ouvrages que la pré-
vention la plus favorable ne peut placer au-dessus
du.... Je n'oserai jamais dire, quand je pense que
le ministère a choisi cet artiste pour peindre le
Combat de Navarin! M. Garneray n'est pas sans
talent, je le reconnais volontiers; mais de lui au
Crépin de la *Bayonnaise*, au Gudin du *Paque-*
bot, surtout, il y a loin comme de M. Verboeckhoven à Backuisen.

M. Gilbert, de Brest, est exact, mais d'une
froideur!... Ses tableaux ont un mérite géomé-
trique que j'estime, mais qui ne dit rien à mon
imagination; à la *mer* qu'il nous donne, comme à
celle de la plupart de ses compétiteurs, il ne
manque que de *l'eau.* Il sait le gréement, et c'est
beaucoup; un homme qui s'est occupé de navires, qui a un peu voyagé (et excepté moi, qui
n'est pas allé en Amérique!), souffre autant
à voir une *cargue-point* et un *bras* mal *passé*,
qu'un soldat à trouver dans un tableau militaire
un mauvais équipement et une giberne sur la
hanche gauche de celui qui la porte. Mais le gréc-
ment que M. Gilbert entend très-bien, c'est l'orthographe; Joseph Vernet la savait aussi, et il

était poëte. Il l'aurait ignorée qu'on le lui eût pardonné, parce qu'il avait l'art d'émouvoir, de faire
battre le cœur; sa mer n'était pas toujours d'une
belle couleur, mais elle était toujours d'un bon
mouvement; il y avait de l'enthousiasme dans la
composition de ses tempêtes; il sentait que c'é-
tait un spectacle sublime, que cette horreur d'un
grand naufrage, et la mise en scène d'un navire
en danger de perdition était chez lui une tragédie
véritable. Son petit-fils, Horace, aurait eu beaucoup de ses grandes qualités s'il se fût adonné
tout entier à l'étude des effets et des choses que
Joseph avait si bien apprises; mais il a embrassé
tous les genres, et celui-là demande qu'on lui soit
entièrement dévoué. Les essais de M. Horace
Vernet prouvent sa facilité à tout comprendre,
à tout deviner, à tout rendre; il y a un peintre dans ses marines, mais pas tout-à-fait un
peintre de marine.

MM. Tanneur et Thurin n'ont point encore
pris leur rang. Le premier a peint le combat du
Vengeur; c'était un sujet capable d'inspirer un
homme qui aurait eu de la verve et de l'enthousiasme. Il fallait n'être pas au-dessous de Lebrun
le lyrique dans la représentation de cet acte de dévouement, presque incroyable, tant il est beau, et

qui suffirait à la gloire de la marine française.
Hélas! M. Tanneur n'a guère été au-dessus d'une
gazette pour le style et la poésie. Qui nous peindra
donc ce vaisseau triomphant par sa défaite, faisant
fuir le *Brunswick* et défiant encore en descendant
dans l'abîme, les deux autres ennemis qui ont
pu le faire couler, mais non le contraindre à s'a-
vouer vaincu? Un peintre s'immortaliserait, s'il
traduisait de manière à nous faire frémir cette
strophe :

> Plus fiers d'une mort infaillible,
> Sans peur, sans désespoir, calmes dans leurs combats,
> De ces républicains l'ame n'est plus sensible
> Qu'à l'ivresse d'un beau trépas.

Je voudrais qu'on fît deux tableaux du *Vengeur*, l'un représentant le moment où le *Brunswick* et le navire français, accrochés par leurs
agrès de l'avant, courent vent arrière, et comme
deux lutteurs terribles se portent des coups dont
chacun fait une blessure mortelle; l'autre, représentant la catastrophe du vaisseau de Renau-
din. Il y a une épopée complète dans ces deux
scènes.

MM. Mozin et Ulrich font en général moins
de la marine que du paysage maritime. Leurs ou-

vrages sont recherchés, estimés, et méritent de
l'être. Ils ont (non pas absolument au même degré, l'un et l'autre) de la couleur et de la vérité;
ils entendent l'effet; leurs eaux sont assez jolies;
mais on y voit l'imitation. Celles de M. Gudin
sont transparentes et vraies , mais il ne s'agit pas
encore de M. Gudin.

Une *Vue de Saint-Malo* de M. Olry est estimable; c'est un paysage du genre de ceux de
MM. Ulrich et Mozin, et qui ne prouve pas encore que l'auteur sera peintre de marine. Ce tableau doit plaire par le ton local, par les détails
du mouvement d'un port, par l'effet simple; mais
ce n'est qu'un essai. M. Olry a fait comme les
citadins de l'intérieur du royaume qui vont voir
la mer ; ils commencent, pour s'amariner, à tra-
verser de Brest à Recouvrance, ou à aller à pied
jusqu'au bout de la jetée de Dieppe; peut-être
verrons-nous un jour que le peintre *a pris le
large.*

M. Gassies a peint la lame dans son tableau
du *Pêcheur naufrageant avec un enfant.* Ses
eaux exécutées dans le sentiment de la peinture
anglaise , seraient très-bien, si elles n'étaient pas
un peu lourdes. L'ouvrage est d'ailleurs de ceux
qu'on peut louer.

Naïf, spirituel, et d'un ton qu'on voudrait quelquefois plus chaud, M. Grénier fait des petits tableaux de marine que tout le monde aime. Qu'on me permette de dire que c'est le vaudeville du port de mer.

Les marines de M. Verboeckhoven sont finement peintes, mais grisés. Je sais bien que les eaux de la Hollande sont très-différentes de celles des côtes de France, de l'Archipel ou de l'Inde ; cependant je ne crois pas qu'elles aient tant de rapport de couleur avec l'encre de la Chine glacée d'indigo.

M. Eugène Isabey [1] marche après M. Gudin,

---

[1] A propos de M. Isabey fils, parlons de M. Isabey père. Cet artiste, qui jouit d'une si grande réputation comme peintre de miniature, cet homme qui a tant de goût et tant de mérite dans un genre qui semble cependant demander de la jeunesse, a presque renoncé à l'exercice de sa profession, mais il n'a point renoncé aux arts. On n'y renonce pas quand on est organisé comme lui.

M. Isabey n'expose plus de portraits, et tant pis vraiment. Il a mis au Salon un *Escalier de la tourelle du château d'Harcourt*, tableau à l'huile qui paraît fait dans le système de la miniature. Le sujet en est connu des amateurs des beaux recueils de dessins ; c'est une jeune et belle damoiselle descendant l'escalier en s'appuyant sur le bras d'un page. Ces deux figures sont pleines de grâce : la modestie et l'amour de la damoiselle sont très-spirituellement exprimés ; le respect du galant cavalier cache quelque chose qui se laisse deviner facilement.

La composition de M. Isabey, lithographiée par l'auteur, fait par-

il a déjà un talent très-véritable; le plus grand
défaut de ses ouvrages, je parle de ceux où la
mer joue le rôle principal, c'est d'être un peu
plombés. M. Eugène compose bien les vagues,
mais s'il leur donne une bonne forme, il ne leur
donne pas toujours une couleur assez vraie. Quoique je ne recommande jamais à un peintre d'en
imiter un autre, j'engage M. Isabey à imiter
M. Gudin, car M. Gudin, c'est la nature elle-
même.

Cet artiste nous a donné cette année trois chefs-
d'œuvre dans des genres différens : *le Paque-*

tie des dessins du premier volume des *Voyages pittoresques et romantiques dans l'ancienne France*, publiés par MM. Taylor, Nodier et de
Cailleux; c'est un des jolis morceaux de ce précieux ouvrage, qui
entre autres services rendus, a mis en lumière dix jeunes gens aujour-
d'hui classés parmi les dessinateurs les plus estimés.

Le livre de MM. Nodier, Taylor et de Cailleux est une des plu
belles publications qu'on ait jamais faites : chaque jour ajoute à son
importance et à sa valeur. Si l'on savait dans quelles circonstances il a
été commencé, et quelle puissance de volonté il a fallu aux artiste
et à l'homme de lettres qui l'ont entrepris pour le continuer et le
perfectionner, on serait émerveillé.

Nous ne pouvons raconter l'histoire des *Voyages pittoresques*, les secrets de nos amis ne nous appartiennent point. Nous serions charm
pourtant de l'écrire pour les dictionnaires bibliographiques où l'on
recueille des anecdotes curieuses. M. Taylor l'écrira peut-être ce peti
roman qui embellit encore, pour nous qui en avons la confidence, un
ouvrage que tout nous fait admirer et aimer.

bot, *le Retour de la Pêche* et une *Vue de Grenoble*. Le bateau à vapeur est peut-être ce que
l'auteur a fait de mieux comme marine proprement dite ; l'eau, d'une transparence extraordinaire, le ciel fin et bien composé, l'effet piquant
et vrai, le soleil brillant, la scène du débarque-
ment des passagers naturelle, les figures spirituellement touchées ; que voudrait-on de plus ?
Quant au Retour de la pêche... ne marchandons
pas avec la vérité. Ce morceau place M. Gudin à
côté de Claude Lorrain. Récriez-vous, louangeurs
des morts, je blasphème, n'est-ce pas? Claude
Lorrain ! Dieu ! J'ai comparé l'échoppe au tabernacle ! et je n'en rougis point ! Gelée est plus fini
sans doute, et après cela, quel avantage a-t-il sur
M. Gudin? La *Vue de Grenoble* est une chose
étonnante de vérité et d'exécution ; fermeté et
finesse de ton, largeur de touche et facilité de
pinceau, ce tableau réunit tout. Ah ! s'il nous
était venu de Hollande, s'il avait un peu de crasse
et la date de 1670, quelles exclamations on ferait à l'hôtel de Bullion ! quelles belles suren-
chères ! Il n'a aux yeux des vieux amateurs que
le défaut d'être moderne, aux yeux du public, il a
ce mérite de plus.

L'América, navire américain, sur lequel on

12

reconnaît M. le duc d'Orléans assis auprès d
l'escalier de la chambre, pendant que les officiei
d'un corsaire français visitent les papiers du ca
pitaine étranger, est le sujet d'un grand ouvrag
de M. Gudin. L'América est en panne; la pénich
française a amené à moitié ses voiles pour fair
peu de route; le canot du corsaire a abordé pa
tribord le trois-mâts américain, et les matelots ai
més attendent, ou le retour de leur lieutenant
ou l'ordre de sauter à l'abordage du bâtimei
visité. Cette scène, qui se passa en 1796 et qu
est dramatique par la position du prince, menac
dans sa liberté, peut-être ensuite dans sa vie, s'
est reconnu; cette scène est fort bien rendue. L
mer est belle, surtout dans la partie droite du ta
bleau; le ciel est un peu lourd, et l'effet généra
est moins franc que dans les autres tableaux di
même peintre. Ce morceau a obtenu un très
grand succès, il sera un des plus beaux ornemen
de la galerie de M. d'Orléans, déjà si riche ei
excellentes choses. Son Altesse Royale aim
beaucoup le talent de M. Gudin, il possède plu
sieurs des chefs-d'œuvre de ce jeune peintr
dont il a généreusement encouragé le talent à se
débuts et à qui il sert encore de Mécène, comm
il est possible qu'un prince en serve dans c

temps-ci à un artiste. L'admirable Vue de Grenoble dont nous parlions tout à l'heure, appartient à Monseigneur.

M. Gudin est chargé de peindre *le Combat de Navarin* en concurrence avec M. Garneray; son tableau doit avoir vingt pieds. C'est une grande entreprise que celle-là pour M. Gudin, qui n'a pas encore pris l'habitude de grouper ensemble plusieurs navires et de rendre tous les détails d'un vaisseau avarié; mais qu'y a-t-il d'impossible à un homme doué d'autant de facilité? Six mois d'études seront plus que suffisans pour mettre notre artiste à même de faire un ouvrage digne de ceux qui ont assuré sa célébrité, et qui lui assureront le titre de grand peintre que je n'hésiterais pas à lui décerner aujourd'hui, si j'avais autorité pour dispenser la gloire et faire de l'avenir. M. Gudin n'a pas trente ans, et que de preuves de talent il a déjà donné! Navarin nous révélera son génie.

Je n'ai pas cité tous les ouvrages de M. Gudin parce que j'aurais trop risqué de tomber dans des redites élogieuses. Je m'en tiens à ceci : notre peinture de marine a son Ruisdaël.

Revenons à M. Eugène Isabey. Son *Ouragan* devant Dieppe est une fort belle chose; il s'en

12·

faut même de bien peu que ce ne soit un chef-
d'œuvre. La mer est agitée par un coup de vent
furieux; la lame bat les dunes et le môle. Sur la
jetée on aperçoit, au travers de l'écume blanche, prête à retomber en pluie abondante, *Ma-*
dame, duchesse de Berry, encourageant les
marins à secourir des bateaux pêcheurs qui ten-
tent l'entrée du port. Des barques voilées, bal-
lottées par les vagues, sont le sujet principal
de ce tableau plein d'intérêt. On sent que le
danger est très-grand pour ceux qui montent
ces embarcations ; on voudrait savoir qu'une
amarre arrivera à bord de ces pauvres diables.
Des débris de navires nous apprennent quel sort
est réservé sans cette aide aux équipages que nous
voyons lutter contre la tempête. Cette composition simple est dramatique. Les eaux du premier plan sont très-bien rendues ; celles du second sont quelque peu lourdes. Dans ce morceau,
le pinceau de M. Isabey est large, facile, ferme
et spirituel ; le ton de l'ouvrage est vigoureux,
mais peut-être un peu trop uniformément noir.
Il y a, dans les coups de vent, des éclaircies au
ciel qui ajoutent encore au pittoresque d'un effet
dont M. Eugène a d'ailleurs bien saisi le caractère. Le peintre a voulu rendre aussi pénible que

possible la scène qu'il représentait; il a bien
réussi, mais l'aspect de son tableau en est devenu
peut-être trop sévère.

On ne peut guère parler des autres productions de M. Eugène Isabey après avoir loué cette
marine; comment ne pas mentionner cependant
au moins sa *Plage d'Honfleur*, d'un ton si séduisant et si vrai? C'est un charmant petit tableau
que j'aurais certainement si j'étais un des heureux
du siècle.

M. Bonnefond.

Sitôt que sur un vice ils pensent me confondre,
C'est en me guérisant que je sais leur répondre.
BOILEAU. *Épître VII*.

A M. Alph. de M.

Vous me disiez il y a un mois : « Je n'y conçois rien ; comment s'est opérée une telle métamorphose? Ce tableau de Bonnefond est très-bien. » Je vais vous expliquer le miracle, mon cher ami.

Vous vous rappelez les triomphes qu'obtint le jeune Bonnefond aux Salons de 1822 et de 1824; c'était une fureur, non pas au moins parmi les artistes, mais chez les dames, et dans cette classe d'amateurs qui pensent toujours d'un tableau que tant vaut le sujet tant vaut l'ouvrage; braves gens qu'on verrait préférer *les Sœurs de la Charité* de M. Roëhn au *Samuel* de Salvator Rosa. On se disputait ses productions; c'était à qui les aurait. Aussi vendait-il cher; et bien il avait raison.

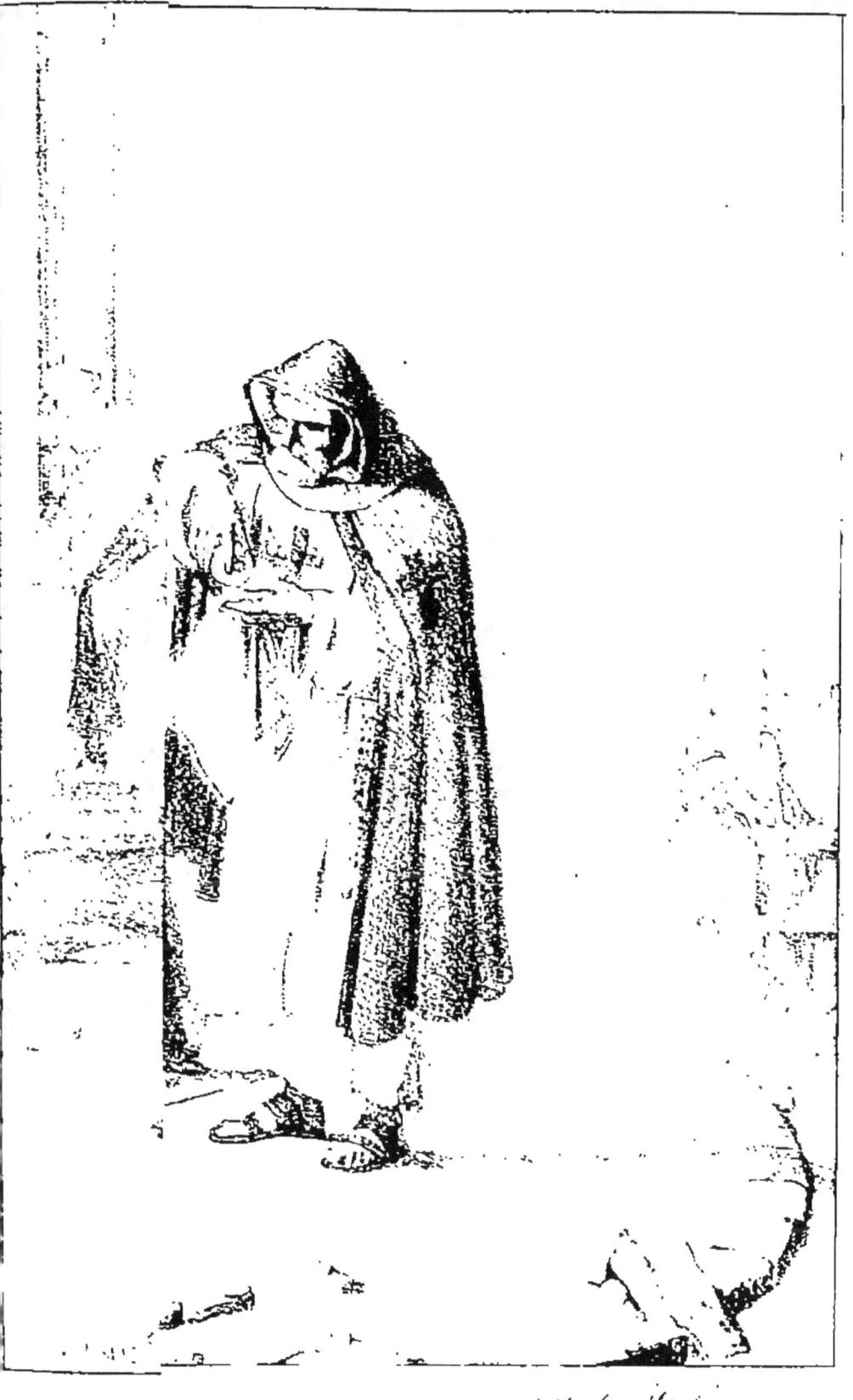

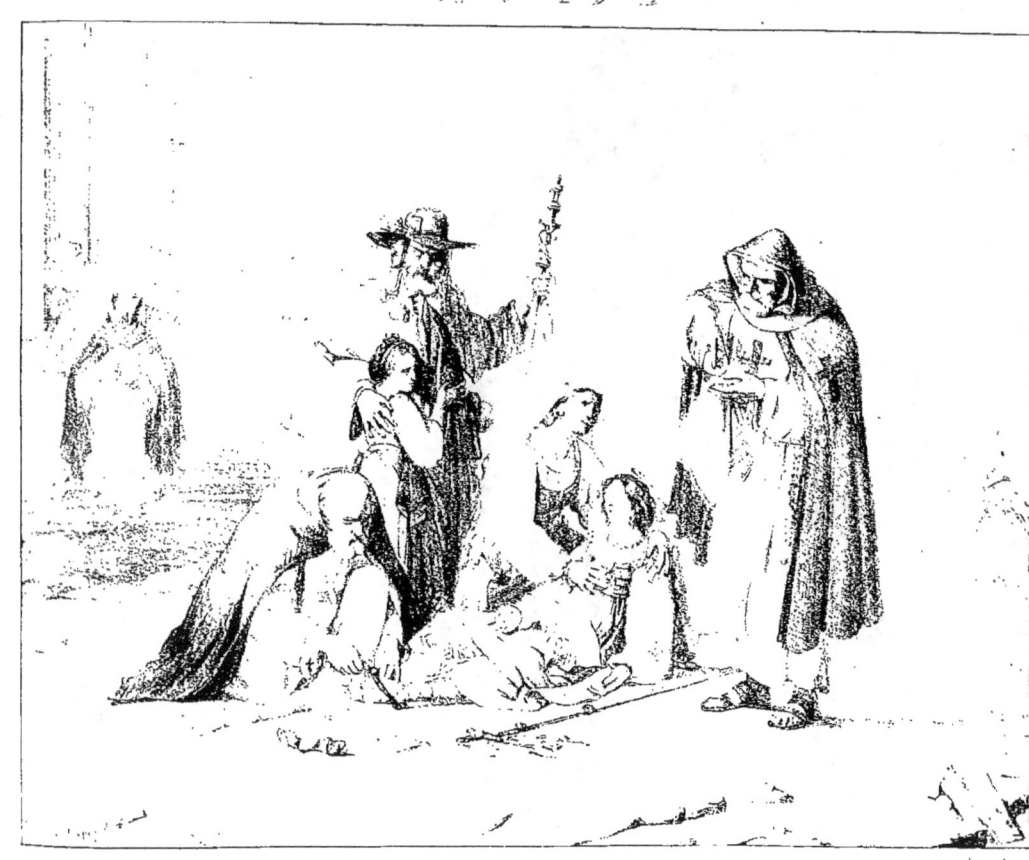

Famille de Pèlerins

Cependant cet état de bonheur où il pouvait se complaire fut troublé un jour. La critique alla le harceler sur l'oreiller où il s'endormait, bercé par le succès : elle l'avait deviné, avait vu en lui un homme capable ; elle lui fit presque honte de sa gloire.

Fat et sot, il aurait haussé les épaules, recompté l'or que ses ouvrages lui avaient rapporté, ri au nez du censeur morose qui venait l'arracher au plus doux songe, et persisté dans un système auquel il devait une certaine réputation et le commencement d'une fortune ; heureusement il n'était ni sot ni fat.

Il avait le sentiment des arts, et ce n'était pas sa faute si M. Revoil avait *mesquinisé* son goût ; il avait du bon sens ; et les suffrages de son maître, ceux de ses amis, des Lyonnais qui l'admiraient de bonne foi, de la multitude parisienne que séduisait sa manière brillamment fausse, n'avaient point enflé son orgueil. Il était ardent ; il sentait qu'il y avait autre chose en lui que la vocation pour un métier ; il était intimement artiste, il le fit voir. Il savait trop ; c'était un ouvrier parfait, ce n'était pas un peintre : il résolut de le devenir.

Le bandeau qu'il avait sur les yeux, et au tra-

vers duquel on lui avait persuadé long-temps qu'il
voyait clair, fut déchiré. Une autre nature lui fut
révélée; il brûla de la rendre; mais sa main, si
habile naguère, ne put plus rien pour lui : il lui
fallut oublier et rapprendre. Oublier était bien
difficile! il en eut le courage. Il renonça tout,
son style, son crayon, sa palette : il s'avisa que
peindre la peau toute seule, c'était ne rien faire;
qu'il est sous ce tissu des muscles et des os, qu'il
y a autre chose, dans l'expression d'un objet sail-
lant, qu'une ombre et un point lumineux; il entre-
vit la vérité; il comprit que ce n'était pas à Lyon
qu'il parviendrait à la fixer sur la toile. Il pensa à
Rome... C'était un sacrifice immense qu'il n'hésita
pas à faire.

Dans sa ville natale, il passait pour un grand
peintre; il était traité avec toute la considération
qui s'attache à un talent chéri; il avait des affections, des liens de famille, des élèves; il était
l'orgueil de l'école lyonnaise, ses travaux étaient
à de hauts prix... Tout cela aurait enchaîné un
faible ou un vaniteux; Bonnefond rompit des
liens si doux. Alors que ne dit-on pas? « J'avais
un élève sur lequel je comptais, s'écria doulou-
reusement M. Revoil; il va à Rome pour se
perdre. » Vous savez, mon ami, s'il s'est perdu!

Maître à Lyon, le jeune astiste est devenu élève
en Italie. Il a étudié avec conscience, il a vu
peindre Schnetz, et toutes ses idées ont été chan-
gées.

Son tableau des *Pères de la Rédemption*
prouve qu'il travaille avec amour et qu'il est appelé à faire de très-bonnes choses. Trois ouvrages
de lui figurent au Louvre, et ils offrent beaucoup
d'intérêt pour l'observateur, car ils présentent
l'échelle ascendante du nouveau talent de l'auteur.
La Chèvre mourante est le premier de ses tableaux exécutés à Rome. Cela tient encore, surtout par la tête du vieux berger, à la première
manière de Bonnefond. Le poli, les surfaces
étroites, les tons violets, jouent un certain rôle
dans cet ouvrage qui vaut cependant mieux et
de beaucoup, que tout ce que le peintre avait produit à Lyon. Là il n'est pas encore guéri du vice
sur lequel on l'a pensé confondre, comme disait
Boileau; mais il vient à guérison. Un peu de ses
défauts se retrouve aussi dans les figures d'un
berger endormi et d'une bergère qui cherche à
le réveiller. Il y a pourtant déjà plus de largeur,
plus d'effet vrai, plus de soleil. Le Romain lutte
ici contre le Lyonnais; il en triomphe dans son
grand tableau. C'est un très-bon morceau que

celui-là et tout-à-fait digne de l'accueil flatteur qu'il reçoit.

Une scène touchante, fort bien expliquée par sa composition où tout est naturel, est le sujet de ce tableau. Des pélerins qui ont fait le voyage de Rome pendant l'année sainte, arrivent dans la ville des indulgences. Accablée par la fatigue, une femme de la troupe y succombe; elle tombe sur le sol près de la porte du couvent des Pères de la rédemption. Ceux-ci se sont hâtés d'accourir; ils entourent la malade à qui ils donnent les premiers secours. La pélerine revient à elle et entr'ouvre ses yeux où se lit, avec la douleur, un sentiment profond de reconnaissance pour un bon vieux moine occupé à panser son pied droit que les roches ont blessé. Cette figure est admirable, elle frappe vivement par la beauté de l'expression et la vérité du coloris. Une paysanne âgée soutient le haut du corps de la pélerine; elle est à genoux, et croit hâter par un coup-d'œil suppliant la main d'un révérend père, occupé à verser du vinaigre sur un mouchoir. Ce personnage secondaire est très-bien pensé. L'intérêt s'accroît par la présence, au milieu de cette scène, d'une jeune fille que la pâleur de la défaillante effraie, et qui cherche une sorte de recon-

fort contre sa peur, dans la tranquillité d'un
pélerin placé en arrière du groupe principal et
au milieu de la composition. L'émotion de cette
enfant et le calme de l'homme auprès de qui elle
est placée, sont sentis avec talent. Il n'y a rien de
forcé dans tout cela. La situation est naturellement exposée, le mouvement de chacun des acteurs est vrai, le petit drame est simple, on n'a
qu'à louer. L'exécution, et c'est la partie essen-
tielle dans un ouvrage où la poésie ne joue presque point de rôle; l'exécution, vous savez,
Alphonse, quel plaisir elle vous a fait. Dessin
correct et assez ferme, couleur vigoureuse sans
manière, touche large et facile, modelé qui atteste une étude consciencieuse, effet lumineux
franc et naïf (Bonnefond a combattu au grand
jour, comme David voulait que l'on fît), oppositions vives, mais point exagérées, détails
bien observés... ne sont-ce pas là toutes les qualités que vous avez trouvées dans le tableau des
Pélerins, vous qui vous êtes trempé dans l'huile
pendant trois ans chez Blondel? Pour l'ancien
faire de Bonnefond, presque point d'apparence,
peut-être pourtant un peu dans une ou deux
mains et au front du vieux moine; mais c'est si
peu de chose, qu'il faut l'envie que j'ai d'être

parfaitement juste en vous parlant d'une production qui vous a surpris, pour que j'en fasse
mention.

Bonnefond a travaillé pour perdre le titre d'é-
lève de l'École de Lyon; il y est parvenu. Son
maître avait bien dit qu'il se perdrait à Rome!

Je connais, pour les avoir vus quelque part,
trois morceaux de l'auteur des *Pères de la Rédemption*, que j'ai trouvés très-bien; une grande
étude de matelots grecs, où il y a de fort bonnes
choses, et deux intérieurs d'effet et de genre différens. Les matelots grecs appartiennent déjà, je
crois, à M. le duc d'Orléans; les intérieurs, je ne
sais dans quelle galerie ils entreront. Que ce soit
dans la vôtre, mon ami, s'il en est encore temps.

Bonnefond, qui avait vendu la *Chambre à
louer* 8,000 francs à la ville de Lyon, a cédé,
pour 6,000 francs, au prince que je viens de
nommer, le tableau *de la Famille des Pélerins*.
Cet ouvrage est vingt fois meilleur que celui de
1824, et l'auteur en a demandé moins. Il y a
beaucoup de modestie dans cette conduite : décidément Rome a perdu Bonnefond! Adieu.

Paris, le 17 décembre 1827.

Musée Charles Dix.

La Restauration avait fait de grandes promesses
aux arts ; elle amenait la paix, qui devait les faire
fleurir, mais cette paix a été un perpétuel état de
guerre. Le pouvoir s'est armé contre l'esprit public, l'esprit public a lutté contre le pouvoir. Le
parti jésuitique a fait des conquêtes ; il s'est al-
loué la plus grosse part des budgets ; il s'est cons-
truit des casernes, assuré l'avenir, et indemnisé
du passé ; les arts qui vont à la gloire de nos petits
saints ont seuls prospéré ; le luxe de la sacristie et
du chœur a étalé ses merveilles dans les baraques du Louvre et dans les salles de l'exposition
de peinture : tableaux de dévotion et burettes d'or,
statues d'église et chapes de brocard, voilà ce
qu'on nous a donné de mieux depuis douze ans.
L'arc de triomphe, qui devait consacrer les souvenirs des victoires de nos vieilles armées, et qui
aurait eu une pierre pour le Trocadéro, présente

et présentera long-temps encore son **squelette**
ébauché; c'est le fétus d'un colosse. La Bourse,
à peu près achevée, ne sera pas débarrassée
avant deux ans, peut-être, des échoppes et des
masures qui s'y attachent de tous côtés, comme
l'agaric au chêne. Lequel de nos enfans verra
l'Éléphant de bronze verser l'eau au faubourg
Saint-Antoine? Un bâtiment vaste, parvenu à
son premier étage, atteste aux promeneurs du
quai d'Orsay que nous savons commencer....
Ces jeunes ruines font pitié. La *Madeleine* va
assez vite depuis qu'il est bien décidé qu'on ne
fera point le *Temple de la Gloire ;* le séminaire de
Saint-Sulpice est parfait; Saint - Germain - des-
Prés est restauré [1]; l'hôtel Rivoli a reçu depuis
trois sessions le successeur de l'abbé Terray;
c'est à merveille; mais le pont Louis XVI attend
ses statues, mais le Louvre attend encore une
aile; le Louvre, dont l'achèvement eût illustré
un règne, et qu'on pouvait finir en dix ans, si
l'impôt français n'avait payé le garnisaire étranger, si la police n'avait prélevé des fonds secrets

---

[1] Soyons juste, et n'oublions rien. Le gouvernement a donné quarante mille francs pour l'agrandissement de l'église de Migné, heureux
village où s'est fait un miracle auquel croient le pape et l'évêque de
Poitiers.

dont nous connaissons maintenant l'emploi, nous qui habitons la rue Saint-Denis, si la cagoterie n'avait été récompensée à bureau ouvert! On ne peut pas tout faire à la fois, sans doute; mais le temps et l'argent qu'on a perdus à gratter les aigles du pont d'Iéna, pour imposer des *L* au pont des Invalides, dont les fondations démentiront un jour les monogrammes, on les eût employés glorieusement au Louvre. Encore, si on ne laissait pas vieillir sans emploi les parties de cet admirable palais qui sont édifiées! Mais non; plus d'un quart des bâtimens de la cour sont sans destination; les rats y tiennent leur diète.

Il n'a pas moins fallu qu'un trait de génie d'un courtisan pour que le *Musée Charles X* se fît. C'était une idée heureuse; tous les amis de l'antiquité désiraient de la voir se développer. Mais comment l'espérer avec un ministère qui s'était montré toujours opposé aux fondations nobles et utiles, et qui ne concevait pas qu'une création de cette importance pût être bonne à quelque chose! Un homme, savant dans la cour, a trouvé tout de suite ce qu'aurait cherché pendant vingt ans un pauvre philosophe ou un simple artiste. Il a dit ceci : « **Placez le Musée nouveau sous l'invocation d'un nom royal, et personne n'osera vous**

refuser de l'argent. Villèle est avare; mais il a
peur de la publicité, et ce serait belle matière à
satire qu'un refus d'allocation fait pour une destination pareille. Le nom de Charles X sera votre
passe-port. » On suivit ce conseil, et tous les
chemins furent aplanis. Ainsi le Musée, qui pouvait être magnifique, riche des seuls élémens que
nous lui connaissons maintenant, n'aurait pas
existé si le Roi lui-même n'avait été habilement
intéressé à cette existence. La flatterie a donc mérité une fois les éloges de ceux qui la détestent;
elle a sauvé du naufrage une grande idée qui eût
échoué sans son aide.

Le projet adopté, sanctionné par le monarque,
et approuvé par l'Excellence qui n'osait pas le rejeter, il a fallu le mettre à exécution; et c'est ici
qu'on doit payer à MM. de La Rochefoucauld,
de Forbin et de Cailleux, un tribut d'éloges et de
gratitude qui ne sera point suspect de notre part.
Ces directeurs ont montré, dans toute cette
affaire, une intelligence, un zèle, un goût trop
rares chez les agens actuels du pouvoir pour
qu'on ne les en loue pas. La fondation du *Musée
Charles X* fut arrêtée en juillet 1826, et l'ordonnance avait reçu, en décembre 1827, son exécution presque complète; car, deux plafonds ex-

ceptés, tous les grands travaux de cette importante galerie étaient terminés. Ainsi, en seize
mois, a été accompli l'œuvre admirable auquel
il n'y a peut-être rien à comparer, quand on considère son vaste ensemble et ses riches détails.

On porte à *trois millions cinq cent mille francs*
environ la somme dépensée à l'ornement des
salles du Musée nouveau et à sa composition.
Tant mieux! autant de pris sur notre ennemi! La
peinture entre pour *deux cent cinquante mille
francs* dans ce total que personne ne trouvera
trop considérable. Les belles armoires, dans lesquelles on a renfermé les morceaux antiques et
gothiques [1], n'ont pas coûté moins que la peinture; les revêtemens de marbres, de stucs, les
parquets, les glaces, enfin ce qui tient au bâtiment est évalué à *un million*. Il faut compter à
part les cheminées si remarquables qui figurent
si étrangement dans un local d'une telle destination : une de ces cheminées vaut près de dix-huit
mille francs. Tout cela est très-bien; on ne saurait mieux employer notre argent; et si toutes
les recettes du Trésor avaient d'aussi honorables

---

[1] Nous nous servons d'une expression consacrée, mais qui n'est
pas exacte dans le sens où nous voudrions qu'on l'entendit ici.

emplois, il n'y aurait pas un député qui vouh
jeter dans l'urne une boule noire au moment d
vote du budget. Les collections égyptienne, étru:
que et les autres sont d'une richesse peu con
mune; il y a des objets du plus grand prix e
manuscrits, en momies, en bronzes, en vases (
en faïence. Tel vase que nous avons vu et qu
nous ne pouvons pas décrire, parce qu'il n'er
tre pas dans notre plan de cataloguer le *Muse*
Charles X, mais de parler seulement de ses pein
tures d'ornement; tel vase, disons-nous, a ét
payé dix-huit mille francs. Nous ne savons c
qu'a pu être acheté une armure de fer qu'on di
avoir appartenu à François Ier, et qu'on attribu
à Benvenutto Cellini; c'est une pièce magnifiqu
qui suffirait pour donner la plus haute opinion
des arts à l'époque où elle a été exécutée, quanc
tous les monumens contemporains auraient cess(
d'être. On trouve, dans la composition des sujet;
qui ornent ce casque, cette cuirasse, ces bras-
sards et ces cuissardŝ, une force, une grâce, une
fécondité inimaginables. La main-d'œuvre est
d'une perfection presque merveilleuse; il est permis de douter qu'on fît maintenant aussi bien, et
qu'on modelât le fer aussi finement qu'il l'est,
surtout dans quelques figures d'amours, vérita-

bles chefs-d'œuvre sous le rapport du style et de l'exécution manuelle.

Le goût sévère et délicat de MM. Percier et Fontaine a présidé aux distributions et à l'embellissement de cette partie du palais qui témoigne déjà, dans plusieurs autres, de leurs talens si homogènes, si bien appropriés toujours à la chose qui les invoque, si heureux dans leurs créations. Ces architectes avaient, pour compléter l'ornement des salles confié à leurs soins, dessiné des voussures qu'il ne tenait qu'aux peintres de consulter. Il en est parmi eux qui n'ont pas eu besoin de ce secours; il en est d'autres qui ont cru devoir s'en passer, bien qu'il leur eût été fort utile. M. Gros est de ces derniers : il a composé lui-même les voussures de son plafond de la dernière salle, et, il faut le dire, elles sont au-dessous du médiocre. On dit au surplus que M. Gros n'a point exécuté lui-même cette partie de son travail, et que, rétribué de soixante-dix mille francs pour sa part dans les peintures du *Musée Charles X*, il a disposé de dix-huit cents francs en faveur de quelques jeunes gens qui l'ont suppléé aux voussures. Nous ne consignons ce fait qu'avec défiance; nous voudrions pouvoir le démentir; il est accrédité, et nous verrions avec chagrin qu'il devînt de l'histoire. Nous approuvons fort les maîtres qui se font aider par leurs élèves. Cette méthode a de grands avantages ; elle initie les élèves à tous les secrets de leurs maîtres, et donne aux artistes chargés de grandes entreprises la possibilité de les mettre à fin heureusement. Mais le choix des aides n'est pas indifférent : Rubens avait adopté Jordaens ; David se serait bien gardé de renvoyer Rouget.

Le *Musée Charles X* se compose d'un assez grand nombre de pièces, dont dix seulement ont été disposées ou ornées. La première, en partant du grand escalier, a son entrée dans le Salon rond auquel aboutit la Galerie d'Apollon ; c'est dans cette salle que se trouve l'armure dont nous parlions tout à l'heure. Les armoires qui meublent trois de ses faces sont garnies d'objets d'orfèvreries de différentes espèces et d'époques diverses. Le plafond où le Temps est figuré dans des proportions colossales, et peut-être un peu trop fortes pour la place qu'il occupe, est de M. Mauzaisse ; il fut exécuté en 1822.

La *Salle des sept Cheminées*, qui est peuplée maintenant de tableaux faisant partie de l'exposition de cette année, et qui pendant un mois a tenu lieu du Grand Salon, recevra les cartons de

Jules Romain ; et les copies remarquables faites
d'après Raphaël pendant le dix-septième siècle :
ce ne sera pas la partie la moins intéressante du
Louvre.

M. INGRES.

C'est cet artiste, qu'aucuns appellent le roi de
la peinture en ce temps-ci, qui a décoré la salle
à laquelle un passage, orné de deux grisailles
peintes par M. Fragonard, sert de vestibule. Le
travail de M. Ingres consiste en un tableau de
grandes proportions et en des voussures qui l'accompagnent. On doit regretter que la plupart
des peintres chargés de la décoration du *Musée
Charles X* aient pris le parti de ne pas faire des
plafonds proprement dits. Le moindre inconvénient de ce système est de créer des peintures
qui se lient gauchement avec l'architecture. Un
tableau, s'il est parfait, pour le spectateur appelé
à le voir dans son sens naturel, c'est-à-dire dans
un plan perpendiculaire au sol, doit être mauvais
quand il est placé en l'air et parallèlement à l'horizon. Mauvais, on comprend ce que nous voulons dire ; il est incapable de l'effet qu'on attend
d'un plafond ; ses figures tombent, ou sont désa-

gréablement tenues par le ton aux voûtes qu'elles
devraient paraître percer dans un mouvement
ascensionnel. Les Italiens, avec cet orgueil que
leur donne la conscience du mérite de leurs anciens peintres décorateurs, prétendent que nous
ne savons pas plafonner. Il y a quelque chose de
vrai dans cette opinion que nos artistes semblent
au surplus se soucier assez peu de démentir.
M. Ingres ayant choisi pour sujet de son ouvrage
une fiction, nous pensons que le plafond aurait
beaucoup gagné à une composition en rapport
de lignes avec l'aspect sous lequel le public est
obligé de l'apercevoir. L'artiste ne l'a pas cru
comme nous, et sans doute il a eu de bonnes raisons pour cela; nous n'exprimons qu'un regret
que nous savons partagé par beaucoup de gens.

*Homère déifié recevant, sur le seuil de son
temple, l'hommage des grands hommes qu'il a
inspirés ;* telle est l'allégorie que M. Ingres a
voulu rendre sensible. Voici comment il l'a ma-
térialisée.

Homère est assis sur un siége d'or, au centre
de la toile; il fait face au spectateur. La Victoire,
placée à sa droite, dépose sur sa tête une couronne de feuillage d'or; à ses pieds, se tournant
le dos, et le corps enveloppé dans de larges dra-

peries, sont deux figures de femmes représentant
l'Iliade et l'Odyssée : leurs caractères sont fort
distincts ; sous les traits fiers de l'une, l'imagination peut découvrir Achille ; Ulysse se devine
sous l'air méditatif de l'autre. Ces figures sont
assurément ce qu'il y a de plus beau dans l'ouvrage où M. Ingres a mis tout son talent, toute
sa science, toute la sévérité de son goût. Les
grands hommes qui durent à Homère une portion de leur génie et leurs inspirations les plus
heureuses, entourent le trône du dieu. Les trois
grands tragiques grecs, Ménandre le comique,
l'orateur Démosthènes, Hérodote l'historien-
poëte, le peintre d'Alexandre, Alexandre lui-
même, Lycurgue, Pindare, Anacréon, Socrate,
Platon, Phidias, Périclès, Alcibiade, Sapho,
Aristote, Virgile, Horace, Dante, Shakspeare,
Tasse, Camoëns, Poussin, Molière, La Fontaine,
Racine, Fénélon, Longin, Boileau, Gluck et
Mozart ; telle est la composition de la cour que
M. Ingres a donnée à Homère, ou plutôt tels sont
les adorateurs qu'il a groupés autour de l'autel
où se manifeste la divinité. Avançons que Girodet
peut-être excepté, il n'y avait, dans l'Ecole moderne, que l'auteur de l'*Homère déifié* qui pût
concevoir une idée grande comme celle-ci : lui

seul aussi était capable d'en tirer parti et de la fé-
conder si heureusement. Que d'art dans l'arrangement des figures! Que de délicatesse dans cette
personnification des époques littéraires! Que d'esprit, si l'on peut descendre jusqu'à ce mot, dans
l'expression de chacune de ces têtes! Rien n'est
laissé dans le vague. Ce n'est point une froide
galerie chronologique que le peintre nous a ouverte; c'est une action qu'il a créée, non une
action vivement dramatique, mais philosophique
et morale. La solennelle gravité de cette représentation attache; la réunion de tant d'acteurs
sublimes étonne. Il y a de la grandeur et de la
simplicité dans la mise en scène de ces personnages qui se tiennent par une sorte de lien poétique, et qui, différens de physionomies, de
mœurs, de costumes, semblent pourtant appartenir à une seule famille, à un seul temps. Cette
postérité d'Homère (*cara soboles Homeri*), dans
laquelle ne figure pas David, et nous accusons
M. Ingres de cet oubli, intéresse au dernier
point.

Il faut étudier longuement le tableau dont nous
parlons pour en sentir les beautés. Inachevé,
exécuté d'ailleurs dans un système d'effet tranquille, il ne frappe au premier coup-d'œil que

par son aspect froid et terne ; mais l'examen ré-
fléchi lui est très-favorable. Le vulgaire ne voit
là qu'une chose médiocre, parce que la poésie
admirative ne le touche guère ; les connaisseurs
y voient un chef-d'œuvre à qui il ne manque
qu'une condition de la peinture ; et qui peut tout
avoir ! M. Ingres, lorsqu'il mettra la dernière
main à son ouvrage, suppléera autant qu'il est
en lui à ce défaut de coloris qu'on ne doit plus lui
reprocher maintenant. L'*Homère déifié* ne sera
jamais remarquable par la qualité qui plaît au
public avant toutes les autres, mais il sera plus
ferme et plus brillant ; on lira mieux dans cette
grande page qui manque de ponctuation (qu'on
nous passe la témérité du rapport de ce mot avec
la chose que nous voulons dire), quand l'artiste
aura glacé certaines parties pour faire un peu
valoir certaines autres. Le style de ce morceau
très-original est encore plus élevé et plus châtié
que dans les autres productions sur lesquelles
M. Ingres a fondé sa réputation de dessinateur.
Si nous avions la prétention de jouer le rôle du
savetier devant le tableau d'Appelles, nous blâme-
rions le bras droit du Phidias qui ne paraît pas
appartenir au corps où il est attaché ; mais Dieu
nous en préserve ! Exposons tout au plus un

doute. Le plafond dont nous venons de nous occuper restera comme une des belles choses que les arts aient créées au dix-neuvième siècle, comme une des choses aussi que généralement on aura le moins comprises.

M. HEIM.

Le *Martyre de Sainte Juliette* et le *Massacre des Juifs* avaient appris aux gens de goût qui ont le sens de la peinture quel devait être l'avenir de M. Heim. Ses tableaux de *Saint Hyacinthe* et du *Vésuve* justifient complètement la haute opinion qu'on avait conçue de son mérite : ce sont deux ouvrages bien remarquables sous tous les rapports. Que nous préférions les Juifs massacrés à la résurrection du noyé, ce n'est pas ce dont il s'agit ici. D'ailleurs, qu'importe notre préférence? Et puis savons-nous bien nous-mêmes si en effet elle est en nous? Le *Saint Hyacinthe* n'est-il pas un tableau plus complet que le *Massacre?* Mais la Juive foulée aux pieds du cheval n'est-elle pas plus belle que le saint, le ressuscité, et cette charmante fille agenouillée auprès de la civière sur laquelle est le corps du jeune homme retiré de l'eau? Pourquoi comparer des choses si dis-

semblables? Le *Saint Hyacinthe* est apprécié
pour des qualités qui ne sont pas dans le *Mas-*
sacre de Jérusalem, et réciproquement : l'important est que l'un et l'autre tableau soient bons.
Peut-être qu'un peu plus de grandeur conviendrait au style du *Saint Hyacinthe* ; peut-être que
la coquetterie des tons que M. Heim a choisis
pour peindre la sœur du ressuscité n'est pas très-
bienséante dans un sujet de cette nature ; peut-
être que l'expression de la vieille femme placée
au chevet de la civière n'est pas tout-à-fait celle
de la joie soudaine succédant à une douleur profonde ; peut-être encore que l'opposition entre la
lumière et les ombres est trop vive, et que l'effet
général n'est point assez vif. Cependant, qui
pourra dire que, ces suppositions admises comme
la vérité, l'ouvrage n'est pas bien? Il est très-
digne d'estime, en dépit des défauts que nous
signalons, s'ils existent ; l'ensemble en est bien
entendu, le dessin est d'un goût distingué, la
scène est composée avec art, le ton local est brillant, les figures accessoires sont bonnes, même
à côté des principales ; la jeune fille agenouillée
est pleine de grâces, le noyé ressuscitant est
d'une couleur vraie ; l'exécution de presque toutes
les parties du tableau est ferme, enfin le.... Mais

nous voilà loin du *Musée Charles X;* revenons-y
bien vite.

Le plafond de M. Heim, d'une grande dimension, d'un bel aspect et d'une composition de
plein air (nous hasardons ce terme) réunit toutes
les conditions de la peinture d'ornement. Le sujet est analogue à la destination de la salle qu'il
couronne; c'est là que se voit une des plus riches collections de vases étrusques qui soient en
Europe.

Jupiter donne au Vésuve personnifié le feu avec
lequel il doit allumer l'incendie qui doit anéantir
Stabia, Herculanum et Pompéia. Le Vésuve, représenté sous la figure d'un homme aux formes
gigantesques, est debout au sommet du volcan,
sa demeure enflammée; il va recevoir du maître
du tonnerre la foudre que Jupin lui confia, pendant que les trois villes, présentées par Minerve,
intercèdent au pied du trône céleste. Les prières
des trois femmes éplorées arrivent à l'oreille de
Jupiter qui, inflexible comme le destin, semble
ne les pas entendre. Il y a de la fatalité dans le
calme indifférent de son geste et de son regard.
La tête du dieu est bien pensée; nous savons gré
à M. Heim de n'avoir pas emprunté au Jupiter
Olympien ses traits si souvent copiés, son ex-

pression si souvent affaiblie. Le style de cette figure est noble sans affectation. Les trois femmes sont charmantes ; la dernière, le corps horizontal et la tête penchée en arrière, est d'un mouvement délicieux ; le dessin et la couleur de ce groupe sont du goût le plus délicat. Le profil de la Minerve est très-bien ; son bras gauche n'est pas heureux, il semble un peu raide : on ne se rend pas raison de la fuite de ses jambes et de ses pieds qui devraient plutôt venir au spectateur que s'éloigner de lui ; le coloris brillant et pur de ce personnage rachète une partie des défauts que nous y reprenons. Le groupe de Borée enchaînant les Vents nous semble plus bizarre qu'original ; la couleur ne nous en plaît pas plus que le mouvement ; celui de Vénus, Cérès et Mercure, qui n'est qu'une indication également gracieuse de dessin et de ton, nous plaît au contraire beaucoup.

L'ensemble de ce grand ouvrage est très-distingué ; les voussures qui l'accompagnent ajoutent fort à son mérite. Quatre scènes de désolation sont le principal de cette partie du décor ; toutes mériteraient un examen spécial, mais comment faire? Bonnes en général, il en est une parmi elles qui est un chef-d'œuvre selon nous.

Une femme abîmée dans sa douleur, ayant auprès d'elle deux enfans, est le sujet de ce petit
tableau, auquel nous ne préférons rien dans les
travaux de M. Heim. Dessin, couleur, expression, tout se réunit dans ce morceau à un haut
degré pour en faire une chose excellente. L'enfant
vu de dos est parfait; celui qui, debout auprès
de sa mère, paraît effrayé de l'irruption du
Vésuve, est d'une fermeté de ton remarquable
Mieux éclairée, cette scène aurait obtenu sans
doute un succès populaire. Tous les artistes l'ont
remarquée; tous les amateurs l'ont admirée. Des
petits génies, portant des objets d'art qu'ils sau-
vent des villes que la lave et la cendre vont en-
gloutir, remplissent huit médaillons. Plusieurs
de ces enfans sont très-jolis, d'un modelé simple, d'un style gracieusement naïf, et d'un coloris
sage dans le système de l'auteur : ils font penser
à Raphaël qu'ils rappellent sans lui ressembler

M. MEYNIER.

C'est le lot de cet académicien qu'un plafond à
exécuter; il est bien rare qu'il ne réussisse pas
dans un travail de cette espèce. M. Meynier a
dans la main des figures qui ne manquent ni de

noblesse, ni d'élégance, et qui vont fort bien
aux sujets allégoriques dont l'arrangement sur
des nuages est un jeu pour lui. Nous ne cache-
rons point à ce décorateur habile qu'un peu plus
de nature dans ses types nous les rendrait meilleurs, et que nous donnerions la régularité des
traits de toutes les têtes qu'il fixe sur la toile ou le
plâtre, tant soient-elles grecques, académiques
pour mieux dire, pour un éclair de vérité hors des
conventions. Les figures jetées dans un moule,
les tableaux faits sur un gabarit, ce qu'on appelle
enfin *le poncif* [1], ne charme guère, même les
classiques. Les ouvrages faits de pratique tendent nécessairement là. On dessine, on peint de
souvenir, on se renferme absolument dans sa
manière, parce que la nature est absente. Comme
on a certaines formes, certaines poses, certains tons affectionnés, on les produit presqu'en
dépit de soi-même, on se met tout entier dans
son tableau, et la vérité n'intervient que si, par
bonheur, on a eu de la prédilection pour elle, lorsqu'on a commencé à étudier. Cela ne s'applique
pas absolument à M. Meynier et à son plafond.

---

[1] Terme d'atelier qui procède de *poncis*. On le définirait mal; on
le comprend bien : c'est presqu'un adverbe. On dit : *C'est poncif* par
opposition à : *C'est nature*.

Pourquoi *le poncif* nous est-il donc venu en tête
à propos de cet artiste et de son ouvrage? Pourquoi le Jules II de M. Horace Vernet ne nous y
a-t-il pas fait songer?

Huit personnages entrent dans le tableau allégorique de M. Meynier : la Nymphe de la Seine,
la déesse des beaux-arts et les Nymphes de Par-
thénope. Minerve conduit aux bords Séquaniens
les filles de Naples antique emportant les images
de leurs dieux. Le seul défaut de cette composition est de manquer d'unité d'intérêt ; l'action a
l'air de se passer entre Minerve et les belles exi-
lées : la Seine n'y est pour rien. M. Meynier ne
pouvait-il s'arranger de manière à rendre touchante cette situation des Nymphes réduites à
quêter l'hospitalité? Ne pouvait-il montrer sur
leurs bras les traces des fers du Germain? Peut-
être il a craint de brouiller la France avec M. de
Metternich, et voilà pourquoi il n'a point mis
dans les mains d'une des Parthénopiennes l'image
de la liberté, pourquoi il n'a pas meurtri les
membres des fugitives que Minerve amène à
Paris. A merveille; il faut être prudent, et le
cabinet des Tuileries est assez embarrassé pour
qu'un artiste se garde d'embrouiller encore ses
affaires. Mais M. Meynier ne compromettait pas

l'équilibre de l'Europe en tournant les regards des Nymphes du côté de celle qu'elles viennent implorer; car M. d'Appony ne peut être exigeant au point de vouloir que la France soit bienveillante, hospitalière, et que les déesses qui demandent un asile soient fières comme des Autrichiens entrant en vainqueurs dans Naples.

L'effet du plafond de la salle des bronzes est raisonnable; plus vigoureux, il nous aurait séduit davantage. L'expression des têtes principales est froide; on n'y voit pas la douleur et la reconnaissance. La figure du milieu est remarquable par un torse d'un bon modelé; le dessin de tout le morceau est assez digne d'éloges; la couleur n'est pas aussi brillante dans cet ouvrage que dans le plafond qui décore le grand escalier du Musée, mais elle est *suffisante*. Vous entendez ce que nous voulons dire, n'est-ce pas? Nous n'avons pas le temps d'expliquer, de définir; nous esquissons, et ne pouvons donner à notre pensée toute son expression.

Les voussures de M. Meynier s'accordent bien avec le tableau, peut-être sont-elles plus et mieux coloriées.

14

M. FRAGONARD.

Cet artiste n'a pas été heureux. Assez souve
il a bien fait, et il se l'est assez entendu dire p
nous pour qu'avec la même franchise nous
puissions avertir qu'il a fait mal cette fois; m
pour lui, s'entend, et qui serait encore bien poi
tant d'autres. Ici ni poésie, ni charme; l'effet d'i
petit tableau sur une grande toile; un grand pai
d'ombres, et un parti mesquin de lumières; u
coloris noir, jaune et rouge, diaprant les persoi
nages sans leur donner de l'éclat ou de la soliditi
de la lourdeur presque partout, et de la grâc
presque nulle part. François Ier est laid; où ε
cette gente et gaillarde façon qui le distingua
des plus beaux chevaliers de son temps? La reii
de Navarre est jolie, mais sans élégance; et pui
ses bras, sa gorge, ses joues sont d'une couleu
qui ne plaît point. Il est impossible que, dans u
ouvrage de M. Fragonard, il n'y ait pas de l'espri
et de l'observation; ce peintre des costumes ε
des mœurs français du moyen âge a jeté sur li
second plan de sa composition deux épisodei
pleins de vérité. Un cardinal regarde de côté uni
des filles d'honneur de la reine; plus loin, uni

damoiselle arrange la collerette ou le pourpoint d'un page. Ces détails sont agréables, et le hasard veut que ses figures, mises en action comme nous venons de dire, soient meilleures que toutes les autres. Le coup-d'œil du cardinal est très-caractéristique; l'inspecteur de la morale ne l'aura pas remarqué avant l'ouverture du Musée; car sa pudibondie s'en serait alarmée, et sans doute il aurait prié M. Fragonard de replacer les prunelles de monseigneur pour diriger son regard, modestement en bas, à six pas devant lui, selon les règles du chœur enseignées au séminaire.

M. GROS. — M. PRADIER.

La Salle aux Colonnes a été décorée par M. Gros. Il est douloureux d'avoir à convenir, avec le public, que le peintre célèbre de *Jaffa*, d'*Aboukir*, de *Nazareth* et de *Sainte-Geneviève*, est loin de mériter le prix, dans le concours ouvert au Musée Charles X, entre tous les auteurs des plafonds. Certes, dans ses trois tableaux, on reconnaît encore un maître, un coloriste original; mais ce n'est plus le coloriste si éclatant, si puissant, si mâle, si nouveau; ce n'est plus le maître, si sûr de lui, qui illustra les arts de l'Empire. Il nous en coûte d'être vrais aujourd'hui ; jamais la critique ne nous a tant pesé. Mais comment approuver des choses qui nous paraissent blâmables ? Peut-on louer les Grâces et l'Amour du dernier ouvrage de David, parce que le dos, les cuisses et les pieds de la Vénus sont charmans ? Doit-on admirer *la Colère d'A-chille*, parce qu'on a admiré *les Sabines*, *Socrate*, *Brutus*, *les Horaces*, et les *portraits du Pape* et *de Bonaparte ?* Nous voudrions n'être pas forcés de trouver petits de style le Temps, le Génie et la Vérité qui figurent, auprès du trône de France, dans une des compositions de M. Gros ; mais en conscience nous n'y voyons aucune grandeur. La Vérité est sans noblesse ; c'est une bourgeoise frileuse ou embarrassée de sa nudité. Le Génie, si exigu, a l'air d'une épigramme ; et puisque M. le baron Gros plaçait sur le trône une Minerve colossale, il convenait qu'il donnât au Génie des proportions analogues à celles de la Sagesse. La véritable Gloire (médaillon du centre) est un peu courte ; la Vertu est un peu lourde aussi. Quant à leurs têtes, elles sont du type que M. Gros a adopté depuis une quinzaine d'années. Dans le tableau de *Mars couronné par la Victoire*, la Modération est

charmante de caractère, d'ajustement, de dessin
et de couleur; le Mars est une académie bien
peinte, mais de ce style que réforma David; la
tête, la poitrine et les bras de la Victoire sont
d'un très-beau ton; les chevaux sont superbes.
Ici on retrouve le génie et le talent anciens de
l'auteur; le Mars excepté, qui est cependant fort
estimable sous bien des rapports, ce fragment du
plafond est admirable, et nous le proclamons
avec plaisir. Les colonnes d'Hercule qu'on voit
dans le fond du paysage nous indiquent que le
peintre fait une allusion à la guerre d'Espagne,
et qu'il a rendu hommage au Dauphin dans la
personne de Mars. La Modération représente
l'ordonnance d'Andujar; les coursiers énergiques, pleins de mouvement et de vie, sont, dans
l'allégorie, les vainqueurs du Trocadéro. Très-
bien; voilà de la poésie, et M. le baron Gros
a son *Passage du Rhin;* Boileau en serait jaloux.

Le buste du Roi en marbre blanc, qui orne
le milieu de la salle, est de M. Pradier. C'est une
fort belle chose; Charles X y est assez ressemblant. Le caractère et le modelé de ce morceau
de sculpture historique sont très-remarquables.
M. Pradier a donné là un digne pendant à son
buste de Louis XVIII, qui passe à juste titre

pour un chef-d'œuvre. La matière qu'a animée
ce jeune statuaire, un des plus distingués de
l'École moderne, est presque nouvelle; c'est du
marbre de Saint-Béat, qui réussit fort bien sous
le ciseau, et qu'on a commencé à exploiter au
grand bénéfice des arts. Peut-être la carrière de
Saint-Béat nous affranchira du tribut que nous
payons chaque année à l'Italie.

M. PICOT.

L'obélisque du désert a présenté ses caractères
mystérieux, et on les a déchiffrés; les momies
ont déployé leurs passe-ports de la tombe, et on
les a lus. La parole a été rendue à la pensée
muette qu'aucun homme vivant ne pouvait plus
exprimer.

DE CHATEAUBRIANT. *Voyage en Amérique.*

Le tableau de M. Picot est presque une traduction de ces phrases de M. de Châteaubriant,
que certainement il ne connaissait pas; car l'écrivain les fixait sur le papier, en même temps que
le peintre animait sur la toile la pensée dont elles
sont l'expression, dans la préface du *Voyage en
Amérique.* L'écrivain a résumé en quelques
lignes; le peintre a mis en action. M. Picot n'a
voulu rendre qu'un fait sans en tirer des consé-

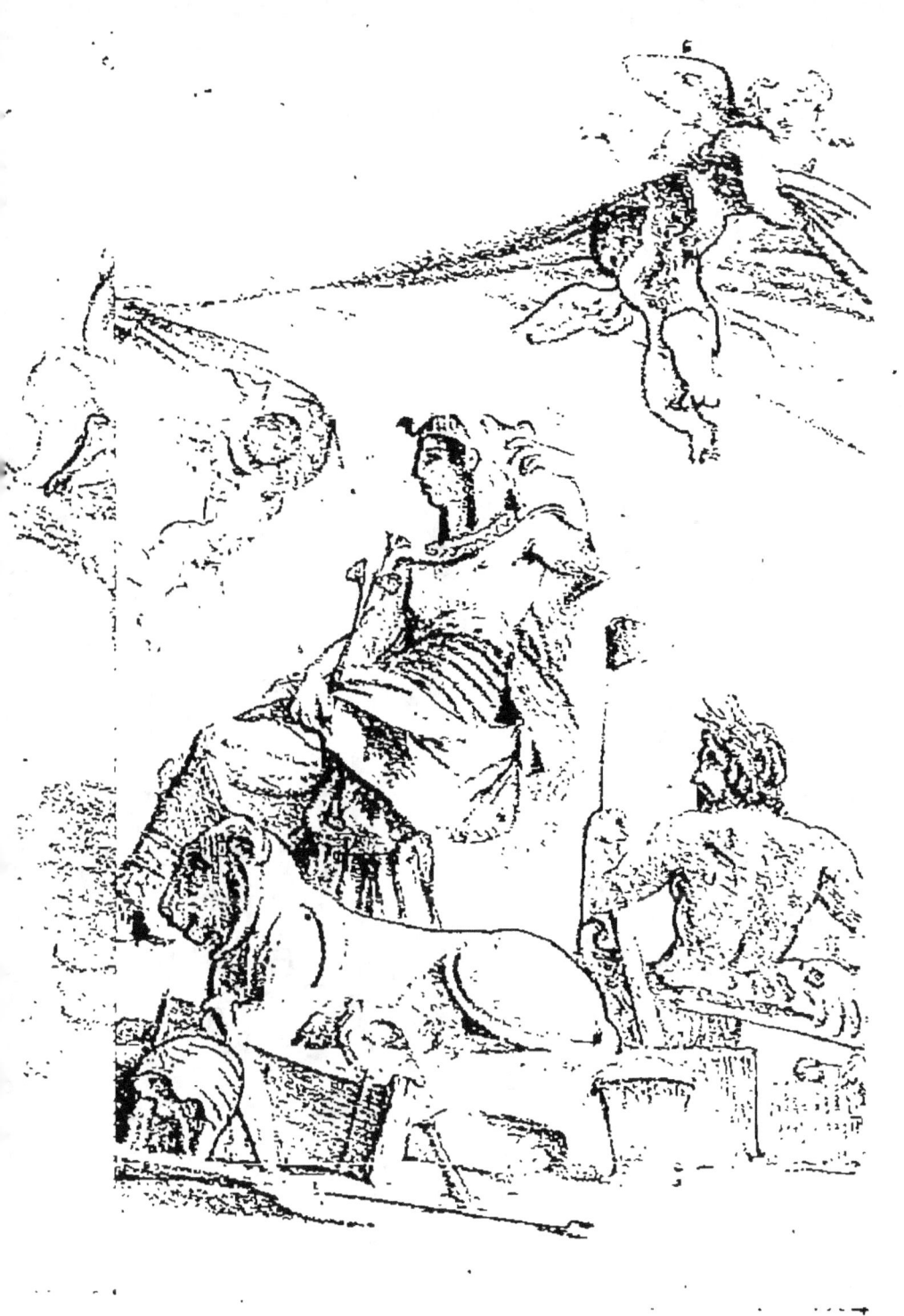

ipple à la Grèce.

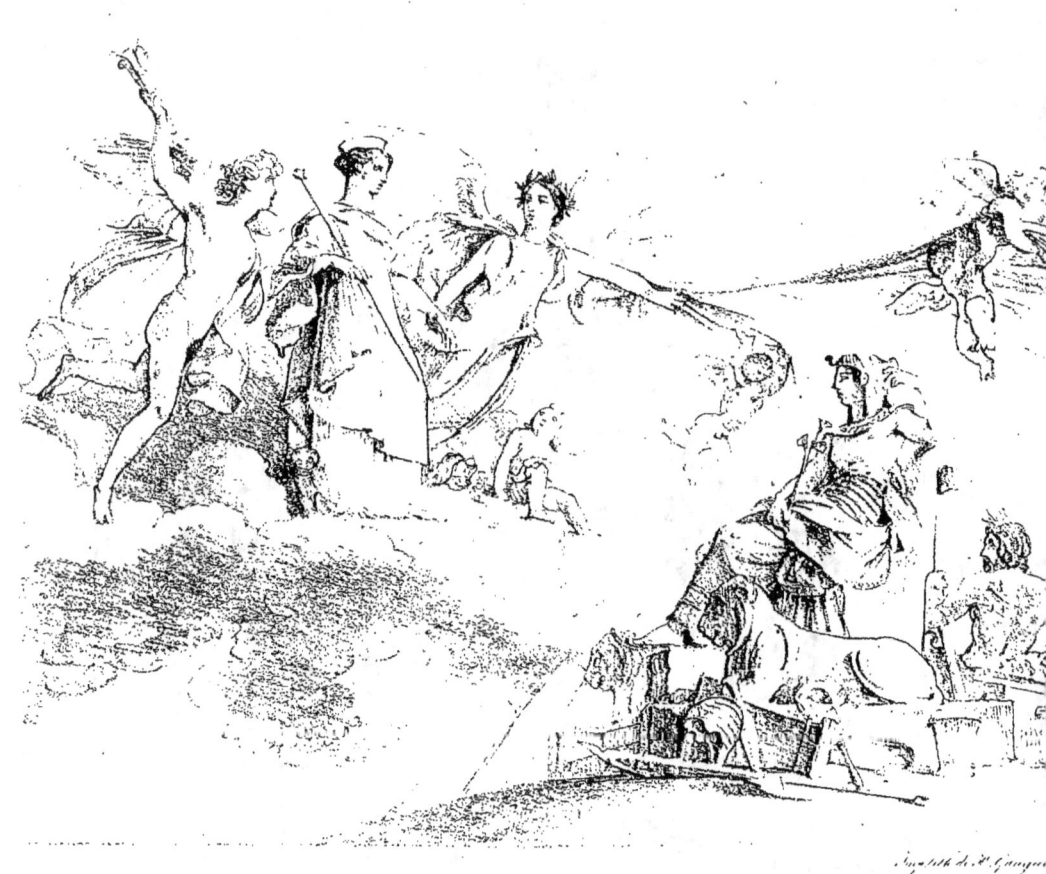

L'Étude et le Génie dévoilant l'Égypte à la Grèce

quences ; M. de Châteaubriant a groupé ce fait
avec une foule d'autres pour établir que le vieil
ordre de choses est devenu impossible, quand
tant de grands événemens, tant de découvertes
importantes ont changé la face du monde. L'auteur du plafond de la Salle égyptienne a peint en
poëte ; l'auteur de la préface en publiciste.

M. Picot a personnifié le Génie, l'Étude, la
Grèce et l'Egypte. Il a supposé l'Egypte couverte par le Temps d'un voile mystérieux que des
puissances surnaturelles pouvaient seules soule-
ver. Il a donné à la Nymphe d'Hellas l'amour
de la science, le désir des paisibles conquêtes sur
la terre de l'antique civilisation, et il l'a fait voya-
ger aux contrées du Nil, guidée par l'Etude et le
Génie. Portée sur des nuages, éclairée par le
flambeau de l'Esprit des découvertes, et soutenue
par l'Étude, la Grèce est arrivée au-dessus des
Pyramides ; auprès de leurs ruines, elle aperçoit
le vaste linceul qui cache à tous les yeux l'im-
mortelle fille des Pharaons. Aux ordres de ses
célestes guides, plusieurs petits Génies lèvent la
draperie qui laisse voir l'Egypte, étonnée et comme
rappelée doucement d'un sommeil profond. L'expression de la Grèce, à l'aspect de la divinité
égyptienne assise sur les vestiges des monumens

sacrés, est un heureux mélange de surprise, de
respect, d'admiration, de curiosité et de joie. La
tête de cette Nymphe est charmante; elle est du
type gracieux et élégant qui n'est ni grec ni français, qui procède des deux caractères, et que
M. Picot nous a fait aimer. Le mouvement de sa
figure est bien senti; celui de l'Étude n'est pas
moins heureux. L'Égypte est noble de pose et de
physionomie; mais il semble qu'elle serait plus
poétique et mieux dans le sujet, si ses proportions, sans être dans un trop grand désaccord
avec celles de la Grèce, étaient plus grandioses.
Des ruines colossales conviendraient aussi à cette
représentation allégorique. Le goût pur et délicat
de M. Picot s'est effrayé peut-être d'une réunion
de figures grandes et petites; qui sait pourtant si
cette audace n'aurait pas eu un beau résultat?
Mais ne louons pas ce qui aurait pu être; sachons
être content de ce qui est. Le mieux est un songe;
le bien, nous le voyons; jouissons-en donc sans
regrets. L'aspect du plafond que nous venons de
décrire est séduisant; la lumière y est ardente;
les feux du soleil inondent l'atmosphère; l'artiste
a vaincu avec bonheur les difficultés qu'il s'était
créées; son ciel est brillant, sans lourdeur et
point jaune; ses personnages se détachent en

vigueur, ou mieux en reflet coloré sur le fond
chaud et clair dont nous louons avec plaisir l'éclat
poétique. Le dessin des figures, qui sous un
crayon austèrement classique auraient été plus sévères, a de la grâce, et, si l'on peut dire, de
l'amabilité. Un peu plus de force n'aurait pas été
méséante dans l'indication des contours de l'E-
gypte. *La Grèce découvrant l'Egypte* est le plus
plafond des plafonds ; c'est aussi un des meilleurs
morceaux de peinture du Musée Charles X. Les
voussures qui l'accompagnent sont composées
avec goût, et d'un ton propre à faire ressortir
celui du tableau. Les fruits et les oiseaux qui
entrent dans l'ornement de cette partie de la
salle sont vivement peints et d'une riche harmonie. Ce bel ensemble fait beaucoup d'honneur au
peintre de *Psyché*, de *Céphale* et d'*Électre*.

M. ABEL DE PUJOL.

Le peuple étant pressé de la famine, cria à Pharaon,
et lui demanda de quoi vivre. Alors il leur dit : Allez
trouver Joseph, et faites tout ce qu'il vous dira.
GENÈSE, *chap.* XLI, *verset* 55.

L'Egypte que menacent sept monstres, représentation des sept années de famine prédites par

le fils de Jacob, se jette aux genoux de Joseph;
elle implore le secours de ce ministre contre ces
Harpies, produit hideux et bizarre des exhalaisons du Nil que Sirius embrase de son souffle
de feu. Pharaon, tranquille spectateur de cette
scène, est sur son trône au second plan. Nous
blâmerons la présence ici du roi égyptien; il est
tout-à-fait inutile au sujet; et comme il y est inutile, il y nuit. Puisque c'est à l'administrateur de
l'empire que le peuple s'adresse, puisqu'il ne
veut point invoquer le souverain, c'est condamner Pharaon à subir un affront que de le faire
témoin du triomphe de Joseph; et après tout,
c'est une injustice, une cruauté. Pharaon mérite
plus de ménagement; il avait deviné Joseph; il
l'avait élevé jusqu'à lui; il le sentait capable de
faire le bonheur de son peuple, pour lequel lui-
même ne pouvait rien; il l'avait mis en position
de régner réellement... Tant de discernement est
chose si rare, qu'il faut en savoir gré au prince
chez qui on le rencontre; il suppose une faculté
dont bien peu de rois ont prouvé qu'ils étaient
pourvus, celle de rejeter du trône un favori,
quand il est indigne ou incapable. Pharaon eût
répudié Joseph, si Joseph eût abusé de son pouvoir, s'il se fût attiré la haine des Egyptiens;

ce monarque clairvoyant n'aurait pas attendu que
cent fois les échos de son palais eussent retenti
de cris accusateurs contre le ministre. Pauvre
roi, son rôle, dans la composition de M. Abel de
Pujol, nous attriste et nous gêne! et puis il est si
petit, si effacé dans la demi-teinte où il est blotti!
Vrai, il nous fait pitié. Il était bon de rendre à
Joseph un hommage qu'il a bien mérité; mais
pourquoi le faire aux dépens d'un monarque
plein de bon sens et véritablement bienfaiteur de
ses sujets? Le tableau gagnerait doublement à
perdre cette figure, que le peintre a été obligé de
sacrifier par le ton et le rang dans la composition,
et qui ressemble à une peinture de la porte du
palais. Le groupe de Joseph et de l'Égypte est
largement peint. L'expression des traits du ministre est la bienveillance; nous aurions voulu y
voir les signes caractéristiques du génie. On a
critiqué beaucoup les figures fantastiques que
M. Abel de Pujol a créées pour personnifier les
années fatales; on les a trouvées trop maigres et
trop affreuses : nous ne saurions être de cet avis.
Ce n'est pas leur nature que nous désapprou-
vons, mais *leur taille poétique;* c'est de gran-
diose que manque leur maigreur. M. Abel les a
dessinées comme aurait fait l'abbé Delille : nous

le fils de Jacob, se jette aux genoux de Joseph; elle implore le secours de ce ministre contre ces Harpies, produit hideux et bizarre des exhalaisons du Nil que Sirius embrase de son souffle de feu. Pharaon, tranquille spectateur de cette scène, est sur son trône au second plan. Nous blâmerons la présence ici du roi égyptien; il est tout-à-fait inutile au sujet; et comme il y est inutile, il y nuit. Puisque c'est à l'administrateur de l'empire que le peuple s'adresse, puisqu'il ne veut point invoquer le souverain, c'est condamner Pharaon à subir un affront que de le faire témoin du triomphe de Joseph; et après tout, c'est une injustice, une cruauté. Pharaon mérite plus de ménagement; il avait deviné Joseph; il l'avait élevé jusqu'à lui; il le sentait capable de faire le bonheur de son peuple, pour lequel lui-même ne pouvait rien; il l'avait mis en position de régner réellement... Tant de discernement est chose si rare, qu'il faut en savoir gré au prince chez qui on le rencontre; il suppose une faculté dont bien peu de rois ont prouvé qu'ils étaient pourvus, celle de rejeter du trône un favori, quand il est indigne ou incapable. Pharaon eût répudié Joseph, si Joseph eût abusé de son pouvoir, s'il se fût attiré la haine des Egyptiens;

ce monarque clairvoyant n'aurait pas attendu que
cent fois les échos de son palais eussent retenti
de cris accusateurs contre le ministre. Pauvre
roi, son rôle, dans la composition de M. Abel de
Pujol, nous attriste et nous gêne! et puis il est si
petit, si effacé dans la demi-teinte où il est blotti!
Vrai, il nous fait pitié. Il était bon de rendre à
Joseph un hommage qu'il a bien mérité; mais
pourquoi le faire aux dépens d'un monarque
plein de bon sens et véritablement bienfaiteur de
ses sujets? Le tableau gagnerait doublement à
perdre cette figure, que le peintre a été obligé de
sacrifier par le ton et le rang dans la composition,
et qui ressemble à une peinture de la porte du
palais. Le groupe de Joseph et de l'Égypte est
largement peint. L'expression des traits du ministre est la bienveillance; nous aurions voulu y
voir les signes caractéristiques du génie. On a
critiqué beaucoup les figures fantastiques que
M. Abel de Pujol a créées pour personnifier les
années fatales; on les a trouvées trop maigres et
trop affreuses : nous ne saurions être de cet avis.
Ce n'est pas leur nature que nous désapprou-
vons, mais *leur taille poétique;* c'est de gran-
diose que manque leur maigreur. M. Abel les a
dessinées comme aurait fait l'abbé Delille : nous

le fils de Jacob, se jette aux genoux de Joseph; elle implore le secours de ce ministre contre ces Harpies, produit hideux et bizarre des exhalaisons du Nil que Sirius embrase de son souffle de feu. Pharaon, tranquille spectateur de cette scène, est sur son trône au second plan. Nous blâmerons la présence ici du roi égyptien; il est tout-à-fait inutile au sujet; et comme il y est inutile, il y nuit. Puisque c'est à l'administrateur de l'empire que le peuple s'adresse, puisqu'il ne veut point invoquer le souverain, c'est condamner Pharaon à subir un affront que de le faire témoin du triomphe de Joseph; et après tout, c'est une injustice, une cruauté. Pharaon mérite plus de ménagement; il avait deviné Joseph; il l'avait élevé jusqu'à lui; il le sentait capable de faire le bonheur de son peuple, pour lequel lui-même ne pouvait rien; il l'avait mis en position de régner réellement... Tant de discernement est chose si rare, qu'il faut en savoir gré au prince chez qui on le rencontre; il suppose une faculté dont bien peu de rois ont prouvé qu'ils étaient pourvus, celle de rejeter du trône un favori, quand il est indigne ou incapable. Pharaon eût répudié Joseph, si Joseph eût abusé de son pouvoir, s'il se fût attiré la haine des Egyptiens;

ce monarque clairvoyant n'aurait pas attendu que
cent fois les échos de son palais eussent retenti
de cris accusateurs contre le ministre. Pauvre
roi, son rôle, dans la composition de M. Abel de
Pujol, nous attriste et nous gêne! et puis il est si
petit, si effacé dans la demi-teinte où il est blotti!
Vrai, il nous fait pitié. Il était bon de rendre à
Joseph un hommage qu'il a bien mérité; mais
pourquoi le faire aux dépens d'un monarque
plein de bon sens et véritablement bienfaiteur de
ses sujets? Le tableau gagnerait doublement à
perdre cette figure, que le peintre a été obligé de
sacrifier par le ton et le rang dans la composition,
et qui ressemble à une peinture de la porte du
palais. Le groupe de Joseph et de l'Égypte est
largement peint. L'expression des traits du ministre est la bienveillance; nous aurions voulu y
voir les signes caractéristiques du génie. On a
critiqué beaucoup les figures fantastiques que
M. Abel de Pujol a créées pour personnifier les
années fatales; on les a trouvées trop maigres et
trop affreuses : nous ne saurions être de cet avis.
Ce n'est pas leur nature que nous désapprou-
vons, mais *leur taille poétique;* c'est de gran-
diose que manque leur maigreur. M. Abel les a
dessinées comme aurait fait l'abbé Delille : nous

aurions souhaité qu'il les dessinât du style de Dante.
Tracées par Michel Ange et coloriées par Rubens,
elles seraient sublimes.... Nous voilà encore!...
toujours le rêve de la perfection! Les Harpies
de M. Pujol sont bien, et donnent à l'ouvrage de
cet homme distingué un aspect d'originalité qui
saisit d'abord. Ce qui est mauvais, c'est le commun; les formes classiques des Furies grecques auraient fait là un très-médiocre effet, parce
qu'elles auraient été communes. Le Chien dont
l'haleine brûlante va dessécher le Nil, semble
mordre la flamme plutôt que la lancer; sa tête
n'a peut-être pas l'expression convenable.

Le plafond que nous venons d'examiner avec
toute l'attention que commande l'œuvre d'un artiste estimé, auteur de plusieurs morceaux remarquables; ce plafond mérite beaucoup d'éloges
sous le rapport du dessin de plusieurs de ses
parties, du coloris et de l'effet général. La conception en est heureuse; le mariage de la fiction
avec la réalité est aussi bien fait que possible. Si
ingénieuse que soit l'allégorie, elle est toujours
un peu froide; M. Abel de Pujol l'a réchauffée
autant qu'il a été en lui de le faire. Les voussures
sont dignes d'attention. Les figures de style égyptien, qui soutiennent les guirlandes, sont fort

louables. *L'Egypte sauvée* ajoute à la réputation que déjà s'était acquise son auteur, dans la
peinture d'ornement, par ses bons travaux de la
Bourse. — *Le Baptême de Clovis* fait aussi honneur à M. Pujol ; c'est un tableau sage et consciencieux.

M. HORACE VERNET.

Jules II, pape guerrier, pontife ami des arts,
souverain protecteur des talens et du génie, a
réuni, dans son palais, Michel Ange, Raphaël et
Le Bramante, pour leur ordonner les travaux de
Saint-Pierre et du Vatican. L'illustre architecte
présente le plan qu'il a tracé déjà de la future
habitation des successeurs de Jules ; le pape l'examine, soumet ses observations à la critique de
l'artiste, et semble attendre, avant de se décider,
que la discussion ait affermi sa première idée ou
l'ait tout-à-fait vaincue. Michel Ange est à la gauche du monarque de Rome ; en avant, et à une
petite distance, s'est placé Raphaël. Il va présenter un des cartons qu'il a composés pour la
salle *della Segnatura*. Une table est auprès du
fauteuil où s'est assis le vieillard couronné ; quelques personnages de sa cour l'entourent ; parmi

eux se trouve le dominicain Fra Bartoloméo, ami
de Raphaël et un des directeurs de son goût. Un
homme en costume vénitien, artiste aussi sans
doute, car on ne peut guère supposer que ce soit
un secrétaire de Jules II, qui n'avait probablement point de laïques attachés à son cabinet; cet
homme est à l'extrémité de la table, tournant
le dos au spectateur; il a devant lui un cahier,
une plume et un écritoire; il écoute Fra Bartoloméo qui lui donne une explication à propos du
plan du Bramante. Un porte-croix évêque, un
évêque-camérier, un cardinal, et quelques autres
dignitaires de l'église et du palais sont les acteurs
secondaires de la scène représentée par M. Horace Vernet, avec une supériorité de talent qu'a-
vaient fait soupçonner à peine tous ses petits
chefs-d'œuvre et son *Massacre des Mamelucks*,
ouvrage d'un mérite déjà si réel. La composition
du tableau de *Jules II* est claire; on lit le sujet
sans effort, et c'est une chose dont il faut tenir
compte à l'auteur : ses confrères prennent si rarement la peine d'être intelligibles ! Sous le rapport pittoresque, l'ouvrage n'est pas moins bon
que sous le rapport dramatique. L'entente en est
grande avec simplicité; l'arrangement ne sent
point la convention ; le naturel est partout; par-

artiste, et quelques noms de gens de qualité qui
se trouvaient inscrits aux pages de *la semaine*,
avec des annotations amicales, m'ont fait croire
que l'objet perdu appartenait à quelque gentilhomme de l'Opposition. J'ai lu tout ce que conte-
naient les soixante et dix feuillets de ce livre; j'y
ai trouvé telles choses que je n'aurai pas l'indiscrétion de révéler et que personne ne saura,
parce que j'ai brûlé le volume; et parmi les notes
qui se trouvaient en assez grande quantité, touchant les ouvrages exposés au Louvre, j'ai extrait
les suivantes. Je les copie sans y rien changer, et
avec les abréviations dont leur auteur s'est servi
pour fixer plus promptement sa pensée.

« — Enseigne de charcutier! Pouah! — Ce
jeune enf. est enchaîné avec des saucisses. — Quel
goût! Et au jury, personne ne s'est aper. de cela!
— La tête de Louis XVII n'est pas mal, mais les
saucisses me gâtent tout ce buste. — Je n'ai
pas voulu savoir le nom de l'auteur. »

« — Quelqu'un disait à côté de moi qu'elle ressemble à la Colombine de la parade italienne,
c'est assez vrai. — Cela manque de tournure et
de grâce. — Et puis le cou, la poitrine, les bras
sont d'un dessin pitoyable. — Le fond est brus-

quement attaqué. — La tête est mal *ensemble* ; la bouffissure des paupières est exagérée. — On dit que LAWRENCE n'était pas content de cette ébauche qu'il n'a pas eu le temps de finir. — C'est *Madame* qui a désiré qu'on l'exposât ; cette bonne princesse n'est pas coquette. — La tête est vivante ; la toque, les plumes, les cheveux sont spirituellement indiqués. — Le ton général plaît assez. — L'admirable chose que la tête du petit Lamb-ton ! »

« — A propos de portraits ! un peintre très-distingué, et qui n'est jaloux d'aucun de ses confrères (je ne le nommerai jamais publiquement en le désignant ainsi, on le lapiderait) ; ce peintre m'a dit que le meilleur portrait du Salon est celui du doct. Salmate, par ROUGET. Cela m'a fait regarder attentive. cet ouvrage. Excellent, en effet ! — C'est la nature elle-même. L'étude de cette tête est étonnante, tout y est senti sans affectation. — La couleur est vraie, fine, sans convention ; la touche large, ferme et assez vive. »

« — J'aime bien aussi les portraits de COGNIET ; c'est de la bonne et franche peinture. Cette femme, en robe garnie de chinchilla, est étonnante de vérité. Kinson aurait aminci cette taille, gracieusé les contours de cette face bourgeoise, idéalisé le tout. Cogniet est resté dans le positif; il a peint et coloré avec puissance, avec éclat, et c'est très-bien. »

« — MAUZAISSE. Deux portraits de vieillards. Ce sont ceux du père et de la mère de l'auteur. Le père est plus grand que nature. Il y a de la bonhomie dans son expression. La mère lit, en femme fervente. Je voudrais que toutes nos dames que je vois à la chapelle du Roi, si dévotes quand les princes sont là, s'arrêtassent devant madame Mauzaisse; elles rougiraient peut-être de leur hypocrisie. La bonne dame est en cornette de percale, avec une garniture de mousseline; elle a une mante de drap; c'est de quoi faire hausser les épaules à nos vaniteuses ! — Mauzaisse a eu raison, il y a bien du bon goût à n'être pas de ce siècle de sot orgueil. Le portrait de madame Mauzaisse est encore meilleur que l'autre; couleur, modelé, sentiment, tout y est. J'y voudrais un peu plus de piquant dans l'effet. — Mais n'est-ce pas vouloir qu'il ne soit pas naïf? — Il est trop beau pour qu'on désire qu'il soit autrement qu'il n'est. »

« — *Miss Macdonald.* C'est un diamant que ce petit tableau; les Hollandais n'ont rien fait de mieux comme peinture, comme scène, comme

intérêt; je ne me rappelle pas avoir vu d'ouvrage
de l'école des Ostade, des Terburg, des Metzu,
qui vaille mieux que celui-ci. Après la bataille
de Culloden, Édouard, réfugié dans une caverne avec deux fidèles amis, un gentilhomme
et un montagnard écossais, attend la mort que
le chagrin de la défaite et la faim hâteront peut-
être. Cependant un ange descend dans la grotte;
c'est la charmante héritière des Macdonald; elle
apporte à Stuart des secours et des consolations.
Celui-ci, surpris, reconnaissant, baise les mains
de la protectrice courageuse que le ciel lui envoie;
l'officier qui est à côté de lui imite son mouvement; le soldat se soulève comme pour se mettre
à genoux et remercier miss Macdonald. Cela est
plein de mouvement, de noblesse et de simplicité. La tête du Prétendant est belle; la douleur n'y est pas commune; si dans le regard du
vaincu de Culloden on ne lit point l'espoir d'une
autre journée de Falkirk, on y voit une résignation qui touche. — Les Stuarts avaient fait bien
des fautes, mais Edouard était si brave, et puis
il est si malheureux! — Alexa. Duval a fait un
drame sur l'événement de 1746 qui m'a toujours
attendri; miss Macdonald n'y joue pas un si beau
rôle que dans la scène délicieuse du jeune DELA-

ROCHE; c'est lady Athol (et mademoiselle Mars
y est admirable) qui captive le spectateur. La
bonne position dramatique que celle de cette
femme du parti de George, amenée à sauver la
vie au Prétendant! — « Le fils de Jacques II vous
» demande un morceau de pain! » Cela fait frémir! La tête d'Edouard était à prix. Voilà les
revers de la fortune! Nous avons vu cela...—
Ensuite Bonaparte fut mis hors la loi, on ordonna
de lui courir *sus comme sur une bête fauve*... Il
eut son Culloden; mais quel homme auprès de
Charles-Édouard. — Napoléon fit traiter le prisonnier de La Palud en prince français; il ne
voulut pas qu'on arrêtât le comte d'Artois près
de Lyon et Louis XVIII près de Paris... Waterloo
vint, et il alla finir à Sainte-Hélène. — Il est
mort d'un Hudson Lowe!... — Le drame de Flo-
rian ou de Berquin (je ne sais plus lequel des deux)
sur le Prétendant est fort bien. — La dernière
descendante de miss Macdonald est allée, dit-on,
remercier M. Delaroche de son tableau et lui
en offrir une bonne somme. Le peintre n'a pu
obliger cette dame; ce morceau appartient à
M. Schroth; il a promis de faire un autre ouvrage dont miss Macdonald sera le personnage
principal. — Qu'il réussisse aussi bien que celui

sur lequel je viens de griffonner ces quatre pages,
c'est ce que je lui souhaite. »

« — Quelle est cette femme noire jouant du
cygne? on dit que c'est *Léda ;* à la bonne heure! Et
cet ecclésiastique qui apporte à de jeunes prêtres
une branche de lys? Un *saint Louis de Gonzague.*
Saint Louis et Léda se valent à peu près; s'il fallait absolument choisir cependant, quoique le
saint soit de ces sujets dont on trouve aujour-
d'hui facilement un prix à la bourse jésuitique,
je préférerais l'amante de Jupiter; il y a au moins
quelque connaissance du dessin. — Et la *Nymphe* de M. GARREAU! Malheureuse fille, avoir le
courage de se couronner de fleurs et de moduler
sur la lyre, quand on est dans cet état! A quel
genre appartient cette étude? J'ai demandé cela
à deux peintres ; l'un l'a rejetée au classique,
l'autre l'a donnée au romantique ; ce n'est ni
romantique ni classique, mais c'est mal coloré
et du style le plus pauvre. — Je ne veux écrire
une ligne sur la *Suzanne* de M. BÉRANGER, que
pour me rappeler, quand j'irai à Sèvres où habite l'artiste, de lui conseiller de ne pas sortir
du genre qui lui a valu quelquefois des éloges.
Suzanne semble avoir un corset sous sa che-
mise ; elle est mieux cependant qu'une mince

Galatée aux flancs de bois que j'ai vue par-là. »

« — Me souvenir d'envoyer à Féréol deux petites toiles. Cet artiste fait très-joliment; ses *vues
de Saint-Denis* et *d'Orléans* sont bien. Il a de la
facilité, du naturel, une couleur agréable. On
doit être content d'avoir quelque chose de lui
dans son cabinet. — C'est un acteur amusant et
spirituel. — Il est neveu de Baptiste du Théâtre-
Français. — Baptiste aîné est un comédien habile,
un homme d'esprit et d'instruction, grand amateur de peinture qu'il juge très-bien. — Isabey fit
de cet artiste un portrait charmant; Grévedon l'a
lithographié d'une manière remarquable; c'est
un bon dessin qui restera. Je le garderai. — Le
portrait de Ladvocat n'est pas mal, mais quelle
différence! Mariette l'a demandé à la Comtesse;
je le lui ferai encadrer; il figurera dans sa cham-
brette entre *Lovelace* et *l'Incroyable* de C. Vernet. Cette bonne caமériste, ça lui fera plaisir; elle
enrichit ainsi son petit musée des célébrités que
je ne fais pas entrer dans mes porte-feuilles. »

« — Je vis Prud'hon terminer ce *Zéphire;* je lui
dis que je préférais cette petite figure si gracieuse,
si légère, si spirituellement poétique et pittoresque, à tout Albane; il se fâcha, me parla des
Amours, des Vénus du peintre bolonais, et prit,

en me prêchant, un air de modestie fort tendre,
mais sous lequel je lus bien qu'il était persuadé
que j'avais dit vrai. Charmante peinture! coloris,
effet, touche, pose, ce *Zéphire* réunit tout. Je
suis très-content de la copie sur porcelaine que
j'en ai vue tout à l'heure ; c'est l'ouvrage de madame Didier. Cette dame se fera un nom en suivant les traces de madame Jacotot. »

« — N° 10. *Trait de la vie du grand Frédéric;*
par M. Albrier. Tableau sagement exécuté et
conçu dans l'intention de faire voir ce que la dis-
cipline militaire a souvent de barbare. Zitern
mourra sur l'échafaud pour avoir gardé de la lumière dans sa tente malgré les ordres de Frédéric.
Cela est cruel. Le roi force le capitaine à annoncer
lui-même cette nouvelle à sa femme; c'est un
trait digne d'un sauvage. — J'ai lu autrefois quelque chose d'aussi révoltant que cela dans les Mémoires de l'abbé Arnauld, je crois ; il s'agit d'un
pauvre officier, commandant une petite forte-
resse, qui ne voulut pas se rendre à la première
sommation de M. de Longueville. Il fut pendu à
une fenêtre de son château, et voici le grief qu'on
lui reprochait : d'avoir, *n'étant pas noble, osé
arrêter une armée royale devant une aussi méchante place!* Si j'ai bonne mémoire, l'abbé ter-

mine son récit par une réflexion bien naïve : « Il
» me semble que la Providence voulut lui faire
» plus de justice que les hommes ; car la corde
» ayant rompu, il fut tué d'un coup de mousquet,
» *trouvant une mort honorable au lieu de l'in-*
» *fâme qu'on lui avait destinée.* » Ne voilà-t-il
pas quelque chose de bien consolant pour le malheureux officier lorrain ! — Le singulier préjugé !
Il y a cependant des gens qui y tiennent. Le député Duplessis-Grénédan avait demandé à la
Chambre qu'on rétablît le supplice de la potence
pour les vilains, et qu'on réservât pour les nobles
le tranchant du fer. La législature ne voulut pas
lui faire ce plaisir. La potence pour la roture aurait cependant bien fait dans le système du droit
d'aînesse ! Où me mène le petit tableau d'A.... »

« — *Le souvenir.* — *Les regrets.* L'abbé D'H.
disait : « Vous aimez cela parce que vous êtes li-
» bertin ; ces femmes jolies, à demi-nues, vous
» donnent des regrets et des souvenirs, et voilà
» pourquoi elles vous plaisent. » Point du tout ;
mais cela ressemble à peu près à la vérité. Nous
autres, *bourgeois* (comme disent de nous les artistes), voilà ce qu'il nous faut. J'ai entendu dire
que c'était grisette, que ça manquait de style, de
dessin, de couleur ; c'est possible. Je vois bien

que le bras droit de la femme aux regrets n'est
pas bon; je vois bien que si Ingres avait dessiné
ces deux figures elles seraient plus nobles, plus
correctes, plus élégantes; je suis persuadé que si
Van-Dyck les avait peintes, elles seraient d'un
ton plus fin et plus vigoureux; mais telles que les
voilà, elles me semblent agréables. Ce qu'il y a
de sûr, c'est que, grâce à cet ouvrage, le nom de
M. Dubufe est celui qui aura été répété cette
année le plus souvent par le public. — Les linges
sont d'un azur fâcheux. L'expression de la femme
qui pleure son amant me touche; il y a de la
volupté dans les traits de l'autre; et puis ces
épaules, ce sein ému... Non, l'abbé, non certainement je ne suis pas libertin. »

« — Cottrau se plaît à rendre les opposit. de la
lumière; il y réus. Sa *Vue de la grotte du Pau-
silippe* est d'un bon effet; il est moins heureux
dans son écurie incendiée. Sa *Pêche au flambeau*
est bien; son *pêcheur napolitain* chantant est
mieux encore. N'y a-t-il pas un peu d'affectation
cependant dans ces contrastes, un peu de mollesse
aussi, je crois. Cette silhouette d'homme qui se détache sur ce rayon lumineux que reflète la mer
me paraît une puérilité. On ne peut cependant
pas dire que cela ne plaît pas. Cottrau a un colo-

ris assez original, qui se rapproche un peu de
celui du comte de FORBIN. — Le grand *intérieur*
du Comte est très-bien; la perspective de cette
longue galerie est rendue avec talent; il y a de
l'air et du soleil dans ce tableau, plus ferme de
touche et d'effet que ceux du même auteur exposés en 1824. La vue du *Campo-Santo*, à Pise, est
un des meilleurs ouvrages de *genre* du présent
Salon. — Il y a de jolis intérieurs; celui de l'é-
glise de Saint-Nicolas à Boulogne-sur-Mer, par
M. GASSIES, est naïf et d'un ton charmant. L'intérieur de l'église de Taverny, près Paris, est très-
bien aussi; les figures de chantres, de prêtres et
d'enfans de chœur, sont spirituelles, vraies et
peintes avec beaucoup de largeur et de fermeté.
L'auteur est M. OLRY.—Je lui commanderai un tableau si ma femme n'outrepasse pas cette année
le budget de sa toilette. — Ceci sent l'école de
BOUTON; c'est du jeune MONTHELIER, je l'ai entendu
nommer par M. du S. Un tel début promet; il y
a de la finesse et de la vérité.—Manière anglaise;
imitation évidente de Bonington; bon résultat
d'ailleurs. Voilà tout ce qu'il me faut pour me
souvenir de l'intérieur de M. ARROWSMITH. — Bo-
NINGTON dont je viens d'écrire le nom, c'est un
habile. Cette aquarelle représ. le tomb. de saint

Omer est très-belle. Sa *Vue du Palais ducal à Venise* est un chef-d'œuvre. J'aime mieux cela que les Canaletti, si justement vantés. Vivacité, fermeté, effet, couleur, largeur de touche, il y a tout dans ce tableau où les eaux sont admirables. Les figures ne sont qu'indiquées, mais si grandement ! — Je préfère cette manière de faire un homme à celle de GRANET. Il y a dans ses têtes une sécheresse qui me déplaît; c'est souvent du bois noir luisant. Abus d'un bon principe. Il y a de bien belles parties dans son saint Louis; ce n'est pas le saint avec son auréole; où diable l'artiste a-t-il été mettre là un cercle lumineux ! — Les murailles, la lumière pénétrant par la voûte, voilà ce qui est beau. Granet se répète, et voilà que M. CLÉRIAN le redit aussi. Il y a du talent dans les ouvrages de ce peintre imitateur; mais il n'y en aura plus dans trois ou quatre ans s'il continue à imiter. — Être soi avant tout, sans quoi on n'est rien, car on ne peut jamais être tout un autre. — J'ai vu deux ou trois morceaux consciencieux de M. BERLOT. — L'intérieur de la salle gothique de l'archevêché de Reims est un bon portrait; j'y voudrais un peu plus d'air. M. BOUHOT n'a rien fait avec plus de soin; il a produit des choses plus intéressantes, ses autres tableaux l'attestent. — Le bon, l'excellent petit ouvrage que cette vue d'une cour rustique par Gué ! C'est la nature fidèlement rendue; mais rendue en peintre. Gué est, avec Daguerre, le meilleur décorateur de ce temps-ci; il y a des chefs-d'œuvre de lui à plusieurs théâtres. Mais les rideaux de fond s'usent, les coulisses se déchirent et se tachent; Gué a donc raison, pour laisser quelque souvenir de lui, de faire des tableaux. Qu'il en fasse beaucoup comme celui-ci! j'aime autant cela qu'un beau flamand. »

« (748.) — Portrait d'homme, par Monvoisin. C'est bien peint. Qu'il doit être difficile de reproduire des formes aussi inélégantes! Le peintre français s'en est tiré heureusement; il a été plus chanceux que Daniell. »

« — Je croyais que ce personnage en pantoufles jaunes était quelque agent diplomatique ou quelque danseur célèbre, c'est un arracheur de dents; il est dans son cabinet comme Vestris était dans le sien. Un ruban rouge à sa robe de chambre atteste le cas qu'un souverain fait du mérite de M. le chevalier Lemaire. Le roi de Bavière a distingué cet opérateur, et l'a honoré de sa confiance.

» On s'est étonné de trouver au Louvre le portrait d'un dentiste; pourquoi n'y aurait-il pas été?
Celui d'un maître des requêtes y est bien! Et
l'égalité donc! »

— « Je ris encore en pensant à l'*École chrétienne* de Duval·Lecamus; c'était charmant d'observation et d'esprit. Un peintre naïf dans ce siècle
où nous nous *maniérons* tous, est presqu'un phénomène; Duval est ce phénomène. Il n'y a rien
d'alambiqué, de tiré, d'ingénieusement faux dans
ses compositions. C'est le vrai qu'il aime et qu'il
représente. Cet enfant qui bâille en tenant le fil
pour lequel il sert de dévidoir, est d'une vérité!...
—Je m'en souviens, c'est fort ennuyeux de prêter
ainsi ses bras; c'était toujours moi; on gâtait mon
frère. Le pauvre garçon, le sort ne l'a guère gâté
depuis. — *Le départ pour la chasse* est une chose
charmante. Cela n'a pas l'air composé, on dirait
une scène véritable, vue dans une lorgnette retournée. Il n'y a point là d'effet tapageur, c'est tout
bonnement le jour. Ce tableau sera toujours de
mode, comme une fable de La Fontaine; vous
verrez dans cent ans! »

Statue équestre de la place des Victoires [1].

BAS-RELIEFS. — INSCRIPTIONS.

VOILA un monument achevé; il était temps! On
peut juger maintenant dans son ensemble cet ouvrage qu'on nous a toujours engagé à ne pas juger
en détail. Si nous devons dire notre opinion, sauf
le respect que nous avons pour le talent de
M. Bosio, cet ensemble est loin de nous satisfaire.
Nous ne blâmons pas, comme beaucoup de gens,
la pose du cheval de Louis XIV ; sa hardiesse
nous plaît assez, et nous la voudrions même plus
grande encore, au moins sous le rapport de ses
attaches avec le piédestal. La queue longue et
lourde qui vient se fixer au sol ment à la nature par son mouvement, et trahit les craintes de
l'artiste. Cette masse substituée par M. Bosio aux
anciens supports (modification dont il faut au
surplus lui savoir bon gré, car rien n'est plus ri-

---

[1] Cette statue fait véritablement partie de l'exposition de 1827 ;
elle a été entièrement terminée le jour de l'ouverture du Louvre.

dicule que les flammes du chevalier Bernini et les
troncs d'arbres de ses confrères classiques), cette
masse manque d'élégance, peut-être aussi d'utilité. Un calcul du centre de gravité mieux fait,
une distribution de la matière autrement ordon-
née, auraient probablement dispensé le statuaire
de recourir à un moyen que nous trouverions
très-ingénieux, si le quadrupède n'avait pas dû
perdre en grâce plus qu'il n'a gagné en solidité.
Dans la position que M. Bosio s'est plu à donner
à l'animal qui porte le roi, la queue, loin de
baisser depuis sa naissance jusqu'à terre, devait
faire un angle prononcé avec la croupe ; la nature
le voulait ainsi, mais le sculpteur a sacrifié la vérité à un besoin qui n'était pas très-réel. Le cheval
n'est point irréprochable dans ses formes ; sa tête
paraît grosse et son poitrail lourd ; son ventre
présente une large surface sans intérêt de détails,
et c'est le plus grand inconvénient de la composition de cette statue, qu'on voit plus par-dessous
qu'il ne le faudrait pour que l'aspect en fût
agréable.

La figure de Louis XIV est bien assise sur le
coursier ; les jambes tombent naturellement, les
bras s'attachent au tronc avec assez de grâce, la
tête est bien placée et d'un beau caractère ; mais

l'accoutrement héroïque, mais le manteau qui,
suivant l'expression d'un plaisant, ressemble à
une serviette à barbe que le cavalier a retournée
au moment où on sonnait le boute-selle; mais la
vaste perruque qui flotte sur la cuirasse romaine,
voilà ce que nous ne saurions trouver beau. La
tradition à laquelle M. Bosio a cru devoir s'assu-
jettir nous paraît souverainement contraire à la
raison [1]. L'usage dont on argue à l'Académie,
en faveur du costume antique attribué aux personnages modernes, nous semble une étrange
folie; un anachronisme ne se peut pardonner
parce que l'usage le consacre. Une statue représentant Louis XIV vêtu du costume militaire du
temps, la cuirasse par-dessus le pourpoint et le
chapeau par-dessus la perruque, serait plus raisonnable que celles de MM. Lemot et Bosio, et
d'un goût peut-être moins grotesque; mais on
n'ose pas braver les conventions anciennes. Au
grand siècle on affublait les héros de la cuirasse

---

[1] Lorsque Lemot commença sa statue de Louis XIV pour la ville de
Lyon, je l'engageai à renoncer à cette tradition; il en était d'avis,
mais il me dit : « Si je fais autrement, on me chassera de l'Académie. » Ch. Dupaty, à qui je parlais de même sorte, à propos de son
Louis XIII pour la place Royale, me répondit : « C'est établi. » Voilà
deux hommes qui n'ont pas eu le courage de faire quelque chose de
bon, parce que le ridicule est sacramentel.

de César; il faut faire comme au grand siècle, sans cela, que dirait M. Quatremère de Quincy?

Les bas-reliefs qui devaient être incrustés dans les larges faces du piédestal ont été découverts le 4 novembre. On avait travaillé depuis quelque temps pour préparer le marbre à recevoir le bronze; les journées ne suffisant pas au zèle des ouvriers, tardivement appliqués à cette opération, on avait prolongé les veillées, et le marteau avait fait son office à la clarté des flambeaux.

Le sujet du premier des bas-reliefs de M. Bosio est l'*Institution de l'ordre de Saint-Louis*. Un personnage, le ministre du roi probablement, est agenouillé sur les degrés du trône et présente à Louis XIV des lettres-patentes que S. M. approuve. Le monarque est assis et dans la position d'un souverain qui fait grâce; il semble que debout et haranguant l'assemblée de grands hommes qu'il a convoquée, Louis serait dans une position plus convenable et plus noble; mais M. Bosio ne voulait pas perdre la tête du Roi dans sa frise, et isoler cette figure auprès de laquelle aucune autre ne pouvait occuper une situation analogue; encore aurait-il pu, en laissant le prince sur son trône, lui prêter une attitude moins bourgeoise. Louis XIV *posait* toujours, il n'y avait aucun danger à le

théâtriser un peu. La composition de ce morceau est uniforme; cela ne pouvait guère être autrement ; il ne faut pas parler de son style , ni
de l'expression des personnages qui concourent
à son ensemble.

Le second ouvrage, plus remarquable que celui dont nous venons de parler si on n'y considère
que les figures isolées , lui est bien inférieur si on
l'examine comme conception et comme entente
de bas-relief. Il représente le *Passage du Rhin*.
La volée d'un canon qui est à côté de la hanche du
premier cavalier hollandais à gauche du tableau ,
et les genoux du cheval de Louis XIV, nous
donnent la mesure du fleuve, que M. Bosio a fait
large comme l'Illyssus ou la rivière de Bièvre; si
bien que son passage semble une plaisanterie. On
ne conçoit, en voyant ce ruisseau, beaucoup
moins dangereux, beaucoup moins irrité que
celui de l'égoût Montmartre après une averse, ni
le courage du bouillant Lesdiguières, ni l'intré-
pidité de Grammont, ni la noble hardiesse de
Vendôme; on conçoit moins encore comment, le
péril étant si mince, Louis

Se plaint de la grandeur qui l'attache au rivage.

L'horizon est borné par un rempart garni de

soldats ajustant de lourds fusils, et à qui on es
tenté de crier comme le Rhin aux *arbitres de
querelles des rois :*

Laissez là ces mousquets trop pesans pour vos bras.

Les Hollandais ont au surplus le plus grand
respect pour Louis XIV, car aucun n'ose l'ajuster
et en voyant la direction de leurs escopettes, nou
sommes bien tranquilles sur sa vie. L'action es
engagée entre les cuirassiers de Revel et la gross
cavalerie des Bataves. Grammont, Revel et le
autres officiers qu'a immortalisés Boileau le véri
dique, sont aux prises avec les ennemis; il s
fait de beaux coups sous les yeux du prince qu
anime tout le monde du feu de son courage
comme dit son historiographe. Le cheval du ro
se dresse sur ses pieds de derrière ; il veut s'élan
cer dans l'eau et suivre celui de Lasalle, mais l
main de son cavalier l'attache au rivage. M. Bosio
comme pour légitimer sa grande statue, l'a reproduite dans de petites dimensions. Le Louis XIV
du bas-relief nous semble beaucoup mieux que
l'autre, non qu'il faille comparer absolument ces
deux morceaux dont l'exécution ne présentai
pas les mêmes difficultés ; mais le roi, vêtu à la
Louis XIV, entouré de gens qui lui ressemblent,

nous paraît naturel; le Romain seul au-dessus
d'une forêt de perruques nous plaît moins. Quelques chevaux et quelques-uns des cavaliers sont
fort bien dessinés et modelés, mais l'ensemble est
massif, et à cause des limites du théâtre l'action
est puérile. Des figures d'une moins grande dimension auraient permis à l'artiste plus de développemens; il est fâcheux qu'il n'ait pas pris le
parti d'agrandir la scène en rapetissant les personnages; l'*Institution de l'ordre de Saint-Louis*
y aurait autant gagné que le *Passage du Rhin*.

Les inscriptions ont été placées sur le piédestal
de la statue équestre; l'une contient l'éloge de
Louis XIV, très-sage, magnifique, très-reli-
gieux, très-grand entre les rois, protecteur des
bonnes lettres, etc.; l'autre rappelle la fondation
du monument ordonné par Louis XVIII. Que
ces inscriptions soient en français, il n'y a pas de
risque; c'est en latin que l'éloge du grand roi est
tracé sur le marbre; en latin, pour que le
peuple ne puisse pas le lire. L'Académie le veut,
il faut bien le vouloir. A la rigueur nous y consen-
tirions pour Louis XIV; mais pour Henri IV,
n'aurait-on pas pu faire violence à la loi qui dit
que tout monument élevé par le peuple aura une
dédicace latine? Le français n'est point incompa-

tible avec le style lapidaire, quoi qu'on en dise ;
et quand il le serait, encore vaudrait-il mieux
faire une phrase longue, mais intelligible pour
tous, qu'un éloge concis, digne d'être admiré par
les académiciens, et que le bon peuple qui a payé
la statue, et qui ne serait pas fâché de connaître
au moins par l'inscription celui qu'il honore
d'une effigie d'airain, ne peut comprendre, non
plus que le latin des motets et l'hébreu de l'histoire de Salomon.

De deux Portraits.

« — Il n'a pas inventé la poudre. — Cela se trouve
bien; ma fille n'a pas inventé la pommade. »
(*Historique.*)

On lit ce qui suit dans un journal anglais :

« La cour de France avait besoin d'être égayée,
triste qu'elle était de tout ce qui se passait. Le
pouvoir de Villèle chancelait; le peuple, *infecté
de l'amour du bien public*, comme disait madame
de Motteville, protestait par des élections contre
le jésuitisme; c'était pour en mourir de chagrin
dans les vieux boudoirs du faubourg Saint-Ger-
main. Le hasard vint au secours des nobles dames
et de leurs chevaliers affligés ; ils eurent la comédie au Louvre.

» Deux portraits avaient été apportés au jury,
très-satisfaisans, l'un des deux surtout; on les
avait reçus. C'étaient les images de deux époux,
beaux comme Vénus et Mars; mais, dit-on au
pays des calomnies, épris l'un de l'autre comme

la demoiselle de Lamotte l'était du duc d'Aumont,
son mari, au rapport de ce cruel Bussy-Rabutin.
Il fallait placer les portraits. Un garçon de salle,
qui y entendait malice apparemment, ancien valet
de quelque grand seigneur peut-être, se chargea
de ce soin. Il les accrocha côte à côte, mais de
manière à ce que les deux personnages se tour-
nassent le dos. Cela parut charmant, et l'on en
rit beaucoup dans tous les salons nobles de la
capitale. On accusa de cette plaisanterie le gentilhomme qui administre les musées ; mais il s'en
défendit, et pour montrer qu'elle n'était point dans
sa volonté, il fit changer les cadres de place, et
Madame fut mise tout près et en regard de Monsieur. On rit plus fort encore. La mystification
n'était pas au bout. A quelques jours de là, les
deux portraits furent encore déplacés ; ils restè-
rent sur la même ligne; mais on les éloigna un
peu l'un de l'autre, puis un peu plus, puis bien
davantage, puis enfin on les mit aux deux côtés
de la salle.

» Cette affaire occupa la cour pendant six se-
maines ; cela ne rappelle-t-il pas ce pacha d'une
farce française qui en avait par jour pour *deux
bonnes petites heures* à regarder des poissons
rouges tourner dans un bocal ? »

Dacheux et la noble Dame.

Si je vous racontais une histoire ? Ma foi, oui.
Ecoutez ; je serai court.

Dacheux est un brave homme, grand nageur,
fort dévoué, faisant profession de retirer de la
rivière les gens qui s'y jettent par désespoir ou
par accident. Il est pensionné pour cela ; le ministre, je ne sais pas lequel, qui a estimé cent
mille francs par an les services qu'il rend à l'humanité, lui, homme à porte-feuille, a coté beaucoup moins ceux de Dacheux. Un millier de
francs à peu près est la récompense de ce pauvre
diable qui en toute saison joue sa vie dans le bassin
de la Seine.

Or, il arriva en 1825 ou 1826, ou une autre
année, que Dacheux, se promenant au bord de
l'eau, vit tomber dans le fleuve une femme. Courir à son bateau, aller au corps flottant, le rame-
ner à terre, fut l'affaire d'un moment. Dacheux
donna l'hospitalité à la femme qu'il avait sauvée,
lui prodigua les soins les plus tendres, la dépouilla

de ses vêtemens mouillés, l'enveloppa dans une
couverture de laine bien chaude et la reconduisit
à son hôtel; car cette dame a un hôtel. Elle est
belle, renommée; pourquoi avait-elle voulu se
noyer? Je l'ignore; aucuns ont dit : par folie dévote, d'autres par excès d'amour. Bref, Dacheux
l'avait rappelée à la vie et remise dans son lit.
Dacheux, voulant savoir comment se portait la
dame, alla le lendemain s'informer à l'hôtel de
l'état de sa santé; à peine lui répondit-on ; il se
fâcha, et le suisse lui ferma presque la porte au
nez. Il ne se tint pas pour battu, et à quelques
jours de là il retourna, demanda à voir son obli-
gée; on lui refusa ce plaisir. Alors il réclama
sa couverture; il n'avait rien osé demander pour
le bon office qu'il avait rendu à toute une famille
(à un époux, croyait-il aussi, lui naïf), mais il
espérait une récompense; on ne fit pas semblant
de se douter de ce qu'il pouvait vouloir. On lui
rendit.... sa couverture? Non, la sienne était
bonne, neuve; celle qu'on lui donna était vieille
et mauvaise. Il se récria, on le renvoya. Il aurait
pu plaider, il ne le voulut pas; il fut généreux
tout-à-fait, et le vilain prouva que les vilains
sont souvent plus nobles que les nobles ne sont
vilains.

Dacheux raconte cette aventure d'une manière très-piquante, et il ajoute : « Elle a cru peut-être que j'étais assez payé parce que je l'ai vue nue ; au fait, ce bonheur a son prix ; c'est bien le plus beau corps de femme qu'on puisse trouver. Encore si elle m'avait dit comme Marie l'Égyptienne au batelier ! »

Le Fou mystique.

UN TABLEAU REJETÉ. — LE JURY FRANCHÉTISÉ.

UNE personne que je n'ai pas l'honneur de connaître m'a adressé la lettre suivante qui contient, sur un jeune peintre, des détails fort singuliers et fort affligeans.

Bicêtre, le 5 janvier 1828.

MONSIEUR,

Vous parlerez probablement, dans vos *Esquisses*, du *Télasco* de M. Beaugard; voulez-vous me permettre de vous raconter l'événement affreux qui a conduit au tombeau l'auteur de cette jolie peinture? Peut-être le tableau vous intéressera encore plus quand vous aurez lu ma lettre.

BEAUGARD, qui avait aussi le nom de THIL, est mort fou, récemment, à Bicêtre. Je l'ai vu souvent, depuis quelques mois que je me suis retiré dans ce village, avec l'intention d'observer les malheureux que renferme l'hospice. On m'a fait son histoire.

Né de parens peu fortunés, Thil se sentit de la vocation pour les arts. Il se livra à l'étude de la peinture et fit beaucoup de progrès ; en 1822 et 1824, il exposa des portraits estimés et un tableau du départ de Tobie, qui n'était point mal. Il travaillait avec ardeur dans le but louable de subvenir aux besoins de sa mère. Son caractère, long-temps doux et bienveillant, changea tout-à-coup. Il avait pensé à se marier ; mais il fut traversé dans son projet par des circonstances fâcheuses ; alors il arriva à un état d'exaltation que des soins auraient guéri, et que le fanatisme religieux accrut au point de rendre Beaugard suicide.

Sombre, farouche, sans cesse irrité contre tous ceux qui l'approchaient et surtout contre sa pauvre mère, Thil n'était, dit-on, sensible qu'aux exhortations d'une seule personne. Son amour devint dévotion ; mais ce ne fut point une piété consolante qui remplit le cœur sensible, son imagination toujours excitée rêva le martyre.

Il n'avait plus de tranquillité que par momens et à d'assez longs intervalles ; ne travaillait avec calme que rarement, et ne manquait cependant jamais absolument de raison quand il avait en main le crayon lithographique; il ne se servait plus du pinceau. Sa conversation roulait sur des sujets mystiques; il avait des extases, des ravissemens, des visions; il prononçait des paroles sans suite ou de longues périodes de sermon.

Un malin esprit, un monstre, mais point imaginaire, mais vivant (je n'ose dire sous quel habit il se présentait à lui), le tourmentait, l'obsédait toujours, jetait dans son esprit faible et fanatisé des remords, des craintes, d'affreuses espérances.

Un jour la mère de Beaugard entendit un cri partant de l'atelier de son fils; elle accourut et fut frappée du spectacle le plus horrible. Thil était baigné dans son sang, presque évanoui, le regard attaché au ciel; un rasoir était à côté de lui et plus loin.... Le malheureux venait de se mutiler; il avait retranché de l'homme tout ce que la vengeance d'un abbé ravit à l'amant d'Héloïse, tout ce que la jalousie d'un page déroba, dit-on, dans une nuit au marquis de B......, autrefois page de la Reine, et que vous avez vu dernièrement éditeur responsable d'un journal.

Beaugard montra, dans cet acte de folie, un courage incroyable. Blessé d'abord profondément par la première atteinte du rasoir, il éprouva une syncope; mais un ange lui apparaissant l'encouragea, et il trouva assez de force pour achever sa fatale opération.

C'est lui qui a raconté cela.

Le hasard avait fait plus que n'aurait pu la chirurgie. Au bout de quelques jours le malade était hors de tout danger; mais l'effervescence de sa tête n'était point apaisée. L'aliénation mentale prenait un caractère plus sérieux. La raison n'abandonna pas seulement cette jeune victime; sa mère désespérée ne voulut point lui survivre; elle ne se laissa persuader du salut de son fils par aucune promesse des médecins, et convaincue de la mort de Thil, elle s'arma du fatal rasoir et se coupa la gorge.

Beaugard recouvra la santé du corps à quelque temps de-là; mais son esprit était toujours bien malade. On l'avait transporté à Bicêtre où on ne lui laissait aucun instrument meurtrier. Cependant, dans ses momens lucides, on lui permettait de dessiner. Le canif dont il se servait pour tailler ses crayons était l'objet de l'attention de son gardien. Cette vigilance fut trompée une fois; Beaugard profita d'un moment où il était seul, et se perça le corps d'une vingtaine de coups dont aucun ne fut dangereux.

Une autre fois, en présence même de son sur-
veillant, il attenta de nouveau à sa vie. La blessure ne fut pas mortelle.

Thil était bien résolu à périr; le fer avait failli
trois fois dans ses mains, ce ne fut plus au fer
qu'il eut recours. Il se mit à refuser les alimens
qu'on lui présentait; aussi il est vrai de dire qu'il
est mort de faim. Pendant trois mois, il ne prit
pour toute nourriture qu'un peu de bouillon qu'on
lui faisait avaler au moyen d'une sonde introduite
par le nez. Il était complètement étique lorsqu'il
s'éteignit, à l'âge de vingt-cinq ans.

Le tableau qui figure au Salon est le dernier
travail de son auteur; déjà il était atteint de mé-
lancolie quand il y mit la dernière main. Quelque
temps après, il voulut le revoir ainsi que celui
qu'il avait fait le premier, que vous ne trouverez
point au Louvre; il avait envie de les parsemer
de petites croix noires, de couvrir les parties nues
des figures d'Amazily, de mettre enfin ces ouvrages en harmonie avec ses idées insensées.
Vous pensez bien qu'on ne permit pas cette autre
mutilation.

Voilà, Monsieur, les faits que j'ai recueillis
touchant un jeune homme bien digne d'intérêt
par son talent et son malheur; je ne sais quel

usage vous en voudrez faire, et si vous croirez
convenable de donner au public cette histoire,
une des plus curieuses qu'on lira un jour sur le
registre du greffe de Bicêtre, et dans la biogra-
phie des peintres français.

J'ai l'honneur, etc.

ANT. CHAUM....

Depuis que j'ai reçu cette lettre, j'ai pris des
informations sur la mort de Thil et l'événement
qui l'a amené; toutes m'ont confirmé le récit de
M. A. C. Désireux de connaître le tableau que
Beaugard avait fait et que je n'ai point vu à l'exposition, je me suis adressé à M. P. fils, à qui
les intérêts de la petite succession de cet artiste
paraissent être confiés, et je dois à son obligeance
de pouvoir parler de ce charmant ouvrage.

Comme le sujet de la composition que les amateurs ont distinguée à l'ouverture du Salon, dans
la salle des sept cheminées, à côté de l'abbé de
La Mennais, celui du tableau que j'ai vu chez
M. P. est emprunté aux Incas. *Télasco* et *Amazily*, fuyant les lieux que les Espagnols inondent
de sang, ont cherché un asile dans un endroit
écarté du palais; mais l'incendie les menace d'un

17'

danger très-prochain; les flammes ont gagné leur
retraite. Télasco ne peut se décider à mourir sans
tirer vengeance des oppresseurs du Mexique, il
veut aller se jeter au milieu de la mêlée; Amazily
le supplie de ne pas la quitter; elle le tient
embrassé, s'attache à lui et ne peut le désarmer.
Il brandit en l'air une flèche dont il menace les
soldats de Cortès. Ses traits expriment l'indigna
tion et le mépris. Le groupe des deux amans est
d'une pose simple et naturelle; Télasco est énergique, Amazily pleine de grâce. La scène du
carnage, au troisième plan, est fort bien composée; les figures sont dans des mouvemens
variés et vrais.

Un moine à cheval préside au massacre des
Mexicains, il a en main le signe de la rédemption.
C'est ce détail de mœurs, consacré par le poëte,
qui a fait rejeter le tableau du Louvre; et voilà
le jury se déclarant le protecteur des barbares
qui immolèrent à plaisir de pauvres Mexicains,
parce que ces barbares ont pour chef un capucin!
Voyez l'indépendance d'une commission d'artistes
qui consent à recevoir le mot d'ordre de la haute
police romaine; et puis, comme il faut que partout où il y a petitesse de vues, il y ait absurdité,
le jury se met en contradiction avec lui-même en

recevant des tableaux dont les sujets sont tirés de
l'histoire de la Ligue, et d'autres encore où l'on
voit des brigands italiens consacrant leurs poi-
gnards à la Vierge avant de les aller plonger dans
des cœurs chrétiens. Cela est aussi par trop niais,
et si je savais les noms des membres du comité de
réception, je les imprimerais ici pour faire honte
à ceux qui les portent de leur condescendance à
des volontés jésuitiques. Représenter le curé Boucher prêchant les ligueurs, ou le prêtre espagnol
excitant les vainqueurs de Mexico à tous les dé-
sordres qui suivent la conquête, est-ce outrager
Las-Casas, Soüel, Belzunce ou Vincent de Paule?
Le rejet du tableau de Thil est une sottise et une
injustice. Cet ouvrage est très-bien. Les figures
en sont un peu plus grandes que celles du *Naufrage de Télasco* [1] ; elles sont dessinées et peintes
avec le même soin. Dans l'incendie Amazily est
plus naïve, elle est plus élégante de formes dans
le naufrage. La tête de Télasco, nageant pour
gagner la barque où Orozimbo recueille sa maîtresse à demi morte, est d'un beau caractère.
C'est un morceau réussi et fait évidemment du

---

[1] Le tableau exposé au Louvre a été fait le second; la manie religieuse ne tenait pas encore l'auteur, lorsqu'il dessina le moine à
cheval.

premier coup. Le torse de la sœur d'Orozimbo est
d'une couleur et d'un modelé suaves. Dans les
deux ouvrages de Beaugard l'effet est simple, et
cependant il ne manque pas de vivacité. Chaque
figure est largement éclairée; l'ombre n'est guère
qu'aux contours, comme une bande d'un ton
vigoureux. Cette singularité, qui est loin de déplaire, donne à la peinture de Thil une physionomie originale. Rien au surplus n'est commun dans
ses deux productions; style, dessin, coloris, tout
appartient à l'auteur. Le *Naufrage de Télasco* est
un des jolis tableaux de chevalet de l'exposition.
Lord H. avait envie de l'acheter, il m'a prié d'en
faire le marché; on m'a demandé de cet ouvrage
et de son pendant, mille huit cents francs. Mylord
n'a jamais voulu conclure à ce prix, il m'a donné
cette raison : « J'aimais beaucoup le tableau et je
l'estimais beaucoup plus de neuf cents francs; dès
qu'on n'en demande que cela, c'est que je me suis
trompé et qu'il n'est pas bon. » L'argument est
détestable, mais le noble amateur y a persisté.

Beaugard a très-peu produit. J'ai vu quelques
bonnes études de lui. Il avait une exécution consciencieuse et sage. Il n'a jamais fait que trois tableaux : les deux *Télasco* et un *Tobie*. Ses portraits sont peu nombreux et généralement bons;

je me rappelle surtout celui d'un officier, maréchal-
de-camp, je crois ; il était d'une grande fermeté
de touche et de coloris. — Dans la peinture du
combat des Espagnols contre les Mexicains, Thil
n'a point oublié les chiens que les farouches soldats de la Croix avaient dressés au combat et auxquels on donnait la curée humaine pour récompense de leur courage. Ce trait et celui du moine
ajoutent du prix à ce tableau refusé, qui est remarquable d'ailleurs par le soin que l'artiste a mis
à conserver le style de l'architecture et les ornemens de l'antique Mexico. Les riches documens
de M. de Humboldt sont très-bien en œuvre dans
cette production dont j'ai parlé avec plaisir ; elle
est intéressante sous tant de rapports ! ·

Portrait de M. de Villèle.

PAR M. ROUILLARD.

Il semblait, à vrai dire, que ce fût un travail
du ressort de M. Huet : c'est cependant M. Rouillard qui l'a entrepris, et sans doute il y a réussi.
Tout le monde aurait été bien aise de voir ce
portrait, non pas au moins pour s'édifier du talent de l'auteur qui a fait assez de preuves, mais
pour contempler les traits d'un homme que les
méchans ont tant détesté; d'un homme qui « se-
conda fort habilement son bonheur, » comme
disait le cardinal de Retz du successeur de Richelieu, et qu'a renversé la malice des ennemis
du trône. (Vous savez : *Qui n'aime pas Colin,
n'estime pas son roi*, etc.) L'effigie du grand ministre n'a point été exposée; monseigneur, qui a
tout bravé, n'a pas osé aborder le Salon. Qui
aurait cru à tant de pudeur? et que pouvait-il
craindre? — Des sifflets. Des sifflets? bon! nous
sommes trop polis pour cela. Il y a au Louvre les

faces de dix personnes qu'on n'estime pas plus
que lui, et qui diable a songé à les siffler? Des
sarcasmes? des vérités dures? Le brave homme
est cuirassé; pairs, députés, journalistes, ont
épuisé leurs carquois, et aucun trait ne l'a blessé.
Le voilà tombé maintenant; la France a brisé les
échasses de ce pygmée qui jouait le géant, et qui
nargua si long-temps le peuple le plus magna-
nime; il n'est plus, et pas une voix ne s'élèvera
pour demander la liquidation politique de son
règne d'agioteur.

Il n'avait rien à craindre, et il a tremblé pourtant!

M. Rouillard désirait beaucoup d'exposer son
ouvrage; c'est tout simple. Tout le monde remarque le portrait d'un homme célèbre, et le nom
du peintre s'accolle naturellement à celui de l'individu représenté; c'est un prospectus excellent
pour un atelier. M. de Villèle n'a point voulu
faire à son peintre la grâce de lui servir d'enseigne.

Il y a eu de la diplomatie dans cette affaire. Le
comte de Villèle encore ministre ne pouvait com-
muniquer avec l'artiste, il n'avait pas le temps;
il ne recevait que les hommes politiques, comme
au moment de l'agonie un malade ne reçoit que

ses médecins consultans. M. Rouillard fut obligé
de faire parler à son modèle ; le choix de l'intermédiaire n'était pas indifférent. On adressa le
peintre à M. de Lapanouze, qui en toucha quelques mots entre deux discussions. Monseigneur
fut inflexible.

Le portrait était annoncé en ces termes : *Portrait de S. E. le ministre, président du Conseil.*
On m'a dit que le pénitent de Toulouse s'est fait
peindre en simple frac noir, comme M. Delavau ;
grande leçon de modestie qu'il a donnée là à
M. de Latil, à M. de Hohenlohe et à M. Am. de
Pastoret ! Je voudrais savoir si M. Rouillard a
mis sur la table du ministre de Louis XVIII et de
Charles X, rois constitutionnels, l'écrit du maire
de Toulouse contre la Charte ; ce serait un détail
historique bien piquant. M. de Villèle doit être
ressemblant dans le tableau de M. Rouillard. Ce
mérite de la ressemblance ne serait-il pas une des
causes du refus qu'a fait l'Excellence de laisser
exposer son portrait ? Louis XIV avait cette coquetterie ; il fit déchirer l'ouvrage d'un pauvre
peintre qui ne lui avait pas donné d'assez beaux
traits. Louis XIV et M. de Villèle sont tous deux
dans l'échelle qui va du singe à l'Apollon du
Belvédère ; ils peuvent avoir la même faiblesse ;

mais elle était plus présumable chez le roi que
chez le ministre gascon.

Les portraits de M. le duc de Grammont, de
M. le docteur Michel, de M. de Rosny, officier
de cuirassiers, font honneur au pinceau de
M. Rouillard; ils sont d'une large et belle facture.
Les accessoires de celui de M. de Rosny sont
supérieurement traités ; peut-être d'ailleurs (la
tête exceptée) toute cette figure est-elle dans de
trop fortes proportions. En général, M. Rouillard me semble voir en grand. S'il a fait sur cette
échelle l'ex-premier ministre, il n'aura pas cette
excuse d'un peintre anglais qui, repris de ce qu'il
avait donné à Napoléon la taille d'un tambour-
major, dit : « Un grand homme a toujours six
pieds. »

Madame Mongez.

LES SEPT CHEFS DEVANT THÈBES.

> « Nous avons de trop bonne heure fait connaissance
> avec ces héros poétiques pour attendre quelque plaisir
> de leur résurrection. Les montrer tels qu'ils ont déjà
> été dépeints, c'est fatiguer par la répétition. »
>
> SAMUEL JOHNSON. *Vie des Poëtes anglais.*

Du vivant de David, on disait que ce maître faisait les tableaux de madame Mongez ; l'envie est une sotte, et ses inventions font pitié.

Qu'y avait-il de l'auteur des *Sabines* dans les productions de l'auteur des *Sept chefs*, ou plutôt, qu'y avait-il dans les Sabines qui ressemblât à madame Mongez ? David pouvait-il se contrefaire ? Où l'a-t-on reconnu ? Où est l'homme dans les ouvrages de cette femme ?

Parce que madame Mongez n'a peint ni des fleurs, ni des paysages, ni des scènes familières, parce qu'elle a représenté des héros et dessiné de grandes académies, on n'a pas voulu croire à elle, et on lui a donné un collaborateur. On l'avait

choisi illustre, mais chaque production de David
et de madame Mongez démentait cette prétendue
collaboration.

Les femmes sont bien à plaindre! Si elles n'ont
pas de talent on triomphe de leur insuccès; si
elles en ont, on s'arrange pour le nier ou le leur
contester! Combien de temps a-t-on affirmé que
M. Léthière composait les ouvrages de mademoiselle Lescot? N'a-t-on pas répandu que M. de
Châteaubriand a écrit les Nouvelles de madame
de Duras? On n'a point encore songé à donner
un teinturier à madame Tastu, et à débiter que
M. Baour, par exemple, revoit les vers de mademoiselle Delphine Gay; mais patience!

Madame Mongez a répondu aux envieux:
David mort, elle a fait un tableau. Eh bien!
Messieurs, ceci diffère-t-il de ce que vous avez
vu du même auteur. — Il y a du David ici. —
Oui, comme il y a du Virgile dans Gaston; on y
reconnaît à peu près le sens, mais le style, est-ce
celui de l'original? Est-ce sa force et sa grâce? Est-
ce la profondeur de sa pensée et l'élégance de son
expression? Des bras, des jambes, dessinés avec
pureté et jetés dans le moule de David, Tatius
et Romulus retournés, un coloris sage mais sans
vigueur, des hommes qui font un serment, est-

ce là David? Non, c'est madame Mongez qui
imite avec soin, et quelquefois copie, ne pouvant
créer spontanément. Les romantiques ont regardé
en riant le tableau de cette dame; je suis bien sûr
que madame Mongez leur a rendu la politesse. Le
choix du sujet imposait à l'artiste des difficultés
qu'elle n'était pas capable de surmonter; il fallait
cette virilité poétique dont était pourvu Girodet
pour entreprendre de représenter les vengeurs
de Polynice sous les murs de Thèbes; il fallait un
crayon et une couleur plus énergiques qu'il n'est
donné à une femme de les avoir, pour grouper
ces chefs irrités et leur donner un caractère convenable à leur situation.

A ne considérer l'ouvrage de madame Mongez
que sous le rapport de l'étude des figures, on
doit reconnaître qu'il y a un mérite réel. Le dessin
de deux ou trois des académies qu'elle a rangées
autour du taureau noir est d'une correction remarquable; il y a tels pieds que je pourrais citer qui
sont supérieurement faits. Une pensée puissante,
un feu vivifiant, une main vigoureuse ont manqué à cette production; c'est une page écrite avec
ce désespérant purisme qui fait que M. Blondin,
grammairien intraitable, habile à reprendre vingt
fautes de français dans dix lignes de Voltaire ou

dans six vers de Racine, ne pourra jamais composer deux paragraphes qu'on puisse lire. Tous
les mots sont orthographiés, les adjectifs et les
substantifs s'accordent parfaitement, les parti-
cipes sont là suivant la règle, les périodes sont
bien arrondies ; il n'y a ni hiatus choquant, ni in-
discrète consonnance ; enfin, c'est le cadavre d'un
bon discours ; il n'y faut plus qu'une bonne idée.
Madame Mongez sait les difficultés de la peinture,
comme M. Blondin sait les *que relatifs ;* je vois
dans son tableau des bras, des torses, des cuisses,
des têtes ; mais j'y cherche un homme. La vie n'est
pas sur cette toile. Ces héros sont des mannequins, non pas informes comme ceux que loue
M. Giroux [1], mais tels que les aurait faits Praxitèle, si Praxitèle avait pu abdiquer son ame.

[1] Célèbre marchand de couleurs et de tableaux, rue du Coq-Saint-
Honoré,

Quelques Tableaux de Sainteté.

MM. COUTAN, PICOT, SMITH, PÉRIN, GRÉNIER, GOSSE, DE LANCE,
GAILLOT, DUBOIS (FRANÇOIS), LANCRENON, WAFFLARD, LATIL,
BELLOC, POISSON, CHASSELAT, MADEMOISELLE HENRY.

A L'ABBÉ NARCISSE B.

JE voudrais que les représentations des sujets
de sainteté fussent toujours excellentes. Le peuple est encore plus incrédule que vous ne le dites
en chaire, mon cher abbé; peut-être est-ce parce
qu'on veut trop le forcer de croire; peut-être
aussi (et cette supposition n'est pas la moins
bonne) est-ce parce qu'il voit qu'on fait métier et
marchandise des croyances. Les jésuites ont tout
gâté avec leurs missions, leurs destitutions, leur
influence à la cour, leurs usurpations, leurs miracles; ils ont plus contribué à nous rendre indifférens ou sceptiques que les philosophes du
dernier siècle. Ce n'est donc pas une chose de
peu d'importance que le mérite des ouvrages destinés à la propagation des idées religieuses. Pour
les ames tendres, ardentes, le tableau de M. Gar-

nier ou un tableau de Raphaël, c'est tout un ;
ce n'est pas tout un pour la majorité des chrétiens de ce temps-ci ; il est si peu de ces bonnes
ames !

Le Français est railleur ; il ne faut rien lui
donner qui prête à la moquerie. Les cantiques
chantés sur des airs d'opéra, les ballades bur-
lesques débitées dans nos villes par les marchands
de chapelets, les écrits authentiques d'événemens
merveilleux [1] imprimés avec privilége des maires
et autorisation des évèques, les mauvais ser-

---

[1] On a raconté, dans ces derniers temps, un fait très-singulier. Il
s'agissoit d'une église incendiée, d'un tabernacle brûlé, et de trois hosties attachées, tant qu'a duré l'incendie, à la voûte de l'église, sans
tomber et sans se consumer. Quatre curés se sont mis, dit-on, en
prières pour les faire descendre et ont vu leurs instances dévotes
exaucées ; ils ont recueilli les hosties dans des draps tendus sur le pavé.
D'abord on avait voulu les détacher de la voûte en passant un sabre
entre elles et les pierres, mais on n'y avait pas réussi. On ne sait pas
encore si le pape croit à ce miracle ; bien des gens ont le malheur d'en
douter.

On a parlé aussi d'un boulanger (les jésuites n'ont pas dit s'il était
athée ou déiste) qui, voulant cuire sa fournée, ne put y parvenir. En
vain il approchait sa pâte du four ; le four repoussait la pelle : tous
ses efforts furent inutiles ; le pain ne cuisit pas. Voilà les historiettes
dont on régale le peuple des provinces, et qui viennent ensuite égayer
la capitale. Ne pourrait-on se dispenser d'inventer des récits qui attirent la dérision sur des choses qu'il faudrait toujours entourer de
respects ?

mons, les caricatures pieuses qu'on accroche
aux murs de certaines chapelles sous le nom
d'*ex-voto*, les vieux soldats de César, autrefois
acolytes du diable, aujourd'hui dévots coureurs
de processions; tout cela excite son rire, pro-
voque ses plaisanteries et paralyse en lui les
meilleures dispositions.

Si j'étais préfet de la Seine ou ministre de
l'intérieur (dont veuille me préserver le ciel!), je
ne commanderais de tableaux d'église qu'à des
artistes habiles; je ne placerais dans nos temples
que des images simples, touchantes, expressives,
poétiques, à peu près irréprochables sous le
rapport de l'art, telles enfin qu'elles parlassent à
l'ame et saisissent l'imagination. Je voudrais surtout la peinture des faits purement moraux de
l'histoire sainte. Les miracles frappent bien
davantage, mais il me semble qu'ils instruisent
moins.

Les mystères ne peuvent se faire concevoir
par les moyens matériels qui appartiennent à la
peinture et à la statuaire; aussi je ne vois rien
de plus ridicule que le titre de *Mystère de la
conception de la Vierge*, donné au tableau de
Murillo, représentant Marie dans une gloire et
foulant aux pieds un croissant. Les traits de

l'Ecriture d'où ressort une moralité intelligible
pour les esprits les plus vulgaires, c'est ce que
je préférerais à tout le reste.

Cette année nos peintres n'ont point ensan-
glanté leurs toiles; ils nous ont épargné les che-
valets, les tenailles, les roues, et tout cet attirail
des supplices dont on a, depuis quatre ou cinq
cents ans, décoré les murs des temples catholi-
ques. J'en suis enchanté, je vous assure. Je sais
bien que la peinture d'expression s'accommode
mieux des martyres que de ces scènes tranquilles
qui me paraissent convenir aux églises; mais j'ai
un goût que vous ne blâmerez point, vous qui
par état avez horreur du sang : je préfère une
Annonciation de la Vierge à une *Décollation de
saint Jean* ou *de saint Paul*. La *Salutation angélique*, exécutée par M. Picot, me plaît pour
toutes sortes de raisons…. Mais je vous ai assez
confessé mes sentimens en fait de tableaux d'é-
glise ¹, parlons du mérite intrinsèque de quelques-uns de ceux que nous avons vus ensemble

¹ Vous allez peut-être penser, à voir toutes mes répugnances, que
je tiens, avec saint Agobard et l'évêque Leydrade, contre les images,
et que je voudrais que celle de la croix ornât seule le sanctuaire. Non,
mon cher abbé, je ne crois pas que les images soient dangereuses; je
les veux seulement bonnes : et quand j'aurais d'autres opinions à cet

18*

au Louvre. Celui de M. Picot est d'une composition simple. Il semble qu'il y ait un programme
dont il est défendu de se départir pour ce sujet
si souvent traité ; le respect qu'on a pour la tradition fait qu'on n'invente pas, et il y a beaucoup
à inventer pourtant ! M. Picot a renoncé, et
avec raison, à l'éternel *prie-dieu* que le moyen
âge nous avait légué, mais il a conservé la branche de lis. Il a supposé que la Vierge, retirée
dans un reste d'édifice antique dont elle s'est fait
un oratoire, était agenouillée devant une espèce
d'autel paré de fleurs, et qui servit jadis au culte
des faux dieux, lorsque Gabriel est venu la saluer
et lui prédire sa gloire prochaine. La voix du
messager céleste a frappé l'oreille de Marie qui,
n'osant regarder l'ange, écoute, les yeux baissés
et les mains jointes, des paroles dont le sens
mystérieux l'étonne. Cette incompréhensible ma-
ternité, où sa pudeur et sa virginité n'auront
point à souffrir, la ravit et l'inquiète. L'expression de ses traits est charmante. Sa tête, d'un joli
goût de dessin, est d'une couleur très-agréable.
L'arrangement de toute la figure de Marie est

égard, je ne me hasarderais pas à les produire. Je me souviens que la
cour de Rome censura en 1605 les écrits du pontife lyonnais, et je ne
veux pas me brouiller avec le Saint-Siège.

bon ; le manteau bleu est bien jeté. L'ange, que j'aurais mieux aimé sans le support du nuage, est dans un mouvement gracieux ; son profil est d'un caractère aimable. Le tableau est fort digne d'estime.

Vous avez remarqué *le Christ portant sa croix*, de M. Coutan ; c'est un ouvrage sagement fait, et qui donne une bonne opinion du talent de son auteur. Le peintre ne s'est point attaché aux données communes ; il a composé de lui-même la scène du Calvaire, et il l'a faite assez originale. Le Christ et la Madelaine sont deux très-bonnes figures, les autres personnages sont louables aussi ; peut-être les souvenirs de l'Italie, que M. Coutan vient de quitter, sont-ils un peu trop présens dans quelques têtes ; mais ces souvenirs sont de Raphaël, et qui voudrait s'en plaindre ? Le dessin de ce morceau est noble dans le Jésus, élégant dans la Madeláine, et en général correct et pur. Le coloris est harmonieux, et ne manque pas de vigueur. Le tableau de M. Coutan est un des meilleurs tableaux de sainteté qu'on ait exposés cette année.

M. Smith a représenté *saint Pierre ressuscitant Tabithe*. Ces scènes de résurrection offrent maintenant peu de ressources aux peintres ; on les a

tant multipliées! Celle de M. Smith n'est point
mal; quoi de plus? Je préfère beaucoup du même
auteur, une *clémence de Louis XII,* qui annonce
un véritable talent. Le roi refuse de signer la liste
de proscriptions sur laquelle ses courtisans ont
inscrit les noms des anciens ennemis du duc
d'Orléans; son mouvement est un peu théâtral.
Pour rendre l'action plus intelligible, et donner
à Louis XII une attitude plus simple et plus digne, il aurait fallu, je pense, lui faire déchirer la
liste, au lieu de le pencher comme s'il la repoussait avec effort. La figure du cardinal est belle.
Il y a dans ce tableau l'observation des costumes,
le caractère du temps, la fermeté du pinceau, la
correction du dessin, l'entente de l'effet et de
la couleur, et le choix d'un sujet très-moral.
M. Smith mérite donc les suffrages de ceux qui
veulent que la peinture soit utile et bonne.

Un jeune artiste qui est allé achever ses études
à Rome, et qui paraît tout dévoué à son art, a
exposé une *Sainte Famille* en faveur de laquelle
je n'ai pas besoin de vous prêcher, car vous l'avez
distinguée tout d'abord. La Vierge du tableau de
M. Périn est délicieuse; elle est de la famille de
celles du peintre d'Urbin; l'auteur ne pouvait
s'inspirer de meilleurs modèles. Jésus et saint

Jean, enfans, sont très-jolis ; la tête de sainte Anne
est une étude consciencieuse, faite sans doute
d'après nature. L'effet de l'ensemble est satisfaisant ; les personnages s'enlèvent en vigueur sur
un ciel pur, le soleil éclaire la scène ; je voudrais
que le paysage fût moins proprement fait ; celui
de la *Samaritaine* du même peintre est mieux
traité. Il est vrai que, dans *la Sainte Famille*, il
n'est qu'accessoire, tandis qu'il est le principal de
l'autre tableau. Le gouvernement doit des encouragemens à un jeune homme qui débute d'une
manière si remarquable.

Quand, à la *Sainte Famille* de M. Périn, on
compare celle de M. de Lanoe.... Mais pourquoi
comparer ? Il n'y a aucun rapport entre les deux
ouvrages. Si j'avais une galerie, M. Périn saurait
dès demain que je ne trouve pas son style commun, son dessin incorrect, ses figures sans expression et sans charme, sa touche dure et sa
couleur désagréable.... Mais parlons de M. Grénier. Son tableau de *sainte Geneviève apaisant
un orage qui désolait la campagne* est romantique dans la bonne acception de ce mot, objet
de tant d'inutiles discussions ; c'est une scène
telle qu'elle a pu se passer, et point arrangée à la
manière du théâtre. La douleur de ces paysans

est naturelle; le vieillard triste, mais confiant
dans les prières de la vierge de Nanterre, est
d'une bonne expression; la jeune fille que le tonnerre et les torrens de pluie effraient, et qui est
vue de dos, est dans un mouvement simple et
vrai. La pantomime de sainte Geneviève est calme;
que de peintres auraient profité de l'occasion
pour faire une espèce d'enchanteresse agitant de
grands bras, et conjurant les élémens avec l'audace d'une Armide! M. Grénier a fui cette exagération, et il faut le louer de ce bon sens. Les
traits de la sainte bergère attestent sa piété profonde et la confiance qu'elle a au ciel dont elle est
la bien-aimée. Tout cela est bien pensé, bien
rendu.... On doit reprendre quelque chose dans
le tableau, c'est le ton local; un peu plus de
vigueur dans le coloris ne mésiérait pas à cette
peinture, d'ailleurs fort estimable sous le rapport
du dessin et de la composition. M. Grénier est
timide, il se défie de ses forces. Habitué à se
confiner dans de petits tableaux, il ose à peine
prendre son essor sur une toile un peu vaste; il
craint le destin de tant de téméraires que la vanité audacieuse a perdus, mais c'est de sa part
une modestie trop grande. C'est un des peintres
de genre et des dessinateurs satiriques les plus

spirituels, chez lui l'observation est toujours fine
et juste; il n'est point faiseur de *charges ;* le
naturel revêtu de formes piquantes lui plaît ; son
trait est élégant et naïf, son expression gaie ou
touchante. S'il n'y avait l'apparence d'une égril-
lardise, je vous citerais son *Curé de campagne,*
charmante malice qui fait partie de son *Album*
de 1828; tout son talent est dans les quatre personnages de cette scène. Bah! je vous en porterai
une épreuve au séminaire, et vous ne la mon-
trerez pas à votre supérieur. Charlet, Horace
Vernet, Grénier et Henri Monnier sont quatre
dessinateurs comiques d'un vrai mérite; ils sont
originaux sans chercher à le paraître. La collection de leurs croquis lithographiés, de leurs
compositions politiques, sera une chose d'époque
très-précieuse un jour. Tous les travers du siècle,
les types de tous les caractères, les principales
individualités, les noms, les costumes, les ridicules, tout est là. J'y vois un recueil de documens
pour l'histoire, comme dans la satire Ménippée,
les Pamphlets de la Ligue, les Mémoires de Retz
et quelques chapitres de Mercier.

Nous voilà loin des tableaux de sainteté. Revenons à notre sujet en faisant de l'*Adoration des
Mages,* par M. Gosse, l'éloge qu'elle mérite.

Vous vous rappellerez le *saint Vincent de Paule*
du même artiste; c'était une bonne production,
ceci est mieux encore. La figure du mage à genoux
est belle, bien jetée, largement drapée; les autres, remarquables par l'élégance et la fidélité
de leurs costumes, sont bien posées; la tête de
la Vierge est d'un caractère distingué et d'une
jolie expression; le saint Joseph est sacrifié,
quoiqu'au premier plan. Avec nos pensées, trop
facilement railleuses sur de certains sujets, saint
Joseph est une figure comique, toujours fort
embarrassante pour les peintres; il faut l'effacer
et le garder cependant à côté de son épouse
vierge. Il n'est pas de quolibets que sa présence
n'inspire; c'est le Vulcain de notre théogonie,
Cher abbé, je vous demande pardon de la comparaison; elle n'est point dans mes sentimens,
très-respectueux pour Marie, mais dans les idées
incrédules du peuple et dans l'obligation qu'on
lui impose de la foi à un mystère qu'il ne conçoit
pas plus selon l'esprit que selon la chair. Le
coloris du tableau de M. Gosse est brillant; les
accessoires ne sont pas moins bien traités que les
figures. L'auteur a fait des progrès, et tout annonce qu'il en fera de nouveaux. Son pinceau est
consciencieux. Les grisailles, qu'il a exécutées

pour le Musée Charles X , ont une saillie qui
rend l'illusion complète; on dirait de véritables
bas-reliefs.

L'*Assomption de la Vierge* et le *saint François,* par M. Gaillot, sont deux ouvrages auxquels il ne manque qu'un peu de ce *temperamen-
tum pictorium* dont sont possédés à des degrés
différens MM. Delacroix, Scheffer, Vernet,
Cogniet, Schnetz, Fleury, Delaroche, Granet,
et qui anima les grandes créations de M. Gros.
M. Gaillot est un homme d'un talent raisonnable,
assez ingénieux dans la composition des *Gloires*
(vous savez, les scènes à nuages et à figures
aériennes); il lui faudrait plus de puissance. Sa
Mère des Gracques, exposée, je crois, en 1817, et
que possède aujourd'hui M. Zimermann, pia-
niste réputé et amateur éclairé des arts, est
encore et restera peut-être son chef-d'œuvre.
C'était un tableau sage, dans les voies classiques.
Je me rappelle toujours le plus âgé des fils de
Cornélie; sa poitrine et son épaule droite sont
d'un modelé excellent. Toute la composition est
d'un bon caractère.

M. François Dubois, dont vous avez vu le *Man-
lius Capitolinus,* production qui témoignait en son
auteur, alors à Rome, un talent assez distingué

et la volonté d'être original , M. Dubois a fait un *saint Leu délivrant des prisonniers*. Si la partie du tableau où sont saint Leu , sainte Vérosie et saint Vinnebaud, valait l'autre, l'ouvrage serait vraiment très - remarquable, Mais il y a de la dureté dans tout le côté de la lumière ; la portion que voile le clair-obscur est riche de bonnes qualités. Le groupe des prisonniers me semble généralement bien de dessin, de ton et de mouvement.

Je n'ai pas grand'chose à vous dire de M. Lancrenon, auteur d'une *Apothéose de sainte Geneviève*. J'ai vu beaucoup de femmes qui trouvent cela charmant ; elles avaient trouvé délicieuse aussi , en 1824, la jeune fille qui venait offrir au fleuve Scamandre le tribut de ses charmes. Je préfère Geneviève à la jeune Phrygienne, mais voilà tout.

M. Vafflard est laborieux, appliqué; le ministère de la maison du Roi a voulu récompenser son zèle en lui commandant la *Mort de saint Louis*. Je voudrais priser ce grand tableau autant que vous l'estimez. Puisque vous avez une opinion faite à son égard, qu'avez-vous besoin de savoir la mienne? M. Vafflard a certainement du talent, et c'est ma faute si je n'en suis pas touché

autant que je le devrais; il y a des sympathies
tout-à-fait indépendantes de la raison. Vous ne
me ferez pas aimer, par exemple, la *Vierge* de
M. Chasselat à qui je rends d'ailleurs toute justice pour la plupart de ses vignettes; vous n'ob-
tiendrez pas que je loue M. Lair pour sa *Résurrection de Lazare,* ou M. Guillemot pour son
Assomption de la Vierge. Que voulez-vous? on
ne peut se refaire. J'admire Racine et Lamartine,
et je ne sens pas les beautés de Marcellus et de
Bonald; j'ai une organisation incomplète, c'est
un malheur.

Le *Possédé guéri* de M. Latil me semble médiocrement pensé et médiocrement exécuté; le
Lavement des pieds me plaît davantage, il est
sage du moins et assez ferme de ton et d'effet.

M. Belloc est entré dans la nouvelle école. Il
y a une idée dans son *saint Jean précurseur;*
mais n'est-ce pas plutôt une idée de vignette
qu'une pensée de tableau? Ce Christ, dans la
vapeur, suivant de loin saint Jean, qui baptise en
courant et annonce la régénération du monde,
est une chose assez poétique, assez peu commune. La tête du précurseur n'est pas belle; les
jambes sont ce qu'il y a de plus estimable dans
cette académie. M. Belloc a eu l'intention de se

montrer coloriste; je ne m'en fierais ni à M. Boulanger, ni à M. Vafflard pour décider s'il a réussi.

Jésus-Christ chassant les vendeurs du Temple
est un sujet que je défendrais de représenter si
j'étais influent dans l'Église. Cette violente para-
bole, où le fouet joue un rôle terrible, m'a toujours affligé. M. Poisson l'a traitée suivant les
conventions établies; M. Thomas était tombé
dans la même faute. Si j'avais le bonheur d'être
peintre, je voudrais qu'un regard du fils de
l'homme eût autant d'action sur les trafiquans
qui souillent le Temple, qu'en a son bras armé
d'un faisceau de cordes. Il y a quelques parties
assez bien coloriées dans le tableau de M. Poisson,
où tout est d'ailleurs un peu mesquin, surtout
la figure de femme placée au centre de la composition.

S'il vous était permis d'être galant, vous adres-
seriez sans doute des complimens à mademoiselle
Henry pour le talent dont elle a fait preuve dans
la représentation du *Vœu de saint Louis*. Je m'en
charge, monsieur l'abbé, et je ne ferai pas les
choses à demi; mais comme il faut que la vérité
garde toujours son droit, je vous dirai à l'oreille,
un de ces jours, ce que je pense de quelques
détails du tableau de cette demoiselle. Il y a véri

tablement du mérite à avoir produit un ouvrage
comme celui-là, indépendamment de toutes les
parties faibles qu'on peut y reprendre.

Adieu, mon cher Narcisse; ma lettre est bien
longue, et je pourrais l'allonger encore pour vous
en imposer la lecture comme une pénitence; mais
vous avez déjà lu votre bréviaire ce matin, et je
vous fais grâce. Il est écrit: « Vous serez doux
au prochain. »

Personnages célèbres.

Grâce au Phidias de notre âge,
Les voilà sûrs de vivre autant que l'univers,
Et ne connût-on plus ni *leurs* noms, ni *leurs* vers...

LE hasard me fit trouver à la porte du Musée un étranger qui m'accosta, parce qu'il m'avait vu saluer par le Suisse et deux gardiens. Il conclut, de l'air dont les employés du Louvre me recevaient, que j'étais un habitué du Louvre; et comme il avait beaucoup de renseignemens à prendre, il me fit l'honneur de me choisir pour cicérone. C'est ce qu'il me dit pendant que nous montions l'escalier, il me demanda pardon de la liberté qu'il prenait de s'attacher à moi, et cela en termes si obligeans, que je ne pus me fâcher de son indiscrétion. Cet homme, encore jeune, me déclina, pour faire connaissance avec moi, ses noms, prénoms et qualités; il allait me réciter tout son passe-port, mais je l'arrêtai à temps. M. WILLIAMS R. est né à Edimbourg; il a le goût des arts

qu'il cultive en amateur; il a passé deux ans à
Londres dans l'atelier de Wilkie, a pétri de la
terre glaise pendant dix-huit mois chez West-
macoote, a vu Torwaldsen tailler le marbre
à Rome, a peint quelque temps à Florence chez
Bezzuoli; il vient en France pour étudier le
dessin classique chez Ingres, apprendre à manier
le burin chez Richomme, recevoir des leçons
d'harmonie de Reicha, et se perfectionner chez
Tulou sur la flûte dont il joue déjà comme Néron
ou Frédéric-le-Grand. Je demandai à M. Williams, qui me paraissait passablement original,
en quoi je pouvais être utile à une personne de
goût et d'instruction comme lui, plus capable
que moi de juger le mérite des productions de nos
artistes. Il me pria pour tout service de lui faire
faire connaissance avec les personnages célèbres
dont les images sont exposées au Louvre... Notre
entretien prit le tour suivant :

« Je ne vous ferai remarquer ni les portraits
du Roi, ni ceux des princes français qui abondent ici; les traits des Bourbons sont connus en
Angleterre....

» Voici le *cardinal de Latil.* — Oh! je sais,
celui que l'opposition anglaise appelle le *premier ministre secret* du royaume de France.

— Ici, *M. le duc de Grammont.* — Très-bien
peint, cela. Qu'a fait ce personnage, s'il vous
plaît? — Il est d'une *grande maison*, capitaine
des gardes, pair du royaume, etc., etc. — Lieutenant - général suivant la cour, j'entends. Et
celui-ci tout poudré, tout brodé? — C'est un
maréchal de France. — *Davoust* peut-être, ou
Oudinot? — Non; *Barteinstein,* un prince allemand. — *Yes, yes!* Nous aussi, nous avons à
Londres un maréchal de France! — Vantez-vous-
en! — Ce militaire demi-enveloppé dans un manteau? — C'est le *général Decaen.* — Je me rappelle ce nom; celui-ci fut un lieutenant-général
suivant l'armée. Cet homme en habit vert, quel
est-il? — Le *docteur Civiale,* bien représenté
par M. Hersent, célèbre auteur du portrait ecclésiastique que vous voyez là-bas. Ce chirurgien
est connu par d'heureuses applications d'un procédé de lithotritie, découvert par M. James Le-
roy, pour qui semble avoir été dit le *sic vos non
vobis.* — Le monde est plein de ces gens-là. Voici
une dame.... — *Madame Haudebourt,* peinte par
elle-même. — En vérité; quoi! c'est de la peinture de femme? Quelle fermeté de ton et de
pinceau! — C'est une femme d'un talent véritable, et qui cette année semble avoir encore fait

des progrès. Elle est auteur de ces jolis tableaux
dont les sujets sont empruntés à *Gilblas ;* long-
temps on la connut sous le nom de *mademoiselle
Lescot.* — Bon, bon, j'y suis ; notre Reynolds a
gravé d'après elle. — Mademoiselle Lescot, avant
d'avoir la réputation de peintre distingué, avait
celle de la plus belle danseuse de société ; elle
figurait aux quadrilles célèbres de Treniz, Violette et Dupaty ; c'étaient les fashionables de la
contre-danse au commencement du siècle.

» — J'ai vu un portrait du Tintoret posé comme
celui-ci, la main sur la hanche, près de l'épée,
mais la tête un peu moins haute. — Le modèle
de Tintoret était probablement un militaire, celui
de M. Ingres est un maître des requêtes ; son
habit noir brodé vous le dit. Beau, frisé, pen-
ché, l'œil fier, il a quelque chose du David
représenté par le Guide. Le Goliath qu'il a tué,
c'est quelque argument libéral égaré au conseil
d'État ; sa fronde est une oraison, plus lourde que
la pierre qui frappa au front le géant philistin et
dont le Dieu de bonté veuille vous préserver !
M. Amédée de Pastoret a fait une histoire de la
révolution de Naples au temps de Mazaniello ;
c'est un livre rempli d'antithèses, de petites poin-
tes, de concetti, et vide de pensées ; on le dirait

19*

écrit sous la régence pour l'instruction des femmes de la cour. L'auteur est un ami des arts, membre associé de la quatrième classe de l'Institut. — Le portrait est beau de tournure et de style ; mais sa couleur !... — M. Ingres n'est point coloriste dans ses ouvrages d'une certaine proportion ; il l'a été dans son petit tableau de la chapelle sixtine ; ici son modelé est aussi ferme que son dessin est fin, mais c'est la vie moins le sang ; et puis que voulez-vous qu'on fasse d'après des mains soigneusement blanchies à la pâte d'amande, d'après une figure que les ardeurs du soleil n'ont jamais brunie ? — Cet individu qui nous tend la main, le connaissez-vous ? — C'est le mari d'une chanteuse célèbre que vous avez entendue sans doute, *la Fodor*. — Ah ! jolie voix. — Elle a plaidé M. Sosthènes de Larochefoucauld ; les tribunaux allaient juger l'affaire, mais l'administration a fait élever un conflit, ni plus ni moins que s'il se fût agi d'élection.... La dame a eu gain de cause. Venez dans cette salle.... Tenez, la reconnaissez-vous ? — Oh ! non ; elle est hommasse, disgracieuse, fi ! de qui est ce portrait ? — De M. Court. — Incroyable. J'ai vu ce peintre à Rome quand il peignait sa *Mort de César* ; c'est un jeune homme de talent

et de courage. Si vous saviez les difficultés qu'il
a dû surmonter, vous seriez en admiration. Il
faut lui pardonner un portrait médiocre en faveur des très-belles choses qui recommandent
son grand ouvrage.

» — Encore un capitaine des gardes, *M. le duc
de Rivière*, celui qu'un de nos chansonniers[1]
appela *un autre Sully*, parce que le Roi l'a
nommé gouverneur de S. A. R. le duc de Bordeaux. — L'ensemble de ce tableau n'est pas mal;
il y a même des chevaux et quelques têtes d'hommes qui me paraissent bien. — Je préfère de
beaucoup cet ouvrage de M. d'Hardivilliers à une
Jeanne Hachette, du même auteur, que vous
voyez là. La peinture héroïque n'est pas son lot.

» — Voilà de belles miniatures. — Les plus
belles du Salon, sans contredit. Celles-ci sont de
M. Saint, celles-là de madame Lizinka Rue
de Mirbel. — La touche de M. Saint est large.
— Ne l'est-elle pas même un peu trop? — C'est
possible; mais ce défaut vaut mieux que le contraire. Ses portraits ont un bel aspect; le Roi est
ressemblant, je crois; cet officier aussi. Je l'ai
rencontré dans la cour des Tuileries à la garde

[1] M. P. Ledoux, employé du gouvernement.

montante, et je le reconnais. — C'est M. de
Terne, de la compagnie des Cent-Suisses. Cet
homme qui a l'air amaigri par les jeûnes, c'est
M. Delavau, le ci-devant préfet de police. —
Diable! c'était le geôlier de votre ville. Il n'était
facile, sous son administration, ni d'entrer à Paris,
ni d'en sortir. Quand j'arrivai d'Italie, il me prit
pour un carbonaro; je voulus aller à Rouen, ce
préfet ne le permit point; c'était au temps de
l'élection. Heureusement qu'un capucin de Rome
m'avait donné une lettre pour un jésuite de
France; ce fut mon passe-port.

» — Madame de Mirbel est une femme d'un
grand talent. Energie et finesse, grâce et science,
elle réunit les qualités les plus précieuses que
puisse avoir un miniaturiste. Je ne connais pas
de nom cet individu à la face un peu colorée, aux
cheveux blanchissans ; mais je sais que son portrait est fort ressemblant. Je l'ai vu souvent, partout où va la bonne compagnie ; je gagerais que
ce n'est pas un homme sans titres ou sans grandes
fonctions. Le pinceau de madame de Mirbel
est essentiellement patricien, il ne se commet
guère avec *les communs.* Tenez, voici un architecte, un marquis. — Un architecte? Et vous le
nommez ? — M. *De Guerchy.* — Quel monument

a-t-il élevé ? — Il est directeur du Vaudeville.
— Marquis et directeur de théâtre ! — Pourquoi
pas, s'il vous plaît ? Vous, artiste et Anglais, avez
de ces préjugés-là ! En France, nous avons ab-
juré ces folies ; le vicomte de Larochefoucauld
administre l'Opéra, M. le duc d'Aumont dirige
Feydeau, M. le baron Taylor gouverne la Comédie-Française, sur laquelle avait régné M. le
duc de Duras ; M. le marquis de Guerchy est au
Vaudeville comme MM. les chevaliers Poirson
et Guilbert de Pixérécourt sont au Théâtre de
Madame et à celui de la Gaîté ; c'est tout simple,
si ce n'est pour le mieux. Il n'y a plus de raison
de dérogeance ici que la sottise, l'incapacité, la
servilité et la haine des sentimens généreux.
Ainsi... — Cette aquarelle est bonne. — Très-
bonne, touchée vivement, avec esprit, et heureusement expressive. — C'est une esquisse charmante. — Voici un cadre fort curieux : *M. le
général Parquez*, le fils de l'illustre *maréchal
Lannes*, deux dames de la famille du jeune *duc
de Montébello*, un peintre distingué, *M. Daguerre*, *M. du Sommerard* et le *marquis de Sé-
monville*. Ces portraits sont de M. Millet, qui
tient un rang distingué dans la miniature. Ils ne
sont pas sans défauts ; mais il y a beaucoup

de mérite par compensation à un dessin un peu
lourd, à un coloris quelquefois exagéré. — Quel
est cet homme louche en robe noire? — Je vous
l'ai nommé, c'est M. du Sommerard, conseiller-
maître à la Cour des comptes. Il y a quelques
années, qu'ayant bien compté les électeurs d'un
des arrondissemens électoraux de Paris, dont il
était président, il vit que la majorité était contraire à ses opinions ministérielles, et il s'amusa
à donner, dit-on, des droits électoraux à gens
qui n'en avaient point. Cela fit du scandale alors;
mais personne n'y songe plus aujourd'hui. M. du
Sommerard a un cabinet de peinture et d'antiquités; sa collection, fort complète, est esti-
mée. Les artistes parlent de ce Mécène avec reconnaissance, j'entends ceux qui ne sont point
électeurs. — Ce doit être un homme d'esprit....
— M. du Sommerard? — Vous ne me laissez pas
dire.... ce vieillard qui sourit? — Le grand réfé-
rendaire de la Chambre haute? Il en a fait souvent
preuve, et d'habileté aussi. Là, il a l'air de dire:
« On ne fait des pairs que pour me donner de
» l'embarras. Où logerai-je les soixante-dix-
» neuf?... Si je mettais Peyronnet en face de
» Séguier?... » Par ici, feu *Désaugiers*. — Votre
premier chansonnier. — Non, le second. Rimeur

verveux, facile, gai, Désaugiers est le chansonnier des buveurs; le ventre fut son Apollon;
il se montra cependant poëte dans plusieurs de
ses chansons philosophiques; mais il n'eut jamais
l'élévation, l'élégance, le génie de Béranger.
Honnête homme, d'opinions peu arrêtées, il aima
l'Empire, il aima la Restauration; il n'y eut pas de
bonnes fêtes monarchiques, de 1804 à 1815,
sans lui. On lui reproche quelques vers contre
Napoléon; il n'était cependant pas dans son tem-
pérament d'être haineux; s'il fut ingrat, il faut
que ce soit malgré lui et par entraînement. Tous
ceux qui l'ont connu l'ont aimé; il était ce qu'on
appelle en France *un bon enfant*. Il eut le malheur d'être trop chansonnier et pas assez citoyen.
Son portrait est fort ressemblant. Désaugiers si
gai, la plume et le verre à la main, était d'un
caractère mélancolique; il semble qu'il ait toujours chanté pour se distraire et s'étourdir. Il est
mort de la pierre!...

» Voulez-vous descendre maintenant dans la
salle des sculptures? Elle est riche en beaux ouvrages; mais nous ne nous arrêterons qu'aux portraits. — Oh! oui, s'il vous plaît, encore la lanterne magique. — D'abord, un des quarante de
l'Académie française, *M. Auger*. Il vit de Molière

qu'il commente toujours. C'est certainement un
homme d'esprit, mais sec et à petits systèmes. Il
poursuit les romantiques, et croit avoir lancé à
Goëthe une bonne épigramme quand il a écorché
devant le public le nom de *Goetz de Berlichingen*;
voilà la portée de son goût dans la critique littéraire. Ce buste est bien; je ne sais de quelle main
il est.

» Vous savez Barcelone, sa peste, nos médecins, le cordon sanitaire, et la controverse
scientifique qui s'est engagée au sujet de la fièvre
jaune endémique, accidentelle ou contagieuse.
Le nom de M. *Pariset* vous est par conséquent
connu; voilà celui qui porte ce nom. Je n'ai pas
le droit de le juger *de Galieno*, c'est affaire au
docteur Chervin; mais il est orateur d'Athénée,
et je puis vous dire qu'en chaire c'est un homme
disert, abondant, spirituel; d'ailleurs médiocre
écrivain, et savant, que les savans trouvent un
peu superficiel. Les dames admirent son éloquence, et il réussit dans le monde. Il est du
parti de la contagion qui est un parti politique, à
ce qu'il paraît, comme celui de la congrégation;
il défend sa fièvre jaune envers et contre tous
ceux qui la font moins cruelle qu'il ne veut, et
voilà que des gens soutiennent que fièvre ne

lui est pas connue, qu'il ne l'a point vue de
près... Les méchans se hasardent à tout. Cette
guerre lui plaît; il en sortira bien, il est si heureux! et puis il finira par l'Académie française!

» — *Hispanicus* et des lauriers! Je ne vous demande pas quel est le nom de ce personnage. — Le
marbre est bien travaillé, c'est un bon portrait, mais
quelle flatterie! Que cette épithète est gênante pour
la modestie du général qui voulut rapporter toute
la gloire de la conquête à son armée! Les princes
sont bien à plaindre! On ne les sait jamais louer
avec délicatesse. Je me souviens d'avoir entendu
en 1815, au salon des Maréchaux, une respectable dame saluer l'arrivée de Louis XVIII de
mille cris de : *Vive le Roi!* et ajouter à toutes les
expressions de la joie et de l'admiration celle-ci :
Vive l'agneau sans taches! — God! God! Vous
autres Français, êtes pleins d'enthousiasme; vous
criez aujourd'hui : Vive l'agneau! Demain vous
crierez : A bas le loup! Nos révolutions sont
moins expansives.

» — Que dites-vous de ce petit bronze? Que
ce pourrait être plus largement modelé, plus
accentué. — C'est vrai, mais cela ne manque pas
de ressemblance. M. Merlieux a représenté un
savant illustre dont la politique aurait tout-à-fait

gâté la gloire, si...— Ah ! c'est M. *Cuvier*. Nous l'admirons en Angleterre, nous apprécions ses grands travaux. — Mais s'il était l'organe du ministère ? — Nous le plaindrions. — C'est un homme de génie, de talent et d'esprit, qui s'est fourvoyé dans le monde pour avoir voulu échanger le sceptre de la science contre l'épée du conseiller d'Etat. Protestant, il fut long-temps un des appuis du parti jésuitique ; mais il refusa l'infamie de la censure. On a dit de lui que sans doute il subit les conséquences d'une double organisation intérieure ; l'une appartenant au zoologue qui a surpris à la nature ses secrets les plus cachés, l'autre appartenant au délégué du pouvoir qu'on abuse facilement sur ses sentimens intimes. Il y a combat entre les deux individus qui portent même nom et même visage. Le successeur de Daubenton rit du conseiller d'Etat, le conseiller d'Etat ne comprend pas le successeur de Daubenton.

» Voyez sur le troisième rang tous ces bustes rangés comme les *figourines* sur la planchette du mouleur piémontais ; il y a là bien des célébrités. Cet homme maigre, grave, soucieux, la poitrine décorée d'une palque d'ordre, c'est *Bellart*, mort procureur-général. Avocat courageux, au

temps des troubles civils, il monta, après 1815,
sur le siége du ministère public, et demanda à la
justice des réactions des têtes de coupables auxquels le temps eût fait grâce. Son nom rappelle des
souvenirs cruels; je n'accuse point sa conscience,
mais ses fatales convictions. On dit qu'à sa dernière heure une apparition lugubre le tourmenta;
il suppliait qu'on éloignât de lui *les hommes noirs!*
Ici, *le maréchal Suchet* qui mourut, emportant au
tombeau l'estime des citoyens et des soldats; là,
Rossini que M. Fessart a fait poupin comme un
abbé et joli garçon sans génie. Plus loin, *le
comte de Lanjuinais*, pair de l'Opposition, écrivain janséniste, homme politique, plein de conscience et de loyauté; de ce côté, M. *Romagnési*
compositeur de romances, spirituel et fécond,
chanteur sans voix, mais expressif et gracieux;
de cet autre, *Ponchard*, le meilleur chanteur
français, à la méthode large, à la voix faible, au
goût pur et élégant; plus haut, feu *Béclard*,
anatomiste célèbre, mort comme Bichat avant
son septième lustre, moins ingénieux que Bichat,
moins heureux en découvertes, moins oseur,
mais érudit, quelquefois éloquent, toujours raisonnable. — Sa tête largement développée témoigne de son génie. — Oui, de son génie, car

la sagesse des méthodes est aussi le génie dans la
science. Non loin de Béclard, M. *Broussais,* dont
le nom ne réveille chez les humoristes que l'idée
de sangsues. Ce médecin a commencé une révolution. Comme tous les systèmes, le sien a été pris à
l'absolu, et on a fait de lui une sorte de Sangrado.
Les humeurs et le sang se disputent; vous et moi,
nous nous portons bien, voilà l'essentiel; on nous
saignera, on nous purgera dans le danger, et nous
nous laisserons faire; pourvu qu'on nous sauve
des baisers de la Camarde, que nous importe le
moyen?... Le front haut et large, les yeux ouverts et peut-être trop ouverts par l'artiste, la
figure spirituelle, maligne et timide à la fois,
voilà M. *Casimir Delavigne*, poëte national qui
chanta la gloire et les malheurs de la France, obtint des succès dans l'épître, la satire, la comédie,
la tragédie et l'élégie politique, mérita la pairie
littéraire avant trente ans, et vit la popularité
s'attacher à son nom, noble et précieuse récompense acquise par des travaux toujours honorables. Le pouvoir qui a trouvé tant de flatteurs,
ne lui a point arraché de lâches concessions.
Jeune et sans fortune, il n'a pas mendié à la
porte du trésor royal, une lyre à la main; il est
un des poëtes lauréats du peuple. Vous devez

être curieux de connaître *Girodet*, peintre-poëte, d'un génie si élevé, d'un goût si pur, d'une imagination si ardente, d'un esprit si vif, d'un caractère si malheureux. M. Roman l'a très-bien représenté. Je ne sais pas si *Prud'hon* est au même point ressemblant. — J'aime le talent de cet artiste; je n'en connais point d'aussi gracieux. — C'était un peintre original, un coloriste plein de charme. — Dites-moi, je vous prie, est-ce encore un homme célèbre que ce vieillard aux grands traits, aux muscles larges et pendans, qui a quelque chose de notre Wellington et du polichinelle de Naples? — Certes! C'est le secrétaire général de l'Académie des beaux-arts, M. *Quatremère de Quincy*. Il a de l'érudition, beaucoup d'esprit, à ce qu'on assure, mais je ne sais pourquoi l'on bâille en l'écoutant. C'est un classique aussi intraitable, mais un peu moins gai que M. Auger. Il a été député pour un parti. Celui-ci représenta la France; c'est *le général Foy*. — N'ajoutez rien à ce nom, Monsieur; quel étranger ne connaît son génie, les services qu'il a rendus à son pays, et la reconnaissance dont la nation les paya? — Nous arrivons au terme de notre course; il me reste à vous dire quel est le personnage dont vous voyez ici le buste. — Oh! je le connais, il y a

vingt portraits de lui ; c'est celui qu'on appelle chez vous l'*Addison français*. — Justement,
M. *Jouy*. — Les belles rides !

» — Avant de vous quitter, je veux vous conter
une anecdote. L'Institut de France est doté par
le budget ; outre la subvention accordée à chaque
académicien, l'Académie française dispose de six
pensions attribuées à ses membres les plus âgés.
Un des immortels qui se tient à quatre pour ne
pas vieillir, et qui a toujours quarante-cinq ans à
l'entendre , plaidait dernièrement dans une
séance particulière de l'Académie, pour son éternelle jeunesse. Bientôt la mort d'un des doyens
est annoncée par le secrétaire-général ; on parle
de la pension reversible sur le sixième plus âgé
des membres survivans ; chacun produit ses titres. Notre jeune homme abdique alors la coquetterie, il déclare la soixantaine et quelques mois
avec ; mais il n'est point cru. A huitaine il vient
avec son extrait de naissance pour établir ses
droits ; on reconnaît en effet qu'il est sexagénaire...
— Il a donc la pension? — Non, un de ses confrères est né douze heures avant lui. »

Echec au Romantique!

MM. MOALON, DELACROIX, CHAMPMARTIN, GRANGER, DELORME,
ROBERT, LEFÈVRE, FROSTÉ, LANGLOIS.

CERTAIN CLASSIQUE.

Vous triomphez des disgrâces de l'école romantique, et vous vous parez des succès de
Ingres, comme si ce grand artiste était de votre
parti, si admirablement aligné entre M. Garnier
et M. Granger. Je vous ai vu rire, dans votre
large cravate de 95, à l'aspect d'un ouvrage osé,
mais plein de mérite, bien qu'il ne soit pas complètement heureux; je vous ai vu vous mirer
dans un tableau parfaitement réussi, selon vous,
c'est-à-dire propre comme une page du père
Bouhou.. . De coloris, de vigueur de pensée,
d'énergie d'expression, de mouvement dramatique, d'effet pittoresque, point de traces dans
l'*Andromaque* qui vous fait pâmer d'aise; beaucoup, au contraire, de ces qualités dans l'*Athalie*
que vous poursuivez de vos propos dédaigneux.

20

C'est que vous avez une vieille rancune contre le peintre de *Locuste*, et une admiration ancienne pour celui d'*Apollon* et *Cyparisse*. Vous ne pardonnerez jamais à M. Sigalon les formes horriblement belles de son empoisonneuse, la douleur si vraie de l'esclave sur qui Narcisse essaie la mort préparée pour Britannicus, et surtout cet affranchi de Néron, honteux de son barbare dévouement, profondément agité à l'aspect de la victime qui va précéder dans la tombe une victime plus sainte, subissant l'apologie que Locuste fait de son art homicide, et jaloux peut-être des tourmens qu'endure un homme heureux de mourir sans remords. Vous ne pardonnerez pas non plus à M. J. Lafitte d'avoir acheté un ouvrage plein de poésie, d'une touche ferme et d'une couleur sévère [1]. Que voulez-vous? M. Sigalon et M. Lafitte vivront sous le poids de votre indignation.

Mais l'indifférence du public pour l'*Athalie* ne va-t-elle pas vous raccommoder avec l'auteur? Une critique passionnée, provoquée par des

---

[1] M. Lafitte, dont la galerie est apparemment trop petite pour recevoir des tableaux d'une certaine dimension, a prié M. Sigalon de garder chez lui sa *Locuste*; elle est, dit-on, dans son atelier. C'est un malheur pour l'artiste, peut-être aussi pour le Mécène.

éloges d'une exagération fâcheuse, a causé cette
indifférence plus ridicule que l'enthousiasme de
l'amitié. On a tout refusé à M. Sigalon, parce
que d'un autre côté on lui accordait tout;

Les hommes la plupart sont étrangement faits;
Dans la juste nature on ne les voit jamais.

Justice des coteries! Tout excellent, ou tout
détestable! Combien cette manière de juger est
absurde surtout dans son application à l'*Athalie*.

M. Sigalon a plus que du talent; son génie a
failli, et ses amis n'en veulent point convenir, et
les partisans d'un système opposé au sien en
tirent la conséquence que tout est fini pour lui.
Placé entre les louangeurs malhabiles et les mal-
adroits détracteurs, l'homme raisonnable a des
regrets à exprimer et des éloges à donner. S'il
déplore la fatalité qui a entraîné le coloriste dans
des voies funestes, il se console en trouvant le
peintre supérieur à lui-même dans la conception
du tableau; s'il peut désirer plus de vigueur dans
l'effet général, il ne peut vouloir plus d'énergie
dans l'expression particulière de chaque groupe;
s'il condamne des académies rouges, verdâtres,
jaunes, rosées, il admire des hommes agissans
et souffrans.

Entourée de ses victimes et poursuivant le
cours de ses assassinats, Athalie ne vous paraît
pas belle; « son manteau est trop lourd pour
être ainsi le jouet du vent; » voilà tout ce que
vous trouvez à dire contre cette figure; je vous
accorde ce point; mais qu'importe la pesanteur
d'un morceau d'étoffe? Certes, il vaudrait mieux
qu'il fût léger et que vous n'eussiez pas même à
reprocher au peintre la mauvaise exécution de
ce petit détail; mais devez-vous vous arrêter
là? L'expression, le mouvement de la reine
semblent très-bons à tout le monde, et vous
n'en êtes point touché. Vous avez dit: « Voilà *le
gladiateur* combattant un des fils de Niobé, » et
ces souvenirs de l'antique, qui vous charment
dans les copistes jurés des statues grecques, vous
blessent dans un romantique. Il est difficile de
vous contenter! Et puis, vous mettez toujours le
doigt à côté du défaut. Une imitation du gladiateur vous déplaît, parce que c'est un vol fait au
patrimoine de vos gens, et point pour autre
chose. Si vous aviez établi qu'il y a de l'exagération
dans l'action du bourreau, que vu de trois quarts
par les fesses, on ne peut le voir en même temps
de trois quarts par les clavicules, vous auriez
avancé une chose raisonnable; grâce au ciel,

vous ne vous en avisez guère. Vous avez bien su
trouver long le bras droit du valet qui retient les
chiens dévorans ; mais de la belle pose de cet
homme, de la vérité de son action, vous n'en
avez pas dit un mot. La jeune princesse expirée
sur les degrés du palais, le jeune homme renversé sur le premier plan, la nourrice sauvant
Joas, attestent dans l'auteur un talent de dessin
remarquable; mais ce n'est pas du style que vous
affectionnez, et ces trois figures sont condamnées
comme le reste. Pour moi je vois tous les grands
défauts de l'ouvrage de M. Sigalon, mais je suis
également frappé des grandes qualités qui s'y
trouvent. Il y a, selon mon sentiment, des
beautés poétiques d'un ordre élevé dans cette
manière de présenter le sujet d'Athalie. Si l'effet
et la couleur y étaient ce que je voudrais comme
vous qu'ils fussent, le tableau serait une des
belles choses de la peinture moderne. Tel qu'il
est, cependant, avec le malheur d'un coloris faux,
je ne lui voudrais pas comparer cinquante ouvrages que vous estimez, et avec eux l'*Andromaque* dont vous faites état. Ce n'est pas au
moins que le tableau de M. Granger soit aussi
pauvre que le prétendent les ennemis du classi-
cisme. Uniformément violet, son plus grand dé-

faut est un manque absolu d'originalité; il semble
qu'on a vu cent fois cette composition. Tout est,
dans cette scène, d'un froid mortel; à qui voulez-
vous qu'on s'intéresse? Andromaque ne sait
même pas pleurer! Le trait de M. Granger a
de la correction, mais entre les contours exté-
rieurs de ses académies, qu'y a-t-il? La vie n'est
pas là; c'est du marbre mal colorié.

Je vous vois venir; vous allez me demander si
une scène sagement agencée, si des figures ré-
gulièrement indiquées ne valent pas mieux qu'une
composition bizarre, que des êtres disgracieux
de formes et de proportions; si, par exemple,
l'*Hector* de M. Delorme n'est pas préférable au
Sardanapale de M. Delacroix? Non, Monsieur,
non. Hélène est gentille, agréable, mignonne,
fraîche, faite pour plaire à Pâris, à vous, à moi,
dans un boudoir, mais point dans un tableau;
Hector ressemble à la Clytemnestre de Guérin;
Pâris est un garçon bien fait, mais sans enthousiasme, comme sans amour; il quitte Hélène qui
ne cherche pas à le retenir; il la quitte sans témoigner le moindre regret de cette séparation,
ou sans se montrer honteux du sentiment qui
l'attachait à sa maîtresse. Rien n'expliquerait le
sujet, si nous n'avions été bercés avec les récits de

la guerre de Troie. Oh ! que je donnerais volontiers ce tableau pour celui où madame Haudebourt
a représenté un jeune homme contraint de renoncer au monde et à ses voluptés, affublé du
froc de saint Dominique, la tête rasée, prêt à
partir pour le cloître, et ne pouvant se séparer
du portrait de la femme qu'il a tant aimée! Voilà
de la vérité, de l'observation, de la connaissance
du cœur humain ; mais Pâris !...

Le tableau de M. Delorme ne me plaît point ;
vous l'aimez, et il y a sans doute plus que compensation pour l'auteur. Je ne puis en approuver
le ton rosé, la froide expression, et quelque
estime que m'inspire son dessin assez pur, je ne
saurais en faire l'éloge de manière à satisfaire
vous et l'artiste. Je veux avant tout de la pensée
dans une œuvre de l'imagination ; la forme toute
seule, je n'en fais pas un très-grand cas ; c'est
pour moi comme l'harmonie sans la mélodie. Je
n'ai jamais eu le courage de lire un de ces élégans
discours que Fontanes modulait au pied du trône
de César, et une improvisation du général Foy,
tant longue était-elle, me captivait, me remuait,
me rendait jaloux de l'orateur. Je céderais tout le
bagage académique de MM. Baour et Campenon
pour dix phrases de Châteaubriand. C'est dire

assez que le vêtement ne m'est pas indifférent, mais que je donne le pas devant au corps.

Je blâme le mépris que les jeunes romantiques semblent affecter pour le dessin; ce système de laideur qu'ils veulent faire prévaloir me paraît ridicule, et les monstres qu'ils espèrent mettre à la mode ne me répugnent pas moins qu'à vous; mais j'aime en eux l'intention de faire autre chose que ce qu'on fait depuis trente ans. Ils essaient, et méritent par-là des encouragemens. Il faut désapprouver leurs erreurs, leurs folies, mais il faut se garder en même temps de les condamner absolument. Ils ne réussissent pas encore à bien faire (je parle de la plupart), mais ils réussiront, soyez en sûr. Ils passent par l'exagéré pour arriver au raisonnable. Le public est tout près de sympathiser avec eux, mais il y a dans leur amour pour le hideux une raison de répulsion dont ils comprendront le danger.

M. Delacroix ne se trompe point par système; c'est de tout son cœur qu'il a fait son *Sardanapale;* il y est allé de passion, de sentiment, et malheureusement, dans le délire de sa création, il a été emporté au-delà de toutes les bornes. Son talent si original est absent de cette page tracée sous l'inspiration d'une grande pensée poétique.

Il a voulu composer le désordre, et il a oublié
que le désordre lui-même a une logique ; il a voulu
nous effrayer au spectacle des voluptés barbares
dont les yeux de Sardanapale se rassasient avant
de se fermer pour toujours ; mais le chaos au milieu duquel est emprisonnée son idée, la raison
ne le peut débrouiller. La destruction de tant
d'êtres vivans sur le bûcher du tyran le plus dégradé, était une belle horreur ; M. Delacroix le
sentait ; sa main l'a trahi, et la trahison est complète. Il faut le dire (et vous pensez qu'il m'en
coûte), non-seulement la somme des défauts
l'emporte dans cet ouvrage sur celle des beautés,
mais les beautés ne sont pas. Composition, style,
dessin, coloris, je ne veux rien défendre ; je pourrais demander grâce pour la pose de Sardanapale,
pour le bras droit de la jeune femme expirante sur
le lit du maître, pour une tête de cheval d'un ton
fin et brillant, pour des accessoires largement et
fièrement traités ; mais non, proscrivez tout ; quelques beaux vers ont-ils fait pardonner au *Chant
du sacre* de Lamartine? Mais le *Chant du sacre*
a-t-il empêché que Lamartine ne soit homme de
génie? M. Delacroix s'est trompé tout-à-fait pour
avoir trop osé peut-être ; mais son erreur, si affligeante qu'elle soit pour lui, pour ses amis,

pour les opinions nouvelles en peinture, qui, excepté vous, ne la préférera point à celle dans laquelle M. Robert Lefèvre est tombé pour avoir suivi toutes les vieilles coutumes?

Voyez cette *Assomption de la Vierge*, froide et pâle imitation d'un tableau de Rubens! Dites-moi ce que vous pouvez aimer là dedans? Est-ce le père éternel, blanc, mou, inexpressif? Les archanges qui l'accompagnent, ou bien cette fricassée d'anges, de trônes et de chérubins qui encadrent Marie, et qu'on pardonne à Rubens parce que dans *la Vierge aux anges*[1] tous ces petits corps sont largement modelés et d'une charmante couleur? Quelle peinture! soyons justes pourtant; dans tout ce tapage de figures molles et sans *ragoût,* il y a un petit ange renversé, dont le dos et les ailes sont d'un ton très-agréable. Vous voyez l'impartialité! Je suis sûr que vous n'en agirez pas si loyalement! M'accorderiez-vous seulement trois ou quatre têtes, dans le *Massacre des janissaires* de M. Champmartin? Pas même cela, je vous connais. Parce que ce tableau manque de relief, parce que pierres, barricades et janissaires se confondent dans un même ton gris,

---

[1] Musée royal, École flamande, n° 673 du Catalogue.

parce que la scène s'explique mal, vous ne prenez
point la peine de vous informer si dans cette confusion il n'y a pas quelque chose qui décèle du
talent. L'ensemble déplaît, mais n'y a-t-il point de
bons détails? M. Champmartin a fait beaucoup
mieux; il abuse de l'originalité; il était né pour
la peinture, mais l'esprit de système l'entraîne
hors de la voie du bien; y rentrera-t-il? Peut-être
ne lui faut-il qu'une volonté forte.

Oh! romantiques, mes amis, me forcerez-vous
d'en revenir à M. Granger? Je ne me pardonne-
rais jamais de vous avoir chéris! Mais non, quoi
que vous fassiez, vous ne me ferez pas trouver
bons *Páris*, *Andromaque*, *Hyrnétho*[1] ou *Psyché*[2] ; peut-être me forcerez-vous d'admirer Natoire et Vanlo, mais ces cruels classiques, jamais!

[1] M. Langlois a fait preuve de talent depuis dix ans; cette année
il a produit un ouvrage fort au-dessous de sa réputation, et auquel
je préfère, malgré quelques parties d'étude assez recommandables, des
productions très-médiocres, mais dans lesquelles il y a au moins de la
création et le sentiment de la couleur. J'aime mieux les déréglemens
de l'imagination que la froide raison du savoir-faire.

[2] De M. Frosté. Cette figure sans élégance, sans expression, sans
charme, mais peut-être très-correcte de proportions, parle moins à
mon imagination que la *Bactrienne Aischeh* pendue, par M. Delacroix, au chevet de Sardanapale. Cette victime est pourtant bien laide
et Psyché est assez jolie! Un barbarisme, une faute de français m'a
toujours moins déplu qu'une phrase sans pensée.

Macédoine.

X. LEPRINCE. — LE CHRIST EN AILES DE PIGEON. — LE BARBARISME.
— JUDITH. — ODALISQUE. — MOREAU (CHARLES). — THEVENIN.
— PIGAL. — ABBOTT. — MONALDESCHI. — ANECDOTE DE L'EMPIRE.
— LA NYMPHE DE LA SEINE. — PINEL. — DESTOUCHES. —
M. CANNING ET LE COMTE DE VILLÈLE. — GÉRARD. — HERSENT.
— MADAME HAUDEBOURT. — DE LAURENCEL. — FRANÇOIS Ier.

Mes yeux errent.....
VICTOR HUGO. *Les Ruines de Montfort l'Amaury.*

Nécrologie. — XAVIER LEPRINCE, dont un
charmant ouvrage est au Salon, mourut à Nice,
le 26 décembre 1826. Il était né à Paris le 28 août
1799. Une maladie de poitrine le mit au tombeau
dans l'âge de la force et des créations. Il était
élève d'un amateur, M. Avril, qui l'avait pris en
affection, et avait donné à son éducation pittoresque des soins désintéressés dont le jeune artiste
se montra toujours très-reconnaissant. Leprince
avait une grande facilité de conception et une main
vive et sûre; ses tableaux attestent un talent d'observation assez rare; il composait avec raison,
et savait revêtir ses idées d'une forme piquante;

sa touche était agréable, quelquefois large, quelquefois arrêtée, mais toujours spirituelle. Il n'é-
tait coloriste ni comme les Flamands, ni comme
les Anglais ; mais il avait une couleur originale et
agréable. Ses productions les plus remarquables
sont la *Peste de Barcelonne*, l'*Embarquement
des bestiaux à Honfleur*, le *Carnaval*, une *Vue
des glaciers de la Suisse* (qui fait partie de la collection du Musée royal, ainsi que le Marché d'Honfleur), et l'*Antiquaire*, un des meilleurs morceaux
de genre de l'exposition actuelle. Parmi ses tableaux de petites dimensions, il y a des choses
fort jolies que je ne veux point cataloguer ici parce que les amateurs se les rappellent très-bien. Ses
dessins avaient un caractère particulier, ceux surtout qu'il trouvait au bout de son pinceau et dans
quelques gouttes de Seppia. *L'Antiquaire* est un
ouvrage parfait ; je ne sais rien de mieux chez
les Hollandais ; la tête de l'amateur d'antiquités
sera certainement citée un jour, comme aujour-
d'hui nous citons certaines têtes de Gérard Dow,
de D. Teniers, de Van Ostade ou de Miéris. Le
cabinet où se passe la scène entre le juif brocan-
teur et l'antiquaire est celui de M. Du Sommerard. X. Leprince est mort avant d'avoir peint ce
fond qu'il était si difficile de mettre en parfait ac-

cord avec les figures ; il y avait une foule de détails
à indiquer, un nombre infini de points brillans à
jeter sur les reliefs des objets de fer, de cuivre,
d'argent ou de bois, qui garnissent la chambre représentée ; il fallait, par le ton et la touche, su-
bordonner ces accessoires au sujet principal :
M. F. RENOUX est venu à bout de cette tâche, et
de la manière la plus heureuse ; il a sa part dans
le succès qu'obtient le tableau de Leprince. *L'Ordination* est un morceau très-agréable du principal auteur de *l'Antiquaire ;* on ne doit pas
comparer cependant ces productions entre elles,
quel que soit le mérite de *l'Ordination.*

— Dans la *Scène d'inquisition* rendue par
M. FROSTÉ, avec un talent assez ferme, j'ai remarqué un Christ en tonnelet d'étoffe rayée avec un
pourpoint à manches - amadis. Cette image de
Jésus habillé par les dominicains espagnols me
rappelle un tableau bien amusant. Il représentait
le Sauveur du monde sur l'arbre de la rédemption ; le fils de Marie avait des bas de soie blancs
et une culotte de velours bleu ; il était nu de la
ceinture en haut ; sa tête, de l'expression la plus
comique, était coiffée d'une perruque à ailes de
pigeon ; un mistigris partait de la bourse et venait
flotter sur le sternum du crucifié. L'auteur de

cette peinture était je crois un nommé Péters, artiste suisse du dernier siècle, dont je ne connais
aucun autre ouvrage. Une dame me disait, en
présence du Christ à la culotte de velours, qu'elle
approuvait fort ce vêtement, parce qu'il était plus
décent que la ceinture classique dont on voile le
fils de Dieu, et la perruque scandalisait la dévote personne; c'était là seulement que l'anachronisme la touchait : elle disait bien sérieusement :
« Je ne crois pas que Jésus ait porté de la poudre blanche, et je doute que la poudre à la reine
fût inventée de son temps. — Plaisant sujet de
tableau qu'un *barbarisme !* Un pédant gronde un
enfant qui a fait une faute dans son devoir de
classe ; l'enfant baisse les yeux, et le précepteur
triomphe. *La leçon* semblait être le titre naturel
de l'ouvrage de M. Guet; notre artiste a voulu raf-
finer. Un maître qui gourmande son élève est trop
simple, trop commun! Il faut que le motif de la
réprimande soit grave, et qu'y a-t-il de plus grave
au monde, en morale, en latinité, en grec, qu'un
barbarisme! Mais comment peindre un barbarisme? Le maître se fâchera tout rouge comme un
faiseur de prônes contre des jeunes filles accusées
d'avoir dansé après vêpres; la mère de l'écolier
aura l'air courroucé ni plus ni moins que si son

fils eût volé pour la seconde fois, que s'il eût
donné la preuve d'un caractère odieux et incorri-
gible, ou encore qu'il se fût échappé des Thermo-
pyles au moment du combat qui devait immortaliser les enfans de Sparte. Cette exagération sera
assez déraisonnable ; mais qu'importe? Il n'est
rien de trop fort pour montrer l'horreur qu'inspire un barbarisme à de bons parens et à un régent de sixième ! — La peinture de M. Guet est
plus agréable que vraie ; le type des femmes de
Granville qu'il a représentées est joli, mais il est
uniformément adapté à toutes les figures ; on dirait un portrait six fois refait sur la même toile.

— Quelle est cette femme le sabre à la main et
coupant une balle de coton suspendue sur sa tête?
Madame GUIMET dit que c'est *Judith* prête à égor-
ger le bonhomme Holopherne ; moi, je soutiens
que c'est la *sainte Cécile* du Dominicain... moins
la peinture cependant. Madame Guimet reprodui-
sait Dominicain pendant que M. Mouchy rajus-
tait Ingres. L'*Odalisque* du peintre d'Homère est
une belle figure ; il y a peut-être bien quelques
défauts dans ce morceau ; M. Mouchy n'a pas
pensé à les corriger. On dit qu'il faut tuer ceux
qu'on dérobe, Ingres et Dominicain sont très-
vivans.

— M. Charles Moreau est élève de David; il
eut autrefois de la réputation à l'atelier du maître,
et même encore quand il en sortit. Il s'est fait
oublier pendant plusieurs années; il reparaît en
1827, et son retour au Salon ne produit aucun
effet. Serait-ce donc que son *Virginius* est un
très-mauvais tableau? Non, ce tableau n'est que
médiocre. Il y a une entente de composition qui
atteste le goût de l'auteur pour les productions de
Poussin, et un style qui rappelle celui de David
dans le temps où il peignait *Andromaque*. Dans
l'ouvrage de M. Moreau on remarque des parties
estimables, mais où est ce qui peut plaire au
public? Le drame est froid, quoique les personnages suent pour produire de l'effet; le ton local
n'est pas agréable, la touche est lourde comme
le dessin est lourd, et puis c'est l'éternelle Vir-
ginie! M. Moreau n'a pas eu plus tort de reprendre la palette que M. Thévenin. Ce membre de
l'Académie avait été admis à l'Institut à bon marché; il vient de faire un tableau pour justifier son
titre, comme M. de Montmorency avait composé
un discours. M. Thévenin est un homme très-
honorable; il a rendu des services réels aux arts
dans la direction de l'École-Française à Rome.
Tous les pensionnaires qui l'ont connu en Italie lui

21

ont voué des sentimens d'affection et de respect
que le temps n'affaiblira point. Je conçois à merveille que le gouvernement ait donné une récompense à M. Thévenin pour les soins qu'il a prodi-
gués aux élèves entretenus par le budget sur la
terre classique; la croix du mérite civil me paraît
très-bien placée chez cet administrateur, mais le
titre d'académicien n'est-il pas une largesse bien
grande? M. Thévenin a produit très-peu, et l'A-
cadémie des Beaux-Arts devrait laisser à sa sœur,
l'Académie française, ces générosités qui ne la recommandent guère auprès du public. Je voudrais
bien savoir ce que M. Thévenin pense de la pro-
motion du premier baron chrétien au bénéfice littéraire où le porta M. Roger? Le temps des cano-
nicats laïques est passé en France. — L'*Henri IV*
de M. Thévenin est un tableau sagement fait,
d'une couleur raisonnable, mais de peu d'effet.
J'ose dire à peine que toutes les têtes paraissent
petites et qu'elles manquent d'expression.

— Les caricatures de PIGAL sont, dans l'estime
des connaisseurs, assez loin de celles d'Horace
Vernet et de Charlet; elles ont cependant un
mérite réel; *Portez-vous bien* et *Mes respects à
madame* sont deux choses charmantes. L'auteur
de ces charges qui ont acquis de la popularité est

allé à Rome; il avait le dessein de changer de
genre et de manière, mais le naturel est revenu
au galop. Il a fait deux caricatures à l'huile : *La
consultation de médecins*, où il a voulu montrer
la pédanterie et l'ignorance faisant assaut auprès
du lit du malade, et *Le ménage du vieux garçon*,
représentation originalement vraie de la demeure
du célibataire âgé, sans fortune, et qui a concen-
tré toutes ses affections sur la personne d'un
chien. Ces deux tableaux sont bien pensés et
agréablement exécutés.

— « Abbott ! Mais dans quel rôle? J'ai assisté
à toutes les représentations du théâtre où cet artiste a joué, et je ne me rappelle pas l'avoir vu
dans un costume monacal! » Ainsi disait, avec
assurance, un de ces *fashionables* qui portent
l'habit, la cravate et le chapeau à l'anglaise,
vont dîner à la taverne de la Madeleine, passent
la Manche pour rester trois jours à Londres, ont
chez eux tout Shakspeare et ne savent pas un mot
d'anglais. Au bas du petit bas-relief de mademoiselle de Fauveau, notre homme avait lu les mots
the Abbott (l'abbé), et il en avait conclu qu'il était
devant un portrait du comédien Abbott. — Mademoiselle de Fauveau a du talent, sa *Scène de
l'abbé* et sa *Christine* sont des compositions fort

2 1 *

jolies ; ce sont plutôt des tableaux de plâtre
que des bas-reliefs ; mais il y a de l'expression,
du caractère, le style propre aux sujets repré-
sentés, de la finesse dans le dessin, enfin des
qualités très-recommandables ; je le dis sans galanterie. Christine terminant une intrigue d'amour
par l'assassinat de Monaldeschi me rappelle une
anecdote de l'empire que je crois assez inconnue,
et que j'ai bien envie de vous raconter... Napoléon
avait intérêt à voir sous les verroux de Vincennes
un officier vendéen qui pouvait se refaire un
parti en Bretagne et troubler la paix intérieure si
nécessaire à l'empire ; il apprit que ce chef royaliste était aux environs de Rennes, et conçut le
projet de le faire arrêter sans perdre de temps. Il
manda le ministre de la police et lui dit : « Le
comte de ... doit être près de Rennes, peut-être
même dans cette ville ; arrangez-vous pour le
prendre ; je le veux mort ou vif. » Quand Napoléon disait : je veux, il était difficile de répondre :
je ne puis ; il avait déclaré que *ne pouvoir pas*
était une locution rayée du vocabulaire français.
Le ministre se tint pour bien averti, et se mit en
quête des moyens par lesquels il viendrait à bout
de l'entreprise importante confiée à son zèle. Il fallait montrer autant d'adresse que de dévouement ;

l'Empereur aimait qu'on s'ingéniât pour se tirer
promptement des difficultés qu'il proposait; le
serviteur habile imagina le moyen que voici :
Monseigneur avait pour maîtresse madame de M.;
cette dame était Rennoise; il la fit venir et lui dit :
« Tu peux me tirer d'un grand embarras. Je suis
à la veille d'une disgrâce. L'Empereur ordonne
que je lui livre le Vendéen.... Il est à Rennes ;
vas-y ; tu es belle, tu l'attireras par tes charmes ;
tu lui céderas et le feras prendre dans ton lit. Sois
sûre de tout mon amour en retour du bon office
que je te demande, et compte que le maître sera
reconnaissant. » Le ministre appuya son discours
d'une promesse de 600,000 francs. Madame de M.
partit ; les choses allèrent comme Son Excellence
l'avait décidé, et le chef vendéen fut tué dans le
lit où l'avait attiré la femme la plus barbare et la
moins digne de son sexe qui jamais ait été. Madame de M. eut la récompense promise ; mais
un procès fut intenté à cet agent d'une odieuse
intrigue ; on la contraignit à rembourser une
partie de la somme. Les pièces de cette singulière affaire sont dans les bureaux du ministère des finances. Je tiens l'anecdote de bonne
source, et je vous la donne comme très-histo-
rique à cela près de quelques détails que j'ou-

blie peut-être ou que je ne veux pas vous révéler.

— J'examinais attentivement la *Nymphe de la Seine*, fort bonne statue de M. Vietty ; j'admirais l'art avec lequel l'auteur a jeté, plissé, modelé la draperie mouillée qui recouvre une partie des cuisses et des jambes de la figure charmante qu'a créée son ciseau ; je louais en moi-même l'expression de la tête, le modelé des bras, du dos, de la poitrine et du ventre qui, soit dit en passant, est peut-être un peu âgé pour le reste du corps ; je remarquais la délicatesse de certains détails, et la grâce de l'ensemble qui n'exclut pas une certaine vigueur d'exécution ; je cherchais à classer parmi les belles productions de la statuaire que je voyais dans la salle d'Henri IV, ce morceau où je reconnaissais tant de mérite ; un homme me tira de l'espèce de rêverie où j'étais plongé. Il tournait comme moi, depuis un quart-d'heure, autour de la statue de M. Vietty, et me suivait dans tous mes mouvemens pour interroger mes regards, mes exclamations et mes gestes ; il finit par me dire : « Ne trouvez-vous pas que le bassin de cette femme est un peu trop large? — Oui, Monsieur, lui répondis-je, et ce n'est pas sans intention que le sculpteur lui a donné ce développement ; *il a voulu montrer que la Seine est tou-*

jours navigable. » Cette raison parut excellente
à mon homme qui me remercia, me salua et s'é-
loigna en répétant naïvement l'explication que je
lui avais donnée.

— M. Bra n'a pas été heureux dans ses statues
du Dauphin et du duc de Berry ; elles manquent
de tournure et d'élévation de style. J'aime beaucoup mieux ses portraits ; il paraît exceller à reproduire les traits des vieillards. Son buste du
roi est fort bien ; les chairs et les accessoires sont
également réussis. Le buste de M. de Jouy est modelé avec un grand soin ; les larges rides qui sil-
lonnent sa figure spirituelle sont scrupuleuse-
ment étudiées. Mais, des marbres qu'a taillés
M. Bra, celui qui me paraît supérieur aux autres,
c'est celui qui représente le respectable docteur
Pinel. Cette tête où les muscles affaissés par l'âge
sont dans un mouvement si vrai, me rappelle la
manière du vieux Houdon dans la belle statue de
Voltaire qui orne le péristyle du Théâtre-Français.

— .... La jeune fille du tableau de M. Destouches [1] est un poëme tout entier. Voilà une
chose trouvée qui fait la fortune d'un ouvrage et
la réputation d'un peintre auprès des gens du

---

[1] Le Retour au village.

monde. Une jeune paysanne revient à là maison
de son père d'où un séducteur l'avait arrachée.
Ses traits, flétris par le libertinage, expriment la
honte et le regret; sa pensée est encore pour celui qui lui fit connaître l'amour; sa pauvre raison
est combattue par le souvenir des plaisirs qu'elle
a goûtés à la ville. Elle se prête machinalement à
la toilette que lui font ses deux sœurs; déjà elle
a été dépouillée des vêtemens qu'elle paya de son
honneur; robe de soie, châle de l'Inde, chapeau
à plumes, vont être anéantis; l'âtre brûlant les a
reçus; des sabots vont remplacer les souliers fins;
un jupon de laine sera bientôt toute la parure de
celle qui brilla à l'Opéra et à Longchamps dans
les plus beaux atours... Cette figure est ravissante; l'idée qu'elle exprime a porté bonheur au
peintre. Elle est, sous tous les rapports matériels,
la plus remarquable d'entre celles qui prennent
part à la scène où elle remplit le premier rôle.
M. Destouches, dont la palette a souvent plus
de coquetterie que de force et de vérité, a trouvé,
pour peindre la tête, la poitrine et les bras de sa
jeune fille, un ton que je pourrais appeler poétique; ton d'une finesse remarquable et d'une application bien heureuse. La jolie paysanne qui va
passer le cotillon rayé à sa sœur qu'elle a ren-

contrée par hasard sans doute, et qu'elle a rame-
née à ses parens, en usant de cet ascendant qu'a
toujours la vertu sur un cœur que le vice n'a pas
encore tout-à-fait corrompu ; la petite paysanne
qui présente les sabots, et la mère attendrie,
mais qui n'a pas encore pardonné, sont de charmantes choses. Je reproche à la première de ces
trois figures cette fraîcheur d'opposition dont
l'auteur a paré ses joues virginales ; cela me paraît
exagéré. Je n'aime pas du tout le groupe du père
et de son fils ; j'aime peu aussi une bonne grand-
mère qui n'est là que comme l'ombre d'une idée
de Greuze. Le père fait du mélodrame ; il n'est
d'ailleurs pas d'une exécution assez solide. *Le
retour au village* est une des meilleures productions de M. Destouches ; c'est l'œuvre d'un
homme d'esprit qui, en cette occasion, a eu tort
de se rendre trop imitateur. Toutefois la pensée
principale de son drame et l'expression de la tête
de l'autre enfant prodigue n'appartiennent ni à
Greuze, ni à un autre, mais à lui, et elles lui font
beaucoup d'honneur. — La scène de Chérubin
travesti par la comtesse Almaviva plaît généralement ; je la trouve un peu maniérée. Il y a des
parties bien exécutées, mais le ton général est
faible et rosé. — L'*Odalisque* au bouquet em-

blématique a moins de qualités que la *Rosine;*
elle est encore moins naïve. M. Destouches a du
talent et il en a donné plusieurs preuves; mais il
doit se tenir en garde contre l'afféterie; sa peinture finirait par ressembler aux vers de Demous-
tiers.

— ... Canning était *Monsieur* tout court,
mais avec cela, poëte distingué, grand orateur,
homme d'Etat profond, loyal politique, ministre
favorable à toutes les idées libérales, et par conséquent respecté; Villèle, comte, pair de France,
cordon bleu, chevalier de la légion-d'honneur,
membre du conseil privé, ministre d'État, supérieur des pénitens noirs ou gris de Toulouse, jésuite de cœur, orateur sans éloquence, homme
d'affaires qu'on disait habile, et qui n'a jamais
prévu la veille, les embarras du lendemain, ennemi de toute liberté, fut un ministre haï, mé-
prisé, flétri par une nation qu'il opprima. Il vit,
et souffle encore la comédie politique; Canning
est mort. Une médaille a été votée par l'Angleterre à celui-ci, la France a demandé la mise en
accusation de l'autre. M. Canning fut plus aimé
que Fox, Villèle fut plus abhorré que Mazarin,
Ballue et Laubardemont tout ensemble. Les
portraits de ces deux hommes si différens pen-

dant leur vie politique, et qui ont laissé d'eux une
mémoire impérissable, figurent au Louvre [1] et
presque en regard l'un de l'autre. Le portrait
peint par M. ROUILLARD est d'une ressemblance
contre laquelle il est peu d'hommes qui, même
sans vanité, ne voulussent pas protester; le portrait peint par M. GÉRARD est spirituellement ressemblant. Il y a du génie dans les yeux de Canning, de la finasserie dans ceux de Villèle. —
M. Gérard a terminé en 1827, et pendant le dernier
voyage que fit le ministre anglais à Paris, le tableau que madame Canning lui avait demandé
quelques années auparavant quand elle vint sur
le continent avec son illustre époux. M. Gérard
a tourné la tête de son modèle de manière à dissimuler une difformité assez prononcée que Canning avait dans le cartilage du nez. La pose du
personnage est simple ; les accessoires du tableau
sont historiques. Ce n'est pas dans le cabinet du

---

[1] J'ai dit, page 264, que le portrait de M. de Villèle ne serait
point exposé; que Son Excellence n'avait pas voulu permettre qu'on
accrochât ainsi son effigie à une espèce de pilori où tout le monde
pourrait la venir insulter; c'était vrai quand j'écrivais cette page.
Après sa déchéance, M. de Villèle a changé d'idée, ou plutôt on l'a
forcé d'en changer; on dit que Mont-Rouge l'a condamné à cette exposition pour le punir de sa retraite qui livre les jésuites à la merci
d'un ministre, ami des lois, s'il en est un assez courageux pour l'être.

roi de France que M. Gérard a représenté M. Canning : mais dans son atelier. Le peintre a voulu
consacrer le souvenir des visites amicales qui lui
furent faites par un citoyen qui fut plus qu'un roi,
et qui eût brillé sur un trône si la fortune donnait toujours les couronnes au génie. Les conversations entre ces deux hommes, doués d'un esprit
si fin, et qui ont vu tant de choses, durent être
bien piquantes ; M. Gérard nous les donnera
peut-être dans ses Mémoires, car nous devons
espérer qu'il écrira une histoire de sa vie. Pour-
rons-nous y lire un chapitre qui serait peut-être
celui que l'auteur tracerait avec le plus de plaisir,
quelque peu ambitieux qu'il soit ? Et pourquoi
pas ? Rubens et Châteaubriand n'ont-ils pas été
ambassadeurs ? L'auteur d'*Antigone*, Sophocle,
ne fut-il pas pourvu, par la reconnaissance du peuple athénien, d'un commandement militaire dans
l'expédition contre Samos ? — L'exécution du portrait de Canning n'est pas louée par tout le monde.
Quelques-uns trouvent cet ouvrage un peu sec ;
d'autres le voudraient d'un ton moins frais ; je pense,
quant à moi, que jamais M. Gérard n'a dû s'appliquer à rendre plus fidèlement la nature, et que
si cette tête est d'un coloris plus luisant que vigoureux, si la touche du maître est moins grasse

qu'elle ne le fut souvent, il faut reconnaître dans ces défauts un désir d'imitation louable, même quand il n'a pas d'heureux résultats.

— M. Hersent nous a fait tort cette année de quelque bonne peinture historique et n'a produit que des portraits; il faut le gronder de la résolution qu'il semble avoir prise de renoncer à des succès favorables à sa gloire en même temps qu'aux progrès du goût. Faire des portraits, c'est fort bien; Van-Dyck fonda sur ce travail la moitié de sa renommée, et sa fortune à peu près tout entière; mais quand on a fait *Ruth*, *Gustave Wasa*, *Daphnis et Chloé*, *Louis XVI à Versailles*, est-on excusable de ne pas partager, comme Van-Dyck, son temps entre la peinture des scènes et celle des portraits? Eh bien! au fait, voyez l'exigence? quel droit puis-je avoir à réprimander M. Hersent? Il obéit à une volonté qu'il ne subordonnera pas à la mienne. Le portrait est moins fatigant à faire que l'histoire; un génie quelque peu paresseux s'accommode fort bien de ce genre où le ménage trouve un profit très-grand, et dans ce siècle du bien-être, le ménage est une raison invincible, même pour un artiste. Tout ce que je puis exiger, c'est que les portraits de M. Hersent soient bons, et ils sont bons. Ceux de *M. Clar-*

mont, l'ancien associé anglais de **M. J.** Lafitte, et
de sa fille, Madame***, sont d'une vérité parfaite;
celui de madame Thénard est d'une bonne grâce,
d'une expression, d'un arrangement délicieux;
celui de madame de Mornay a un charme mélancolique qui plaît, mais il est d'un ton un peu gris.
Quant à celui d'*Henri IV*, il a de la bonhomie,
mais il me paraît manquer de noblesse.

—RIESENER a fait des portraits dont le principal mérite est une extrême ressemblance. Sa
touche manquait de fermeté, mais elle était naïve;
son coloris n'avait ni éclat, ni transparence, mais
il n'était pas maniéré. Riesener étudia sous David;
il a fait peu de grands ouvrages. Il a peint un
saint Nicolas pour l'église d'un village qu'il habitait pendant l'été. C'était un excellent homme,
aimant son art, et éloigné de toutes les coteries.
Il eut de vrais amis qui le regrettent sincèrement.
Il est mort, en février 1828, des suites d'une
amputation de la jambe. Il avait sous un pied un
petit dépôt qu'on ouvrit ; il fallut lui couper un
doigt, puis quatre, puis le membre. L'opération
réussit, mais la gangrène tua le malade. Riesener
plaisantait avec le chirurgien qui l'amputait ; son
heureux caractère lui donna la force de supporter
des douleurs cruelles. Cet artiste a peint plusieurs

des acteurs du théâtre de l'Opéra-Comique. Le portrait qu'il fit de feu Juliet père, dans le rôle de Remi de la *Fête du village voisin*, est un excellent souvenir de ce comédien si naturel. Il peignit, il y a une vingtaine d'années, le portrait en pied de sa femme, jolie et aimable personne, qui fut distingué alors; c'est une de ses meilleures productions.

—Madame Lescot est vivante dans cette peinture de sa fille madame HAUDEBOURT. C'est une chose fort remarquable, qui sort des habitudes du talent de son auteur, qu'aucune femme n'aurait pu faire, et que bien peu d'hommes auraient faite. Le portrait de madame Haudebourt par elle-même est très-bon aussi. Je préfère de beaucoup ces deux morceaux à la *scène d'inondation* et à la plupart des autres ouvrages de mademoiselle Lescot; il y a cependant de bien jolis morceaux dans l'œuvre de cette dame!

—Bonnemaison est mort; il était conservateur de la galerie de *Madame*, duchesse de Berry. Sa survivance a été vivement disputée. Il y avait parmi les concurrens beaucoup d'artistes qui auraient convenu à l'emploi; entre autres était, je crois, un homme connu par ses études des anciennes écoles, son talent pour la restauration

des tableaux, et un mérite assez réel comme
peintre de genre. Ce n'est pas lui, bien entendu,
qui l'a emporté sur ses compétiteurs ; il a plusieurs
enfans et peu d'intrigue ; considérations qui,
ajoutées à sa capacité, n'ont rien produit en sa
faveur. C'est M. de LAURENCEL qu'on lui a préféré.
Le choix de *Madame* est respectable ; la princesse
est bien libre d'administrer son budget comme elle
l'entend. Cependant n'y aurait-il pas à dire qu'il
est fâcheux que la place de conservateur soit
tombée aux mains d'un artiste riche, quand un
artiste, que des émolumens auraient mis dans une
situation meilleure que celle où nous le voyons
(je dis *nous*, et je ne le connais pas du tout),
aurait pu la remplir? — Mais M. de Laurencel,
par dévouement, est fonctionnaire sans traitement. — J'avoue que cela est beau ; le dévouement pur et simple est fort rare aujourd'hui, et
toujours il le fut. Sans traitement! Tant pis ; il ne
devrait point y avoir chez une princesse de fonctions gratuites. M. de Laurencel est, par sa position, le directeur de la conscience pittoresque,
si l'on peut ainsi parler, de madame la duchesse
de Berry ; c'est lui qui doit influer sur les choix
qu'elle fait d'objets d'art pour l'ornement de ses
palais. *Madame* a commandé pour son château

douze tableaux de paysage à mademoiselle SAR-
RAZIN DE BELMONT. Mademoiselle de Belmont
a du talent ; sa *vue de Castelluccio* en est une
preuve que je me plais à citer ; mais pourquoi
M. de Laurencel a-t-il employé douze fois ce
talent, quand il pouvait lui en adjoindre onze
autres ? Douze peintres auraient eu des encouragemens d'une bienveillante protectrice que les
artistes affectionnent avec raison ; ses faveurs se
sont concentrées sur une seule personne ; c'est
un malheur. La princesse y eût gagné d'ailleurs
sous le rapport de la diversité ; il me semble que
MM. Bertin , Watelet , Jolivard , Regnier , Rémond , Perrin , Brascassat , Boisselier , Guin-
drant, Van-Oos, et tant d'autres qui sont allés ou
non en Italie , auraient composé une galerie plus
variée , plus intéressante que celle dont mademoiselle Sarrazin fera tous les frais. Je ne tiens
au surplus à cette observation que parce qu'elle
me semble juste ; car, du reste , que m'importe ?
Je ne connais pas tous les paysagistes dont je
viens de citer les noms ; j'estime assez la peinture
de mademoiselle Sarrazin ; je ne jouirais pas des
tableaux que je voudrais avoir vu commander
par *Madame* , et je ne souhaite point l'emploi de
M. de Laurencel !

— Bayard saigne à la jugulaire le roi François Ier, en présence des principaux chevaliers du royaume de France. Singulière idée de tableau! Au surplus, elle est bien rendue, et c'est l'essentiel. Le roi montre du courage, l'épée lui a traversé la gorge, et la blessure ne lui arrache pas un soupir. Le sujet n'est pas historique, c'est fâcheux; mais M. PELLIER a usé du droit qu'ont, au dire d'Horace, les peintres et les poëtes d'oser beaucoup. Une opération chirurgicale faite au vainqueur de Marignan, n'est pas une chose indigne de la peinture; n'a-t-on pas montré Napoléon pansé à Ratisbonne? Parmi les figures accessoires du tableau de Bayard, j'aime fort le page qui est sur le premier plan; il me rappelle un peu ce pauvre Mazurier qu'une maladie de poitrine a sitôt enlevé à la danse grotesque, et qui était admirable dans le *grand écart*.

Mazeppa.

MM. HORACE VERNET ET BOULANGER.

TROIS scènes, ou plutôt trois situations d'une
scène de la vie de Mazeppa ont été mises en action
par MM. Vernet et Boulanger. M. Vernet, retiré à Enghien-Montmorency, pendant l'été de
1825, je crois, composa un tableau où le page du
prince palatin est attendant la mort dont le menacent la fatigue, ses blessures, la faim et les
oiseaux de proie qui planent au-dessus de lui
comme sur un cadavre. Cet ouvrage eut du succès
même avant que d'être achevé, car M. Horace
n'est pas moins heureux que le poëte dont on a
dit :

On récite déjà les vers qu'il fait encore.

Je me rappelle l'avoir vu dans le pavillon du
parc d'Enghien qui est à l'extrémité de l'étang ;
l'auteur n'y avait pas encore mis la dernière main.

22*

Plus tard, il réussit beaucoup ; ce fut à l'exposition des tableaux faite, dans la rue du Gros-
Chenet, au profit des Grecs. Alors sans doute
M. Boulanger conçut l'idée de représenter le
commencement du supplice de Mazeppa. Dans le
même temps, M. Horace Vernet projetait de
reconnaître le bon accueil qu'il recevait à Avi-
gnon, en offrant un tableau à la ville natale de
son grand-père ; il composait, dans l'avenir, la
scène qui précède celle où le cheval qui emporte
l'amant de la princesse palatine au travers des
forêts de l'Ukraine, tombe épuisé et attire par
ses hennissemens douloureux la troupe des chevaux sauvages. M. Vernet avait alors un jeune
loup dans son jardin ; l'envie de faire quelques
études d'après cet animal, lui inspira la pensée
qu'il a mise à exécution dans le plus petit des
tableaux de Mazeppa. Celui-ci est sans aucun
doute le meilleur des trois ; il y a plus de poésie
que dans le premier et plus de mérite sous tous
les autres rapports que dans le second. La bande
de loups qui suit le cheval pour l'attaquer aussitôt qu'il sera forcé de ralentir sa course, est
admirable ; on peut dire que les têtes de ces animaux, sans lesquels sans doute le féroce palatin
n'avait pas compté pour la satisfaction de sa

vengeance, sont pleines d'expression. Tous les
dangers dont la route de Mazeppa est semée,
les torrens, les arbres renversés, l'épaisseur des
bois et la nuit qui, laissant le coursier sans direction, va le livrer peut-être aux loups; tous ces
dangers sont d'une excellente invention. Le cor-
beau du Mazeppa d'Enghien, les chevaux que la
présence d'un être inconnu étonne et agite, sont
de belles pensées; mais combien, avec plus de
simplicité, la donnée du Mazeppa-aux-loups est
plus dramatique! La composition du tableau de
M. Boulanger est heureuse; je ne parle, bien entendu, que du groupe principal, car celui du
palatin et de ses conseillers que l'auteur a placés
sur une éminence, et qui ne me semblent là ni en
perspective, ni en rapport d'intérêt dans leur
importance individuelle avec Mazeppa et ses
bourreaux, est plus que médiocrement imaginé.
Le jeune page, dépouillé de ses vêtemens, est
attaché sur le dos de l'animal indompté qu'on va
renvoyer dans les forêts auxquelles on l'arracha
pour un jour; il cherche à se dégager des liens
qui l'étreignent, il accable d'imprécations ses
juges et leurs esclaves; en vain il se débat; les
cordes se resserrent; chacun de ses mouvemens
épouvante et blesse le cheval dont aucun fardeau

n'a jamais gêné l'allure. Impatient du faix qu'on lui impose, le quadrupède a renversé un des exécuteurs des volontés du palatin; il voudrait s'élancer dans l'espace qui le sépare des lieux où l'homme est inconnu; on voit que le fouet préparé pour lui sera inutile.... Il y a dans cét ensemble quelques bons détails d'exécution. Le dessin laisse généralement à désirer plus de correction, mais il a de la vigueur; une ou deux têtes du second plan, à gauche, rappellent la manière de Géricault dans le *Radeau de la Méduse*. Le dos de l'esclave, qui occupe le milieu de la toile, est fortement indiqué, mais il n'est pas d'une étude assez fine. La figure de Mazeppa est d'un ton un peu blafard; plus *soutenue* de couleur, elle plairait davantage. Le cheval n'est pas très-bien dessiné, je l'aime cependant assez malgré ses défauts. Le ton local est d'un coloriste qui produira certainement des choses remarquables s'il se débarrasse de l'esprit de système auquel il cède aujourd'hui, en haine d'un autre système non moins déraisonnable.

Faut-il parler des deux tableaux de M. Horace Vernet? Quand j'aurai dit que tous ses chevaux (certains critiques les trouvent trop polis) sont très-bien de mouvement et de formes; que la tête

du grand Mazeppa est d'une belle expression ;
que le corps du petit est mieux que celui de
l'autre, parce que c'est moins une académie ; que
tous les accessoires du Mazeppa-aux-loups sont
excellens ; que le ciel vénitien de ce paysage est
d'un effet plus poétique que naturel, mais que
c'est un péché pardonnable à un peintre qui,
toujours vrai, a voulu montrer une fois qu'il était
très-facile de séduire par des tons de convention :
quand j'aurai dit tout cela, que me restera-t-il à
dire ? Rien ; ah ! si fait ; que les *Mazeppa* sont
deux des *cinquante-sept* tableaux improvisés par
M. Horace Vernet, depuis l'exposition de 1824.
Cinquante-sept! dites-vous en vous récriant.
Oui, tout autant ; et dans le nombre, il faut
compter *le Philippe-Auguste*, *le Jules II*, *la
mort d'Harold*, *le pont d'Arcole* et plusieurs
autres ouvrages de dimensions moins grandes,
mais grands cependant pour des tableaux de
chevalet.

Vous entendez bien que depuis le dernier
Salon, M. Vernet n'a pas fait seulement ce que
je vous dis là. Je ne compte pas les lithographies,
les dessins, les esquisses et... les parties de
chasse! Trois ans de la vie d'Horace sont remplis
comme dix de la vie d'un autre homme laborieux

et doué de facilité. En moins de trois années , il
a créé et exécuté tout ce que je vous ai dit , et encore a-t-il trouvé le temps de faire d'immenses
progrès !

La Critique en Poste.

« C'est une chose étrange que la hardiesse avec
laquelle on se donne pour juge.... »

MARMONTEL.

J'AI pour ami un petit vieillard, homme original, qui a la manie singulière de se constituer
juge de tous les procès. Comme il a beaucoup
vu, il se connaît un peu à toutes choses : politique, littérature, législation, danse, morale,
musique, industrie, modes, commerce, peinture,
bibliographie, il parle de tout, écrit sur tout et,
sur tout, tranche avec une assurance qui serait
bien ridicule s'il n'avait soixante-dix ans passés,
et l'avantage sur la plupart de ceux qui l'écoutent
d'avoir vu les deux continens et la moitié peut-
être des îles connues. Et puis, il y a quelque chose
de pittoresque dans sa personne; il n'a pas cinq
pieds; il a des yeux encore pleins de feu, le front
haut et parfaitement nu, le nez long, aquilin et
très-étendu dans le sens de la bouche que bordent

deux lèvres minces et violettes, un menton, non
pas lourd et large comme celui de M. Quatremère
de Quincy, mais relevé et spirituel comme celui
de M. le baron Cuvier. On ne peut pas dire qu'il
soit contrefait; un recruteur voulut même lui
soutenir, en 1776, qu'il était très-bien bâti, et
que le Roi serait bien aise de l'avoir dans un de
ses régimens; mais il est bossu intérieurement,
j'en suis sûr; vous voyez bien ce que j'entends
par-là. Il ne marche pas avec facilité, et long-
temps il chercha à dissimuler cette claudication
fâcheuse, sur laquelle il a fini par prendre son
parti quand il a su que Walter Scott, Byron et
Klopstock en étaient affligés; il boite au risque
de ressembler à M. l'académicien français Roger.
Il parle haut et vite; le blâme ou l'éloge qu'il
jette sans ménagement et sans flatterie, il le for-
mule brièvement et avec humeur; il gesticule
beaucoup et traduit avec tout son corps sa pensée
que sa parole n'explique souvent qu'à demi. Mon
homme aime à rédiger ses arrêts, et il me fait
l'honneur de me les adresser afin que je les
étudie; j'ai ainsi, de lui, la matière de plus de trois
volumes; il voudrait que je fusse son éditeur,
mais je n'y saurais consentir. Sa critique qui va
un train de poste, n'est pas de mon goût; j'aime

qu'on analyse, qu'on raisonne et qu'on ne juge
pas un ouvrage en courant. Voyez un peu, par le
fragment que je vais vous citer (et je prends ce
que je trouve de moins brutal), s'il y a moyen
d'imprimer les *Mélanges* de mon vieil ami. Il s'agit
ici de quelques tableaux qui figurent au Louvre.

« *Adam et Ève* par M. Paulin GUÉRIN. — Il
n'y a rien dans cet ouvrage qu'un peu de couleur.
Eve a l'air d'une grosse Flamande, et Adam d'un
condamné pour vol à là Cour d'assises. Point de
noblesse dans le désespoir de ce premier homme,
en qui je voudrais de la dignité et même un peu
d'insolence. J'aimerais à le voir accuser son Créa-
teur de ce don fragile du libre arbitre qui semble
ne lui avoir été fait que pour mettre sa raison
ébauchée aux prises avec une séduction puissante.
— Dans l'exécution matérielle, le talent de l'auteur est ce qu'il fut toujours, celui d'un habile
homme. — Paulin Guérin devrait maintenant s'en
tenir aux portraits.

» *Avant et après le péché* par M. DUBUFE.
Après le péché est un mélodrame d'un médiocre
effet; c'est ici qu'il faut rappeler l'expulsion du
paradis terrestre par M. Paulin Guérin. Cet ouvrage qui orne le musée du Luxembourg, est très-
bien; celui de M. Dubufe est très-faible. *Avant le*

péché est mieux. La tête d'Ève est assez jolie, c'est assurément un fort joli garçon que M. Adam ; mais ce beau garçon ressemble à un sous-lieutenant de carabiniers, et la tentatrice à une charmante demoiselle lingère. Nos premiers parens devaient être plus beaux de formes et de type. — Je ne suis pas content de ces deux tableaux qui plaisent aux femmes.

» *Une mère priant la Madone pour sa fille malade*, par M. SCHNETZ. Le meilleur tableau de genre du Salon. Intérêt, expression, dessin, arrangement, touche, couleur, j'y trouve tout excellent. Quelle différence de cela à cette mère, tenant son marmot endormi sur ses genoux et attristée à la vue du convoi d'un enfant ! Ceci est sec de toutes manières. — C'est un maître homme que Schnetz ; il a déjà produit de bien belles choses et il est encore jeune. Je le verrais revenir de Rome avec plaisir ; il y devient un peu dur et noir. — La bonne opposition que celle des deux têtes de cette vieille femme et de cette jeune fille en prière devant une image de la Vierge ! Les rides de l'une et la fraîcheur de l'autre, la différence des tons bruns de l'aïeule aux tons aimables qui colorent les joues de la *ragazza*, le modelé simple et fin des mains et des visages, la grâce et

l'éclat des costumes, font de cette étude de grandeur naturelle une chose délicieuse. — Dans le
Mazaniello de Schnetz, je n'aime que la marchande de fruits du second plan; dans le *Parqueur*
de moutons, j'aime tout; je n'aime rien dans les
jeunes Filles de Nettuno; dans le capucin qui
recueille un enfant et sa mère, j'admire ce qui
est grassement peint; dans le portrait de Casimir
Delavigne, je ne vois que lourdeur et dureté;
mais dans la *mort de Mazarin!....*

» *La Madeleine* de M. Orsel est l'ouvrage d'un
homme raisonnable, trop raisonnable peut-être.
C'est une chose fort bonne que la sagesse, mais
un peu de fougue ne messied pas à un artiste. La
tête de la pénitente n'est pas d'une heureuse expression; le reste est mieux; le tout est peint
avec beaucoup de soin.

» *Les Chevaux* de M. Volmar seraient très-
bons, si le ton local était moins faible.

» *L'Incendie* de M. Goyet, en dépit d'un ton
généralement trop jaune et rouge, est une page
estimable. Il y a là dedans une bonne idée assez
bien rendue. L'auteur débute et mérite qu'on
l'encourage. Le père de M. Goyet a fait de petits
tableaux fort gentils; celui qui représente un
frère ignorantin me plaît surtout.

» Quelle peinture que celle de M. Jacquand!
Poli, archi-poli, dur, fer-blanc et d'une couleur!
Le *Thomas Morus* est vraiment moins bon que la
Jeanne d'Arc qui est fort au-dessous, elle-même,
de tout ce qu'a produit cette année M. Revoil [1].

---

[1] *M. Revoil* a fait autrefois quelques jolis ouvrages dans un système de peinture déplorable. La critique lui devrait être plus indul-
gente, s'il n'était le chef d'une école ; mais il a poussé dans une route
vicieuse une vingtaine de jeunes gens dont il répondra aux amis des
arts. Un s'est tiré, avec un courage presque incroyable, des voies funestes où on l'avait engagé; un second lutte; mais que deviendront
tous les autres? Peut-être faut-il moins accuser M. Revoil du malheur
qui arrive aux artistes lyonnais que le gouvernement qui lui confia
imprudemment leur éducation. L'auteur de *la Convalescence de Bayard*
a fait des copistes serviles, et par conséquent des fanatiques. Ils croient
en leur maître comme au prophète de la véritable religion pittoresque;
il faut les plaindre, les avertir, et blâmer le ministère de l'intérieur
qui, pensant faire quelque chose pour la peinture et la ville de Lyon,
entretient une école de perdition. M. Revoil, en avançant en âge, a
exagéré ses défauts, sur lesquels on fermait un peu plus les yeux il y
a vingt ans, mais qui frappent vivement aujourd'hui que des idées
nouvelles et l'amour du vrai triomphent dans les arts comme partout.
L'Anneau de Charles-Quint avait obtenu beaucoup de succès; *René
d'Anjou chez Palamède de Forbin* n'a été remarqué par personne. Le
règne du *poli* est passé. M. Revoil est un homme d'esprit; il est membre de l'Académie de Lyon en qualité de poëte. Il a fait des vers
agréables dans le style de François Ier; malheureusement il n'a guère
été plus vrai dans ces pastiches que dans la peinture des hommes, des
costumes et des traditions du moyen-âge. Ses écrits et ses tableaux
sont pleins d'une grâce de convention qu'on n'estime plus maintenant.

Cette progression arithmétique décroissante est cruelle ; je ne dirai pas que M. Jacquand ne fera jamais mieux que son *Thomas Morus*, mais je dis qu'il fera tout aussi mal tant qu'il marchera dans les voies de ce que j'appelle, avec regret, *l'école* de Lyon.

» M. Laurent est aussi un *polisseur ;* mais il a bien moins d'effet que les Lyonnais.

» *Le Phidias du canton de Berne* est tout-à-fait du genre qu'a répudié M. Bonnefond.

M. Revoil s'est exercé autrefois dans la peinture historique; il sortait alors de l'atelier de David. Il fit un tableau que la stupide haine des hommes de la Restauration condamna en 1814, et qui disparut du Musée de Lyon où je l'ai vu long-temps exposé. Ce tableau représente Bonaparte relevant la ville de Lyon, figurée par une femme éplorée, assise sur des ruines, et ayant à côté d'elle un lion blessé et pleurant ; les génies des arts, de l'industrie et du commerce servent de cortége au héros réparateur. Cet ouvrage était l'expression de la reconnaissance bien unanime d'une grande population envers le premier consul. Je crois ne pas me tromper en avançant que M. Revoil prit l'idée de sa composition dans une vignette qui orne un des chapitres de *l'Éloge historique de la ville de Lyon*, par le P. Ménétrier, jésuite. Le lion, la femme en larmes, et le guerrier qui lui tend la main, appartiennent à l'auteur de la vignette ancienne, qui lui-même paraît s'être inspiré, pour l'arrangement de son sujet, d'une médaille antique frappée en l'honneur d'un César, avec cette légende : *Restitutori Galliæ*. Le tableau de M. Revoil que je rappelle est peut-être son meilleur ouvrage ; il n'est pas exécuté dans une bien grande manière, mais il ne manque pas trop de caractère et de coloris.

M. Genot persiste dans sa manière et il a tort,
non, il n'a pas tort, pas plus que M. Jacquand,
puisque le municipal de Lyon achète chèrement
leurs tableaux, pour les exposer au musée de la
seconde ville du royaume où ils font fureur, où
tous les apprentis Revoil de l'endroit viennent les
admirer et les copier. — *L'Amour et Psyché* de
M. Genot sont deux figures assez agréables;
mais point de coloris, et puis c'est de la peinture à l'émeri. Cela est bien préférable pourtant
à tout ce que nous connaissons déjà du même
artiste.

» Si son tableau n'était pas terne et gris, il n'y
aurait guère que des éloges à donner à M. Biard.
Je vois dans cette *Diseuse de bonne aventure* de
figures très-bonnes, celles de la sorcière et de
sa vieille servante par exemple; la grisette qui
apprend son avenir est d'un caractère peu distingué; elle est d'ailleurs gentille. De la lumière
dans la scène, de la couleur sur les figures et le
accessoires, et cet ouvrage serait charmant
M. Biard est dans les mers du Levant, à bord du
vaisseau que monte le général de Rigny; il professe le dessin aux élèves de la marine. Il nou
reviendra de cet embarquement quelque tableau
grec. Pourvu qu'il ait les qualités de celui d

M. Delassus [1]! pourvu qu'il n'en ait pas le ton un
peu lourd! pourvu qu'il ait le pathétique, l'effet,
l'expression de celui de M. Vinchon! pourvu qu'il
soit moins sec que celui de M. Dupré, remarquable d'ailleurs par de bonnes parties! pourvu
qu'il soit aussi bien empâté, mais moins exagéré
que celui de M. Colin! pourvu qu'il ait plus
d'énergie et de vérité que celui de M. Rossignon!...
M. Biard s'est dégagé des langes où son professeur lyonnais l'avait emmailloté; il finira par
abjurer tout-à-fait des principes qu'il commence
à détester, et qui étreignent M. Genot, M. La-
vauden, M. Jacquand et les imitateurs de M. Revoil. Poli! poli! que tu me gênes! tu me gâtes des
choses charmantes; tu refroidis tout ce que fait
M. Turpin de Crissé; tu conspires, dans le *Don
Juan*, contre le succès de M. Henri Scheffer,
et tu viens, dans *les Pélerins* de M. Van-Ysen-
dick, lutter contre le vrai et le bon. Au moins,
là, tu n'es pas le plus fort, et, malgré toi, je puis
trouver très-jolis la jeune fille, la tête et les mains
du vieux pâtre, l'expression de la mère, les détails de costume, et même le ton général, un peu
trop uniforme peut-être.

---

[1] Les assiégés de Missolonghi se réfugiant au mont Aracynthe.

» *La Quête au Bal,* par mademoiselle Ribault, est un ouvrage assez gentil. L'auteur a bien rendu l'effet de la lumière des bougies, dans un salon, sur les figures et les vêtemens des femmes parées pour la danse. La jeune personne, à qui l'évêque de Marseille donne la main, est d'un ton agréable. La couleur des tentures n'est pas heureuse; elle procède trop de celle des personnages. — *Mignard faisant le portrait de madame de Maintenon,* aussi par mademoiselle Ribault; médiocre.

» M. Gros-Claude de Genève. Nature commune, abus de la vérité triviale. L'artiste excelle à peindre les verrues, les habits déchirés, les rapiècetages, les poils de barbe, etc.; tout cela est peut-être fort bien, mais matière pour matière,

J'aime mieux d'un gigot la fidèle peinture.

» M. Lugardon de Genève; il a refait *le Serment des trois Suisses,* que M. Steuben avait exposé en 1824. Les costumes sont plus vrais chez M. Lugardon que chez son devancier; mais voilà tout. *Le Prisonnier de Chinon* n'est pas mal.

» Le temps de M. Menjaud est passé; il a eu de la réputation quand il a fait *la Mort du Tasse*

et *le Tintoret* et *l'Arétin ;* on l'a aimé moins que
M. Ducis qui n'a jamais eu autant de talent que
lui ; ils sont aussi oubliés l'un que l'autre. Encore
aujourd'hui pourtant , si j'étais forcé de choisir ,
je serais le Menjaud de 1827 plutôt que le Ducis
de 1812.

» Un nom nouveau pour moi ; M. Potdevin !
Ses tableaux ont de l'aspect, une certaine vigueur
de coloris , peut-être un peu d'affectation et pas
assez de perspective aérienne. Dans son *Abreu-*
voir, les second et troisième plans sont tout-à-
fait sur le premier , il y a d'ailleurs un talent réel
dans la peinture de M. Potdevin.

» M. Decamps n'a fait que deux petits ouvrages, mais je les aime mieux que cent des plus
grandes productions... *historiques*, comme disent messieurs tels et tels de leurs compositions
où l'histoire, la nature et la raison sont trahies
dans chaque figure. *La Chasse aux vanneaux* et
le Soldat de la garde d'un visir sont des morceaux remarquables par le ton local, la franchise et la finesse de la touche.

» M. Decamps me rappelle toujours M. Beaume ;
ces deux artistes ne se ressemblent pourtant pas
beaucoup, et je ne sais quelle analogie m'amène
de l'un à l'autre. *Une Halte de chasse, le Roi*

23*

boit et *la vieille Conteuse* sont de charmans tableaux de genre. La touche de M. Beaume est
large et facile, son crayon est spirituel et naïf,
sa couleur est un peu uniforme dans sa solidité
et dans son éclat. La composition de *la Halte de
chasse* est trop décousue. Le petit enfant et le
chien de *la Conteuse* sont un détail bien observé
et rendu avec esprit. — M. Beaume a fait aussi
son tableau officiel ; c'est *la Pose de la première
pierre du monument de Louis XVI*. Il y a de fort
bonnes qualités dans cette grande esquisse. L'auteur a perdu, dans la foule des courtisans, beaucoup de personnes qui ont sans doute sollicité cet
honneur. Je vois là M. Sosthène de La Rochefoucauld qui avait demandé à M. Horace Vernet la
faveur de figurer dans le *Portrait du Roi* et qui
n'obtint pas cela de l'artiste ; j'y vois M. du Sommerard, amateur, à qui M. Beaume n'a pas cru
sans doute devoir refuser un plaisir si innocent.
— *La Conteuse* appartient à M. du Sommerard. »

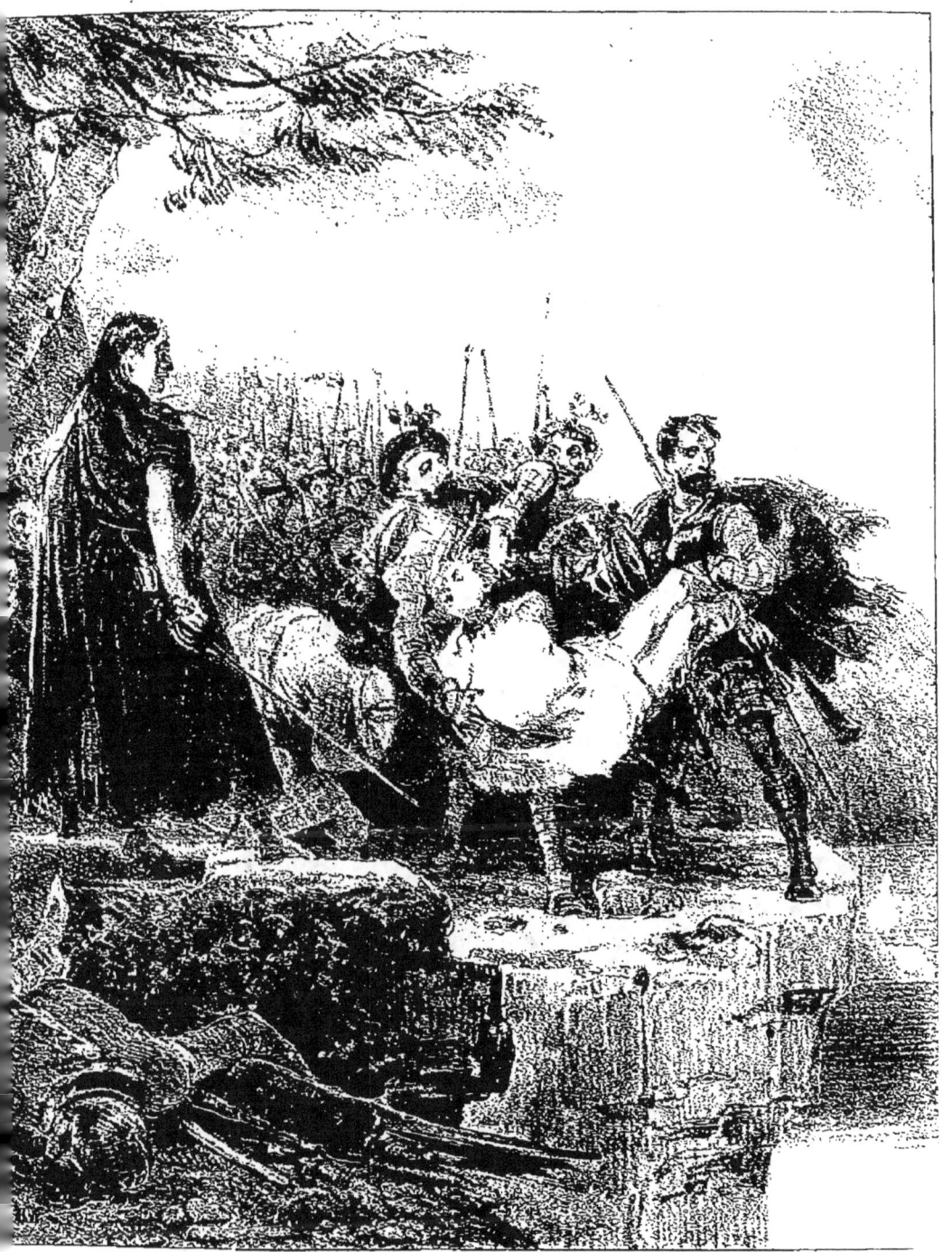

Mort de l'espion Morris

Les Schismatiques [1].

MM. SCHEFFER, ROQUEPLAN, ARSENNE, STEUBEN, PHALIPON.

Laissez aux champs des arts, comme aux plaines du ciel,
Choisir un libre vol à l'abeille, au génie.

H. DE LATOUCHE. *Les Classiques vengés.*

Voici nos schismatiques. Protestans de la peinture, ils se sont séparés de la communion classique; ils sont romantiques mais point gothiques;
ils veulent le nouveau régime, mais ils n'ont pas
juré haine à l'ancien; ils aiment l'effet, mais leur
évangile admet l'alliance du dessin avec le coloris;
ils reconnaissent un dieu, mais ils n'ont pas de
prophètes; ils combattent pour une croyance,
mais sans maudire ceux qui ont une foi contraire;
ils ne courent point au martyre en insensés, ils
cherchent à se faire comprendre et aimer; ils ne
prêchent point contre M. Delorme ou M. Dela-

[1] *Voyez* page 133.

croix, M. Ingres ou M. Champmartin, ils tâchent
de ne pas les imiter; ils n'ont pas de conventicules
où leur grand-prêtre prononce anathême contre
David et Giotto, ce sont des sectaires tolérans
auxquels on doit estime et tolérance; ils ne reconnaissent pas un pape infaillible; il n'adorent
point les *stercora magistri;* ils n'ont point d'ad-
mirations exclusives; ils ne font pas une révolution, mais ils entrent volontiers dans la révolution faite et ils en profitent.

M. Arry Scheffer est le plus distingué de
ces indépendans. C'est un jeune homme d'un esprit solide et brillant, instruit, d'une imagination
vive, écrivain judicieux sur un art qu'il professe
avec amour, et qui lui assure un avenir de célébrité, récompense glorieuse de travaux consciencieux et dignes de beaucoup d'estime. M. Scheffer est entré de bonne heure dans la carrière et ses
premiers pas ont été marqués par des succès; il
y a de l'originalité dans ses compositions, presque toujours mélancoliques; son exécution a
aussi un cachet particulier. Son style n'est pas
remarquable par l'élévation et la pureté, la grâce
et l'énergie sont les qualités qui le font estimer.
Sa couleur manque en général d'éclat, mais elle
a souvent du charme; dans la plupart de ses pe-

tits tableaux on pourrait dire qu'elle est élégiaque ;
sombre dans son *Saint Thomas d'Aquin* [1], elle
est vigoureuse dans ses *Héros de Missolonghi*, et
un peu trop diaprée de jaune, de vert, de rouge
et de bleu dans ses *Femmes souliotes*. **M. A.**
Scheffer est très-fécond ; il est doué de volonté et
de force à un degré éminent ; il a exécuté, dit-on,
depuis le dernier Salon, *soixante-dix* tableaux.
Loin qu'on puisse lui reprocher sa facilité, il faut
l'en féliciter puisqu'elle ne nuit point à son talent. Peut-être cependant cette rapidité dans la
création explique-t-elle le retour assez fréquent
des mêmes idées, et l'emploi des mêmes figures
dans les productions différentes de l'auteur du
pasteur Oberlin et des *jeunes Filles grecques en
prière devant la statue de la Vierge*. M. Scheffer a des types qu'il affectionne et qui donnent à
ses tableaux une physionomie un peu uniforme ;
heureusement que ces types sont presque tous
jolis. Il place partout, par exemple, une jeune fille
blonde, d'une expression tendre et d'un caractère
de tête délicieux ; il aime aussi un enfant blond, à
la tournure, aux traits gracieux et naïfs ; une
femme have, flétrie par le malheur est encore une

---

[1] Exposé en 1824, ce morceau réussit complètement.

de ses prédilections. Les qualités de M. Scheffer
ne se peuvent guère analyser ; elles sont de sentiment. Quelle idée donnerais-je de cette ravissante
Ipsariote, debout au pied de la statue de Marie,
abîmée dans sa douleur, effrayée du bruit de la
mousqueterie, craignant pour la vie d'un père ou
d'un amant, et priant le ciel avec la ferveur que
donne l'amour ? « Ce n'est pas la mère de Dieu
qu'adorent ces femmes, disait spirituellement
la fille d'un de nos grands artistes, c'est cette
vierge grecque ! » Elle est adorable en effet ; et
quand le reste du tableau serait aussi médiocre
qu'il est bon, la seule figure dont je parle ferait
un ouvrage excellent. Les soldats de Missolonghi
. prêts à se faire sauter pour échapper aux Turcs,
sont un beau sujet de tableau ; la grande esquisse
qu'en a faite M. Scheffer est superbe. C'est un
drame plein d'émotion et habilement composé ;
l'exécution en est ferme et facile ; le pinceau y
est large et vif. Quelques parties auraient pu être
traitées plus finement ; je pense qu'il eût été bien
que ce morceau fût dans une plus parfaite harmonie de touche, et que certains détails, indiqués comme ils devraient l'être dans une grande
page, fussent dans un rapport d'exécution plus
intime avec le dos de la figure de femme couchée

sur le premier plan. Ce n'est pas que je veuille
en une esquisse le fini un peu trop précieux des
jeunes Filles grecques, mais je crois qu'il est des
proportions pour la touche comme pour le dessin
des figures. *Les Femmes souliotes*, au moment
où elles vont se précipiter du haut des rochers,
après la défaite de leurs maris, intéressent vivement. On a repris la composition du tableau, on
n'a pas approuvé son obliquité. Je ne suis point
touché de ce reproche, je l'avoue; je trouve la
scène bien entendue, et bien imaginé, le terrain
montant à droite pour se terminer en une large
saillie au-dessus d'un abîme. Il y a de très-bonnes
choses dans ce morceau que je voudrais pouvoir
louer sous le rapport du coloris, autant que je le
loue sous le rapport de l'expression. Deux enfans
et une fille blonde sont charmans, mais pourquoi
les pieds de cette fille sont-ils liés par le ton à la
terre dont un glacis les aurait si facilement détachés? C'est un petit défaut assurément que celui-
là, mais il gâte la meilleure partie de l'ouvrage.
Le Champ grêlé, *la Scène d'inondation* me paraissent presque irréprochables. *Le pasteur Oberlin*
obtient un grand succès et le mérite bien. Il y a
de la vigueur et du sentiment dans ce tableau qui
rappelle un fait intéressant de la dernière guerre

d'Alsace. Cette retraite d'une population chassée
du village qu'elle habitait, ce vénérable pasteur
qui, après avoir rendu à l'estime d'eux-mêmes
des êtres dégradés par le vice et le brigandage,
ne les abandonne pas quand les Cosaques ont incendié leurs maisons, et va avec eux chercher
dans les bois une habitation nouvelle, ces femmes, ces enfans suivant le convoi qu'escortent
des hommes furieux et désolés de ne pouvoir
venger leur défaite ; tout cela est très-bien pensé.
La tête du pasteur est belle ; le groupe du premier plan et le petit garçon qui est auprès sont
très-bien d'intention et de mouvement. On peut
reprendre dans la facture du tableau, d'un ton
généralement fin et ferme, quelques incorrections
de dessin et l'abus de la touche. Il est à regretter
que la charrette qui emporte les blessés et les
bagages des fugitifs soit adhérente au rocher devant lequel elle passe ; on ne lit pas facilement
dans cette partie de l'ouvrage, et c'est malheureux, en vérité. Si la scène s'était détachée sur le
ciel, le tableau aurait gagné beaucoup ; il y aurait eu plus d'air, plus de plans, et pas moins
de force avec un peu moins de lourdeur. *Les Sor-
cières de Macbeth* sont une esquisse trop tour-
mentée ; on n'y sent plus le premier jet ; la cou-

leur manque de franchise et d'éclat, l'effet est terne plutôt que vigoureux. M. Arry Scheffer est un peintre original, qui se plaça dès son début au rang des jeunes artistes les plus estimés; il n'a peut-être à se mettre en garde que contre sa facilité. S'il veut épurer son exécution sans la refroidir, s'il peut éviter les répétitions auxquelles il est entraîné comme malgré lui, sensible, énergique et spirituel comme il est, il doit produire des ouvrages d'un caractère nouveau et dans les plus belles conditions de l'art.

M. Henri Scheffer est loin d'avoir les qualités de son frère, il est également loin d'être sans talent. On connaît de lui quelques tableaux agréables. Ses idées sont généralement spirituelles; mais leur expression pittoresque n'est pas toujours heureuse; son dessin ne manque guère de correction, son coloris n'est pas vicieux, sa touche n'est point maniérée; mais tout cela est faible; peut-être cependant le nom que porte ce jeune homme nous rend-il plus exigeant envers lui que nous ne le serions envers tout autre.

Les premiers ouvrages de M. Camille Roqueplan avaient été jugés avec indulgence; l'auteur était bien jeune, et il promettait en 1822 et 1824 moins qu'il n'a tenu en 1827. Il s'est mis cette

année assez avant dans l'estime des amateurs de
la peinture romantique ; sa *Marée d'équinoxe*
est un ouvrage remarquable, surtout sous le rapport de l'expression et de l'effet. La scène de
Scott y est reproduite avec talent. Le vieil Olchi-
tric me paraît très-beau ; c'est bien le philosophe
de grand chemin créé par le romancier écossais.
Son insouciance railleuse, la joie secrète qu'il
éprouve à se trouver dans une situation qui fait
un noble baron l'égal d'un mendiant, se retrou-
vent ici. La frayeur de la jeune miss, les appré-
hensions de son père, le mouvement de la vague
sont bien sentis. Je ne sais pas trop pourquoi
M. Roqueplan a chaussé de satin une femme
venue pour se promener sur les rochers et les
algues qui bordent la mer ; passe pour la robe de
velours nacarat, mais les souliers blancs ! Le dessin de M. Roqueplan est beaucoup plus satisfaisant dans cet ouvrage que dans *la Mort de l'espion Moris*. La figure de l'espion, saisi par ordre
d'Héléna Rob-Roy, et tenu par des montagnards
au bord de l'abîme où ils vont le précipiter, est
d'une incorrection que je ne saurais trop blâmer,
car elle dépare un tableau où il y a d'ailleurs beaucoup de mérite. Les jambes, les cuisses de Moris
semblent désossées et tiennent mal au tronc, qui

est lui-même d'une pauvreté de forme très-repré-
hensible. Héléna est bien posée ; sans la vouloir
plus jolie, je l'aurais voulue *sauvagement* plus
belle. L'exécution de ce morceau qui, malgré ses
défauts, contribuera beaucoup à la réputation de
l'auteur, est un peu trop lâchée ; il est bon d'avoir
la brosse large et facile, mais encore faut-il qu'on
ne jette pas dans le vague beaucoup de choses qui
doivent être indiquées autrement que par le ton.
Les paysages de M. Roqueplan sont charmans ;
ses études d'après nature vivement touchées et
d'une bonne couleur, me plaisent encore davantage. J'y trouve ce que j'aime dans la manière anglaise, mais sans l'abus du système. L'*Apparition de la Dame-Blanche* au chevalier d'Avenel
est une petite fantasmagorie très - agréable. Un
effet de soleil couchant, qui voudrait bien qu'on le
prît pour celui de M. Gudin, fait assez d'honneur
à M. Roqueplan. La masse empâtée qui représente le soleil me paraît, toutefois, une invention
puérile. Une touche grasse, d'un ton pur et brillant, produira peut-être, dans un ciel dégradé avec
art, un effet approximatif de la couleur du corps
lumineux qu'on ne peut pas plus figurer sur la
toile qu'on ne peut le regarder ; mais, si à cette
touche spirituelle on substitue une épaisseur de

matière afin d'obtenir un relief de deux lignes, on outre le procédé qui déjà marque l'impuissance, et l'on fait une chose mesquine.

Le nom de M. Arsenne est moins connu qu'il ne mérite de l'être. Peintre, il n'avait jusqu'alors produit que des ouvrages peu remarquables; auteur de dessins historiques, ou plutôt poétiques, il avait fait de belles choses. Son *Christ au jardin des Oliviers* est une peinture que beaucoup de nos hommes à réputation seraient aises de pouvoir avouer : l'expression des têtes de Jésus et de l'ange est noble et pathétique; le tableau a le défaut d'être un peu noir. Les dessins à l'estompe et au crayon blanc que M. Arsenne a exposés cette année, sont vraiment admirables : l'invention, l'arrangement, le dessin et l'effet y sont également dignes des plus grands éloges. J'ai vu peu d'ouvrages où le sentiment de la haute poésie fût manifeste autant que dans le *Génie des poëtes sacrés* et dans *les Muses et les Parques*. Ce sont de grandes idées bien grandement exprimées que celles de ces deux allégories. Le style de M. Arsenne est élevé en même temps que gracieux; son dessin est pur, mais sans la raideur que les classiques, imitateurs exagérés de David, affectionnent tant, et qui fait de leurs figures

peintes quelque chose de plus sec que des statues.
Classiques et romantiques réclament M. Arsenne
pour un des leurs. Cet artiste ne s'est point en-
rôlé ; il a sa bannière, et ne paraît pas vouloir
passer sous celle de tel ou tel parti ; il fuit la tyrannie des écoles ; il écoute sa raison et non les préjugés absolus des sectes ; il ne lance point de prô-
neurs au-devant des critiques pour combattre à
outrance en faveur de son talent ; on parle peu de
lui parce qu'il en parle peu lui-même ; il expose ses
ouvrages qu'il a faits avec inspiration, et il attend
que le public les juge. J'aime à louer un homme
que je ne connais pas, mais que j'ai tout lieu de
croire tel que je viens de le raconter, parce que romantiques et classiques embataillonnés ne m'en
ont jamais rien dit, parce que les journaux ne l'ont
point vanté d'une certaine façon qui sent la coterie d'une lieue, parce qu'il n'a point présenté ses
portefeuilles aux princesses, enfin parce qu'il
n'est point venu sous le manteau de ma cheminée
me faire la confidence intéressée de son génie.

M. Steuben est aussi un artiste à qui l'on a
plaisir à rendre justice. Ce n'est pas un de ces
vaniteux qui croient avoir toujours trop fait pour
le public, quand ils ont daigné produire une bonne
chose, et qui, jaloux de la gloire, vont la quêtant

partout, intriguent pour obtenir ses faveurs, ont
l'épiderme d'une sensibilité incroyable, ne peuvent souffrir la moindre critique, et affectent de
mépriser la louange et la renommée ;

De ce faux caractère on en voit trop paraître.

M. Steuben est auteur d'un des meilleurs tableaux du Salon, et il n'en est pas devenu plus
fier ; son *Pierre Ier enfant* a frappé d'admiration les gens du monde et mérité les suffrages
des peintres ; on s'en est entretenu dans les salons
et dans les ateliers autant que de la célèbre *Sainte
Thérèse* de M. Gérard, et ce succès ne l'a point
changé. Je suis sûr qu'il est homme à endurer que
je lui adresse quelques observations, sans se fâcher et sans crier à la persécution ou à la malveil-
lance. Si, après avoir défendu sa composition
contre le reproche qu'on lui a fait de sentir le mélodrame, loué la pose fière de son grand homme
de dix ans, vanté l'énergie du mouvement et l'expression de sa czarine, applaudi à l'exécution des
figures principales, félicité M. Steuben sur son
dessin ferme, sur son style distingué, sur quelques parties de son coloris brillantes et naturelles, sur l'aspect général de son tableau, im-

posant, produisant une impression profonde et
disant si bien tout ce qu'il veut dire ; si, dis-je,
après avoir reconnu le mérite rare qui recommande
son ouvrage, je reproche à l'auteur un peu d'exagération dans l'expression du sentiment qui retient le bras de l'assassin, venu dans le couvent de
la Trinité pour immoler Pierre et sa mère ; si je
trouve colossale sans motif la proportion des figures qui paraissent d'autant plus grandes qu'elles
ne sont qu'au nombre de quatre dans un grand
espace ; si j'émets le vœu de voir le temps jeter
bientôt son glacis sur cette page, ce semble trop
propre, et dans le coloris de laquelle je verrais
avec plaisir un peu de la fermeté et de l'éclat que
j'aime dans *la Mort d'Élisabeth*[1], croyez-vous que
le peintre me regardera comme son ennemi per-
sonnel ? Non ; M. Steuben a trop de raison pour
ne pas sentir que j'agis dans une intention d'équité
qui ne pourrait blesser qu'un orgueilleux, et
qui est d'ailleurs un hommage à un morceau fort
beau, mais que je voudrais chef-d'œuvre dans
toutes ses parties.

Qui croirait que *Cendrillon*, *J.-J. Rousseau
se présentant chez madame de Warens, Pierre-*

---

[1] *Voyez* l'article M. PAUL DE LAROCHE.

le-Grand offrant sa couronne à Catherine, et *Ninon donnant sa bibliothèque à Voltaire* sont de la main qui traça l'épisode de la première révolte des Strélitz? Ces petits tableaux spirituels et d'une exécution précieuse ne rappellent en rien celui dont je viens d'analyser les heureuses qualités ; ils sont gentils et ont réussi. *Le Serment des trois Suisses* avait commencé la réputation de M. Steuben, *Pierre Ier enfant* la consolidera. Les amateurs garderont le souvenir d'une production qui honore son auteur et *les schismatiques* à qui il appartient.

M. Phalipon, élève et ami de M. Arry Scheffer, est son imitateur ; ce jeune homme a de la volonté, du courage et déjà un talent fort agréable; il n'a plus qu'à être lui ; mais il est tellement identifié avec son maître, qu'il éprouve de la difficulté à devenir original. Il comprendra cependant que la gloire d'un copiste ne vaut pas qu'on l'ambitionne, et qu'être un autre dans les arts, c'est presque n'être pas du tout. Il luttera contre la tendance au *léché* qui *manière* un peu sa touche; il renoncera des traditions fort bonnes peut-être, mais qui ne lui feraient produire que des contre-épreuves ; il créera, et il méritera qu'on inscrive son nom à côté de ceux des jeunes artistes sortis de la ligne

commune. Il serait fâcheux que M. Phalipon res-
tât à la suite quand il a tout ce qu'il faut pour
marcher l'égal des artistes originaux. Sa petite
figure de *Don Juan* endormi dans la grotte et
regardé avec amour par Haydé, est fort bien; ses
deux jeunes Filles grecques sont charmantes
aussi, mais une d'elles (la blonde) appartient trop
à M. A. Scheffer pour que je ne la détache pas de
la somme des jolies choses qu'a faites M. Phalipon, et qui justifient le succès qu'obtiennent ses
tableaux surtout auprès des dames. La soustrac-
tion faite, il est bien des peintres, sans compter
MM. Olagnon, Abel Lordon, Dunant, et J.-A.
Laurent, qui s'accommoderaient de ce qui reste
en propre à M. Phalipon.

M. Gérard.

SAINTE THÉRÈSE. — LE SACRE DE CHARLES X. — DAVID ET MADAME
RÉCAMIER. — MONSIEUR ET MADAME DE CHATEAUBRIAND. —
M. GUIZOT. — LE PELLETIER DE SAINT-FARGEAU. — L'ESPÉ-
RANCE.

Noli tangere.

« Le traître alors touche d'un doigt perfide
« Le point précis.... »
PARNY.

ET pourquoi un peu de coquetterie ne serait-
elle pas permise à un homme célèbre? Le talent
ne peut-il avoir de ces caprices si aisément par-
donnés à la beauté?

David avait été prié de faire le portrait de madame Récamier; il s'y était prêté avec une bonne
grâce qui ne lui était pas très-ordinaire, mais qui
est bien concevable quand on connaît l'aimable et
belle solliciteuse qui avait désiré de voir ses traits
reproduits par l'auteur des *Horaces*, de *Socrate*,

et de *Brutus*. David commença le portrait [1] ; madame Récamier donna quelques séances au peintre, mais elle se lassa bientôt de poser. L'ouvrage en resta donc à l'ébauche. A quelque temps delà, madame Récamier sentant qu'elle avait dû blesser l'artiste qui avait interrompu galamment, pour immortaliser ses charmes, des travaux d'une haute importance, pria, supplia David de reprendre le pinceau pour elle ; mais celui-ci refusa en disant : « Les artistes aussi ont des caprices ; cet ouvrage ne me plaît plus : je ne l'achèverai pas. »

Je trouve cela tout simple ; je trouve tout simple aussi ce que tant de gens, artistes ou autres, reprochent à M. Gérard, et qu'ils appellent crument.... Fi ! je ne prononcerai jamais un mot si dur. « Il est, disait Ninon de l'Enclos, des mots qu'on ne doit point employer quand ils peuvent atteindre le talent. »

Parce que le commun des martyrs expose, dès le premier jour de l'ouverture du Salon, ses ouvrages au Louvre, vous vous scandalisez de voir M. Gérard attendre au moment de sa fermeture

[1] C'est celui que nous avons vu ébauché si finement, et qui a resté long-temps dans l'atelier de M. Gros. Madame Récamier est représentée étendue sur un canapé.

pour y présenter les siens ! Que cela est de mauvais goût, et combien vous êtes despotes ! La liberté que M. Gérard a toujours aimée, veut que chacun puisse agir à sa guise, sans qu'un contrôle inquisitorial le vienne gêner. M. Gérard est-il le seul à qui vous refuserez le droit d'user de son talent, de son temps, de sa gloire comme il lui convient? Pourquoi sans cesse voulez-vous chercher à pénétrer les mystères de son atelier? En vérité, les secrets du Divan ou de Mont-Rouge vous occupent moins que ceux du cabinet de Monsieur le premier peintre! Que vous importe la préférence qu'il donne à tel sujet sur tel autre? Pourvu qu'il travaille, quelque ouvrage qu'il crée, ne sera-ce pas un chef-d'œuvre? N'en êtes-vous pas assurés d'avance? Pourquoi vous formalisez-vous, s'il n'expose pas en même temps que Delaroche, Horace Vernet, Gros, Heim, Hersent, Ingres et les autres? Pourvu qu'il expose, n'est-il pas sûr d'un succès?

Qu'il ait fait *Sainte Thérèse* avant *le Sacre*, est-ce une merveille si grande qu'il faille vous récrier? M. Gérard répugne aux tableaux d'apparat: il ne les réussit pas aussi bien que les tableaux poétiques; et, quand il a le bonheur d'avoir à représenter une femme dévorée de l'amour

mystique, belle, vierge et conversant avec le
Dieu qu'elle a choisi pour époux, vous ne voulez
pas qu'il aime mieux tracer de sentiment cette
figure idéale, qu'aligner selon les vœux de l'étiquette cent personnages réels qui jouent froidement une cérémonie qu'ils ont répétée sous la
direction de M. de Dreux-Brézé ?

Corinne plaisait plus à M. Gérard que *Philippe V; Sainte Thérèse* a plus exalté son
imagination que *le Sacre;* cela se conçoit très-
bien. Et puis, *Sainte Thérèse* est un hommage
du talent au génie; le tableau du *Sacre* n'est
qu'une déférence du talent pour le pouvoir. M. le
baron Gérard, premier peintre du Roi, a reçu de
Sa Majesté l'ordre de retracer l'événement de
Reims, il obéira; madame Récamier a désiré
que le peintre d'*Austerlitz* ornât une chapelle
fondée par madame de Châteaubriand; M. Gérard
s'est empressé d'obliger d'honorables amis qu'il
gratifie par-là bien autrement que le roi de France
ne pourra le gratifier lui-même, quand sera
achevé le tableau du couronnement.

Si j'étais roi, je ne me fâcherais point du procédé de M. Gérard, si aimable pour M. de Châteaubriand, et je laisserais les courtisans penser
et dire ce qu'ils voudraient d'une goutte perfide

qui vient paralyser le pouce de mon premier peintre quand il veut portraire mes chambellans et
mon confesseur, et qui le quitte à souhait, quand
il a besoin de toute la légèrete de sa main pour
faire une gracieuseté à un membre de l'Opposition.

M. Gérard a composé et exécuté sa *Sainte
Thérèse* sans livrer à aucun confident le secret
de son travail; aussi personne n'en a parlé avant
qu'il fût achevé. Madame A.... elle-même qui
a prêté, dit-on, ses jolies mains et son pied
à l'artiste, et qui pouvait tirer vanité d'être pour
quelque chose dans le chef-d'œuvre qu'a fait son
parent, a gardé un silence héroïque qu'elle seule
peut-être était capable de ne point rompre. Enfin
l'ouvrage, accompli comme ceux que les fées pro-
duisaient spontanément pour étonner les hommes,
fut annoncé, et la Renommée prêta ses cent trom-
pettes à l'Admiration. M. Gérard, toujours modeste, voulut se soustraire aux éloges qu'on ne
pouvait manquer de lui prodiguer s'il exposait
son tableau, et il pria M. de Châteaubriand de
lui épargner l'ennui de ces fades louanges sans
restriction qu'il a toujours subies avec peine et
qui ne peuvent flatter que les sots. Un critique
célèbre, l'honorable M. Guizot, déclara dans un

journal [1] que le public ne serait point admis à la
faveur de voir la *Sainte Thérèse* qui irait tout
droit de l'atelier du peintre à l'hospice de madame
de Châteaubriand ; il analysa poétiquement le
morceau dont nous ne devions pas jouir, et il in-
venta, pour le juger, des formules que l'enthousiasme le plus ardent, le plus ingénieux, n'avait
point encore imaginées pour apprécier les œuvres
du génie.

La désolation fut pendant un jour dans tous les
salons de la capitale. « C'est un vol qu'on nous
fait, disait-on partout ; si un grand homme appartient à l'univers entier, les ouvrages d'un grand
homme appartiennent à tout le monde ; de quel
droit M. Gérard nous dérobe-t-il notre bien ? » Moi
aussi, je me plaignais ; je portais envie à M. Guizot ; je croyais de bonne foi que le Louvre serait
disgracié par M. Gérard : les peintres ne le
croyaient pas, eux ! Mais les peintres sont envieux,
je les accusai de haine. Un d'eux me dit, le soir
de la nouvelle fatale : « Mon Dieu, rassurez-vous ;
M. Gérard finira par céder aux vœux du public
comme une jolie femme daigne se rendre aux
désirs d'un amant qu'elle a vivement provoqué

---

[1] *Le Globe.*

par ses coquetteries. » Voyez l'infernale malice !
Eh bien ! Monsieur, quand cela serait, où serait
le mal ? Ce petit manége est bien innocent. Croyez-
vous qu'Apelle, lorsqu'il avait l'honneur d'être
le peintre d'Alexandre-le-Grand, montrait tout
d'abord au peuple ses tableaux, et n'avait pas le
soin de se faire prier un peu avant de soumettre
sa peinture au jugement des artistes et des save-
tiers ? Que M. Gérard ait procédé à l'exposition
de sa *Sainte Thérèse* par un refus positif qui ca-
chait le désir de voir sa volonté contrainte, je n'en
sais rien, je n'en crois rien, c'est peu probable,
car M. Gérard a trop de bon sens pour descendre
à des calculs si mesquins ; mais enfin c'est possible ; et, après tout, qu'est-ce que cela fait ? Cette
comédie que vous supposez et dont j'aurais été
dupe, rendrait-elle la *Sainte Thérèse* meilleure ou
moins bonne ? Assurément, non.

Voyons donc les choses comme il faut. La coquetterie est un ridicule annonçant un esprit faible ou vulgaire, et M. Gérard a un esprit peu
commun, un esprit au-dessus des puérilités dont
vous le croyez capable. M. Gérard est timide ;
aussi sévère pour lui qu'il est indulgent pour les
autres, il s'est jugé trop rigoureusement, il a souhaité qu'on n'exposât pas son tableau au Louvre.

Mais M. de Forbin, qui ne veut que la gloire de
son Salon, a combattu cette répugnance; il a fait
auprès de l'artiste des instances réitérées, et a demandé à madame de Châteaubriand de consentir
à ce que sa propriété devînt, pour quelques jours,
nationale. M. Gérard, que l'on violentait au nom
de l'intérêt public et avec des importunités toutes
bienveillantes, a été obligé de se rendre; et M. de
Châteaubriand, pour nous remettre de la si
chaude alarme qui nous avait émus, a proclamé
que la *Sainte Thérèse* serait offerte aux regards
des amis de la peinture, parce que *la gloire est
une de nos libertés publiques, et que tout le
monde est appelé à en jouir et à l'admirer* [1].

Voilà comment les choses ont dû se passer.
Imaginez maintenant tout ce que vous voudrez;
dites que M. Gérard a voulu n'arriver au Salon
que le dernier afin de produire plus d'effet; qu'il
ne s'est décidé à exposer son ouvrage qu'après les
éloges de M. Guizot, et après que M. de Châteaubriand a eu écrit le mot : *incomparable*, au bas
de la *Sainte Thérèse*, comme Voltaire écrivait
sublime, au bas de chaque page de Racine; on ne
vous croira pas. A qui persuaderez-vous que

---

[1] Tout le monde n'a pas très-bien compris cette phrase.

M. Gérard emploie tous les moyens de la diplomatie pour arriver à un succès?

Sainte Thérèse a été apportée au Louvre, et
ce qu'il y a de gens distingués à Paris est accouru
pour la voir. Devenu le sujet de toutes les conversations, elle a trouvé des critiques, mais une
foule d'admirateurs passionnés. Je n'ai vu personne en parler froidement; soit qu'on y ait repris
des défauts, soit qu'on en ait exalté les qualités,
on n'a gardé aucune modération. Les enthou-
siastes ont sacrifié tout ce qui brillait au Salon
à l'ouvrage que des juges de mauvaise humeur ont
immolé à leur tour à d'autres productions. C'est
devenu une véritable affaire de parti, et, si l'on
n'a point tiré l'épée dans cette querelle, peu s'en
est fallu. Une noble dame m'a traité publiquement
de barbare, de Vandale, de *romantique* (*terri-
bile dictu*), parce que je n'allais pas aussi loin
qu'elle dans l'expression de mon admiration. J'ai
entendu un jeune homme, d'assez de goût vraiment, mais d'une grande brutalité, dire tout
haut : « Ma foi, j'aimerais mieux avoir fait *la
Czarine* de Steuben que *la Sainte Thérèse.* » Le
pauvre garçon n'en a pas été quitte à moins de
vingt épithètes dont les plus douces étaient *fou* et
niais ; je me suis cru reporté au temps de 1818.

où je fus apostrophé du nom de bonapartiste par
un vieux gentilhomme, pour avoir osé dire que
je préférais la *Bataille d'Austerlitz* de M. Gérard à son *Entrée d'Henri IV à Paris.*

L'intolérance en ces matières n'est-elle pas une
chose pitoyable? Ne peut-on sans aigreur discuter le mérite d'un tableau? Pourquoi m'empor-
terais-je si j'entends avancer que la *Sainte Thérèse*
est un modèle de perfection idéale et un chef-
d'œuvre sous le rapport du style et de la couleur?
Pourquoi s'emporterait-on contre moi si j'avance
que la *Sainte Thérèse* est une admirable figure de
boudoir, mais que cette figure si jolie, si élégante,
si gracieusement poétique, manque du genre de
beauté qui convient au personnage représenté?
Je sais tout ce que je risque à émettre une semblable opinion; je vais passer pour un sophiste,
un ignorant, un mal-intentionné; qu'y faire? J'ose
n'être pas absolument de l'avis de M. Guizot; je
conteste à l'ouvrage de M. Gérard le titre d'*incomparable* dont l'a décoré le plus grand écrivain
du siècle, le meilleur juge, sans doute, en fait
de poésie : c'est bien de l'audace à moi; les fanatiques ne me la pardonneront pas; mais M. Gérard m'en saura bon gré. Cet illustre artiste est
comme les rois hommes d'esprit; condamnés à

la flatterie, ils aiment quelquefois la franchise.

Oui, j'aurais voulu plus d'austérité dans le ton général du tableau, plus de sévérité dans l'ajustement des draperies, plus d'élévation, avec autant de naturel, dans la pose et le caractère de la sainte fille d'Avila; j'aurais voulu que les yeux passionnés de la vierge en extase, fussent un peu moins secs, et que M. Gérard eût employé, pour en peindre les globes, l'artifice heureux que sir Lawrence a mis en usage pour donner la vie à ceux du petit Lambton; j'aurais voulu que M. Gérard n'usât pas tant de ces reflets rouges qu'il a placés sous le nez de Thérèse, à ses lèvres et au contour extérieur de sa main gauche; j'aurais voulu que le bas de la tête fût un peu plus grassement touché; j'aurais voulu qu'il y eût quelque désordre dans la coiffure de la belle carmélite, qui rappelle trop les jeunes visitandines peintes par l'auteur de *Vert-Vert*; j'aurais voulu enfin que l'ensemble ravissant de l'ouvrage fût moins coquet. Je sais bien que c'est par ce défaut ou cette qualité que la *Sainte Thérèse* plaît, surtout aux femmes; mais quand il a fait un tableau d'Eglise, est-ce plaire aux femmes que le peintre a dû se proposer pour but? La conception du tableau est fort ingénieuse; jamais peut-être M. Gérard, qui a tou-

jours mis tant d'esprit dans ses compositions,
n'en a mis autant qu'ici. L'expression de la jeune
amante est délicieuse ; il y a, dans ses mains pres-
sées avec enthousiasme, et non pas jointes par
les habitudes d'une dévotion vulgaire, dans son
regard ravi, dans tout son corps, qui semble
frémir d'une sainte volupté, dans sa pâleur, que
rendent plus sensible et qu'expliquent peut-être à
merveille deux sourcils noirs énergiquement pro-
noncés, et joints à la naissance du nez, il y a une
passion capable de rendre tous les hommes jaloux du Dieu qui l'inspire. Qu'elle est jolie, cette
fille qui aime de toute la puissance de son ame
espagnole ! Voilà bien la maîtresse que le poëte a
rêvée ; mais la sainte ?.... Je venais d'aborder,
dans l'escalier du Musée, une dame avec laquelle
j'ai fait connaissance au Louvre, comme on fait
connaissance à un spectacle où l'on se rencontre
souvent ; je la conduisis devant le tableau de
M. Gérard, qu'elle ne connaissait pas encore, et
sans la prévenir qu'elle allait le voir. Elle fut frappée, au premier coup-d'œil, de tout ce qu'il y a
d'enchanteur dans cette peinture. Je lui demandai
alors si elle devinait le sujet : « Assurément,
dit-elle, je le devine.... C'est une jeune fille, religieuse malgré son cœur, et demandant pardon

au ciel des pensées mondaines qui la poursuivent
dans le cloître; elle appelle la liberté, la liberté,
qu'elle veut consacrer au bonheur de l'amant
dont on l'a séparée; elle est fervente parce qu'elle
aime; elle attend du Dieu, qu'elle prie, la fin
des tourmens qui ont flétri ses charmes. C'est
une femme malheureuse comme La Vallière, et
pieuse comme Héloïse. »

Le pinceau de M. Gérard a été, pour *Sainte
Thérèse*, plus caressant, et, s'il est permis de le
dire, plus tendre qu'il ne le fut oncques ; ce morceau est traité avec un soin qui prouve combien
l'artiste s'est complu dans son travail, et quelle
importance il y attachait; il voulait se surpasser.
Touchante ambition, qui n'avait pas la gloire actuelle pour mobile, car M. Gérard bornait ses
vœux à satisfaire un illustre ami, et ne voulait
pas se livrer aux suffrages de la multitude. Chez
l'auteur de *Sainte Thérèse*, la grâce, la suavité,
n'exclut pas la vigueur ; l'effet est franc, la lumière, inondant la figure de la fille de Sanchez
de Cépède, et ne pénétrant point dans l'église,
est une belle intention. M. Gérard eut jadis une
inspiration semblable et non moins heureuse,
lorsqu'à l'atelier de David, qui avait pour lui une
estime toute particulière, et l'employait à la con-

fection de ses ouvrages, il fit le célèbre *portrait de Le Pelletier de Saint-Fargeau* [1]. Le ton des chairs de la *Sainte Thérèse* est d'une finesse remarquable, celui de la face est cependant un peu plombé. Les mains sont charmantes, et justifient tous les éloges qu'on a donnés au tableau; leur mouvement, leur dessin et leur couleur sont également admirables. La partie supérieure de la tête est belle, c'est de la meilleure facture du maître; on ne trouve peut-être cependant pas dans ce front, ce nez, ces joues, d'un modelé si délicat, la largeur et la franchise qu'on

---

[1] C'est un fait assez peu connu que celui-ci; il m'a été affirmé par une personne qui, dès le commencement de la révolution, a été dans l'intimité de David. L'auteur de *Brutus* a peint lui-même et sans aide l'admirable *Portrait de Marat*. Le *petit Gérard*, comme David appelait amicalement le jeune élève dont il recevait volontiers les avis, a exécuté celui de Le Pelletier. Il y a sur ces deux ouvrages une anecdote piquante que je tiens d'un témoin irrécusable. David terminait le *Marat;* il brossait la couverture verte qui est sur la baignoire où le tribun est étendu, lorsque quelqu'un vint lui faire visite. David continua à peindre; son visiteur le complimenta sur la beauté de son tableau, et lui dit : « Citoyen, est-il vrai que Le Pelletier de Saint-Fargeau n'est pas de ta main? — Cela est vrai, citoyen. — Et pourquoi n'as-tu pas fait à ce député l'honneur de le peindre? — C'était un noble, lui; celui-ci (montrant Marat, puis touchant sa poitrine avec le manche de son pinceau); celui-ci était plébéïen; on le fait avec le cœur. »

à louées dans quelques-unes des premières productions de l'auteur.

En terminant cette apologie de l'œuvre célèbre
de M. le baron Gérard, je dois dire une chose
qui fait beaucoup d'honneur au talent de madame Haudebourt. Le hasard a placé la *Sainte
Thérèse* entre les *portraits de madame et de mademoiselle Lescot*; il est peu d'ouvrages auxquels
un voisinage aussi dangereux n'eût fait beaucoup
de tort, ceux de madame Haudebourt s'en sont
très-bien trouvés. Le portrait de madame Lescot
est toujours resté une fort bonne chose, bien
qu'un peu noir, je crois; c'est que cette tête
est d'une vérité étonnante, c'est la nature
elle - même. Le *portrait de M. Canning*, accroché non loin de la belle Espagnole, n'a pas
été aussi heureux que celui dont je constate le
merveilleux succès. M. Gérard est vaincu par
M. Gérard; l'échec est trop glorieux pour que
l'auteur du *Canning* s'en plaigne; moi, je suis
trop sincère pour n'en pas féliciter l'auteur de la
Sainte Thérèse.

Je regrette beaucoup de ne pas voir figurer au
Salon, *l'Espérance*, ravissant ouvrage, qui n'y
aurait pas *fait* moins de *fureur*, sans doute, que
celui dont je viens de parler. Cette production

me paraît comparable à la *Sainte Thérèse*, au
moins sous le rapport de la pensée ; car, sous le
rapport de l'exécution, si *l'Espérance* n'est pas
d'un pinceau moins délicat que la *Sainte Thérèse*,
elle n'est pas d'un ton si fin. L'idée de M. Gérard
était très-ingénieuse; il l'a rendue avec un goût
exquis. La tête de la jeune fille que l'artiste a représentée pudiquement nue, est d'une expression
douce et spirituelle qui éveille l'imagination ; une
chevelure blonde la pare naturellement; l'adolescente a les yeux élevés vers le ciel, auquel elle
paraît demander la révélation de son avenir ; son
sein naissant palpite, doucement ému par un bat-
tement de son cœur dont l'accent est tout nouveau
pour elle ; devant elle est un nid rempli d'œufs de
rossignol; de la main gauche, elle tient une branche fleurie d'un arbre fruitier ; son cou est orné
d'une rangée du coquillage, emblême de l'espoir
pour l'amour...

Il y a dans la composition de cette demi-figure
une fraîcheur de poésie, un esprit que je ne saurais trop louer. M. Gérard s'est affranchi des
vieilles traditions symboliques ; il a créé, et les
attributs charmans qu'il a donnés à *l'Espérance*
méritent de devenir traditionnels, à leur tour.
Les anciens auraient couronné l'artiste assez heu-

reux pour avoir trouvé cette branche de pêcher
fleuri, et surtout ce collier, plus précieux cent
fois qu'aucun de ceux dont Messaline impératrice
décorait ses charmes pour les portefaix de Rome;
en France aussi nous l'aurions couronné; mais il
se dérobe toujours au triomphe !

Si le coin-Gérard avait reçu *l'Espérance* à côté
de la *Sainte Thérèse*, que d'encens eût fumé !
que de douces querelles se seraient élevées ! Celui-
ci prenant parti pour la sainte, et cet autre pour
la jeune fille aux œufs de rossignol, on eût
contesté de leur prééminence, et cette petite po-
lémique eût tourné au profit de l'auteur. M. Gérard n'a pas voulu courir un double succès ; quel
autre aurait fui devant une gloire aussi certaine?
Parlez, méchans, n'est-ce pas là de la modestie ?
car quelle apparence que ce soit la peur de la
critique?

Chi è colui ? Richiedi al tuo vicino. Nol sa. Tu
smanioso cori a me, e mel domandi. Or bene; del
volto dunque, e dell' aspetto ne sai quanto basta :
volto ed aspetto che ti eccitano a ricercane, e a
conoscere l'animo e l'ingegno.

(La comtesse ALBRIZZI, *Ritratti; Ritr. XI.*)

UN peintre, fort petit de taille, et de mérite
plus petit encore, était un jour, dans la galerie du
Musée, au milieu d'un groupe d'artistes dont le
plus grand n'avait guère plus de cinq pieds; ingénieux à se flatter, et assez habile pour trouver
un compliment qui, allant directement à ses confrères, lui reviendrait par ricochet, il imagina
de dire : « Voyez, Messieurs, la singularité ! (et
cette assemblée en justifie l'observation), les artistes les plus distingués par leur talent sont généralement d'une taille plus que médiocre. La nature ne départ pas tous ses dons à la fois. » Les
auditeurs de notre petit homme, qui avaient très-
bien estimé la valeur du madrigal, sourirent par
politesse; un seul prit la chose au sérieux et allait
développer la proposition de M. B..., lorsqu'un

graveur, de la taille moyenne des grenadiers, s'a-
dressant à l'observateur obligeant qui avait trouvé
le rapport entre le mérite et la hauteur, lui dit :
M. B..., avez-vous entendu parler de Sophie
Arnout ? — Belle question ! — Eh bien ! Sophie
ayant à sa table un grand seigneur bossu, et
dont les prétentions à l'esprit étaient notoirement
ridicules, la conversation tomba sur les jolies
femmes. Le grand seigneur prétendit qu'en général elles étaient bêtes, ce que ne voulut pas
contester l'actrice pour couper plus court à de
niaises plaisanteries ; puis, riant de sa difformité,
il finit par dire : « Les bossus ont au moins un
bonheur dans leur disgrâce, ils ont de l'esprit.
— Ah ! monsieur le duc, repartit à l'instant la
maligne Arnout, vous n'êtes que contrefait. »
M. B... comprit à merveille la portée de l'épigramme et il se retira

Honteux comme un renard qu'une poule aurait pris.

L'observation de M. B..., si singulière qu'elle
soit, est fondée sur un fait. Il est vrai que parmi
les artistes d'un mérite reconnu il y a beaucoup
d'hommes qui n'auraient pu faire partie du premier rang des ci-devant pupilles de la garde impé-

riale. M. Victor Bertin est, je crois, le plus petit de
tous. Cet honorable chef de l'école du paysage classique est d'une stature que la loi n'a pas prévue ;
il fait au surplus de fort bonne grâce et avec beaucoup de gaieté les honneurs de sa personne : ses
confrères et lui me pardonneront de croquer leur
portrait autrement qu'avec le crayon lithographique ; le public le veut. D'un homme dont il
connaît le talent, il aime à connaître aussi l'extérieur ; c'est une chose qui me semble toute naturelle. Les traits d'un individu célèbre ne sont indifférens à personne ; je serais bien fâché, quant
à moi, de n'avoir pas vu ce Don Miguel de Portugal, ennemi des constitutions qu'il jure, et monarque absolu, en vertu d'un serment jésuitique
fait à une charte méconnue. Ce prince est chétif ;
il a quelque chose des Bonaparte dans le bas de
la tête, et il ressemble en somme à l'acteur
Armand, du *Théâtre des Nouveautés.*

Anne d'Autriche ayant vu un tableau du Guer-
chin, qui l'avait séduite, dit au cardinal : « Je vais
parier que l'auteur de cet ouvrage plein de grâce
est un joli homme. — Il est louche, Madame. »

J'étais devant le tableau de *Daphnis et Chloé*
avec une dame qui brûlait de connaître le peintre
de ces deux charmantes figures. « Oh ! montrez-

moi M. Hersent, je vous en prie, je m'en fais
une idée fort aimable. » M. Droz passait en ce
moment : «Tenez, Madame, un peu moins maigre,
un peu moins sérieux, un peu moins pâle que le
bon M. Droz que voici; tel est M. Hersent.» Cette
dame avait rêvé un Raphaël ou un Alcibiade.

Qui n'a voulu savoir que David avait une espèce de loupe à la joue gauche, près de la bouche
qu'elle entraînait un peu! Que de pas on a fait
pour voir Rossini, gros et frais comme un moine,
encore plus joli que Monseigneur Feutrier, et
plus spirituel assurément que la moitié des membres de l'Académie française !

« — Il ne peut y avoir qu'un Hercule comme
ce Belzoni qui puisse aller mettre à fin les travaux
qu'il a entrepris sur la terre déserte de l'Égypte !
— Et M. Caillaud de Nantes, le prenez-vous donc
pour un colosse? Il est un peu plus grand que
M. Mauzaisse, qui aurait été d'une taille fort
agréable dans *Royal-Bonbon.* »

Les Turcs accouraient pour voir Bonaparte,
dont leur imagination avait fait un géant; les
dames vont, *les beaux jours*, au Salon, dans
l'espérance d'y voir l'auteur de *Sainte Thérèse*
qu'elles se sont représenté comme un autre vicomte d'Arlincourt. M. Gérard ressemble à l'Em-

pereur, mais il est moins gras et moins grand que
Napoléon; ses yeux annoncent autant d'esprit
que ceux du vainqueur d'Austerlitz décelaient de
génie; il a l'extérieur grave, sans affectation, la
parole élégante, facile et circonspecte, beaucoup
d'amabilité, de la délicatesse dans la pensée, l'art
de caractériser par un mot juste et fin un homme,
un ouvrage, une action, et avec cela une timidité
qui va jusqu'à l'embarras, quand on lui parle de
ses travaux.

« Quelle main doit avoir ce M. REDOUTÉ pour
faire avec tant de finesse, de grâce et de légèreté,
les fleurs veloutées que voilà! Je me figure les
doigts de ce peintre déliés, mignons, comme ceux
de la fée qui broda l'écharpe d'Amadis. — Que
n'ajoutez-vous aussi, Mademoiselle, que M. Redouté doit ressembler à un des bergers de Virgile?
Eh bien! ce berger a la physionomie et le port d'un
bon banquier hollandais; et, quant à ses doigts,
chacun est large à peu près comme la main de
votre petite sœur. »

» Montrez-moi dans ce cercle d'artistes celui
qui, selon vous, a dessiné l'*Odalisque* (non pas
au moins celle de M. MOUCHY, si commune, si
médiocre de couleur et d'expression); qui a attaché *Angélique* au rocher où le cavalier de

l'hippogryffe va combattre le monstre commis à la
garde de cette autre Andromède; qui a peint les
anges et la vierge du *Vœu de Louis XIII* ; qui a
groupé l'Iliade et l'Odyssée aux pieds d'Homère.
— C'est cet homme jeune, grave, élégant, à la
taille élancée, à la figure régulière et gracieuse,
qui a le regard d'un poëte et le geste rare. —
C'est M. de LA MARTINE que vous me désignez là.
— Le voilà donc? La cinquantaine, les cheveux
blond-gris, les traits de l'Antinoüs, l'air aimable
et spirituel... — Celui-là, c'est M. BOYELDIEU;
M. INGRES est petit. — Alors, le voici? — Oh!
plus grand que cela pourtant. Cette personne,
que vous avez choisie entre dix autres rap-
prochées par le hasard, et, par le hasard aussi,
en rapport de conformations extérieures, est
M. HEIM; il cause avec M. MILLET qui est à la
gauche de M. BOUTON. L'associé de ce dernier,
M. DAGUERRE, est un peu plus loin... — Ah! je
le reconnais pour l'avoir vu dans le cadre des
miniatures du M. Millet que vous venez de me
nommer, et que je n'ai pas encore bien aperçu
parce que MM. ISABEY père et fils me le cachent,
et que je n'entrevois son front qu'entre leurs
deux épaules. — Eh bien! tenez, en ce moment M. Ingres est tout près de M. Daguerre;

c'est cet homme décoré, gros et court, qui se
détache sur la redingote bleue de ce personnage que vous prendriez pour un militaire...
— Oui, le géant qui domine le groupe, comme
la Loi du fronton de la Chambre des députés
domine les figures qui l'entourent? — Ce Gul-
liver s'appelle CHARLET; c'est l'auteur des admirables *charges* que vous connaissez, un
homme de génie; Gérard l'a dit avec toute la
France... Venez par ici; bien. Placée comme vous
l'êtes, regardez maintenant Charlet, et vous verrez à merveille M. Ingres dont la tête est à la
hauteur du second bouton de la redingote de
son voisin. Derrière le Molière de la caserne et du
cabaret, et dos à dos avec lui, vous trouverez, le nez aquilin, le menton pointu et relevé, les
lèvres fines, l'air caustique, la lunette cachant
un œil railleur, M. HENRI MONNIER qui trouve
plaisamment lui-même son portrait dans le profil d'un cabriolet; artiste spirituel et malin, il voit
la société sous un jour épigrammatique, et en reproduit les ridicules avec des formes piquantes.

Ce n'est pas à M. ROUGET qu'on pourra faire
l'application de ce portrait d'un prélat esquissé,
par Michel Ange, dans *la Panhypocrisiade* [1].

---

[1] Le poëme, dont je rappelle ici le titre, injustement oublié et

. Cet homme aux larges reins, au ventre monstrueux,
Son cou parait gonflé d'un sang impétueux,
Sa face luit de pourpre, et son souffle est un râle;

il s'appliquerait plutôt à M. REVOIL, mais ce
serait une petite exagération. M. Revoil est gros,
comme vous pouvez le voir; il nous masque tout

tourné en ridicule par ces critiques fins qui trouvent *Goetz de Berlichingen* un ouvrage pitoyable, parce que le nom du héros est difficile
à prononcer; ce poëme est un des plus beaux ouvrages de M. Lemercier. Il ne fut pas compris quand il parut : c'est une composition
romantique d'une grande portée. La satire des temps modernes, la
peinture des temps anciens, la hardiesse du langage, la pureté, l'élégance et la force du style, la nouveauté d'un drame qui a l'enfer pour
spectateur et pour auteur un rival du Dante, les dialogues philosophiques entre des hommes, des choses et des sentimens, la nature
entière mise en scène, les discussions philosophiques, les descriptions
brillantes, les situations fortes et pathétiques, le tragique et le bur-
lesque se touchant sans se heurter, la défense des doctrines nouvelles
en littérature, l'amour de la patrie et de la liberté, la haine de toute
hypocrisie, voilà ce qu'on trouve dans cet ouvrage, dont il n'y a peut-
être pas deux cents vers à retrancher pour en faire un chef-d'œuvre.
M. Lemercier a toujours été en avant de l'époque, mais dans *la Panhypocrisiade* plus encore que dans *Pinto*. Si son poëme paraissait
aujourd'hui, il aurait une destinée bien différente de celle qu'il eut en
1819 : espérons qu'il sera remis en lumière bientôt. Il est aujourd'hui
peu de lectures plus intéressantes. Ah ! si un homme d'autorité voulait faire, pour la comédie épique de M. Lemercier, ce que M. Guizot
a fait pour la *Sainte Thérèse* de M. Gérard, je ne doute pas que *la
Panhypocrisiade* ne prît la place qu'elle doit tenir dans l'estime des
amis de la poésie!

à-fait MM. Rouget et Thomas ; l'ampleur de son
abdomen est, par rapport à nous et à ces Messieurs, ce que fut celle de la chappe du prélat
qui reçut le serment de Don Miguel [1]. Si nous ne
voyons pas M. Thomas, nous pouvons le deviner derrière ce rempart ; on rit, et certainement
il est là. La chevelure de M. Revoil ressemble
un peu à celle de Saül devenu vieux ; on fit en 1815
une épigramme politique sur cet ornement de la
tête du professeur lyonnais, alors fort ardent
pour la monarchie ; elle eut cours à Lyon pendant
plusieurs mois ; quand je me la rappellerais, je
ne vous la dirais certainement pas ; c'était peut-
être une de ces calomnies dont les partis ne se
font pas faute.

Que vient faire ici ce petit vieillard en douil-
lette, marchant vite, à pas de six pouces et en
traînant le pied ? Saluons-le. Il ôte son chapeau et
nous montre une tête absolument chauve. Écou-

[1] On a raconté que l'infant Don Miguel s'étant présenté pour prêter son serment de fidélité à la Charte portugaise, l'évêque qui devait
recevoir ce serment s'était arrangé de telle manière que le jeune prince
ne pût placer sa main sur l'Évangile, afin que le vœu d'obéissance à
la constitution ne fût pas obligatoire, et que, pour cacher au public
ce jésuitique arrangement, le saint homme avait fait de toute l'ampleur de
son habit sacerdotal une espèce de rideau derrière lequel il avait dérobé
le petit régent. Escobar en a souri.

tons : il parle , mais ses paroles ont un sens vague ; il y a de la débilitation dans ce cerveau qui
eut jadis de la puissance ; le corps a survécu à l'esprit chez cet enfant octogénaire. Il est au Louvre
et s'en étonne; depuis long-temps il n'était venu au
Salon ; ses habitudes sont ailleurs maintenant. Les
arts ne sont plus pour lui qu'un souvenir lointain ;
c'est à peine s'il se rappelle qu'il a fait la statue
de Voltaire et le beau buste de Molière qu'on
admire à la Comédie-Française. Le bonhomme
Houdon a laissé un nom célèbre comme ceux
de Joseph Vernet , de Greuse et de Vien ; dans le
siècle du mauvais goût , il luttait avec courage ;
il savait être noble , simple et vrai quand le faux
et l'exagéré étaient de mode. M. Houdon nous
quitte ; il court ;... le voilà qui s'arrête devant le
Portrait de mademoiselle Korzakoff. Il regarde
la signature , puis les bras et la poitrine de cette
figure ; il sourit ; la mémoire lui revient ; le voilà
qui se retourne ; il prend son élan , il se dirige
vers nous.... Que voulez-vous , M. Houdon? —
(bas à mon oreille :) Il y a dans les bras et la poitrine de cette jeune fille de Gros, plus de vérité et
de couleur que dans toute la... » Il s'arrête , et ,
continuant sa marche , il va saluer cet homme
grand, aux faces longues et poudrées, qui a con-

servé le pantalon collant et la botte haute de l'empire; il lui serre la main; mais la parole lui échappe; le baron GROS n'aura pas le plaisir de s'entendre féliciter par le doyen de l'Institut. Le doyen! non pas ; M. GOSSEC est plus vieux que lui; mais il est bien plus cassé. Son menton s'appuie sur sa poitrine ; son dos est voûté comme celui d'Atlas, et le faix qu'il a peine à porter, c'est quatre-vingt-dix années, plus lourdes pour lui que le monde pour le fils d'Alcmène. Je ne sais s'il marche encore. Le balcon du théâtre de Feydeau le reçut pendant vingt ans, comme l'orchestre du Théâtre-Français reçoit M. Houdon ; il n'a quitté son poste que depuis cinq ans environ ; déjà, il ne parlait plus d'une manière intelligible à cette époque ; il ne sortait guère de l'espèce de sommeil éveillé dans lequel on le voyait plongé sans cesse, que pour dire qu'il avait fait jadis la musique *des Pêcheurs* et celle *de Toinon et Toinette*[1].

---

[1] On sait que M. Gossec a composé un *O salutaris hostia* qui jouit d'une grande réputation chez les musiciens. Voici, m'a-t-on dit, dans quelles circonstances ce trio célèbre fut composé. Gossec, Chéron et Rousseau étaient allés à quelques lieues de Paris chez un curé de village, amateur de musique; ils étaient arrivés avant la grand'messe que le sonneur allait annoncer bientôt aux fidèles. Partis de bonne heure, ils avaient appétit et demandèrent à déjeuner pendant l'office. Le curé leur refusa les clefs de la cave et du garde-manger, et leur promit ce-

Mais la foule se presse dans le Grand-Salon,
les conversations vont cesser; on vient d'annoncer la visite du Roi. Voilà les habits brodés qui
arrivent; la haie se forme; M. de Forbin va faire
des présentations à Sa Majesté. Je n'ai plus le

pendant de leur laisser prendre un à-compte sur le repas auquel il
devait présider après la messe, s'ils voulaient consentir à chanter quelque chose à l'élévation. Rousseau, qui se mourait de faim, accepta;
et Gossec dit alors : « Eh bien, nous chanterons. Donnez-moi du
papier et du vin, une plume et une tranche de pâté; allez commencer la messe, et nous serons prêts à temps. » On le servit à
souhait et il tint sa promesse. Le trio fut improvisé, répété après
boire, et chanté au levé-dieu. Que le curé ait eu une distraction au
moment le plus solennel de l'office divin, c'est une chose bien suppo-
sable; le ciel la lui aura pardonnée sans doute. La fin justifie ce bon
abbé. Un auteur d'opéra et deux chanteurs de l'Académie royale de
Musique s'étaient sanctifiés en faisant une chose que Massillon désap-
prouve *, mais que le pape trouve très-bien, puisqu'on chante à sa
chapelle; l'office en avait eu d'autant plus de relief; le seigneur du lieu
et tous les bourgeois avaient été transportés d'admiration; Gossec avait
créé un chef-d'œuvre dont l'Église de France devait se glorifier long-
temps : que de motifs d'absolution pour le petit mouvement de plaisir
qu'avait eu mal à propos le pauvre curé !

----

* Les mystères les plus augustes et les plus terribles, égayés par tous les
attraits d'une harmonie recherchée, deviennent pour eux comme des réjouis-
sances profanes qui les amusent : ils ne cherchent que le plaisir des sens,
jusque dans les devoirs d'un culte qui n'est établi que pour les combattre; il
faut que la religion, pour leur plaire, emprunte les joies et tout l'appareil
du siècle, et qu'un spectacle digne des anges ait encore besoin de décoration pour être un spectacle digne d'eux. »

MASSILLON. *Petit-Carême.*

temps de vous signaler nos hommes de mérite;
ils ne posent plus pour nous. Quand la séance
est ouverte à la Chambre des députés, qui s'occupe des lunettes de M. de Sallaberry et de la
bonne grâce de M. de Puymaurin? On écoute le
ministre ou M. Benjamin Constant; nous, que
les propos qui vont s'échanger ne regardent pas,
allons aux salles du Conseil-d'Etat.

Conseil-d'État.

CE n'est pas ici le lieu de discuter la légalité du conseil-d'État, et de demander s'il est raisonnable que le gouvernement soit juge de la moitié des procès qu'il a avec les citoyens ; l'institution de Louis XIV, restaurée par Napoléon, est maintenant aux prises avec l'opinion : il est aisé de prévoir quelle sera l'issue d'une lutte à laquelle aucun pouvoir injuste ou monstrueux ne résiste. Des juges amovibles et révocables à la volonté de l'administration, ne peuvent exister sans danger dans un pays où tant de choses sont encore en question, où les partis se disputent la puissance, où la raison publique est si souvent vaincue par les intérêts de quelques intrigans, où la société est en péril de servitude, parce que des moines turbulens et adroits ont entrepris la conquête de l'Europe, où les droits de chacun, garantis par la loi, sont contestés par le pouvoir, qui a à sa dis-

position des préfets pour vicier les élections, un
conseil-d'État pour juger les conflits, et des pro-
cureurs pour demander condamnation contre les
contribuables qui se plaignent de voir la Charte
entourée de tant de dangers, et qui demandent
que les institutions soient mises en harmonie entre elles. Quoi qu'il en soit dans l'avenir, le conseil-d'Etat existe, un local a été assigné pour ses
séances. Comme on se plaignait beaucoup de lui,
il a fallu lui faire un palais; on en avait bien fait
un pour M. de Villèle, qu'on avait dans une juste
haine! Citoyens, déplorons cette considération
accordée à une magistrature qui nous est souvent
hostile; amis des arts, félicitons-nous de cette
partialité du ministère pour ses défenseurs. Un
de nos monumens y aura gagné, vingt-sept artistes en auront profité, c'est très-heureux. Le
conseil-d'Etat deviendra ce qu'on voudra; s'il ne
siége plus au Louvre, les salles de ses délibérations pourront être fort bien utilisées.

Ces salles sont au nombre de quatre; MM. Horace Vernet, Bouillon, Guillemot, Hesse, Dubufe et Gassies ont orné la première. La seconde a été décorée par MM. Blondel, Delaroche, Gassies, Lethière, Rouget, Schnetz et
Thomas. Les peintures de la troisième sont de

26'

MM. Drolling, Cogniet, Dassy, Delacroix, Scheffer aîné, Marigny et Caminade. Le plafond, les tableaux et les dessus de porte de la quatrième sont de MM. Mauzaisse, Alaux, Pierre Franque, Coutan, Colson, Dejuinne, Lancrenon et Steuben.

Tous les ouvrages dont je viens de nommer les auteurs, ne sont pas également bons, il en est même de médiocres et de mauvais; mais la symétrie, l'arrangement, les dorures sont une espèce de fard qui dissimule un peu leurs défauts, et les font rentrer avec quelque avantage dans l'ensemble que je dois examiner en détail.

On ferait un volume d'analyses et de critiques raisonnées sur les *quatre-vingt-dix* morceaux qui composent le tout que, soit dit en passant, je trouve de beaucoup inférieur à celui du *Musée Charles X*, et je n'ai que peu de pages à y consacrer : c'est donc ici, par nécessité, que je suis de l'avis du bonhomme La Fontaine :

> Loin d'épuiser une matière,
> On n'en doit prendre que la fleur.

M. HORACE VERNET.

Philippe-Auguste avant la bataille de Bouvines.

La place remplie par M. H. Vernet devait
l'être par M. le baron Gros; mais l'auteur du
portrait équestre du Roi n'a pas voulu, dit-on,
se prodiguer au point de faire de la peinture
pour une antichambre, et la tâche a été offerte à
M. Horace. « Il nous faudrait un tableau de place
pour le Conseil-d'Etat. — Je suis accablé de travail et de fatigues. — La toile a vingt-deux pieds
de largeur sur onze de hauteur. — J'ai bien besoin de me reposer. — Vous avez trois mois pour
faire ce que nous vous demandons. — Mais
comment voulez-vous qu'en trois mois....? —
Nous ne pouvons laisser en blanc ce large pan de
muraille. — J'entends bien, mais.... — Mais il
faut vous y mettre, et vous aurez fini à temps. —
Je ne dis pas que je n'aurai point fini, mais.... —
Votre tableau sera bien; soyez tranquille; il aura
la chaleur, la verve de l'improvisation. — Vingt-
deux pieds sur onze! — Ceci serait effrayant,
sans doute, pour tout autre que vous; pour votre
pinceau facile, ce sera un jeu. — Décidément....

— Vous acceptez? — Je ne dis pas cela. — Son-
gez donc, mon cher ami, au service que vous nous
rendrez. — Je sens bien, mais si quelque autre...
— Non, vous. — Je tâcherai. » Et M. le comte
de Forbin sortit de chez M. Horace Vernet, bien
convaincu que l'ouvrage, dont le sujet n'était pas
encore trouvé, serait fini au bout du troisième
mois, et que cette création rapide serait digne du
peintre de Jules II. L'événement a justifié la confiance du directeur du Musée et la témérité de
M. Horace; le tableau a été achevé pour l'époque où on l'attendait; il est beau, et quant à
quelques défauts qu'on y peut reprendre, Alceste
serait mal venu à dire que le temps ne fait rien à
l'affaire.

Le choix du trait historique représenté par
M. Vernet a paru singulier; on s'est demandé
quel rapport il y a entre Philippe II, offrant, au
commencement de la journée du 25 juillet 1214,
sa couronne à celui de ses barons qui s'en croirait
le plus digne, et le Conseil-d'État de Charles X.
A vrai dire, je ne le devine pas plus que tout le
monde; mais après tout, ce sujet n'est pas plus
singulièrement choisi que ne le sont la plupart de
ceux dont les peintres du Conseil-d'État se sont
emparés. Je trouve que Philippe est aussi bien placé

là que Brisson, Duranti et Molé; qu'y a-t-il de
commun entre ces présidens et nos conseillers-
d'Etat? Sommes-nous par hasard au temps de
la Ligue? Qu'ont à redouter les magistrats du
conseil des fureurs populaires? Le peuple est-
il mutiné, et faut-il qu'on apprenne aux juges des
conflits à mourir courageusement? Ces Messieurs n'ont point à redouter la mort; ils vivent
en vertu du *statu quo* impérial, et la populace ne
pense pas à leur demander compte de leur existence légale; s'ils ont quelque chose à craindre,
c'est la disgrâce ministérielle. Mais combien d'entre eux ont le courage de s'y exposer? Les portraits
des conseillers de la couronne qui ont osé braver
la défaveur des rois en s'opposant à des actes
iniques, en refusant leur appui à des mesures funestes à la liberté, seraient de mise au Louvre;
c'étaient là les modèles qu'il fallait proposer à un
corps dont bien des gens honorables sans doute
font partie, mais où tant de courtisans ont trouvé
le prix de leur honteuse complaisance en faveur
de la tyrannie; la vue des vrais amis de nos souverains, qui eurent le courage de déplaire à
leurs maîtres pour les sauver de leurs propres
folies, serait peut-être d'un heureux effet sur
MM. Delavau et Franchet. Bien on aurait fait de

couvrir de leurs effigies (non pas de celles de
MM. Franchet et Delavau ; on m'entend) les
murs des quatre salles ; il est vrai que le nombre
en est si petit, qu'il aurait fallu peindre les mêmes
plus d'une fois.

Que viennent faire, au Conseil-d'Etat, Auguste
pardonnant Cinna et Maxime, et Marc-Aurèle
faisant grâce aux rebelles de ses provinces asia-
tiques ? Il faut bien avoir la manie des Romains
pour les amener là ! Je ne me suis pas étonné de
rencontrer *la théologie* dans le local où seront
agitées tant de questions politiques qui, en dernière analyse, sont maintenant des questions
religieuses ; car l'Église y est intéressée, et beaucoup plus qu'elle ne devrait l'être assurément ; le
droit canon a repris le rang qu'il avait dans les
sciences aux quatorzième et quinzième siècles, on
restaure chaque jour sa gloire éclipsée en 89, et
si (ce qu'à Dieu ne plaise) les choses vont du
train dont nous les voyons aller, il faudra être
clerc et tonsuré pour avoir les charges importantes de l'Etat ; déjà il est besoin d'être jésuite.
L'histoire devait avoir accès au Conseil, mais on
a craint qu'elle ne devînt importune, et on a eu
soin de la jeter dans l'ombre, tandis qu'on exposait *la théologie* au grand jour. L'histoire pour-

rait engager sa voisine à être plus modeste.

Mazarin mourant, et saint Louis refusant l'ordre de chevalerie à l'assassin du sultan Moadan, me
paraissent également déplacés où on les a mis.
Pourquoi trouvé-je aussi près d'eux le consul Boëtius, et saint Louis rendant la justice à Vincennes?
Je crois qu'en ordonnant les travaux, on aurait
dû désigner aux artistes des sujets qui fussent un
peu plus en rapport d'intérêt et de situation avec
le lieu auquel on les destinait ; dans l'ornement
du *Musée Charles X,* les peintres ont mieux compris leur mission. Il ne faut pas chercher d'analogie entre les peintures du Conseil-d'État et la
destination des salles ; ne reprochons donc point
à M. Vernet son *Philippe-Auguste* et son *Mazarin* à M. Schnetz ; voyons les sujets comme
faits indépendans des localités, et si les ouvrages
sont bons, soyons assez contens. Figurons-nous
que nous nous promenons dans une galerie où le
hasard, le caprice ou le goût d'un prince a réuni
des tableaux de toutes les dimensions, de tous
les styles et de moralités différentes.

.... Un autel a été dressé sur une éminence, à
l'ombre d'un vaste chêne ; l'office divin vient d'y
être célébré ; on a demandé au ciel la victoire.
L'ennemi est redoutable ; deux cent mille hommes

sont rangés sous les ordres de Jean, du comte de
Flandre et de l'empereur, conquérans déjà d'une
partie de la France. C'est le royaume qui va se
jouer dans la partie que Philippe engage, témérai-
rement peut-être, mais avec une de ces résolutions
qui peuvent passer pour un trait de génie. Quelques murmures se sont élevés dans les rangs de
l'armée que l'évêque de Senlis a mise en bataille ;
le roi convoque alors les chefs des troupes, dépose la couronne sur l'autel, et déclare qu'il est
prêt à abdiquer le suprême pouvoir et le commandement militaire en faveur de celui de ses officiers
qui se croira digne de ce double honneur. Cette
généreuse proposition, que je ne voudrais conseiller à aucun des princes de l'Europe de faire aujourd'hui, est accueillie par de nouveaux sermens
de foi et hommage; les guerriers, transportés d'admiration, s'écrient d'une commune voix : « Sois
général et roi, toi qui es notre glorieux maître ! »
Et ils baissent leurs épées, et ils agitent en l'air
leurs drapeaux et leurs bannières. C'est ce moment que M. Horace a reproduit avec une facilité
qu'on a bien injustement reprise. Tout est clair
dans sa composition, et ses critiques auraient voulu
probablement qu'il y eût un peu plus de confusion;
ils trouvent la toile trop vide, comme si le drame

y manquait ! J'avoue que les deux groupes, liés davantage, auraient présenté un tout plus complet ; une figure placée entre la mule du second évêque et le premier des soldats qui sont sur la plateforme, aurait suffi pour réunir plus intimement les masses animées du tableau ; mais l'absence de ce point de liaison n'est pas un si grand défaut qu'il faille en blâmer l'auteur. Philippe-Auguste n'a pas assez de valeur dans l'ensemble. Ses formes sont un peu grêles, et le paraissent d'autant plus qu'il est dans un parti de demi-teinte ; c'est là, selon moi, la seule faute dont M. Horace ait à se repentir, encore n'est-il pas impossible qu'il ait de fort bonnes raisons à donner pour justifier les proportions de son héros. Je ne sais si Philippe II était petit et mince ; mais enfin, en ces temps où la force et la beauté donnaient des droits aux respects des peuples, ce ne fut pas lui qui reçut le surnom de *Bel ;* le peintre a donc su le représenter comme il l'a fait. Il aurait donné plus de caractère à ce personnage principal en ajoutant à sa taille, en prononçant plus fortement les traits de son visage ; mais ce que M. Vernet paraît redouter surtout, c'est de tomber dans les conventions de ce qu'on appelle le style historique, et pour se garantir de cette exagération, il est peut-être resté au-dessous de l'effet qu'il voulait produire. Les deux évêques, montés sur des mules qui, placées à gauche de l'autel, font face au spectateur, sont ce qu'il y a de faible dans l'ouvrage ; ils ne sont pas d'un ton assez solide ; c'est cependant un détail dont je regretterais l'absence ; ils sont vrais dans l'action où ils marquent les mœurs du temps. Un d'eux est armé d'une lourde massue de fer pour assommer les ennemis ; c'est celui qui disait que l'Eglise ayant horreur du sang, il ne pouvait se servir d'une arme tranchante pour combattre les Impériaux. Admirable capitulation de conscience ! Elle avait du moins quelque chose d'héroïque ; les jésuites n'interprètent pas les lois et les décisions des conciles dans un intérêt aussi noble. Le fauconnier et le valet des chiens qui, avec l'évêque officiant, deux moines, le palefrenier du roi, et son cheval, composent le groupe à droite sur le premier plan, sont aussi des détails de mœurs que les classiques ont fort désapprouvés, mais qu'en général on estime beaucoup et avec raison. C'est là surtout que le talent d'exécution de M. Horace Vernet se montre dans toute sa puissance. Le fauconnier est d'une très-belle couleur ; le piqueur rappelle par le ton, la touche et le style élégant avec naïveté, les ouvrages de certains maî-

tres célèbres de l'école vénitienne ; la fermeté,
l'éclat qu'on admire dans ces deux figures, se re-
trouvent dans le chef qui gravit, au galop de
son cheval, le monticule au haut duquel est Philippe, et dans les deux chevaliers qui commencent le groupe de gauche. Le jeune baron à la dal-
matique verte, les écuyers qui sont derrière le
châtelain au guidon rouge, sont des figures charmantes de couleur et de caractère. Un acteur
original de cette scène, c'est celui qui, à cheval,
au second plan, agite avec enthousiasme sa bannière qu'il tient des deux mains. M. Vernet a
prouvé dans ce tableau que le talent s'arrange de
toutes les difficultés et sait les faire tourner à son
profit. Les costumes militaires et la coiffure du
XIIIme siècle n'étaient pas très-gracieux ; un homme
bardé de fer et le chef couronné de cheveux courts
sur le front, longs par derrière et coupés en angle
droit aux faces, est un sujet peu agréable pour le
pinceau ; M. Vernet s'en est emparé, et il en a
tiré un parti charmant. Presque tous les personnages ont de l'élégance et aucun n'est raide. Celui
qui, sur le devant, incline respectueusement son
corps et son épée devant le roi de France, tout
couvert qu'il soit des mailles de sa cotte, est libre
de ses mouvemens comme s'il était seulement vêtu

de drap ou de velours, et pourtant son armure a
la solidité du fer. Les chevaux sont traités de
main de maître; j'aime surtout le rouge dont on a
blâmé la pose qui me paraît toute simple. Le plan
coupé qu'on a critiqué dans la composition des lignes du tableau, est très-bien expliqué par le lieu
de la scène. Il est une foule de jolies choses dans
cette grande page, que je ne pourrais indiquer
qu'en développant beaucoup cette analyse, et je
dois me résumer : l'ouvrage de M. Horace mérite
tous les éloges dont il a été l'objet; c'est un fort
bon ensemble, riche de beaux détails, qui prouve
l'artiste de goût, le peintre consciencieux, le
coloriste brillant [1], l'habile homme enfin.

M. BOUILLON.

Clémence d'Auguste envers Cinna.

Ce tableau est bien faible; un homme d'esprit
disait en le voyant : « C'est une scène de Corneille
jouée par les *doublures* de la Comédie-Française. »
L'entente de la composition est raisonnable, mais

---

[1] J'ai entendu dire que le ton local de *Philippe-Auguste* manque
de solidité et que la couleur de ce morceau n'est pas assez historique:
je ne sais pas ce qu'il y a de vrai dans cette observation.

le style, mais le coloris, mais l'ajustement des figures, mais l'expression!... M. Bouillon a soigné l'exécution de son ouvrage comme M. Campenon soigne ses vers; il est classique à la façon du successeur de Delille à l'Académie.

M. GUILLEMOT.

Clémence de Marc-Aurèle.

Quelques provinces d'Asie, soumises au joug romain, s'étant révoltées contre l'autorité de Marc-Aurèle, celui-ci fit traduire les principaux moteurs de la rébellion à son tribunal auguste. Les coupables attendaient la mort; mais l'empereur, pensant qu'il s'attacherait, par la clémence, des peuples conquis, qu'il réduirait peut-être au désespoir par des rigueurs, ordonna qu'on lui apportât toutes les preuves de la conspiration, les fit brûler, et renvoya absous ses sujets reconnaissans. Trajan en avait usé ainsi dans une circonstance différente; Napoléon les imita tous deux en Prusse; les ministres de Louis XVIII répudièrent ces souvenirs historiques, et des têtes roulèrent sur l'échafaud. S'il est au conseil-d'Etat quelques anciens courtisans de 1816, les tableaux de MM. Guillemot et Bouillon leur seront un reproche de tous les jours ; et sous ce point de vue, quel que soit d'ailleurs leur mérite, ils auront une sorte d'utilité ; ce sera le remords poursuivant la conscience.

L'ouvrage de M. Guillemot est sagement conçu, mais, selon bien des gens, d'une manière un peu commune ; la couleur en est froide et monotone. On y remarque encore plus l'absence de grandes qualités que la choquante apparence de grands défauts. L'auteur a beaucoup mieux réussi dans le *Marc-Aurèle* que dans le *Combat d'Hercule et de Mars sur le corps de Cycnus*, et surtout dans *Acis et Galathée* et dans *Mars et Vénus*. Ces deux derniers tableaux sont du plus mauvais goût ; on dirait un héritage de quelque peintre de 1760. Quant au combat d'Hercule et de Mars, il y a des parties d'étude estimables ; mais l'ensemble est d'une froideur insupportable. Ce sont des académies arrangées pour le théâtre, et qui fourniraient un tableau final de mélodrame ou d'opéra. Les deux meilleures figures du tableau de Marc-Aurèle sont celles des conspirateurs placés à la droite du trône de l'empereur ; pour l'homme au manteau lilas si durement plissé, il est fort médiocre. Le bras gauche du licteur qui anéantit les témoignages de la conjuration, et la tête de l'Asiatique à genoux, le plus près du cadre à droite, sont des détails estimables. M. Guillemot a une revanche à prendre ; je souhaite qu'il gagne en 1830 autant qu'il a perdu en 1827, et qu'il oublie l'auteur d'*Acis* et de *Vénus* pour se rappeler celui du *Christ descendu de la croix* [1].

M. HESSE JEUNE.

L'Histoire. — La Théologie.

Je ne puis juger le premier de ces deux tableaux que par analogie ; je ne l'ai pas vu du tout. Appliqué à un trumeau très-étroit qui sépare deux fenêtres, il est caché dans une ombre d'autant moins pénétrable que les rayons de la lumière, venant des deux côtés par un angle de vingt degrés environ, se réunissent à peu près à trois pieds de la surface de la toile et en interdisent l'approche au regard. Je suis donc induit à penser que la figure de l'*Histoire* n'est pas moins bonne que celle de la *Théologie ;* qu'elle est d'un style

[1] Exposé au Louvre en 1817 ; maintenant à l'église de Saint-Thomas-d'Aquin. C'est un tableau qui promettait un peintre distingué.

27

aussi sévère, d'une touche aussi ferme et d'un
ton aussi vigoureux; je pense qu'elle est également un peu trop noire. Je crois que l'*Histoire*
est représentée de profil; c'est une idée spirituelle
du peintre. Dans le palais des rois et de leurs conseillers, si l'*Histoire* se présentait de face au
maître des cérémonies, ce gentilhomme ferait
jeter à la porte la malavisée, se réclamât-elle
même du nom du P. Lobineau. Elle n'a jamais
audience comme la Flatterie; celle-ci, c'est dans
ses deux yeux qu'on aime à lire : de l'autre, à
peine souffre-t-on la silhouette. M. Hesse a posé
la *Théologie* dans l'attitude de la méditation; elle
a l'air de s'interroger sur le principe de Dieu,

Triple unité que peint un triangle éternel.

Cette figure est bien dessinée, bien peinte,
bien drapée et conçue assez poétiquement. Il y a
de belles qualités dans cet ouvrage, et on les retrouve dans un tableau que M. le préfet de la
Seine destine sans doute à la Sorbonne. Ce sujet
est la *Présentation des Étudians en théologie,
par Robert Sorbon, au roi saint Louis en* 1256.
Si les figures du second plan n'étaient pas aussi
faites que celles du premier et n'avaient pas la

même valeur de ton, quelque singulière que soit
la composition de cette scène, où un escalier
étage les acteurs sans profit pour l'effet pittoresque, il y aurait peu de reproches à faire à l'ouvrage de M. Hesse. A considérer chacune des
figures en particulier, elles sont toutes fort estimables ; celle de la reine est charmante. Peut-être
qu'il y a de la sécheresse dans l'harmonie générale et un manque d'art dans la disposition des
groupes ; en somme cependant, la *Fondation du
Collége de Sorbonne* est une production très-
recommandable, et qui fait bien présumer de
l'avenir de M. Hesse.

M. DUBUFE.

La France, l'Italie, la Grèce et l'Égypte. (*Dessus de porte*).

Il y aurait de l'injustice à dire que ces quatre
figures sont mauvaises ; il y aurait plus que de la
bienveillance à dire qu'elles sont bonnes. Elles
manquent de caractère, de noblesse, de couleur,
de fermeté, mais elles n'ont rien de trop déplai-
sant. C'est de la peinture qui aurait paru sévère
au temps de Boucher, mais qui, après le siècle
de David, paraît molle et vulgaire. Le style de

27*

M. Dubufe tient beaucoup à celui que le régéné-
rateur de l'école française appelait *le style soufflé*.

M. GASSIES.

Douze figures imitant le marbre. — Les Génies des Sciences, des
Arts, de l'Agriculture et du Commerce. — Figures allégoriques de
la Paix, de la Force et de la Loi. — La Mort du président
Brisson.

MM. Meynier et Abel de Pujol ont donné,
dans la décoration de la Bourse de Paris, des modèles de la peinture monochrome ; M. Gosse, au
Musée Charles X, a fait un grand nombre de grisailles remarquables par le relief et la parfaite
imitation de la pierre ou du gypse moulé ; M. Gassies a été moins heureux ici ; ses figures devant
imiter le marbre sont molles d'exécution, et,
quant à leur style, elles procèdent un peu trop
du goût de la sculpture du XVIIIᵉ siècle. Les
génies et les figures allégoriques coloriés sont également faibles de ton et de dessin ; ce n'est pas là
qu'on retrouve le talent de l'auteur ; il est tout
entier dans *la Mort du président Brisson ;* peut-
être même dans ce tableau la fermeté de coloris
va-t-elle jusqu'au noir. La scène qu'avait à rendre

M. Gassies est celle où le président Barnabé Brisson , condamné à mort par les Seize , est arrêté,
conduit au Petit-Châtelet , et pendu dans la salle
où sa sentence vient de lui être lue. Au dernier
plan de sa composition, M. Gassies a placé des
hommes du peuple préparant la corde à laquelle
va être accroché le président, contraint par la violence de se tenir à genoux , pendant qu'on lui
donne lecture de l'arrêt de ses juges; sur le devant est un des officiers de Mayenne. Ce personnage est un peu important et l'emporte trop sur
Brisson; cependant l'arrangement des acteurs est
naturel; l'événement a pu se passer comme l'a
supposé l'artiste , et il ne faut point chicaner sur
la violation d'un principe auquel d'ailleurs je tiens
fort peu, surtout quand le drame n'en souffre pas.
Un classique se fâcherait en trois pages; je suis ,
pour moi, plus accommodant. L'expression du
président est bonne, il brave ses ennemis , mais
sans rodomontade; il attend le martyre sans protester contre le droit de ses bourreaux; le fanatisme du devoir le soutient sans l'exalter; injures,
sévices , railleries, il endurera tout; la vue du
supplice ne l'effraiera point, et sa constance fera
pâlir l'envoyé de l'Hôtel-de-Ville venu pour insulter à ses derniers momens. Cette figure, bien

conçue, est d'une exécution satisfaisante; celle de
l'officier assis me plaît moins; elle est, ce me
semble, molle de caractère et lourde de dessin.
On ne peut pas juger de l'effet d'un tableau qui a
le désavantage d'être placé à contre-jour; je crois
cependant pouvoir assurer que celui-ci a l'énergie
qui convient au sujet.

M. ROUGET.

Saint Louis sous le chêne de Vincennes.

Le vassal du comte d'Anjou aura raison de son
tyran; Louis a cité à son tribunal le prince qui a
abusé du pouvoir pour commettre une injustice;
il a entendu le bourgeois que le frère du roi
avait cru pouvoir outrager impunément, et il
prononce un de ces sages arrêts qui ont recommandé au souvenir du peuple un nom que l'E-
glise a gravé dans ses légendes, et que les philosophes ont inscrit parmi ceux des hommes qui,
dans les siècles de barbarie, ont été le plus ar-
dens au bien. Le tableau de M. Rouget n'a aucun
défaut choquant; il est remarquable par de très-
bonnes qualités; il est, si je puis hasarder la comparaison, comme ces personnes timides qui s'effa-

çant dans un salon devant des gens très-infé-
rieurs à elles, n'ont pas l'art de commander
l'attention. Un peu plus de piquant dans l'effet
aurait appelé le public ; alors chacun aurait vu
par combien de choses estimables peut valoir
cet ouvrage ; on aurait apprécié cette couleur
vraie, cette touche sage et juste, ce ton harmonieux et fin, ce dessin correct ; on aurait loué
ce groupe des femmes si jolies et dont le temps
consacrera le mérite ; enfin on aurait été équitable
pour une production du genre admiratif, où il y a
beaucoup de vrai talent. M. Rouget est un des
conservateurs des traditions classiques ; mais ce
n'est point par système qu'il lutte contre le romantisme, c'est par conviction, peut-être aussi
par amitié et par reconnaissance pour David. Il a
fait un tableau qui aurait eu certainement un
grand succès au Salon de 1808 et qui l'aurait mérité ; cette année, les seuls amateurs, que le combat des écoles intéresse, l'ont examiné ; c'est un
Amour intercédant pour Psyché auprès de Vénus.
Les ultra-romantiques n'ont rien voulu accorder
à ce morceau qui est froid comme une page de
Fontanes, mais qui n'est pas moins pur ; ceux
des classiques que la sévérité et l'élévation du style
touchent avant toute autre chose et qui pensent

qu'on doit peindre plutôt d'après l'antique que d'après la nature, ont trouvé cela trop naïf. En rendant justice à ce tableau, qui n'a peut-être que le tort d'arriver vingt ans trop tard, j'avouerai qu'il ne sympathise guère à mon goût. La Vénus est gracieuse, d'un joli dessin, d'un coloris aimable, mais elle fait partie d'un ensemble qui ne frappe point mon imagination de grandeur et de poésie.

M. GUILLON-LETHIERE.

Héroïque fermeté de saint Louis.

Le prisonnier de Damiette, menacé par l'émir Octaï à qui il a refusé de vendre l'ordre de chevalerie, au prix de la liberté et d'une couronne, défie le sabre de l'assassin de Moadan. Etonné de cette courageuse résistance, l'émir regarde le roi français, et demeure partagé entre le sentiment de l'admiration et le féroce désir de punir un refus qui l'offense. Cette action est assez bien rendue ; le tableau plairait davantage, si le ton local en était moins rouge-brun.

M. P. DELAROCHE.

Mort du président Duranti.

Voilà, sans conteste, le meilleur ouvrage de son auteur, le plus bel ornement des salles du Conseil-d'Etat, un des plus admirables tableaux de l'exposition de 1827, et une des productions les plus complètes de l'école française, depuis la régénération. Après cet éloge, que je crois sincère, je pourrais me dispenser d'analyser les beautés de ce chef-d'œuvre, mais je ne me suis jamais privé volontiers d'un plaisir. L'entente de la composition est excellente; Duranti, sa femme et ses enfans, poursuivis par le peuple de Toulouse, ému par la nouvelle de la mort du duc de Guise, ont cherché un asile dans un couvent; un des parloirs a reçu les fugitifs, qui sont bientôt découverts par les ligueurs. La populace fait irruption dans le monastère et arrive à la chambre où Duranti, assis auprès d'une table sur laquelle est un crucifix, offre à Dieu et au roi le sacrifice de sa vie. Tranquille, il voit venir l'instant fatal; les prêtres luttent contre le peuple qu'ils retiennent un moment; la femme du président s'est

jetée aux genoux de son époux, qu'elle embrasse
pour la dernière fois; l'aîné de ses enfans supplie
les meurtriers d'épargner un père; Duranti regarde l'assassin qui le menace; il étend le bras
pour prendre son mortier et s'en couvrir comme
s'il allait condamner ces pervers. La disposition
de ce tableau est admirable, à cela près d'un défaut assez sensible : le point de vue perspectif est
trop haut, et les figures semblent être placées
sur un plan incliné. L'exécution matérielle de
cette scène est digne des plus grands éloges; il y
a là une conscience de peinture qu'on ne trouve
guère que chez les maîtres des beaux temps de
l'école italienne. Le dessin est soutenu, le style
noble, sans affectation et sans raideur, le coloris
sévère et riche à la fois. La tête de Duranti est
d'un fort beau caractère; le marmot tenu par la
mère, réfugiée sur le sein du président, est charmant; le mouvement, et je puis dire l'expression
de la femme, quoique je ne voie pas sa figure,
sont pathétiques au dernier point; la tête du
moine qui retient le bras de l'assassin, et celle du
ligueur plus rapproché de Duranti, sont d'une
couleur et d'un sentiment extraordinaires : j'y
retrouve la vigueur du pinceau de Titien et le ton
familier à Rembrand. L'enfant suppliant est très-

expressif, mais n'est pas d'une silhouette heureuse ; la forme de son vêtement et sa pose lui donnent un peu l'air de Polichinelle ; les étoffes et les autres accessoires sont touchés grassement et avec fermeté : pour tout dire en peu de mots , l'ouvrage est dans les plus belles conditions de la peinture historique , telle que les gens de goût l'aiment aujourd'hui ; le drame, les mœurs , les costumes , la forme et la couleur, se réunissent pour faire de cette page une chose excellente. *La mort de Duranti*, par M. Delaroche, avance plus la cause du romantisme que les exagérations et les malheurs de quelques-uns de nos gothiques n'ont pu la reculer.

M. SCHNETZ.

Le consul Boëtius. — La mort de Mazarin.

Ces deux tableaux sont mal placés ; on aurait pu destiner aux cadres qu'ils occupent , des productions médiocres, dont malheureusement le Conseil-d'Etat ne manque pas. C'est au grand jour qu'il faudrait voir ces ouvrages qui paraissent noirs ; ils ne sont en effet que solides. J'ai eu le plaisir de les examiner avant qu'ils fussent en place et rognés (car on les a rognés, l'artiste ayant oublié les limites qui lui avaient été imposées), et je puis dire qu'ils sont à peine reconnaissables, du moins pour le ton. *La mort de Mazarin*, surtout, a des oppositions de finesse et de vigueur qu'on ne peut pas apprécier dans l'état des choses. L'épisode du prisonnier embrassé par son enfant au travers des grilles de la prison, m'a bien l'air d'une scène d'après nature, que l'auteur a ornée d'un nom historique pour avoir le droit d'en remplir une grande toile. M. Schnetz aura vu quelque captif, visité par sa femme, son fils, son chien et une vieille amie, et il aura conçu l'idée d'un morceau de genre [1]; mais forcé par la nécessité d'exécuter promptement le tableau qui lui était commandé pour le Conseil-d'État, il aura, sans rien changer à ses dispositions, grandi ses figures et fait un *Consul Boëtius* de ce qui n'était d'abord qu'un brigand ou un condamné correctionnel. De là un peu d'indigence dans la composition ; cette femme, vue par

---

[1] M. Larivière, jeune pensionnaire de France à Rome, a fait un *Prisonnier au Capitole visité par sa famille*. Ce tableau, qui annonce du talent, est dans les mêmes données que celui de M. Schnetz. M. Larivière a eu raison de restreindre son idée aux proportions d'un ouvrage de chevalet.

derrière, montée sur un morceau de banc ou de
roc, tenant à bras tendu son enfant, pour qu'il
atteigne, avec ses lèvres et ses petites mains, la
tête du vieillard, qui vient recevoir l'adieu de
tout ce qui lui est cher; cette femme, dis-je, n'est
pas un bon détail de peinture historique; réduite
au tiers de ses proportions, elle eût été charmante. Le personnage du tableau qui intéresse
le plus, c'est la vieille négresse toute en larmes;
elle avait apporté de la nourriture au prisonnier,
dont elle espérait encore de voir la prison s'ouvrir, mais elle vient d'apprendre que le jour du
supplice est arrivé; abattue par cette nouvelle,
elle est tombée au pied de la tour, où elle donne
un libre cours à ses pleurs. Sous le rapport de
l'expression, comme sous tous les autres rapports qui peuvent recommander une figure d'é-
tude, la négresse dont je parle est très-bien. Dans
le reste du tableau, on trouve la plupart des
belles qualités que j'ai louées en M. Schnetz; on
y remarque aussi un peu de cette dureté que les
artistes lui reprochent. Mazarin, mourant et
présentant Colbert à Louis XIV, est une œuvre
fort remarquable; c'est de la figure du cardinal
qu'elle tire tout son prix, car le Louis XIV est
médiocre, et peut être mieux. Le Colbert n'est

pas très-bien. La tête et les mains du moribond
sont admirables ; sa pose est parfaite, de naturel
et de simplicité. Quant à l'exécution de cette partie principale du tableau, elle est irréprochable ;
le coloris en est brillant, et l'effet d'une vérité merveilleuse : je sais que des peintres disent qu'il est
facile d'arriver à cela, je n'en crois rien, quant à
moi, car je vois fort peu de ces peintres y réussir. Le cardinal tout seul serait une chose sublime; je ferais bon marché du Colbert et du jeune
roi, que M. Caminade achèterait bien cher. Ils
me gâtent l'ouvrage de M. Schnetz, et ils m'ar-
rangeraient bien dans l'œuvre de l'auteur froid
que je viens de nommer.

M. THOMAS.

Les Barricades. — Les Seize au Parlement.

« Quand vous m'aurez tué, il ne me faudra
pas six pieds de terre. » Ce mot, que parodia
l'abbé Maury, en répondant à des furieux qui
voulaient le pendre à une lanterne : « Quand j'y
serai, y verrez-vous plus clair? » ce mot témoigne de la présence d'esprit du président Molé. Ce
courageux magistrat, étant parvenu, à la tête du

parlement, jusqu'à la troisième barricade que les
bourgeois défendaient, fut assailli par le peuple,
outragé, menacé par le capitaine du quartier, qui
appliqua le bout d'un pistolet sur sa poitrine
dans l'espoir de l'effrayer et de lui faire rebrous-
ser chemin; l'effervescence était à son comble; le
calme du président imposa à la multitude. M. Thomas, dont les compositions sont toujours bien en-
tendues, a rendu convenablement cet épisode des
troubles de la Ligue. Molé a du calme et de la dignité; je suis fâché que les têtes du capitaine et d'une
femme qui injurie le président ne soient pas d'un
meilleur caractère. Les costumes sont bien observés; la couleur du tableau manque de cette
solidité qui rend si digne d'estime la *Mort de Duranti. Les Seize au Parlement* furent exposés
en 1824, et jugés moins favorablement alors que
cette année; j'eus occasion de dire mon sentiment sur ce morceau [1], que l'auteur a retouché
pour le mettre en harmonie avec celui qui lui fait

[1] Voir *l'Artiste et le Philosophe*, dialogues sur le Salon de 1824.
Paris, chez Ponthieu. Le dessin des *Seize au Parlement* est un des
ornemens de ce volume, qui a dû son succès en grande partie aux
charmans croquis dont quelques artistes eurent la bonté de l'enrichir.
Ce dessin est exécuté avec tout cet esprit que M. Thomas met aux
choses qu'il fait, et qui donne un prix si réel aux petits tableaux lithographiés publiés, avec beaucoup de succès, sous le titre d'*un An*

pendant. M. Thomas s'est montré plus coloriste
dans son *Ecce Homo* que dans ses deux tableaux du Conseil-d'État ; le ton de cette demi-
figure du Christ est assez riche et vigoureux ;
les pectoraux et les bras de l'homme-Dieu sont
largement traités. Si la tête ne paraissait un peu
petite, il n'y aurait que des éloges à donner à une
production qui fera un fort bon effet dans une
sacristie, si on l'accroche à la hauteur de douze
pieds environ. — M. Thomas est un des fonda-
teurs de la colonie d'artistes établie au nouveau
quartier Saint-Georges, et qui est comme un faubourg de la *Nouvelle Athènes ;* sa maison atteste
le bon goût de l'artiste ; on dirait une de ces habitations délicieuses, célébrées par Horace. Son
triclinium aurait fait envie à Scaurus lui-même ;
revêtu d'un stuc blanc, il est orné de peintures
charmantes. Plusieurs des amis de M. Thomas
se sont réunis pour exécuter une dizaine de figures gracieuses qui produisent un effet des plus
agréables ; quel banquier ne paierait bien cher
une semblable décoration ? Munich louera son talent à Séjan ou à Crésus ; Horace Vernet, Co-

à *Rome.* La ville du pape revit tout entière dans ces esquisses piquantes et naïves des us et coutumes du peuple le plus pittoresque du
monde.

gniet, Alaux, Vinchon, Picot, se refuseraient
à décorer le palais d'un ministre, et ils em-
belliront la maison d'un ami! Il est donc encore des jouissances que la fortune ne peut pro-
curer!

M. BLONDEL.

La France, au milieu des rois législateurs et des jurisconsultes français, reçoit la Charte constitutionnelle. (*Plafond.*) — Louis-le-Gros
donnant les premières chartes des communes. — Saint Louis donnant la pragmatique sanction. — Louis XVIII maintenant la liberté des cultes. — Création du conseil d'État par Louis XIV. —
Affranchissement des serfs par Louis-le-Gros. — Création des
Chambres par Louis XVIII. — Installation du Parlement par saint
Louis. — Création de la Cour des comptes par Philippe-le-Bel.
(*Bas-reliefs des voussures.*) — Le Génie des lois montrant la Charte
à l'Espérance et à la Foi. — L'Abondance, la Piété, la Fidélité, la
Charité. (*Voussures.*) — Armes de France groupées avec huit figures
allégoriques : Mars, Neptune, Vulcain, Hercule, la Constance,
Mercure, Apollon et le Silence. (*Angles des voussures.*) — Lycur-
gue, Solon, Numa, Moïse. (*Dessus de porte.*)

Le catalogue qu'on vient de lire des sujets
traités par M. Blondel, dans le plafond de la seconde salle, donne une idée de l'importance de ce
grand travail, un des plus beaux qu'on ait faits
en France, où la peinture monumentale et d'ornement compte déjà de précieux chefs-d'œuvre.

28

La conception de cet ouvrage est très-heureuse,
les détails en sont ingénieux. Rien n'annonce ici
l'esprit de servilisme ; les sentimens les plus honorables ont inspiré l'auteur, empressé de rendre
hommage à toutes les institutions (le Conseil-
d'Etat devait être pourtant excepté) qui ont contribué au bonheur des Français ou qui leur assurent un avenir de paix et de liberté. Au lieu de
M. Blondel, figurez-vous un peintre jésuite (il y
en a peu, bien peu, à la vérité), et voyez ce qui,
dans le tableau principal du plafond, aurait remplacé Louis XVIII et la Charte. Il nous aurait
donné Louis XIV révoquant l'édit de Nantes ; la
figure de la Prudence, qui fait une allusion fine à
la situation où se trouvaient les Bourbons remettant le pied sur le sol de la France, que la république et l'empire avaient semée d'idées nouvelles,
cette figure aurait fait place à une Maintenon ;
celle de la Justice à une effigie du confesseur que
le roi tenait de la compagnie de Jésus. M. Blondel
a représenté la déesse de la Sagesse, présentant
l'olivier de paix, et protégeant la Charte, qu'elle a
inspirée avec la Justice et la Prudence politique ; le
peintre selon Ignace aurait montré l'Eglise armée
en guerre, et menaçant d'une épée flamboyante
l'Hérésie fugitive. Où est la loi que M. Blondel

a donnée pour soutien à des tables sur lesquelles
on lit : *In legibus salus*, vous trouveriez le Pouvoir absolu, tenant des fers et un bâillon. Au
livre des Codes, sur lequel M. Blondel a endormi
un enfant [1], serait substituée la Loi du sacrilége,
sur laquelle ronflerait le génie du parti prêtre.
Toutes les figures accessoires seraient autres,
bien entendu; Charles IX remplacerait Henri IV ;
saint François-Xavier brillerait à la place de saint
Louis ; François Ier déplacerait Louis-le-Gros;
Richelieu et M. de Peyronnet, Sully et d'Agues-
seau; M. de Bonald, Montesquieu ; M. de Latil,
l'abbé Suger; Maupeou, Colbert; le Père Ron-
sin, Lamoignon de Malesherbes ; M. de Villèle,
l'Hôpital, etc., etc. Louis XIV seul resterait dans
cette apothéose de l'absolutisme, où l'adroit peintre
de Mont-Rouge aurait trouvé moyen de mettre
au-dessus des Tuileries le château du roi d'Espagne,
et un peu plus haut la demeure royale de la veuve
de Jean de Portugal, l'heureuse mère de Miguel.
Vous pensez bien qu'aucun des tableaux complé-
mentaires ne resterait tel qu'il est. La Charité,

---

[1] On a remarqué avec raison que cet enfant endormi sur les Codes
personnifie une idée trop douce au pouvoir. La sécurité pour les citoyens n'est pas le sommeil sur les lois, mais au contraire la vigilance
pour leur maintien, leur exécution et leur interprétation équitable.

représentée par M. Blondel suivant les traditions
anciennes, serait habillée en moine, distribuant
des aumônes à la porte de son couvent, comme
au bon temps ; l'Abondance ne serait pas montrée
donnant ce qu'elle a ; sous le costume d'un pour-
voyeur de monastère, elle serait occupée à recevoir de tous côtés, et à empiler les écus du trésor
national, que les bonnes ames du pouvoir lui of-
friraient à genoux. La Piété et la Fidélité auraient
de bien autres attributs ; grasses et vermeilles,
l'artiste aurait pendu à leur ceinture des disci-
plines neuves et artistement usées. Quant au
Génie des lois, qui montre, chez M. Blondel, la
Charte, à la Foi et à l'Espérance... impitoyablement
effacé ! le Génie de la Ruse, montrant à la Bi-
gotterie et au Fanatisme le code Loyoliste, aurait
pris sa place. Je n'ai pas besoin de vous dire que de
l'installation des parlemens, de la création des
Chambres, de la création de la Cour des comptes,
de l'affranchissement des serfs, du don des
chartes et surtout du maintien de la liberté des
cultes, le peintre de Mont-Rouge se serait gardé
comme de la peste, de la fièvre jaune et du pro-
testantisme ; ce sont sujets irréligieux, impo-
litiques, immoraux, auxquels ne peut toucher
un homme bien pensant. Pour dessus de portes,

au lieu de Numa, de Lycurgue, de Solon et de
Moïse, tous gens pour qui nos révérends Pères
ont peu de respect, vous admireriez Clément XIV,
brûlant comme un impie dans un brasier d'enfer,
Pie VII, radieux dans une gloire ', Jacques II
et le pieux Louis XI. — En disant ce qu'un autre
aurait fait, j'ai dit comment M. Blondel a conçu
le plafond qui couronne la seconde salle du Conseil-d'Etat; l'ensemble de sa composition, où le
positif et l'idéal, le réel et l'allégorie, se marient
sans effort, est noble et imposant; le mot *lex*
(la loi), inscrit en gros caractères aux deux extrémités du tableau principal, sur la soffite, est
le programme laconique de cette vaste représentation, où une idée sage est développée avec
beaucoup de talent. M. Blondel n'a pas reculé
devant les difficultés dans lesquelles plusieurs
de ses confrères n'ont pas voulu s'engager, il a
fait un plafond à la *parmesane;* les dispositions
en sont assez élégantes, il y a un balancement
de lignes qui plaît. Les figures, vues en l'air par

Un pape nous abolit,
Il mourut dans les coliques;
Un pape nous rétablit,
Nous en ferons des reliques.
　　　DE BÉRANGER.

une ouverture dont le cadre borne l'espace, sont
la plupart dans des raccourcis très-bien sentis.
Les figures de Louis XIV et de Louis XVIII,
assises, l'une sur un nuage, l'autre sur un trône,
ne manquent pas de grâce, bien qu'elles se présentent au spectateur par les genoux, et que
les têtes en soient sur un plan plus reculé que
celui des jambes. Le style de ce plafond et des
tableaux des voussures est élevé, mais peut-être
aussi y trouve-t-on plus de convention que de nature ; le ton général est solide ; M. Blondel s'est
montré plus coloriste dans cet ouvrage qu'il ne le
fut jusqu'alors ; sa figure du Génie des lois, et
plusieurs des grandes académies qui se groupent
aux coins de la salle, portent témoignage en faveur de cet éloge. A propos de ces académies,
je demanderai à M. Blondel pourquoi, dans les
accessoires allégoriques, il a placé le *Silence* auprès des armes royales? Qu'il leur ait donné pour
supports la Guerre, la Navigation, l'Industrie, le
Commerce, les Arts, la Force légale, la Constance,
je le conçois à merveille, mais le Silence! C'est la
Censure, et la Censure, ennemie de la liberté, est
ennemie aussi du trône; déjà elle lui a fait bien du
mal. S'il en est temps encore, je conseille à M. Blondel de remplacer le Silence par la Loyauté.

M. DROLLING.

La Loi descend sur la terre ; elle y établit son empire et y répand ses. bienfaits. (*Plafond.*)

La composition de M. Drolling rappelle un peu *le Départ du Soleil ;* elle est tout-à-fait dans le sentiment classique. L'exécution n'est pas aussi bonne que le nom de l'auteur pourrait le faire croire ; toutes les figures semblent jetées dans un moule unique ; c'est le même caractère et le même type, c'est aussi la même couleur. Il y a pourtant de fort bonnes choses dans cet ouvrage, qu'en somme je n'aime guère. La figure de l'Égalité, par exemple, est charmante ; M. Drolling en a caché les traits ; est-ce pour la raison qui avait forcé un peintre de l'antiquité à voiler la tête d'Agamemnon ? Je ne le pense pas. Cependant, si M. Drolling était embarrassé pour inventer une expression, s'il craignait de s'en rapporter aux hommes de cinquante ans , qui ont vu l'Égalité en 93, et qui l'ont trouvée si laide, parce qu'elle était sortie de ses habitudes douces et sages, que ne consultait-il un Américain ? Le Mercure, qui suit le char de la Loi, n'est pas d'un bon effet ; le

Génie qui précède ce char est un peu lourd. Je
ne sais quels monstres expirent renversés à l'approche de l'équitable déesse ; j'aime à croire que
c'est le Pouvoir absolu et le Privilége. Une chose
qui mérite des éloges sans restriction, et qu'on a
toujours pu louer dans les productions de M. Drolling, c'est le maniement du pinceau, la facture
de l'ouvrage ; facilité, fermeté, précision, largeur de touche, voilà ce qu'on ne peut contester
à l'auteur d'un plafond que je voudrais estimer à
l'égal du tableau de *saint Surin,* par le même
artiste. Morceau parfait celui-là ! Beau comme
un beau Lesueur ! Il a la noble simplicité,
la naïve élégance, l'expression tranquille, le coloris pur, le dessin correct, le style naturel et
distingué des chefs-d'œuvre du peintre de *saint
Bruno.* Le jeune acolyte qui tient la mitre de
saint Amand, est une chose véritablement admirable. Oh ! que le classique aurait de prosélytes
s'il avait toujours pour propagateur M. Drolling ;
j'entends M. Drolling, heureux comme il l'a été
dans son petit saint Surin et dans son portrait
du général Lagrange !

M. COGNIET.

Numa donnant des lois aux Romains.

Le législateur des Romains est debout dans le mystérieux asile où il feignit que la douce Egérie se manifestait souvent à lui. Appuyé par le coude gauche sur une roche que décore l'image de la nymphe, sa tête est tombée dans sa main ; il prépare quelques-unes de ces sages dispositions qui adouciront les mœurs des enfans de Rome sauvage. Certains ultra-romantiques ont trouvé que Numa a une pose de danseur, que sa jambe gauche, croisée sur l'autre, sent l'Opéra, et puis, qu'il est trop petit-maître. Ces reproches sont risibles, et il suffit d'avoir un peu le sentiment poétique pour juger de leur niaiserie. La pose du Numa de M. Cogniet est une inspiration de l'antique, elle est simple, et convient très-bien à l'espèce de composition qui était demandée au peintre. Quant à la coquetterie du grave législateur, s'il était vrai qu'on l'ait pu remarquer, ne l'excuserait-on pas facilement ? Numa, pour tromper les Romains qu'il voulait civiliser, supposait qu'une nymphe daignait le visiter; pouvait-il, lorsqu'il traversait la ville, se rendant dans la forêt où l'attendait la déesse, ne pas se montrer paré des plus beaux ornemens? Ainsi se justifieraient au besoin la banderolle de pourpre, le cothurne blanc, la riche tunique. Le tableau de M. Cogniet est recommandable par une exécution vive et franche, et un ton non moins solide que brillant.

M. A. SCHEFFER.

Scène de la place publique d'Athènes. — Charlemagne présentant ses capitulaires à l'assemblée des Francs.

M. Scheffer avait envie de faire un tableau, on lui a demandé une image; il voulait reproduire une scène des mœurs politiques d'Athènes, on a voulu un Charlemagne. Il paraît que le souvenir des capitulaires a moins effrayé que celui du vote libre de l'élection athénienne; il a fallu montrer l'empereur franc octroyant son Code. On était convenu d'arranger une salle où quatre des grands législateurs des hommes seraient offerts en exemples aux conseillers - d'État qui ne sont pas chargés de faire les lois, parce qu'ils ne

sont pas une des branches du pouvoir législatif.
C'est très-bien ! M. Scheffer a donc fait un Charlemagne. Si vous ne reconnaissez pas là le talent
du jeune auteur, ne vous en étonnez pas, il a été
contrarié en tout. Ayant à représenter un Franc,
il voulait donner à Charles le costume que Si-
doine Appollinaire a décrit, et dont plusieurs
monumens nous ont transmis la tradition pittoresque ; on l'en a empêché. « Faites, lui a-t-on
dit, ce qu'on a l'habitude de faire. » Alors, il a
affublé le monarque d'un vaste manteau, et l'on
a été content. Je ne parlerai pas de la facture
de cet ouvrage, M. Scheffer n'y attache aucune
importance ; de fait, ce n'est pas un artiste qui se
retrouve dans ce travail, c'est un ouvrier empressé
de se débarrasser d'une tâche qui l'ennuie.

M. DELACROIX.

Révolte de Spartacus. — Justinien composant ses lois.

Ce qui arrivait à M. Scheffer touchait aussi
M. Delacroix. Le jeune peintre avait pensé que
la révolte de Spartacus serait un beau sujet de tableau, et qu'un coloriste pourrait tirer parti de cette
scène dramatique en supposant la Sédition, mar-

chant de nuit, à la lueur des torches. « Vous ferez un Justinien, Monsieur.—Cependant, Spartacus.... — Assez de révolutionnaires, s'il vous plaît, nous voulons un législateur; l'auteur des Institutes par exemple. » Et M. Delacroix assit l'empereur auprès d'un vaste pupitre, sur lequel est le livre du vieux droit romain; le réformateur dicte à son secrétaire les dispositions nouvelles qu'il coordonne avec les maximes antiques; le Génie des lois l'inspire pour cette importante création. La figure de Justinien a donné beau jeu aux ennemis de l'auteur; il n'est sorte de quolibets qu'ils n'aient imaginés pour caractériser ce personnage, en effet très-bizarre. L'un a comparé à un oiseau, l'autre à un singe, l'empereur, dont un troisième a fait un Asiatique, jouant la première scène du *Malade imaginaire* [1]. La tête de Justinien est du type auquel M. Delacroix a emprunté celles de son Sardanapale, et de cet officier du palais qui égorge sur le bûcher une des maîtresses de son

---

[1] On a beaucoup ri aussi d'un portrait de madame Paradol, représentée en costume oriental. Cette dame, dans la peinture de M. Dulac, a l'air d'une sultane occupée à certaines fonctions que Téniers seul eut le droit de peindre, et dont Molière trouva le secret de parler longuement sans que les oreilles bégueules des précieuses de l'hôtel de Rambouillet pussent être effarouchées.

maître. Le Génie, jeté dans un parti d'ombre qui dissimule un peu la pauvreté de ses formes, est d'un beau ton. Ce qu'il y a de plus louable dans l'ouvrage, c'est la vive couleur des velours, les ornemens d'or et les pierres précieuses qui parent les volumes dont le devant du tableau est garni. Le temps ne peut qu'ajouter au mérite de ces accessoires, mais ce mérite est bien secondaire dans un morceau où le principal est manqué. M. Delacroix a mis au Salon la première *Apparition de Méphistophélès au docteur Faust.* Ce petit tableau, d'un caractère très-original, est remarquable par la richesse du ton. *Milton aveugle*, dictant le Paradis perdu, est une production agréable, l'expression du poëte plaît par sa simplicité; une de ses filles est jolie. Cet ouvrage me paraît un peu inférieur à celui de M. Decaisne sur le même sujet, non pas pour la couleur.

M. DASSY.

La Force. — La Vigilance.

J'ai entendu dire beaucoup de mal de ces deux figures; c'est une indignité : elles sont lourdes, communes, médiocres, voilà tout.

M. MARIGNY.

Moïse législateur.

Ce tableau n'est remarquable ni par un beau style , ni par une belle couleur, ni par une grande expression ; il impose cependant , au premier coup-d'œil, par un ton singulier, nourri d'oppositions, par une sorte de simplicité , par un certain effet, par quelque chose de ferme, enfin par des qualités que je ne puis définir, et qui, sans masquer les défauts, les voilent assez heureusement. Je ne sais si du temps de Moïse les Hébreux avaient les yeux aussi grands que M. Marigny l'a supposé, je n'ose pas reprocher à l'artiste d'avoir abusé de ce moyen d'attirer l'attention sur son ouvrage ; il lui a très-bien réussi ; j'ai vu de belles dames émerveillées des prunelles noires, découpées sur un fond blanc , que le peintre a enchâssées dans les paupières de la femme juive qui , placée dans un coin de la composition, semble faire des agaceries aux passans. Un M. Marigny, je ne sais si c'est l'auteur du *Moïse*, a fait un *Joueur* ; c'est une scène effrayante , assez bien rendue.

M. CAMINADE.

Le génie de Numa. — Le génie de Moïse. — Le génie de Justinien.
— Le génie de Charlemagne. (*Dessus de porte.*)

« Génies, génies tant que vous voudrez, je ne
vois point là de génie. » M. de Bièvre n'aurait
pas manqué de faire ce détestable calembourg;
je m'en garderai bien, quant à moi. Vides de pensées, mesquins de style, blafards de couleur,
d'un dessin correct, mais faible, tels sont les
quatre tableaux de M. Caminade. M. Caminade
est un honnête classique, qui a plus de talent que
ces dessus de porte ne le feraient soupçonner;
mais il est d'un froid désespérant; sa peinture me
réconcilierait avec celle de M. Champmartin.

M. STEUBEN.

L'Innocence se réfugiant dans les bras de la Justice. — La Force,
figure allégorique. (*Dessus de porte.*)

L'Innocence, poursuivie par l'Arbitraire, peut-
être pressé par la Calomnie, court chercher un
asile entre les bras de la Justice, qui s'est levée
de son trône pour la recevoir. L'intention de la

scène est très-bonne, mais elle est traitée trop
théâtralement. La pose de la Justice est celle
d'une tragédienne; sa dignité n'est pas assez simple, elle menace plus qu'elle ne protége, elle
lutte du regard contre l'ennemi de l'Innocence,
tandis que, semblable à l'Apollon antique, son
geste, son coup-d'œil devraient annoncer une
victoire sans effort. Sa tête est d'ailleurs
d'un beau caractère. Cette figure est bien
peinte; celle de l'Innocence est un peu maigre;
le mouvement de ses omoplates, tout vrai qu'il
soit, est désagréable; son coude-pied gauche plairait dans une danseuse et paraît exagéré ici; sa
robe est péniblement drapée. La Force, représentée par un jeune homme assis à terre et tenant
auprès de lui une bride, emblème de la modération, est un morceau recommandable, bien qu'il
soit d'un ton jaunâtre, et que les formes de l'a-
dolescent n'annoncent pas la vigueur autant qu'il
le faudrait.

M. COLSON.

La Sagesse sous la forme de Minerve. — Le Génie des Lois. (*Dessus
de porte.*)

Ouvrages d'une faiblesse extrême. Le Gouver-

nement a raison d'encourager les artistes, et de
n'avoir pas de préférence dans la répartition de
ses faveurs; mais il est de certains travaux qui
ne devraient être confiés qu'à de certains peintres.
La décoration du Louvre doit répondre à la beauté
du monument, et on y admet des choses tristement
médiocres. C'est plus qu'un tort de la direction
des Beaux-Arts, c'est un véritable abus de pouvoir. Le mauvais emploi des fonds du budget devrait entraîner une responsabilité réelle ; la critique a seule un contrôle qu'une commission de
la Chambre des députés, composée de juges com-
pétens, devrait exercer. Voyez cependant ce qui
peut arriver! Paris périra ; quand, et comment?
c'est ce que je ne sais pas. Le Louvre sera abîmé
en grande partie; il restera cependant une aile,
et c'est justement celle où le conseil-d'État aura
tenu ses séances. Toute la peinture sera détruite;
le hasard n'aura conservé qu'un morceau , et ce
sera, ou la Minerve de M. Colson, ou un des génies
de M. Caminade, ou ce que vous voudrez imaginer du même mérite. Voilà les explorateurs
des ruines trouvant ce tableau , et imprimant
avec assurance, s'ils ne peuvent être démentis
par la conservation des livres qui s'écrivent
aujourd'hui : « Tel était l'état de la peinture

29

en France, au XIX⁰ siècle, l'an 1828 de l'ère chrétienne. » Ne sera-ce pas une véritable calomnie?
— Mais, direz-vous, la supposition est ridicule.
— Pas tant que vous le croyez. Qu'imprimons-
nous de l'état des arts en Egypte et en Grèce sur
ce que nous connaissons des débris de leurs monumens? D'ingénieuses suppositions et de lourdes
sottises qui font un merveilleux effet par l'air de
conscience avec lequel elles sont débitées. Nous
voyons des statues et des fragmens de colosses ;
nous en trouvons le style bizarre, l'exécution
grossière, et nous concluons; un tableau de Pompéia nous est montré, et nous induisons du mérite
de cet ouvrage que la peinture avait tel caractère
au moment de l'éruption. Mais nous ne nous avi-
sons pas que la statue peut bien n'être point d'un
Cartellier, d'un Cortot, d'un David de l'époque,
et qu'au contraire elle peut être d'un de ces malhabiles fabricans d'images , comme nous en voyons
aujourd'hui , sculpteurs admirés des dévots de
village ; nous ne pensons pas que s'il y avait à
Pompéia des Gros , des Vernet, des Heim, il y
avait aussi des..., vous comprenez. — Je ne dis
pas que M. Colson n'est point un homme distingué, et que les classiques ne doivent point s'enor-
gueillir d'avoir dans leurs rangs ce conservateur

des bonnes doctrines ; mais·enfin je n'aime pas plus sa *Minerve* grise, que je n'aime *la Paix*, et *le Génie de la paix* roses de

M. LANCRENON.

M. DEJUINNE.

La Guerre. — Un Génie portant des armes. (*Dessus de porte.*)

Je voudrais trouver bonnes ces deux figures ; mais j'ai le malheur de n'en point sentir les beautés. *La Guerre* m'a l'air d'une figurante d'opéra, montée sur des ruines de carton et vêtue de neuf, et d'après les traditions du siècle de Louis XIV. Il y a dans l'exécution de ce morceau encore plus de dureté que de franchise ; la couleur en est vive, mais sans agrément. Tout ce que je reprends dans le tableau de M. Dejuinne n'empêche pas que l'auteur ne soit capable de bien faire. Je n'ai point oublié son *Saint Fiacre*.

M. COUTAN.

Le Génie des arts.

Figure qui rappelle par le mouvement un Bac-

chus antique et quelques autres statues que nous
connaissons; un peu lourde de forme; avec plus
d'élégance et un ton moins monotone, ce serait
une chose estimable. Qui dirait que ce Génie, où
je ne puis louer que le pinceau, est de la même
main que *le Christ du Calvaire* [1], si remarquable sous tous les rapports, et dont les beautés
sont devenues d'autant plus sensibles qu'elles
semblaient devoir courir plus de danger dans le
voisinage de *la Mort d'Élisabeth?* Qui dirait
aussi qu'une *Assomption de la Vierge*, commune
de caractère et d'un effet désagréablement jaune,
a été composée, dessinée et peinte par le même
artiste? Il faut avertir M. Coutan. Il ne lui est
pas permis de faiblir dans l'âge de la force. Il a
fait preuve d'un talent pur et élevé, c'est un engagement qu'il a pris. Son *Christ* ne lui serait
compté pour rien s'il dégénérait de lui-même.

MM. ALAUX ET PIERRE FRANQUE.

La Justice veille sur le repos du Monde. — La Justice amène
l'Abondance et la Paix sur la terre.

Je suis assez heureux pour pouvoir offrir à mes

[1] *Voyez* page 277.

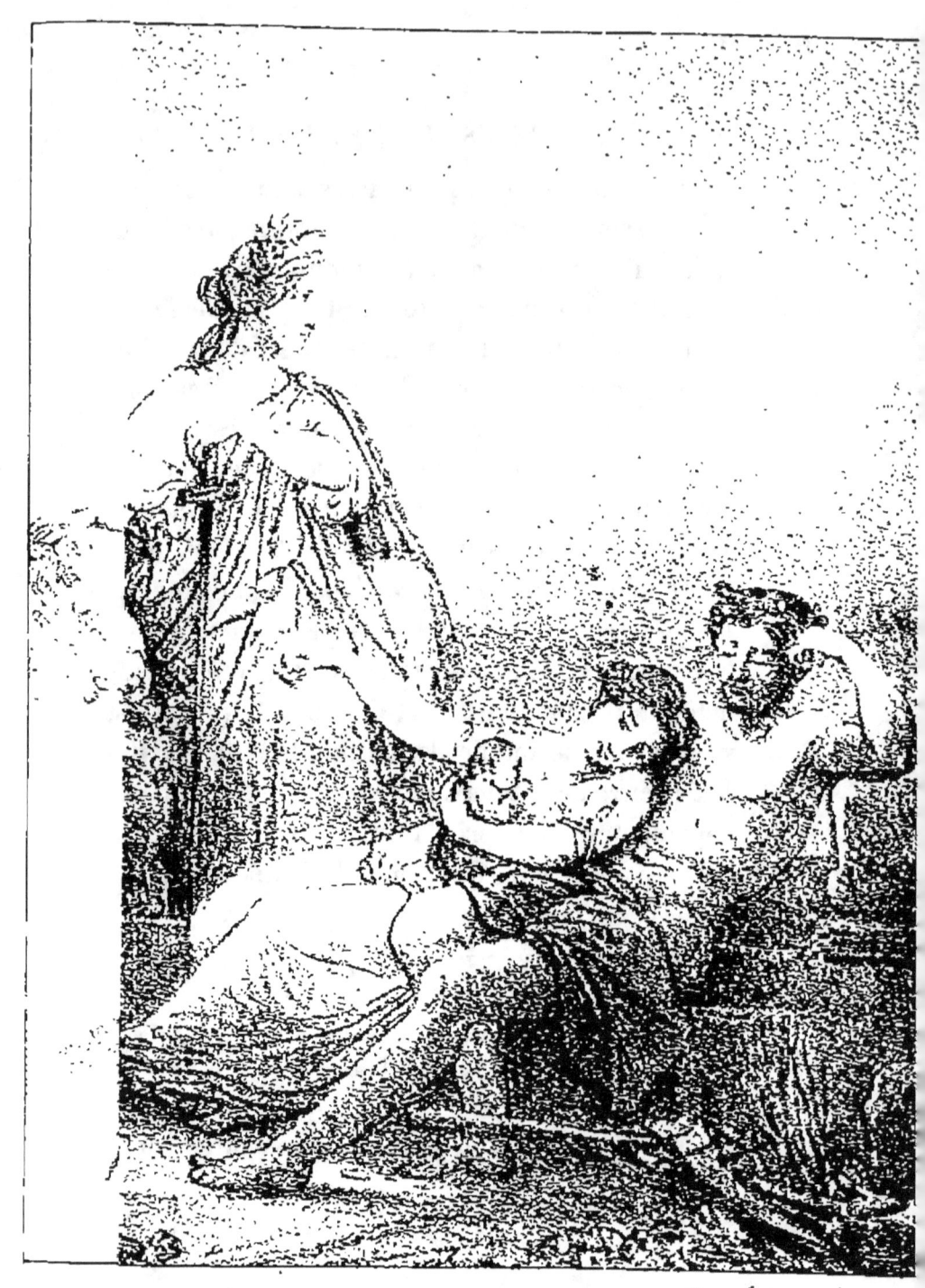

La justice veille sur le repos du monde

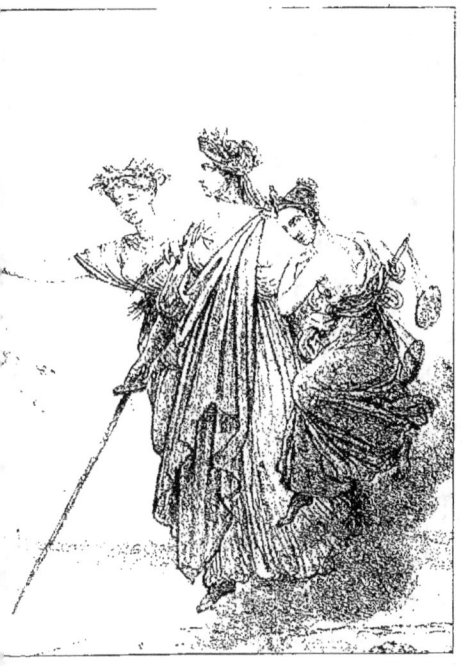

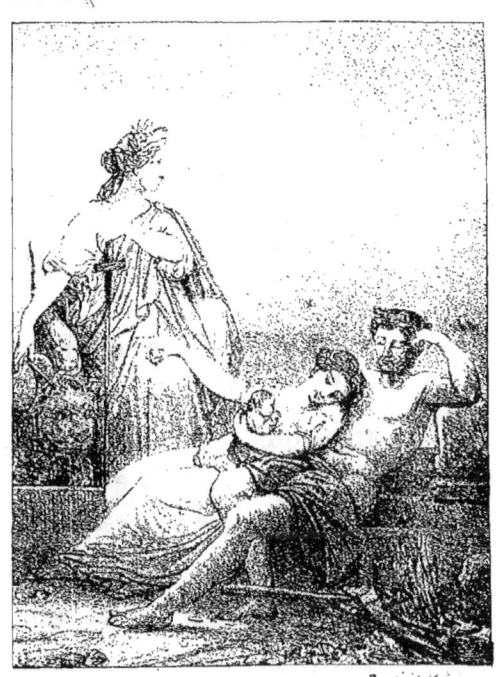

La justice anime l'abondance et l'industrie
sur la terre

La justice veille sur le repos du monde

lecteurs le dessin de ces tableaux qui leur fera
certainement plus de plaisir que toute ma prose.
M. Alaux a bien voulu enrichir ce volume de deux
croquis spirituels et fins, autant dignes d'estime
que les charmantes compositions dont il a doté
le beau livre de mes amis MM. Cailleux, Nodier et
Taylor, et que *les vues choisies des monumens
antiques de Rome* [1] qu'il recueille avec M. Lesueur. Je n'ai pas besoin d'analyser les productions dont M. Alaux me fournit lui-même une
analyse pittoresque ; je n'ai pas besoin de dire la
grâce de ce groupe aérien, la poésie de ces ténè-
bres au milieu desquelles une famille s'est endor-
mie sous la garde de la justice ; je n'ai qu'à m'occuper du coloris et de la touche. Les effets des
ouvrages sont fort opposés l'un à l'autre. L'un est
clair, l'autre sombre mais brillant toutefois. Le ton
de l'un est gracieux, le ton de l'autre est sévère.
M. Alaux, qui n'avait pas le temps d'exécuter les
deux tableaux, après les avoir composés, n'a
peint que la Justice amenant l'Abondance et la
Paix sur la terre, et l'on reconnaît dans ce morceau sa manière élégante et suave ; M. Franque

---

[1] Cet ouvrage, très-intéressant et d'une exécution fort soignée,
obtient un succès réel parmi les artistes et les gens de goût.

(Pierre) a peint la Justice veillant sur le repos
du monde; le pinceau de cet artiste est ferme sans
rudesse. Ces deux compositions sont comptées
parmi les ornemens les plus précieux du Conseil-
d'État.

M. MAUZAISSE.

La Sagesse divine donnant des lois aux rois et aux législateurs.

Les cieux se sont ouverts; la Sagesse divine,
assise sur un nuage, et environnée de tous les génies qui forment son conseil, apparaît aux législateurs et aux chefs des peuples, réunis sur un
même point de la terre, par un de ces anachro-
nismes que la peinture épique se permet comme
la poésie. Elle donne à ces mortels le livre sacré
où sont écrites toutes les constitutions, tous les
codes politiques et religieux, qui doivent régir
les hommes, ou, pour dire mieux, qui les ont op-
primés tour à tour et rendus libres. Parmi ces fon-
dateurs des législations, on remarque Confucius,
Numa, Lycurgue, Solon, Sémiramis, Moïse,
Mahomet, Charlemagne, un chef des tribus sauvages de l'Amérique, Washington, Penn, et
plusieurs autres également célèbres; un grand

nombre de rois de France, rangés sur une ligne,
dans une *Gloire*, dominent le groupe des législateurs ; c'est une galanterie de M. Mauzaisse.
Le peintre n'a pas voulu confondre les rois très-
chrétiens avec toute sorte de gens. Certes, la fierté
du grand Louis XIV se serait révoltée, si on l'a-
vait placé à côté d'un gardeur de chameaux, ou
près d'un homme de la chair rouge que les mis-
sionnaires jésuites n'ont point baptisé peut-être.
L'étiquette a prévalu sur la raison, et la composition en a souffert d'autant ; à cela près elle est fort
bien. La partie morale de l'ouvrage pourrait donner prise à la critique de la part des dévots ; l'indifférence en matière de religion est poussée ici
au dernier point. Ils concevront à merveille la
Sagesse divine donnant à Louis XIV la révoca-
tion de l'édit de Nantes ; mais comment se figure-
ront-ils la même déesse offrant à Washington le
code américain, tolérant pour tous les cultes ?
Moi, je voudrais savoir pourquoi l'admirable. législation du Christ n'est pas représentée ? Je sais
que l'embarras était grand, parce que les convenances ne permettaient pas, dans un pays où la
religion catholique, apostolique et romaine, est
déclarée religion de l'État, de mettre Jésus à côté
de Mahomet. Mais pourquoi n'y avoir pas mis

saint Paul, qui fit plus sans doute pour la propagation de la doctrine du Christ que tous les apôtres ensemble? Le tableau est donc incomplet, à
moins qu'on ne dise que Henri IV, Louis XIV,
Louis XVIII, Louis-le-Gros et nos autres princes
figurent la législation chrétienne; mais il est dans
leurs lois tant de choses contraires à l'Évangile,
que je n'admets pas la représentation. Le plafond
de M. Mauzaisse est d'un bel effet. Toute la partie
droite qui admet le nu est d'un aspect très-agréable; la figure de la Sagesse, pleine de pudeur et
de charme, est d'un caractère sévère et distingué.
Plusieurs figures accessoires du groupe sont aussi
assez nobles de style et d'un joli ton. La variété des
costumes, et des poses, l'éclat et la force du coloris, la fermeté et la largeur de la touche, l'heureuse opposition des personnages, font de l'assemblée des législateurs une bonne chose. L'ouvrage
de M. Mauzaisse est original; s'il ne l'est pas davantage, c'est que l'auteur a voulu respecter les
préjugés du temps, et n'a pas osé être tout-à-fait
philosophe; il a été poëte et peintre; sous ce
double rapport, il mérite des éloges.

A Lord D....

Vous le voulez, Mylord, je vous servirai donc de guide.

Le château que vous avez hérité de vos pères vient de changer de physionomie ; il n'a plus qu'à l'extérieur cet aspect vénérable que vous lui aviez conservé, moins pour vous que pour les vieillards vos voisins, dont vous redoutiez les railleries. La plupart de ces gentilshommes ne sont plus, et vous ne craignez pas que leurs ombres viennent, au milieu de vos festins, vous reprocher l'abandon des traditions antiques. Un architecte de Paris est l'enchanteur qui a transformé votre gothique habitation en un petit palais, au prix duquel ceux de M. Lafitte et de madame d'Osmond ne sont rien. Tout ce que le luxe moderne a de plus recherché, tout ce que le goût naturel à nos artistes a de plus délicat, a été mis en usage pour l'embellissement de votre demeure, digne maintenant de recevoir une autre Elisabeth.

Il vous manque encore une galerie de tableaux, et des statues pour l'ornement de votre parc ; vous avez peu de goût pour la peinture de ce temps-ci, et c'est en Italie et en Hollande que vous prétendez recruter des chefs-d'œuvre ; faites, Mylord ; mais vous aurez beau vous en défendre, je vous forcerai bien d'ouvrir un salon à quelques ouvrages français de nos meilleurs maîtres. Votre famille fut aussi dévouée que celle des Macdonald à la cause des Stuart ; ne seriez-vous pas fier d'avoir un tableau qui représentât un de vos aïeux blessé à Culloden, ou partageant l'exil du Prétendant ? Je commanderai pour vous, à M. *Delaroche*, une petite page historique dont vous me saurez certainement beaucoup de gré.

Vous aurez aussi un morceau capital de M. *Hersent*, outre votre portrait ; oui, votre portrait, car votre seigneurie, qui a posé pour Lawrence, passera certainement le détroit pour se faire peindre par Hersent. Si vous saviez quel bon portrait, bien qu'un peu mou, le peintre de *Gustave Vasa* a fait de votre ami M. Casimir Perrier, vous n'hésiteriez pas une minute. M. Perrier a été représenté dans le costume de député qu'il honore ; on vous représenterait dans le costume de capitaine de vaisseau, que vous avez illustré à Navarin.

Il vous faudra un *Léopold-Robert ;* je verrai si
le délicieux tableau du *Retour de la fête de la
madone de l'Arc* est encore à vendre, ce dont
je doute, car un morceau de ce mérite doit avoir
trouvé plus d'un enchérisseur. Pour dix mille
francs vous aurez cet ouvrage, et en vérité c'est
un bon marché que vous ferez là; de la grâce
sans afféterie, du naturel sans trivialité, des caractères de tête nobles et vrais, des poses charmantes, l'observation des mœurs du pays, une
touche ferme, un coloris vigoureux, un effet
franc; croyez-vous que se peuvent trop payer
toutes ces qualités, que dépare à peine un peu
de dureté dans la manière dont les silhouettes se
détachent sur le ciel?

J'écrirai à M. *Schnetz*, à Rome, pour lui demander le pendant de *la Jeune Fille malade*,
présentée par sa mère à l'autel de la Vierge. Le
tableau que je vous cite, Mylord, est un des ouvrages les plus complets que je connaisse dans *le
genre ;* si Schnetz réussit celui que je le prierai de
faire à votre intention aussi bien que celui-là, vous
aurez un *diamant.* Je commanderai un tableau à
M. *Bonnefond ;* M. *Fleury*, qui nous a donné cette
année *le Tasse au monastère de Saint-Onufre*,
vous en fera un j'espère. Dans son Tasse, il y a

de très-bonnes choses ; l'expression du principal
personnage est belle ; le cardinal Cintio est une
figure fort estimable ; quelques-uns des moines
sont bien aussi : le ton général est satisfaisant ;
et le tableau ferait beaucoup plus d'effet s'il n'é-
tait trop mou. Vous avez admiré Talma ; la
représentation de la scène de sa mort ne saurait
être indifférente à votre seigneurie. M. Fleury a
peint cette catastrophe ; je ne suis pas content de
son tableau, qui manque de pathétique et d'effet,
je lui en demanderai pour vous une répétition, et
vous verrez que, certains défauts corrigés, ce
sera une chose intéressante sous tous les rapports.

Il va sans dire, Mylord, que vous aurez quelque chose d'*Horace Vernet ;* seulement, vous
me direz ce que vous voudrez avoir, histoire,
batailles, paysages, portraits, animaux, car il
fait tous les genres, et tous avec un égal succès.

Vous me disiez un jour que vous estimiez le
naturel au-dessus de tout dans la peinture ; vous seriez donc charmé de voir dans votre cabinet une
scène familière de M. *Duval-Lecamus*, à laquelle
nous donnerions pour pendant une petite composition de M. *Grenier.*

Une marine de M. *Gudin* vous est indispensable ;
j'achèterai pour votre seigneurie *l'Incendie du*

vaisseau de la compagnie des Indes, le Kent;
le sujet vous convient. L'artiste, notre premier
peintre de marine, à qui l'Angleterre ne peut
certainement opposer personne, a représenté le
navire au moment où la flamme fait les plus affreux ravages dans les entre-ponts, et force l'é-
quipage et les passagers à chercher leur salut
dans la fuite. Les embarcations se remplissent de
monde; la chaloupe du brick, *la Cambria*, est à
l'arrière du navire, et reçoit des femmes et des
enfans, qu'on attache par un cordage frappé sur
le gui de la brigantine. La scène est supérieurement rendue, et les détails en sont fort bien observés. Le peintre a navigué; vous vous étonnerez
donc moins quand vous saurez combien sont
vrais les mouvemens du vaisseau et des canots,
ceux de la fumée et des nuages, toutes choses qui
vous captiveront autant que le drame lui-même.
Le tableau est grand, peut-être un peu trop, car
il paraît un peu vide; le Kent occupe la partie
gauche de la toile; il donne à la bande à tribord;
la fumée épaisse et admirablement imitée, qui
sort du corps du vaisseau, occupe la partie supérieure au centre et un peu à gauche; il y a beaucoup d'eau depuis la chaloupe jusqu'au cadre à
droite, et le malheur veut que cette eau soit d'un

ton un peu bleu, ce qui n'est pas d'un agréable
effet. On dit que M. Gudin veut trente mille francs
de son ouvrage, je ne crois pas cela; au surplus,
je laisserai votre seigneurie libre de se décider.
Gudin portera dans un mois son tableau à Londres, et vous l'y verrez. Ce que vous ne verrez
pas, peut-être, c'est une vue *des Échelles de
Savoie*, par le même auteur; j'estime que c'est
un des plus beaux paysages de notre Salon; je
ferai mon possible pour qu'il devienne un des
ornemens de votre château.

Dans votre dernière croisière de l'Inde, vous
fîtes, s'il m'en souvient, une tragédie *d'Inès de
Castro;* vous mîtes en action, au cinquième acte
de votre pièce romantique, *le couronnement d'I-
nès dans l'église de Sainte-Claire;* un de mes
compatriotes, d'un talent très-distingué, et qui
fait encore des progrès, a représenté cette cérémonie funèbre. Son tableau, que j'achèterai pour
votre seigneurie, est remarquable par un ton riche
et fin, par d'heureuses demi-teintes, par une disposition de scène originale, et par une foule de détails qui attestent le talent de M. *de Sainte-Èvre*.

Dans la grande salle où votre bon père avait
logé les images de ses aïeux, et dont vous avez
fait votre bibliothèque, il me semble convenable

que vous placiez un morceau d'histoire. J'ai jeté
les yeux sur un tableau fort recommandable, que
je demanderai à son auteur; c'est un ouvrage du
genre classique, dont le sujet est *la Mort de
César*. M. *Court*, c'est le nom du jeune peintre à
qui vous devrez plus d'un moment de plaisir, a
eu pendant un mois les honneurs de notre exhibition. Son César mérite tout le succès qu'il a
obtenu; ce n'est pas, au moins, que ce soit une
production sans défauts. La composition n'en est
pas très-heureuse; le corps de César assassiné
est sur les rostres; Marc-Antoine montre au peuple la tunique du dictateur; quelques sénateurs
entourent le cadavre; le peuple est groupé au
pied de la tribune; Brutus et Cassius traversent
la foule à gauche, et tous les regards sont dirigés
sur les meurtriers, dont l'attentat excite l'indignation publique. La partie élevée de la composition
écrase l'autre; elle vient trop en avant; M. Court
a fait son tableau dans un atelier trop petit; il
manque un peu d'air, quoiqu'il lui en ait donné
depuis son arrivée de Rome. Si l'ensemble laisse
quelque chose à désirer, les détails sont très-
satisfaisans; le style du morceau a de l'élévation,
le dessin de la noblesse; le ton local est malheureusement gris; si M. Court était, dans ce tableau,

coloriste autant que dessinateur, *la Mort de César* serait presque un chef-d'œuvre. Vous verrez avec admiration une tête d'enfant d'un caractère trop grave pour son âge, mais d'ailleurs si beau !.... Vous jugerez si nous avons eu tort ici de trouver belle la figure d'une femme qui tient l'enfant que je vous cite ; celle d'un jeune homme qui vient baiser la main de César ; celle d'un adolescent, assis par terre auprès d'un vieillard, et quelques autres encore. M. Court promet d'illustrer son nom ; j'espère qu'il vous sera agréable, Mylord, d'être possesseur de son premier ouvrage. Si cette lettre ne devait pas être bien longue, je vous dirais de quel courage, de quel amour pour son art il a fait preuve avant d'aller, comme pensionnaire de France, à Rome, où il a lutté contre des difficultés immenses pour produire son tableau. Je vous en parlerai une autre fois ; ce sera un article biographique curieux pour le recueil que votre seigneurie compose. Je ne vous adresserai point une fort belle étude de M. Court, représentant une *Scène du Déluge*, parce que j'espère que notre direction des Arts l'achètera pour l'envoyer au Musée de Lyon. Il y a dans cet ouvrage d'excellens détails de mains, de bras, de têtes, et puis une fermeté de touche

assez rare pour être louée. La tête du principal
personnage est désagréable, mais son corps,
bien que posé sans grâce, est une belle chose ;
les maîtres italiens, que vous admirez le plus, ont
évidemment inspiré M. Court pour l'exécution de
ce morceau.

Je verrai le jeune *Roqueplan*, MM. *Delacroix*,
Scheffer, *Decaisne*, et quelques autres dont vous
aimerez le talent et le génie.

Je voudrais pouvoir vous promettre un *Gé-*
rard, mais c'est prodigieusement difficile ; je serais sans doute un mauvais intermédiaire dans
une négociation avec cet homme illustre, mais
j'intéresserai en votre faveur tous les amis du noble baron ; depuis un mois j'en connais une vingtaine. Je prierai qu'on obtienne de lui un *Saint*
Augustin, car il excelle à peindre les bienheu-
reux. Saint Augustin est votre patron ; c'est une
figure poétique que M. Gérard saisira à miracle ; sa
conversion est un sujet admirable ; j'imagine déjà
l'expression de sa tête en opposition avec le luxe
de ses habits, de sa demeure, car avant d'être
touché de la grâce, il était fort adonné au libertinage du monde et à l'amour des créatures, comme
dit *la Fleur des Saints*. Ce sera, j'espère, une belle
chose que ce tableau ; je tâcherai que le grand

artiste le fasse avant celui du Sacre, afin que vous
en jouissiez bientôt.

Pour cinquante mille écus, je meublerai votre galerie de bons ouvrages de nos peintres célèbres vivans ; quant aux morceaux de sculpture, voici, Mylord, la liste de ceux que je vous conseille d'acquérir. Il ne vous en coûtera guère plus de deux cent
soixante mille francs, et qu'est-ce que cette bagatelle pour un noble seigneur qui a dépensé un
million à faire un palais de fée d'un manoir enfumé, qui ne ressemblait pas mal, avant sa métamorphose, à la caverne d'une sorcière?

Je souhaiterais, dût-il vous en coûter beaucoup
d'or, que vous pussiez acquérir le *Prométhée* de
M. *Pradier*, le *Minotaure* de M. *Ramey* fils, la
mort d'*Euryale et de Nisus* par M. *Roman*, le
Spartacus de M. *Foyatier*, et *Daphnis et Chloé* par
M. *Cortot ;* ce sont les morceaux capitaux de l'exposition de notre statuaire, qui n'avait pas encore
produit, depuis la restauration de l'école, autant
de belles choses; mais trois de ces ouvrages appartiennent au ministère de la maison du Roi, et
quelle apparence que les autres ne soient pas
achetés par notre gouvernement? J'aurais voulu
que vos jardins reçussent les trois groupes et les
deux figures que je vous signale ; combien la vue

de ces productions aurait, chez vous, excité d'envie! Quelle leçon pour Westmacott et Chantrey!

Vous auriez admiré l'énergie du ciseau qui a trouvé, dans le marbre, ce Prométhée, couché sur le rocher, souffrant, mais commençant à respirer, parce que la flèche d'Hercule a percé le vautour qui dévorait son flanc; vous auriez loué l'expression profonde, la pose naturelle et noble, le beau dessin, le style large, la facture facile et puissante de cette statue, qui fait beaucoup d'honneur à un jeune artiste déjà très-haut placé dans l'estime des amis des arts; vous auriez trouvé peut-être quelque chose d'anguleux dans de certains détails, aux pectoraux et aux bras, par exemple, mais que vous auriez facilement pardonné ces petites exagérations de la force!

Thésée combattant le Minotaure vous aurait donné une idée satisfaisante du talent de M. Ramey fils; ce groupe est hardiment composé; les figures ne touchent à la plinthe que par quelques points, et sont en équilibre sur ces attaches naturelles; elles sont dans un beau mouvement. Le demi-dieu a terrassé le monstre sans que la lutte ait ému ses traits; c'est un autre Apollon, vainqueur d'un autre Python. L'exécution de ce morceau est fort louable; l'auteur n'a pas traité du même ciseau

30.

les deux figures; la bête et l'homme n'ont pas les
mêmes chairs; la double nature du Minotaure est
exprimée par une musculature forte, courte,
épaisse; l'idéal de la composition de cet être, que
les anciens firent poétiquement grotesque, vous
plairait certainement. On ne reprend dans ce
beau travail qu'un peu de *rondeur* dans le modelé de quelques parties. M. Ramey manque ici de
ce dont M. Pradier a trop dans son *Prométhée*. Je
n'ai pas le temps de vous parler d'un fronton que
M. Ramey fils a composé pour l'église de Saint-
Germain-en-Laye; c'est une chose très-remar-
quable sous le rapport de l'effet, de la disposition des masses et des caractères des figures.

La mort d'Euryale et de Nisus par M. *Roman,* est un groupe bien composé et d'une
exécution élégante; Euryale, étendu aux pieds
de son ami, est charmant de pose; toutes les
parties de son corps sont bien mortes; point
de raideur, point d'affectation de mollesse;
cette figure suffirait à la réputation d'un jeune
artiste. Celle de Nisus menaçant l'ennemi, est
bonne aussi, bien qu'il y ait de l'exagération dans
la pose de sa tête et du théâtral dans son geste;
elle est d'un bon dessin et d'un modelé assez
ferme. Ce morceau aurait dignement orné le ves-

tibule de votre bibliothèque ; vous aimez Virgile,
l'ouvrage de M. Roman est une traduction estimable de ces vers du neuvième chant de l'Enéide :

> *Tum super exanimem sese projecit amicum*
> *Confossus, placidâque ibi demum morte quievit.*
> *Fortunati ambo !*

Sur un socle, en face du groupe, vous auriez
pu placer un buste du chantre d'Énée, que j'aurais demandé pour vous à M. *Soyer*, imitateur heureux des anciens, et qui vous aurait fait un bronze
aussi bon que son *Marcus Brutus* et son *Jupiter*.

Vous connaissez, Mylord, le talent de notre
académicien *Cortot ;* vous estimez fort ses ouvrages, c'est lui que vous préférez entre tous nos
sculpteurs ; vous avez une très-haute opinion de
son mérite, car vous le mettez au-dessus de Canova, que vous appelez (je n'oserais le dire à personne, on vous traiterait de blasphémateur) *le roi
des statuaires sur albâtre*. M. Cortot est à la hauteur de sa réputation dans son groupe de *Daphnis et Chloé*. Je vous en enverrai le dessin, et
je suis convaincu que, séduit par la grâce de cette
composition et l'élégante naïveté du style et des
expressions, vous en désirerez une répétition en
marbre.

Je pense que le ministre de l'intérieur ou celui de la maison du Roi achètera le *Spartacus* de M. *Foyatier;* mais si cet admirable ouvrage n'était pas acquis par le gouvernement (et je ne puis vous dissimuler que je le verrais passer avec regret à l'étranger), il serait bientôt à votre seigneurie. Le modèle en plâtre dont je vous parle, promet une des plus belles choses de la sculpture contemporaine, si l'exécution en marbre réussit pleinement. Il y a, dans cette figure du prince de Thrace, brisant ses fers et plein de ses projets de vengeance, plus de poésie que dans la plupart des épopées modernes; la tête, d'un caractère original, a une expression que je ne voudrais pas décrire de peur de vous en donner une idée trop incomplète; le style de M. Foyatier est aussi énergique ici qu'il est suave dans une figure accroupie d'*Amaryllis*, que je marchanderai, afin de vous l'envoyer bien vite; vous la ferez placer dans un bosquet, et je vous prédis que vous irez plus d'une fois la revoir. M. Foyatier est un homme d'un vrai talent; son *Spartacus* est la statue qui a obtenu le succès le plus général; artistes et gens du monde l'ont également admiré. Je veux vous dire, Mylord, quelque chose qui rendra l'auteur bien intéressant à vos yeux : c'est un élève de la

nature. Né à la campagne, de simples paysans,
Foyatier se sentit dès l'enfance du goût pour la
sculpture; il faisait, avec un couteau, des figures
qui plaisaient aux villageois, et dont ils ornaient
leurs chaumières. Le curé de l'endroit remarqua
les ouvrages du petit Foyatier, et voulut aider sa
vocation; il l'envoya à Lyon, chez un sculpteur,
qui lui apprit tout ce qu'il savait, et le bonhomme
savait peu. Foyatier revint à son pays, fit des saints,
des Christs, des bas-reliefs, qu'il rendit très-désira-
bles en les dorant; il gagna quelque argent avec
son industrie, dont les produits avaient un débit assez considérable dans les foires. Ce fut alors qu'il
devint artiste; il retourna à Lyon; il étudia, et il
est aujourd'hui une des gloires de notre jeune
école. Voilà ce qu'on m'a raconté du statuaire dont
je veux absolument que vous ayez un ouvrage.

Vous serez charmé aussi d'avoir une figure de
M. *Vietty*, auteur, cette année, d'une *Nymphe de
la Seine*, que j'estime beaucoup. M. Vietty est un
homme modeste, timide, d'un talent très-distingué; il n'est pas écrivain moins judicieux qu'artiste habile.

Vous ne seriez pas Écossais si vous n'aimiez
pas la chasse et par conséquent les chiens. Une
image d'un de ces animaux vous plairait sans

doute si elle était belle ; je tâcherai de vous faire
acheter celle que M. *Giraud* a exposée ; c'est une
bonne étude.

M. *David* est au premier rang de nos statuaires ;
il faut que j'obtienne de lui quelque chose pour
Votre Seigneurie. Il est si accablé de travaux que
je crains de ne pas réussir. C'est lui qui fait les
statues de *Foy* et de *Talma*. Il a exposé un *Racine*, où l'on retrouve avec plus de fini la manière
large de l'auteur du *Bonchamps* et du *Fénélon*,
ouvrages justement loués.

MM. *Lemaire*, *Petitot*, *Flatters*, *Lemoine*,
Nanteuil, *Dumont fils* et *Jacquot* concourront,
j'espère, à l'embellissement de votre palais. Si vous
voyiez *le Chasseur blessé* de M. Petitot, vous vou-
driez l'acheter ; c'est d'un si joli style ! M. Petitot
a un goût pur qui s'est peut-être démenti dans son
Louis XIV colossal pour la ville de Caen, mais
qui ne l'abandonne guère quand il a des sujets
gracieux à représenter. Vous n'aurez pas son
jeune Chasseur, mais je tâcherai que vous ayez
de lui quelque chose, aussi agréable de composition et d'un aussi bon faire.

M. Lemaire, auteur d'une bonne statue représentant *le Soldat laboureur* de Virgile, a fait aussi
une jeune Fille tenant un papillon ; c'est une fi-

gure pleine de grâce, d'un goût charmant et d'une
exécution large et fine. Elle appartient à *Madame*,
duchesse de Berry. M. *Jacquot* pourra peut-être
vous vendre son *Mercure* et son *Amour sur un
Dauphin;* ce sont deux choses estimables, de
genres différens, mais qui attestent également le
talent de l'artiste.

J'ai envie pour vous d'un *Amour dans une coquille*, ouvrage charmant d'un Allemand formé
à Rome, qui a nom *Fogelberg.* La tête, un peu
grosse et bouffie du jeune fils de Vénus, ne me
plaît pas beaucoup ; mais le reste me paraît sans
défaut. Jamais je n'ai vu le marbre être mieux de
la chair. Cette statue, qui n'était certainement pas
aussi difficile à faire que beaucoup de grands ouvrages dont plusieurs sculpteurs ont entrepris
l'exécution sans réussir, je ne saurais trop vous
en faire l'éloge. Je sais bien que le mérite est en
proportion des difficultés qu'on a à vaincre ; mais
je préfère cet *Amour* aux *Trois Parques* de
M. *Debay père*, comme je préfère la petite pièce
du *Lac* de Lamartine à l'*Omasis* de l'académicien
Baour.

Vous voudrez certainement, Mylord, votre
buste, celui de Mylady, et ceux de vos deux ravissantes filles. M. David fera le vôtre ; M. Allier,

qui a exposé cette année les effigies fort belles du comte et de la comtesse Orloff, fera celui de madame D... ; pour les deux autres, nous n'aurons que l'embarras du choix.

Si j'en étais cru, le cabinet de Mylady serait orné de bas-reliefs dont les sujets seraient historiques. Nous avons une demoiselle qui a donné cette année deux échantillons d'une sculpture d'un genre original ; je suis sûr que ses ouvrages romantiques vous plairaient. *Mademoiselle de Fauveau* [1] fera une révolution dans une partie de l'art qu'elle cultive.

Ayez la bonté, Mylord, de me fixer sur vos intentions. Je viens de vous désigner quelques-uns des artistes distingués dont vous pouvez souhaiter les œuvres ; j'espère que votre seigneurie me continuera sa confiance, et qu'elle me permettra de faire inscrire son nom dans les ateliers de Paris, parmi ceux des protecteurs de nos arts.

J'ai l'honneur, etc.

Paris, le 17 avril 1828.

[1] *Voyez* page 223.

Visite au Critique.

> « Michel-Ange pouvait dire à Raphaël : Votre envie
> ne vous a porté qu'à travailler encore mieux que moi ;
> vous n'avez point décrié, vous n'avez point cabalé
> contre moi auprès.... Allez, votre envie est très-loua-
> ble ; vous êtes un brave envieux, soyons bons amis. »
>
> VOLTAIRE. *Dictionnaire philosophique.*

L'ARTISTE. Monsieur, je n'ai pas le bonheur d'être connu de vous.

LE CRITIQUE. Il est vrai, Monsieur, je n'ai pas l'honneur de vous connaître.

L'ARTISTE. Je suis *Silvestris.*

LE CRITIQUE. Ah! très-bien. J'ai vu vos ouvrages, Monsieur, et...

L'ARTISTE. Mon Dieu, Monsieur, n'allez pas croire que je vienne les recommander à votre bienveillance.

LE CRITIQUE. Vous pouvez compter sur toute ma justice.

L'ARTISTE. Votre justice est quelquefois très-sévère, et c'est ce qui me fait vous visiter, non pas pour moi, comme je vous le disais, mais pour deux de mes amis.

LE CRITIQUE. Ah! vous êtes ambassadeur !

L'ARTISTE. Sans lettres de créance. Je ne suis point autorisé à venir vous solliciter ; mais je suis décidé à faire au profit d'autrui une démarche que je n'ai jamais faite dans mon intérêt.

LE CRITIQUE. Cela est généreux!

L'ARTISTE. Un des peintres dont je veux vous parler, M..., ne dort pas, tant il est agité par la crainte que vous lui inspirez.

LE CRITIQUE. M... me fait trop d'honneur ; que peut-il craindre de moi? Ses ouvrages ne sont pas irréprochables ; j'en dirai certainement ce que j'en pense ; mais...

L'ARTISTE. C'est justement ce qui le fera mourir de chagrin; je vous en prie, n'en dites pas ce que vous en pensez, ce que j'en pense aussi, ce qu'il en pense peut-être lui-même, mais ce que tout le monde en dit dans les salons et dans les journaux.

LE CRITIQUE. J'entends, vous me voulez faire entrer dans une conspiration.

L'ARTISTE. Oui, mais fort innocente. Vous rendrez bien heureux M..., si vous voulez; qu'est-ce que cela vous fait? Allons, pas une critique, je vous en supplie. Grossissez la foule de ses admirateurs.

LE CRITIQUE. Il faut que je me mette à genoux, n'est-ce pas? Non, Monsieur, n'y comptez point. Ce que je crois la vérité, je l'imprimerai.

L'ARTISTE. Mais vous le désolerez, vous lui ferez quitter la palette, vous le tuerez.

LE CRITIQUE. Monsieur, vous êtes la soixantième personne qui m'a tenu ce langage.

L'ARTISTE. Au moins, Monsieur, dans votre article sur le tableau de M... ne faites pas, je vous en prie, l'éloge de quelques-uns de ses rivaux.

LE CRITIQUE. Et pourquoi cela, s'il vous plaît.

L'ARTISTE. Pourquoi, pourquoi? Parce que... c'est très-délicat à dire ces choses-là, et vous devez bien deviner...

LE CRITIQUE. A merveille! il est jaloux.

L'ARTISTE. Vous savez ce qu'on dit : « Le potier porte envie au potier. » Moi, grâce au ciel, je n'ai pas ce faible.

LE CRITIQUE. On dit que M... a passé sa vie à faire des cabales contre ses plus redoutables compétiteurs.

L'ARTISTE. C'est une calomnie. Il n'a jamais été le prôneur de ceux dont la gloire pouvait balancer la sienne, c'est vrai; mais intriguer contre eux, il en est incapable.

LE CRITIQUE. On m'a cependant assuré....

L'ARTISTE. Ah! si vous êtes sûr!... Une chose que je vous recommande bien, c'est de ne pas faire de parallèle entre les ouvrages de M... et ceux de quelques-uns de ces jeunes gens dont le mérite et la réputation précoces...

LE CRITIQUE. L'importunent, n'est-ce pas?

L'ARTISTE. Je ne dis pas cela; mais enfin les vieilles renommées sont respectables.

LE CRITIQUE. Il me semble que les renommées nouvelles importent plus à l'avenir des arts que celles des vétérans de la peinture. Un homme, qui long-temps a bien fait, mérite beaucoup d'égards, mais je ne consentirai jamais à lui sacrifier un débutant.

L'ARTISTE. C'est une concession de si peu de valeur, celle-là, que vous la ferez, j'en suis convaincu.

LE CRITIQUE. Je ne crois pas.

L'ARTISTE. Encore une prière. Ayez la bonté de ne point parler de la vie politique de M... Il ne fut pas toujours le courtisan du pouvoir actuel; au fond, il est de votre opinion : libéral, et, entre nous, je crois même un peu républicain.

LE CRITIQUE. Cela m'est égal. Toutefois, je me proposais de raconter un fait relatif à un des ouvrages que votre protégé fit en 1793. J'en ferai le sacrifice; c'est une anecdote bien piquante pourtant!....

L'ARTISTE. Ah! contez-la moi; j'en sais déjà de quoi faire un volume; en échange, je vous dirai...

LE CRITIQUE. Je vous remercie bien; je vois que votre zèle pour moi n'est pas moins grand que votre amitié pour M...; mais je n'en abuserai pas.

L'ARTISTE. J'ai à vous recommander, outre l'artiste dont nous venons de parler, N..., que j'aime comme mon frère. Si je sais quelque chose, c'est à lui que je le dois. Nous sommes de la même école; je crois être plus vrai que lui, plus *nature*; mais il a du talent, beaucoup de talent, et je vous serais fort obligé de le traiter favorablement.

LE CRITIQUE. Je m'efforcerai d'être équitable.

L'ARTISTE. Je ne vous dirai pas que le sujet de son tableau soit aussi bien choisi que le mien, mais il en a tiré un bon parti. Quant à son style, il est noble, j'espère au moins que c'est votre avis.

LE CRITIQUE. Pas tout-à-fait.

L'ARTISTE. N'allez-vous pas trouver plus distingué le style de M. Auvray?

LE CRITIQUE. Et qui vous parle de M. Auvray avec son *Déserteur spartiate?*

L'ARTISTE. Je pensais bien que vous n'estimeriez pas cette peinture glaciale et commune? Vous préférez peut-être *le Christ au tombeau* de M. l'a-cadémicien Garnier?

LE CRITIQUE. Fi!

L'ARTISTE. C'est, après le *Paul-Émile* de M. Barbier-Walbonc, qui fit mieux autrefois, le plus mauvais ouvrage du Salon.

LE CRITIQUE. Le plus mauvais! Non, il y a encore...

L'ARTISTE. Oh! parbleu, il y a le *Christ fla-gellé* de M. Garreau, la *Jeanne Hachette* de M. d'Hardivillier, la *Résurrection de Lazare* de M. Lair, le *Christ* de M. de George, la *Red-dition de Paris* de M. Charles Lebel, l'*As-somption* de M. Lancrenon, le *Saint Sébastien* de M. Lordon, le....

LE CRITIQUE. Je vous laisse dire; diable! vous y mettez de l'enthousiasme : les confrères sont en bonne main ;

> Vous n'en épargnez point, et chacun a son tour.

L'ARTISTE. Dieu m'est témoin que ce n'est point

par envie : je ne suis pas envieux, tout le monde le sait.

LE CRITIQUE. On ne le croirait pas, à vous entendre catégoriser ainsi vos camarades.

L'ARTISTE. Mais, de bonne foi, quand on voit le préfet et le ministre de l'intérieur s'adresser à des gens de cette force pour avoir des tableaux, cela ne fait-il pas mal ?

LE CRITIQUE. Oui, à ceux qui voudraient des commandes. Le gouvernement vous a-t-il confié des travaux ?

L'ARTISTE. Certainement non; les encouragemens vont trouver M. Granger, M. Garnier, M. Guillemot, M. Lebel, M. d'Hardivillier, et autres peintres de la même force; c'est contre les accapareurs que vous devriez écrire. Voyez N.... et moi, nous n'attrapons rien; et cependant nous savons dessiner et peindre, nous; mais nous n'intriguons pas, et nous n'aurons pas même la croix-d'honneur. Mon tableau est cependant, au dire de tout le monde, une des bonnes choses de l'école moderne. Je ne l'ai point fait louer dans les journaux.

LE CRITIQUE. On dit cependant que vous arrangez vous-même votre gloire dans les feuilles publiques, et que vous faites des pamphlets où vos

31

camarades sont vivement attaqués, afin que l'é-
loge de votre tableau ressorte mieux. Mais je n'en
crois rien ; c'est une calomnie, n'est-ce pas?

L'ARTISTE. Qui en doute?

LE CRITIQUE. Vos confrères, mais non pas moi.

L'ARTISTE. Mon tableau, je n'en parle à personne, mais M. Forbin ne devrait-il pas avoir remarqué la chaleur du coloris, la vigueur de la
touche, la grâce de la figure principale, le dramatique de la composition, enfin tout ce qui le
recommande aux hommes de goût?

LE CRITIQUE. Assurément.

L'ARTISTE. Je n'ai pas pu être placé au Grand-
Salon.

LE CRITIQUE. C'est une horreur.

L'ARTISTE. Si j'étais de vous, je tonnerais contre
cette manie scandaleuse de tapisser le Grand-Salon de *galettes* protégées, et de laisser dans des
coins noirs les œuvres estimables des artistes mo-
destes, comme nous, qui n'avons ni entre-gens
ni audace. Ce pauvre N...., pour qui je sollicite
vos bontés (car vous voyez bien que je ne parle
pas de moi), ce pauvre N...., son ouvrage est
resté dans les salles où le beau monde n'a jamais pénétré, tandis que MM. Robert-Le-
fèvre....

LE CRITIQUE. Cela est fort injuste, sans doute, mais je n'en dirai rien.

L'ARTISTE. Vous ne trouvez donc pas mon ouvrage digne des honneurs du Grand-Salon?

LE CRITIQUE. Vous me pressez d'une étrange manière.

L'ARTISTE. Ainsi, je ne serai pas loué par vous?

LE CRITIQUE. M. N.... me trouvera très-indulgent.

L'ARTISTE. M. N....! M. N....! Mais, moi, Monsieur?

LE CRITIQUE. Votre démarche aura tout son effet; vos amis seront contens.

L'ARTISTE. Mais, moi, Monsieur?

LE CRITIQUE. Vous? vous plaidez si bien, qu'il est vraiment fâcheux que vous ne vous soyez pas fait avocat.

L'ARTISTE. C'est-à-dire que j'ai eu tort de me faire peintre?

LE CRITIQUE. Monsieur.... épargnez-moi, vous savez comme embarrasse

> Le contraignant effort de ces aveux en face.

L'ARTISTE. Je ne m'attendais pas, Monsieur, que ma visite aurait ce résultat. Au surplus, je me passerai bien de vos éloges.

31*

LE CRITIQUE. Je le crois facilement, Monsieur;
il faudra que s'en passent aussi tous ceux qui
comme vous sont venus me vanter leur mérite et
décrier leurs confrères; je n'aime point les envieux, je n'aime pas ceux qui veulent s'imposer à
mon admiration, je n'aime pas ceux qui me dé-
pêchent des ambassadeurs. Il y a un de vos confrères au nom duquel on m'a fait presque des promesses et des menaces; je n'ai été sensible ni aux
unes ni aux autres. J'ai un parent destituable, on
m'a fait comprendre qu'on pourrait le destituer si je
trompais l'espoir du peintre recommandé; je veux
voir si on aura cette audace. Le système ministériel de M. de Villèle transporté dans le domaine
des arts!... Ce serait une chose admirable; mais
l'infamie ne réussit guère quand la presse est libre. Adieu, Monsieur.

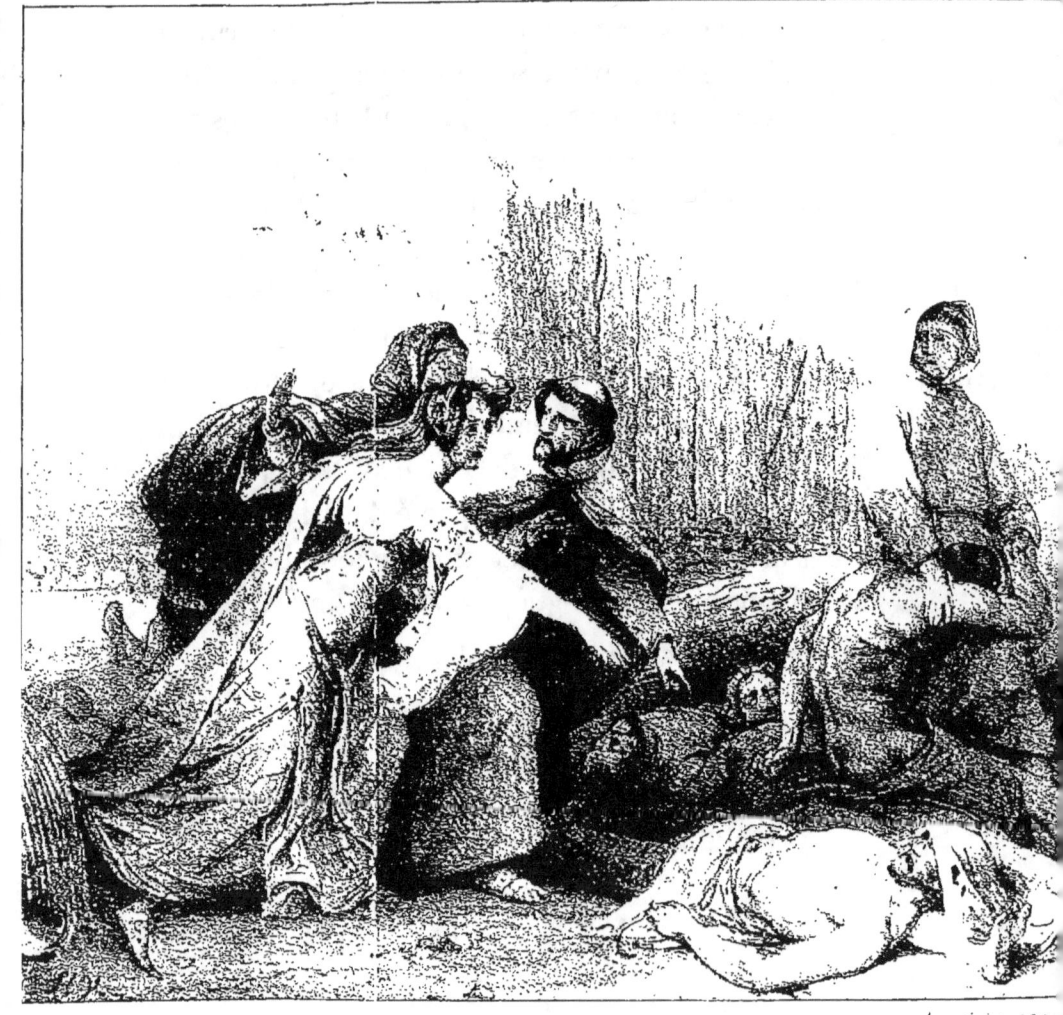

Imp. lith. de A. ijac

Edithe au col de cygne, par M. H. VERNET. — *Mort d'Elisabeth*, par
M. PAUL DELAROCHE. — M. BODINIER. — M. DE FORESTIER. —
M. MONVOISIN. — M. ROGER. — LES ROMAINS. — M. POTERLET.
M. BONINGTON. — M. RIOULT. — M. LESAINT. — M. FRAGONARD.
M. A. DESMOULINS. — M. ISABEY père. — M. TANNEUR.

QUAND on doit parler de M. Horace Vernet,
on peut avoir toujours quelque chose d'extraordinaire à dire. Savez-vous combien de pieds carrés
de toile cet artiste a couvert (et comment couvert!) dans l'espace de sept mois ? Je vous le donne
en cent. Vous ne devinez pas ? Eh bien ! il a coloré, animé, chargé de talent, *sept cent soixante
et quelques* pieds de surface, en *deux cent dix-
sept* jours, à peu près, ce qui fait un peu plus de
trois pieds carrés par jour. Voilà un fait ; ajoutez-
y les commentaires que vous voudrez ; rappelez-
vous les ouvrages qu'a créés cet artiste, et dites-
moi s'il y a des éloges exagérés pour un homme
qui, faisant si vite, fait très-souvent fort bien,
et ne fait jamais mal ; qui, sur *cinquante-
sept* tableaux, improvisés depuis moins de quatre

ans, n'a pas produit une chose absolument médiocre, a présenté de véritables chefs-d'œuvre,
s'est élevé à la hauteur de la belle peinture historique, et a donné les preuves du mérite le plus
solide, de l'imagination la plus féconde, de l'esprit le plus fin et le plus observateur.

Savez-vous combien de temps à coûté à M. Horace l'*Édithe* que vous admirez? Guère plus
d'un mois ; et cependant le peintre a trouvé des
difficultés qu'il n'a pas surmontées sans peine; son
tableau ébauché promettait de réussir; presque
terminé, il était manqué. Peu d'expression, peu
d'harmonie dans la couleur, un effet froid, voilà
ce qui désolait l'artiste; une bonne pensée changea tout. Donner aux yeux d'Edithe une autre
langage, mettre partout de la vigueur, changer
quelques parties trop éclatantes du costume de
cette matrone qui accompagne la maîtresse d'Harold, couronner la scène avec un ciel poétique,
fut l'affaire d'un jour, et l'ouvrage devint ce que
vous le voyez, puissant d'intérêt, dramatique,
vrai, harmonieux, profond, un des meilleurs
de son auteur, un des plus remarquables de l'exposition, et assurément un des plus dignes du
succès qu'ils ont obtenu.

Je vous envoie le croquis de ce tableau origi-

nal ; je le dois à l'amitié de M. Horace Vernet ; il
l'a dessiné lui-même. Je ne pouvais vous faire un
plus joli cadeau. Il serait superflu de vous
analyser une composition que vous avez sous les
yeux ; il ne serait pas moins inutile de vous faire
remarquer ce que cette palissade qui partage la
scène et la domine, ajoute à l'effet ; c'est une heureuse idée, explicative du sujet, et, à la fois, détail pittoresque et de caractère. Harold est mort
auprès de la palissade qu'il défendait, et qui est
encore garnie de flèches que les soldats de Guillaume lançaient dans le camp retranché des Anglais. Un de ces traits est venu frapper à l'œil ce
brave qui bientôt expire. La bataille d'Hastings
perdue, les Normands ont dépouillé les morts.
Le moines de Waltham sont allés demander au
vainqueur le corps du bienfaiteur de leur couvent,
qu'ils ont offert de racheter au prix de dix mille
marcs d'or ; Guillaume leur a accordé cette grâce,
et deux de ces religieux parcoururent le champ
de bataille, cherchant celui qui fut Harold, et
que sa blessure avait défiguré. Aucun indice ne faisant reconnaître le roi dont les riches armures et
les insignes avaient été pris par les conquérans,
les moines ont pensé à s'appuyer du témoignage
d'une femme que ses yeux ne pouvaient tromper.

Ils ont amené Edithe parmi les cadavres où elle découvre enfin Harold. La maîtresse du monarque d'Angleterre, surprise, à la pointe du jour, par la nouvelle de la mort de son amant, a pris à peine le temps de se couvrir de ses vêtemens ; elle a passé à la hâte sa tunique qu'elle n'a point attachée, elle s'est couverte d'un manteau, et, les cheveux en désordre comme le reste de son costume, elle a couru voir son bien-aimé pour la dernière fois. La recherche a été longue, et ses pleurs se sont taris pendant la fatale exploration ; aussi, quand elle trouve le corps d'Harold, un cri, un geste plein d'énergie expriment sa douleur qui n'a plus de larmes, plus de voix. Cette figure est dans un très-beau mouvement. La tête de la belle au col de cygne est d'un caractère et d'une expression excellens ; ses épaules, d'un modelé et d'un ton fins, sa taille élancée et gracieuse, son ajustement, et la manière dont tout cela est traité, font d'Édithe une chose fort louable, et sur le mérite de laquelle tout le monde serait tombé d'accord, si la couleur de ses cheveux n'avait armé la critique de toutes les dames qui ne veulent pas qu'une femme soit belle avec des cheveux rouges. La couleur de cette chevelure est en effet un peu exagérée ; mais c'est sans doute par nécessité et

pour repousser à leur place les têtes du moine et
de la matrone, que M. Vernet a forcé le ton qui
donne d'ailleurs beaucoup d'étrangeté à son principal personnage. Le torse d'Harold est très-bien
de forme et de couleur ; je n'ai pas entendu un artiste ne pas faire l'éloge de cette partie de l'ouvrage. La tête du roi, à demi-voilée, est horriblement vraie. Une figure qui a réuni tous les suffrages, divisés sur plusieurs autres points, c'est
le jeune religieux soutenant le cadavre qui était
couché sur celui d'Harold. Sa surprise en voyant
une femme, la gorge et les épaules nues, est rendue
avec infiniment d'esprit. Le parti de demi-teinte
et de reflet dans lequel M. Horace a placé sa tête,
enveloppée d'un capuchon, est charmant. Ce no-
vice est digne de Lesueur. L'ouvrage de M. Vernet est un poëme d'une grande originalité ; il est
dans la nature du talent de ce peintre de ne rien
produire de commun ; mais jamais, peut-être, il
n'a été plus en dehors des données vulgaires que
cette fois. On a reproché au bras gauche d'Edithe
d'être un peu long ; je ne sais pas trop si l'observation est juste. La seule chose qui puisse mériter
quelques critiques, c'est la figure de la vieille ; elle
n'est pas d'un aussi bon style que le reste ; sa main
est trop jeune, le ton de son manteau est lourd,

terreux et tient au ciel ; M. Horace ferait bien de
retoucher ces détails. Le cadavre, relevé par le
jeune frère de Waltham, est une bonne étude ;
une anecdote s'y rattache ; elle rappelle, dit-on,
celle de ce peintre qui, voulant rendre énergiquement les souffrances du Christ, percé au côté
d'un coup de lance, blessa son modèle avec son
épée, et peignit la douleur d'après nature.

Un tableau a balancé le succès si légitime obtenu par la *Mort d'Harold,* c'est celui de la *Mort
d'Élisabeth,* par M. P. Delaroche. Il y a de très-
belles choses dans cette nouvelle production de
l'auteur du *Président Duranti*[1]. La reine qui
avait voulu mourir debout, n'a cependant pu
rester sur son trône ; vaincue par des souffrances
que l'amour aigrissait, dit-on, bien que sa victime
n'eût pas moins de soixante-dix ans, elle est
tombée au pied du fauteuil royal, et couchée sur
des coussins, elle attend la mort en donnant ses
ordres à Cécil. L'agonie d'Élisabeth fut longue,
horrible ; ses remords, ses regrets, une passion
qu'elle ne put jamais satisfaire, et qui, à ses derniers jours, la rendit comme furieuse, remplis-
saient son cœur que des souvenirs de grandeur
et de gloire ne pouvaient combler ; elle se roulait

[1] *Voyez* page 425.

par terre, comme un serpent, maudissant sa nature, le pouvoir, et les sanglans plaisirs qu'elle
avait pris, par compensation à de douces jouissances qu'elle avait ignorées ; puis, revenue un
peu à elle, la reine chassait la femme, disposait
du trône d'Angleterre, désignait son successeur,
et dictait au chancelier ses volontés suprêmes.
C'est un de ces momens de calme que M. Delaroche a saisi. Élisabeth rendra bientôt le dernier
soupir ; la douleur a contracté ses membres ; la
mort s'est emparée de ses sens ; son cœur bat cependant encore, son cerveau a conservé un reste
de puissance ; elle vient de nommer Jacques Ier
à Cécil qui l'écoute à genoux ; avant de laisser
retomber sa tête sur l'oreiller que supporte une
de ses femmes, elle nommera d'Essex à cette con-
fidente de son désespoir, de son amour et de son
repentir. La scène est bien entendue ; Elisabeth,
couchée, occupe le premier plan ; deux de ses
dames d'honneur sont agenouillées derrière elle ;
une troisième debout, plus en arrière encore,
pleure et cache sa figure dans ses mains. Cécil
occupe le milieu de la toile ; au second plan sont
plusieurs dignitaires de la couronne. Ce second
plan est ce qui, généralement, a plu le moins ; il
est d'un ton un peu lourd et manque d'air. Les

têtes des personnages qui l'occupent sont péniblement exécutées et un peu noires. Les femmes
de la reine sont d'un caractère plus allemand
qu'anglais ; il y a quelque chose de trop lisse dans
la manière dont leurs visages sont peints. Les
mains et le front de celle qui paraît regretter si
sincèrement la reine sont admirables ; cela seul
vaut tout un tableau ; j'entends un bon tableau ,
car cela vaut mieux que vingt *Résurrections*
comme celle de l'honorable M. Ansiaux , cent
Henri III comme celui de M. Garnier , etc. On
a trouvé que le profil d'Élisabeth est plus d'un
homme que d'une femme, ce n'est pas tout-à-fait
sans raison. C'était un roi que cette reine , et c'est
ce que M. Delaroche a voulu exprimer sans
doute; j'entre , pour moi, volontiers dans son
sentiment , et je trouve ce vieillard en jupon très-
beau. On a repris la couleur livide de la mourante , on a dit qu'elle était exagérée ; c'est possible. Ce qui a entraîné M. Delaroche dans cet
excès , si c'en est un, c'est l'obligation où il s'é-
tait mis d'enlever la tête d'Élisabeth en vigueur
sur un oreiller blanc. M. Schnetz a mieux réussi
dans sa *Mort de Mazarin*. M. Delaroche, en
faisant rouge l'oreiller sur lequel se découpe la
silhouette de la reine, se serait épargné beaucoup

de difficultés. Un homme d'un goût délicat, M. Ch.
N., disait en voyant Élisabeth : *Jamais l'amour
n'a passé par ce corps - là*. Il avait peut - être
raison ; mais la beauté gracieuse était-elle bien ce
que le peintre devait chercher à rendre dans ce
sujet ? L'exécution des accessoires, étoffes, vases,
meubles, est irréprochable ; il y a une hardiesse
de touche, une sûreté de pinceau, une énergie
de couleur, un brillant, une solidité peu ordinaires. Beaucoup de gens préfèrent à cet ouvrage
que recommande tant de mérite, et que voudraient avoir produit nos maîtres les plus habiles,
la *Mort de Duranti* du même artiste; je suis de
ce nombre. Duranti est un chef-d'œuvre; la *Mort
d'Élisabeth* n'est pas un tableau aussi complètement beau; il y a du sublime dans l'un, des choses
seulement admirables dans l'autre.

Seulement admirables ! Je connais bien des
peintres qui se contenteraient de l'éloge : M. Bodinier, par exemple. Il a du talent ; il fait bien,
quelquefois même mieux que bien ; mais dans sa
manière naturelle, dans ses effets vrais, on ne
voit rien qui surprenne et attache. Sa *Famille des
environs de Gaëte*, tableau de chevalet dans les
dimensions historiques, ne peut être considérée
que comme une bonne étude; sa *Demande en ma-*

riage, dans le genre de M. Schnetz, est de beaucoup inférieure à ce qu'elle rappelle ; c'est cependant une chose estimable. Une *Tête d'homme des
environs de Rome* est ce qui me plaît le plus dans
l'exposition assez considérable des ouvrages de
M. Bodinier ; c'est la nature même, comme expression, comme couleur, comme caractère ; la
touche seulement n'en est pas spirituelle.

M. de Forestier s'accommoderait bien aussi du :
Seulement admirable ! Son *Possédé* est un morceau digne d'estime, dans le genre sévère et simple
de quelques-uns des anciens maîtres italiens en
présence desquels il l'a composé et exécuté. La
symétrie dans le mouvement des bras de tous les
personnages est fâcheuse ; le contour du torse du
possédé n'est pas agréable ; en revanche, sa tête
est belle. Le Christ est bien. M. de Forestier n'a
pas été aussi heureux dans sa *Délivrance de saint
Pierre ;* c'est un tableau qui n'a rien de remarquable. D'assez bonnes parties d'étude ne rachè-
tent pas la médiocrité de l'ensemble.

M. Monvoisin a produit plusieurs ouvrages,
dont le plus agréable est une *Rosemonde*, s'en-
tretenant avec Henri II dans le labyrinthe de
Woodstock, et surprise par Éléonore de Guyenne.
La tête de Rosemonde est un peu commune,

mais sa taille se dessine agréablement sous un
costume bien arrangé ; la figure de Henri II est
bonne ; Eléonore qui, un poignard à la main, joue
le mélodrame dans le fond de la scène, n'est pas
d'un beau caractère. Ce tableau plaît par une
couleur agréable, un effet franc et une touche
large et facile. Peut-être que la différence des
natures n'est pas assez sentie dans les mains des
principaux personnages ; elles diffèrent de ton,
mais pas de formes ; les détails d'ongles et de
phalanges sont indiqués mollement. Malgré ces
légers défauts, la *Rosemonde* de M. Monvoisin
est un morceau très-désirable. Je n'aime pas
beaucoup le *Saint Gilles*, cette composition
manque de la gravité, de la solennité, et de la...
aidez-moi, je ne trouve pas le mot qui convient
à la peinture des hommes et des choses de l'E-
glise. Je n'aime guère non plus, quoiqu'il y ait
certainement du mérite, le *Mentor surprenant
Télémaque auprès d'Eucharis;* c'est une composition glaciale, d'où le sentiment de l'amour est
tout-à-fait absent ; le groupe de Télémaque et de
Mentor se découpe durement sur le fond ; le ton
local ne manque pas d'un certain charme. La
Bergère soninaise et le *Pâtre napolitain* sont
deux figures d'une assez bonne exécution. M. Mon-

voisin appartient à l'école classique; je souhaite
que ce jeune homme, qui a déjà du talent, et qui
peut en acquérir encore, lui vienne en aide plus
heureusement que plusieurs de ses collègues,
dont les noms ne sont guère connus depuis six
ou sept ans que par des chutes.

M. Roger a envoyé de Rome des tableaux de
chevalet qui ont été remarqués par les amateurs;
l'un représente une *Femme poursuivie par un
buffle dans les marais Pontins*, l'autre un *Épisode de la fête de la madone de l'Arc*, *à Naples*.
Le second de ces ouvrages est gracieux; l'autre,
très-expressif, a de l'intérêt. La tête de la femme
renversée devant le buffle, est d'un bon caractère. M. Roger est un des *Romains* français les
plus distingués; j'entends par *Romains*, ceux de
nos compatriotes qui sont fixés à Rome ou pensionnaires à notre académie. C'est à peu près un
parti dans la peinture, ils tiennent pour le classique, et c'est tout simple; ce n'est pas un chrétien qui irait s'établir par ferveur à la Mecque, ou
un adorateur de Brama à Jérusalem; ils s'inspi-
rent des lieux et des mœurs des habitans; madame
Haudebourg a été long-temps Romaine à Paris,
elle l'est encore à moitié. Les principaux de cette
congrégation pittoresque sont dans ce moment

MM. Schnetz, Robert, Bonnefond, Roger, Bodinier, Chauvin, etc.; MM. Barbier-Walbone
et Auvray sont aussi du rite romain, mais ce
n'est pas pour eux qu'il est écrit : *Dominus vir-
tutem populo suo dedit.*

M. Poterlet a donné un pendant à son premier
tableau [1]; c'est encore à *Peveril du Pic* qu'il a emprunté son sujet. La jeune fille qui danse au son
de la basse est gracieuse, mais elle pourrait être
plus jolie; la tête du major (je ne me souviens pas
bien si c'est lui ou un autre) est modelée avec
fermeté; le ton local est bon. Ce tableau serait
charmant s'il était un peu moins reprochable sous
le rapport du dessin. M. Poterlet doit s'appliquer à chercher la forme, il a le secret de la couleur. Qu'est-ce qu'être romantique! C'est être
vrai; et vous faites des figures qui ne sont pas
vraies de proportions. Vous n'êtes donc pas romantique dans les *funérailles* que vous avez représentées avec une magie de ton qui séduit, je
l'avoue, mais qui ne peut aveugler la critique?
Dites-moi si les jambes de tous vos personnages
ne sont pas comme des balustres renversés? Vous
en coûterait-il beaucoup de rendre la nature avec
plus de soin? Je ne vous parle pas de l'élégance,

[1] *Voyez page 125.*

32

mais seulement de la correction. Vous méprisez
le classique, c'est très-bien fait; mais si froid, si
ennuyeux que soit le classique, au moins a-t-il cela
de bon qu'il crée des hommes qui sont hommes, et
que vous n'enfantez guère que des êtres incomplets,
fort laids pour la plupart, et souvent hideux.
M. Poterlet a plus que des dispositions; il ne tient
qu'à lui de mériter plus que des encouragemens.

On dirait, au premier coup-d'œil, que le
Henri IV avec l'ambassadeur d'Espagne est de
M. Poterlet, et c'est un éloge pour les deux artistes; en y regardant cependant de plus près,
on trouve dans l'*Henri IV* quelque chose de
maître, qui n'est pas encore dans les ouvrages de
M. Porterlet. Il est fâcheux que M. Bonington
n'ait pas arrêté davantage ses figures, et qu'il
en ait fait comme des fantômes agissant au milieu d'une vapeur brillante coloriée, qui voile
leurs traits et ne laisse apercevoir que leurs mouvemens. *François Ier et la reine de Navarre* est
une petite esquisse tout-à-fait vénitienne pour la
couleur; un peu plus de soin dans l'indication
des contours en aurait fait un tableau charmant;
les chiens sont très-bien par la forme et le ton.
La Vue de l'entrée du grand canal, à Venise,
est un bon ouvrage, moins bon pourtant que

celui auquel il fait *pendant*, et dont il est parlé page 238 de ce livre.

M. Rioult a fait des choses agréables ; la naïveté de forme et de couleur de ses deux petites *Baigneuses* a plu généralement. L'auteur ne s'est pas encore élevé au-dessus de sa *Velleda ;* pour faible que soit cette figure, je la préfère de beaucoup à toute la *sainte Famille* de M. de Lanoë. M. Rioult travaille avec conscience ; s'il ne va pas à Corinthe, ce n'est pas sa faute ; le proverbe est plus fort que lui.

C'est un chef-d'œuvre de patience que l'*Intérieur de la cathédrale d'Amiens*, par M. Lesaint. Tout le monde a remarqué ce grand tableau, étonnant par la vérité de l'effet et la perfection des détails ; dans deux cents ans, cet ouvrage aura beaucoup de prix, et je parie que l'artiste l'a vendu ou le vendra bon marché. Il faut n'être ni de son siècle, ni de son pays pour être estimé ce qu'on vaut.

Châteaubriand surprend entre les mains de la comtesse sa femme une lettre de François I. Je crois que tel est le sujet traité par M. Fragonard, dans un tableau dont les figures sont de *demi-nature*. Madame de Châteaubriand n'est pas jolie ; sa frayeur est mal exprimée ; sa pose manque

32*

de grâce et d'élégance. Le comte n'est pas mieux sous le rapport de l'expression et du style. Rien de noble et de distingué dans cet ouvrage, où l'on retrouve M. Fragonard moins son talent; la couleur en est opaque, malpropre; aucune des qualités qui attirent vers un tableau et qui y fixent le regard, ne se trouve dans celui-là, non plus que dans un *Connétable de Bourbon* du même auteur : on peut être sévère à l'égard de l'artiste qui peut faire bien, et qui a quelquefois si bien fait. *Marie-Thérèse présentant son fils aux Hongrois*, morceau que nous avons vu, je crois, au Salon de 1822, était dans ce système de couleur chatoyante, si je puis dire ainsi, qu'affectionne M. Fragonard, mais au moins il y avait de la sévérité et de l'esprit dans la touche; ici, rien de cela, tout est lourd et sans charme. Quelqu'un, après avoir vu le *François Ier* que M. Fragonard a placé au Musée Charles X, vit le *Châteaubriand*, se rappela les *Citoyens de Calais* et *Henri IV*, et dit : « Mais c'est toujours la Barbe-Bleue que nous donne ce peintre! »

Le *Départ du conscrit*, de M. A. Desmoulins, est une petite scène naïve d'une bonne exécution; si j'avais à choisir entre ce petit ouvrage et *Duguesclin recevant l'épée de connétable*, compo-

sition plus vaste, qui a certainement causé beaucoup plus de peine à son auteur, je n'hésiterais
point. Ce n'est pas qu'il n'y ait de bonnes parties
dans ce grand tableau, mais il ne me plaît pas
comme l'autre; il ne faut pas sortir de son genre
et de ses moyens : Désaugiers réussissait dans la
chanson et le vaudeville, il ne pouvait s'élever
à la comédie; Metzu aurait-il bien rempli une
toile de douze pieds? Voyez M. Isabey père ! il
excellait dans la miniature; il a fait à l'huile un
Portrait de madame d'Osmond, et il a échoué.
Ce portrait ne manque pas d'originalité et de
goût, mais de force; je me figure une tragédie
écrite par Léonard ou le cardinal de Bernis.

Un Samedi au Louvre.

Taisez-vous donc, vieux démons médisans.
Vieille Ballade anglaise.

Tous les acteurs sont prêts et la toile est levée.
NÉP. LEMERCIER. *La Panhypocrisiade.*

La foule des privilégiés accourt. Les brillans équipages se pressent dans la rue du Carrousel. Les gendarmes sont sur les degrés du temple des arts, pour orner la fête de l'aristocratie qui, pendant six mois, s'est renouvelée par octaves. Le fiacre plébéien est repoussé avec mépris ; par grâce, on lui permet d'approcher pour un moment du sanctuaire, mais bientôt on répudie ce Paria ; il va se remiser sur un terrain particulier ; on ne veut pas que ses panneaux grossièrement vernis fassent tache parmi les riches armoiries qui pavoisent la place du Muséum ; ses chevaux de trente écus pourraient-ils figurer à côté des coursiers fringans que les haras d'Angleterre et de

Normandie ont élevés pour nos patriciens? Les
voitures se succèdent avec rapidité à la porte du
Louvre. Des valets, fiers de leurs épaulettes d'or
ou d'argent, ouvrent les carrosses et présentent
le poing aux nobles dames, fières à leur tour de
leurs heiduques si insolemment élégans. L'escalier et bientôt le Grand-Salon se remplissent de
femmes de la noblesse, de la finance et des grands
fonctionnaires de l'Etat; des jeunes gens à la haute
cravate, aux manchettes empesées, à la petite
moustache frisée au fer, au lorgnon gothique,
sont leurs cavaliers. Quelques bourgeoises, favo-
risées, par M. de Forbin, d'un billet bleu-pâle, se
mêlent dans le tourbillon musqué; elles avaient
dit à leur couturière : Ne m'oubliez pas pour sa-
medi, je veux aller au Salon, *c'est le jour du
beau monde...*

« Bonjour, ma toute belle. — Madame la marquise, comment vous portez-vous? — Tiens, c'est
la petite baronne! — Oh! voyez donc, ma chère,
la fille d'un officier de la garde-robe mise comme
vous et moi; si ce n'est pas scandaleux! — Ah!
voilà madame De... avec le major..., vous savez!
— Dites donc, comtesse; regardez donc, une ban-
quière qui se permet le sous-lieutenant? — Dieu!
que ces femmes de la noblesse sont insupporta-

bles! — Une découverte, ma bonne amie, mademoiselle Victoire fait des corsets sans épaulettes; cela va très-bien; cela place la gorge à merveille. — Encore un emprunt, mon cher ange; Dieu soit loué! il m'en reviendra quelques bijoux, car il est vraiment très-bon pour moi, mon mari. — Le cardinal me disait l'autre jour que vous avez été édifiante pendant toute la semaine-sainte, et que cela vous a fait un bien infini à la cour. — Oui, M. de... sera fait conseiller d'Etat. — J'ai été faire hier le wisk chez madame de Villèle; elle est insupportable, cette vieille femme, mais c'est égal; le dernier mot n'est pas dit pour son mari, et le Père Chonchon m'a assuré qu'il reviendra au ministère. — Plaise à Dieu, ma bonne! sans cela nous sommes perdus; le comité-directeur pousse à la révolution; ils sont à la Chambre trois où quatre hommes d'esprit qui disent cela tous les jours, et cela me fait peur. — Qu'est-ce que c'est que ces deux femmes peintes par M. Belloc? — C'est la baronne de C...y avec sa fille. — La mère est un peu flattée. — Maman, voyez donc cette ombrelle jaune, c'est affreux. — Parbleu, et cette robe de velours pour se promener dans un jardin. La jeune fille, à la bonne heure, elle est en mousseline!

UN JEUNE HOMME. — Oh! quel portrait de Casimir Delavigne? Il a l'air triste.

UNE DAME BLONDE. — Il est malade d'indiges-
tion ; il a trop mangé de ce gâteau de Savoie que
vous voyez derrière lui [1].

UNE DAME BRUNE. — Fi, l'horreur! Quels cheveux a cette *Édithe!* Je ne m'y accoutumerai jamais.

LE VIEUX DUC DE... — J'ai vu le temps où la
poudre rousse était de mode; si dans ce temps-là
M. Doyen avait peint une femme de ce rouge
ardent, cela eût passé à Versailles pour une flatterie ingénieuse et délicate.

UN RAPIN [2]. — C'est tout bonnement aujourd'hui
un détail historique.

UN JEUNE OFFICIER. — Mon Dieu ! quel est donc
cet homme grand, sec, en culottes de soie noire?

---

[1] Le château Saint-Ange, que M. Schnetz a peint d'un assez mauvais ton dans le fond du portrait de M. Delavigne.

[2] On appelle de ce nom un jeune apprenti peintre; c'est le souffre-
douleurs d'un atelier; il a, par compensation, le droit d'insolence,
comme les tambours dans les régimens. C'est un *faiseur de charges*
qui se plaît à se moquer des *bourgeois*, c'est-à-dire des personnes
peu initiées aux choses des arts. Le rapin est un caractère; il est
tranchant, railleur, indiscret; il est à l'affût de tous les petits événemens; il sait la chronique scandaleuse, et il n'épargne personne dans
ses récits ou ses jugemens. C'est un fléau assez amusant.

UN ARTISTE. — C'est Don Quichotte égaré dans le XIXᵉ siècle.

LE VIEUX DUC (avec humeur.) — C'est l'illustre procureur-général Bellart [1].

LA COMTESSE D'H. — On fait foule auprès de ce tableau ; que représente-t-il donc?

L'ARTISTE. — *Le Roi distribuant des récompenses aux artistes, à la fin de l'exposition de* 1824 [2].

UNE VOIX. — Dieu que c'est amusant ! (On rit dans la partie du groupe des spectateurs qui est au-dessous de la figure de M. Quatremère de Quincy.)

LA COMTESSE D'H. — Vous paraissez connaître tous ces personnages ; ayez donc la bonté de m'apprendre leurs noms.

L'ARTISTE. — Ici, M. Blondel.

LE RAPIN. — Trop grand.

L'ARTISTE. — Il serre la main à M. Regnault. M. Richomme, le graveur, est à côté de madame Hersent, auprès elle-même de son mari. Derrière M. Regnault est le profil de M. Mauzaisse.

---

[1] Peint en pied par M. Rouillard.

[2] Ce tableau de M. Heim est remarquable par une composition pittoresque et naturelle et par un ton agréable.

LE RAPIN. — Trop colossal [1].

L'ARTISTE. — Un peu en avant M. Ramey père, sculpteur ; entre M. Mauzaisse et M. Ramey, vous voyez…

LA COMTESSE. — Je le reconnais, le comte Turpin de Crissé.

LE RAPIN. — M. Heim l'a peigné comme lui-même peigne ses paysages. Il n'y a pas un cheveu qui passe l'autre.

L'ARTISTE. — En avant, est M. Galle, graveur en médailles justement renommé.

LE RAPIN. — Tiens ! il y avait deux femmes, Mlle Gay et sa mère ; M. Heim les a effacées.

LA COMTESSE. — Tant pis, une jolie femme n'est jamais déplacée nulle part.

L'ARTISTE. — Mademoiselle Delphine Gay était d'ailleurs historique dans le tableau.

LA COMTESSE. — Oui, ce fut ce jour-là, je crois, qu'elle eut la faveur d'un compliment du Roi.

L'ARTISTE. — Elle n'est plus dans l'action du tableau, mais dans les accessoires, voilà son portrait.

LE RAPIN. — Oui, une touffe de cheveux blonds et un grand bras.

[1] Voyez page 390.

L'ARTISTE. — Ici, sur le premier plan, est M. le baron Gros.

LE RAPIN. — Il n'est pas ressemblant, il n'a pas ses bottes à la Souwarow.

L'ARTISTE. — En habit noir (car il n'était pas encore de l'Institut), la tête à nous...

LE RAPIN. — Et la bouche en cœur...

L'ARTISTE. — Méchant rapin, vous tairez-vous ? M. Heim s'est trompé, qu'est-ce que cela prouve?

LE RAPIN. — Qu'il n'y a pas que les rapins qui se trompent.

L'ARTISTE. — Je vous disais, Madame, qu'en habit noir est M. Horace Vernet. Près de lui, vous voyez la tête chauve de M. Picot.

LE RAPIN. — On a oublié son cheveu.

L'ARTISTE. — Devant eux sont madame Lisinka de Mirbel et M. Bosio. M. Cartelier, beau-père de M. Heim, reçoit des mains de Charles X le cordon noir; M. Carle Vernet vient de recevoir le sien.

LA COMTESSE. — Je ne vous demande pas quel est ce personnage doré qui se tient si droit à côté du Roi; il est ressemblant; c'est ce bon vicomte que les révolutionnaires ont tant tourmenté pour sa direction morale de l'Opéra.

L'ARTISTE. — Oui, c'est M. le chargé des beaux-arts.

LE RAPIN. — Bonne charge! Charlet ne l'aurait pas mieux faite.

LA COMTESSE. — Vous croyez que M. Heim a mis une intention maligne dans cette pose prétentieuse?

L'ARTISTE. — Je ne le crois pas.

LE RAPIN. — Certainement, ni moi non plus, mais...

L'ARTISTE. — M. de Forbin et M. de Cailleux sont près de M. de Larochefoucauld. Tout-à-fait sur le devant est assise madame Haudebourg, en avant de qui est feu Charles Dupaty, le statuaire. Dans ce groupe, le plus remarquable de ces personnages pour la ressemblance, c'est M. Daguerre. Au fond, et dominant la scène, sont M. Alaux-le-Romain, M. Charles Nodier, M. Gudin, M. Bouton et M. le baron Taylor.

LA COMTESSE. — Mais vous ne m'avez point nommé le baron Gérard.

L'ARTISTE. — Le voici, Madame, au troisième plan de la composition, entre MM. Percier et Fontaine.

LA COMTESSE. — Oh! comme il ressemble à Buonaparte. Et pourquoi est-il si loin du Roi dont il est le premier peintre? Pourquoi est-il en frac?

L'ARTISTE. — M. Gérard n'aime pas à se faire remarquer; il ne se donne pas volontiers en spectacle. La vérité est qu'il parut au milieu de nous avant la cérémonie représentée par M. Heim, et qu'il n'y était plus quand le Roi dit : « Je regrette que M. Gérard ne soit pas ici pour entendre que je le charge de peindre le sacre. »

LA COMTESSE. — Que cela est modeste! Un autre n'aurait pas manqué de se trouver là, sous les yeux du prince... Oh! mon Dieu, aidez-moi à sortir de la foule; on m'écrase.

LE VIEUX DUC (bas à la comtesse). — Parbleu, je le crois bien; c'est le ventre de mon collègue, Lally-Tolendal, qui vient d'entrer comme un coin entre vous et votre voisine.

L'ARTISTE. — Donnez-moi la main, Madame, je vais vous dégager. (Il fait un effort, amène la comtesse au milieu du Salon, et là quitte en la saluant.)

LA COMTESSE AU DUC (hors de la foule). — Il est bien poli ce Monsieur; le connaissez-vous?

LE VIEUX DUC. — Non, ma chère.

LA COMTESSE. — Ça ne peut être un homme de rien; il y a quelques nobles dans la peinture.

LE VIEUX DUC. — Oh! des barons d'hier.

LA COMTESSE. — Non, vraiment, des gens très-bien nés.

LE VIEUX DUC. — C'est égal, ils font là un drôle de métier.

LE RAPIN. — Il vaut bien mieux ne rien faire, n'est-ce pas, M. le gentilhomme?

LE VIEUX DUC. — Petit révolutionnaire!

UN BOURGEOIS (lisant dans le Livret). — M. le baron Gros, n° 491. Portrait du Roi.

UN ÉCUYER. — La drôle de position qu'a la jambe gauche de derrière de ce cheval!

LE RAPIN. — Ne voyez-vous pas que la pauvre bête a la crampe?

LE BOURGEOIS. — Je ne trouve pas le numéro de ce petit tableau; savez-vous quel en est le sujet?

LE RAPIN. — C'est un jeune Turc remettant le cou de son cheval.

LE BOURGEOIS. — Farceur!

LE RAPIN. — Dame! voyez plutôt [1].

UNE DAME. — Que représente ceci, s'il vous plait?

LE RAPIN. — *La Mort de Polichinelle;* cherchez au Livret l'article de M. Delaroche.

---

[1] *Jeune Turc caressant son cheval,* par M. Delacroix.

LA DAME. — N° 305 : *le jeune Caumont de la Force, etc.* Ah ! c'était une parodie !

LE RAPIN. — Diantre, je ne me permettrais pas !...

LA DAME. — Oh ! voilà qui est charmant ! C'est de ma chère école de Lyon, bien sûr.

LE RAPIN. — Oui, Madame, de M. Génod ; c'est l'acupuncture [1].

UN ÉVÈQUE. — Dites, mon cher duc ; où est donc la *Sainte Thérèse* dont j'ai tant ouï parler l'autre soir chez la douairière de Maisonfort ? Je suis curieux de la voir.

LE VIEUX DUC. — Mais, c'est vrai, je ne l'ai pas vue non plus.

UN ARTISTE. — Elle n'est plus ici.

L'ÉVÈQUE. — Et pourquoi ?

LE RAPIN. — Parce qu'on a craint qu'elle ne vînt à se faner.

L'ARTISTE. — M. Gérard l'a retirée le lundi-saint, après l'avoir montrée pendant quelques jours seulement. Il a eu raison ; nos tableaux qu'on nous garde pendant six mois, finissent par lasser le public ; la *Sainte Thérèse*, au contraire, est toute neuve pour le succès. Aussi vous verrez la foule qui se portera à l'hospice de madame Châteaubriand quand elle y sera exposée !

[1] *Psyché et l'Amour.*

L'ÉVÊQUE. — Ah ! on l'exposera dans la chapelle de l'hospice de Marie-Thérèse ? J'irai la voir.

LE RAPIN. — Ce sera bientôt une affaire de mode.

UN PROTESTANT. — Ainsi vos temples sont changés en lieux d'exhibition ! Vous entendez singulièrement le respect dû aux choses saintes !

L'ÉVÊQUE. — Monsieur est hérétique, sans doute.

LE PROTESTANT. — Je me flatte d'être raisonnable.

LE DUC. — Que voulez-vous, Monseigneur ? il n'y a plus de religion.

L'ÉVÊQUE. — Écrivez demain, mon cher Duc, pour avoir des billets, et nous irons voir la Sainte Thérèse qu'on dit si belle.

L'ARTISTE. — Vous la verrez seule ; là point d'objets de comparaison ; rien ne détournera votre attention de ce tableau ; c'est pour vous et pour M. Gérard un grand avantage.

LE RAPIN. — Moi, quand j'aurai du talent j'exposerai toujours tout seul aussi.

LE VIEUX DUC. — Petit révolutionnaire !

Nomenclature.

PAYSAGES, ANIMAUX, BATAILLES, MINIATURES, PORCELAINES,
DESSINS.

PARDON, Messieurs, si je réduis à la plus simple expression un chapitre qui demanderait tant de développemens, mais je n'ai pas le temps de faire des théories, et puis à quoi servent les théories à présent?

Je n'ai jamais compris la distinction qu'on a voulu faire entre le paysage historique et le paysage champêtre; je ne connais qu'un bon paysage, celui qui reproduit bien les aspects de la nature, celui qui est vrai. Si la *convention* est une chose détestable en peinture, c'est surtout dans le paysage; vous aurez beau être élégant de lignes, classique dans la forme de vos arbres, heureux dans le mouvement de vos terrains, si vous faites un ciel outré, si vous manquez de vérité dans la couleur de votre végétation, si vous n'avez pas saisi

l'effet du soir et du matin que vous prétendiez
me donner, vous aurez fait un mauvais ouvrage.
J'estime Poussin, Guapre et Valenciennes ce
qu'ils valent, mais Ruisdaël, Berghem, Karel
Dujardin, Van der Velde, me paraissent aussi
avoir un grand prix ; le genre m'est à peu près indifférent pourvu que ce que l'on me donne soit
bien. Certainement il y a du talent dans les ouvrages de M. Turpin de Crissé, mais sa poésie ne
dit rien à mon imagination, c'est la manière affaiblie de Delille; tout en lui est fait avec une propreté, un soin extraordinaires; mais tout est froid.
Que j'aime bien mieux la naïve manière de M. Gué!
Il a fait une croix au milieu d'un champ, la femme
qui y prie n'est pas de si bon lieu que Syrinx ; il
a peint des pans de murs de chaumières qui ne
sont pas si nobles que les fabriques italiques; au
lieu de beaux roseaux il a fait du fumier; eh bien,
tout cela me charme parce que c'est vrai de couleur et d'effet ; il y a du soleil sur ses petites masures ; il y en a aussi dans les forêts de M. Van-
Os, et je les aime.

M. Jolivard me paraît avoir fait un chef-d'œuvre dans un paysage-portrait où sont groupées
çà et là des maisons de paysans, où les arbres ne
sont pas arrangés avec peine; la couleur de ce

33*

tableau me paraît très-bonne. Les études du même peintre, bien qu'un peu vertes, sont extrêmement estimables; celles de M. Dagnan ont aussi de la vérité. M. Ricois mérite à peu près tous les éloges qu'on peut faire de M. Jolivard; sa *forêt* est une chose charmante.

Il est des hommes qu'on doit seulement nommer pour les louer; de ce nombre sont MM. Victor Bertin et Watelet. Ces deux maîtres n'ont point dégénéré de leur réputation; leurs ouvrages sont toujours remarquables par les mêmes mérites.

M. Boisselier, chargé de faire deux grands paysages pour une église, n'a pas été heureux. M. Périn, qui a fait une *Samaritaine*, l'a été beaucoup plus; le ton de ses arbres et de ses plantes est trop vert, mais la composition de son site est belle; ses figures, celle du Christ surtout, sont charmantes; le groupe du second plan, et l'ouvrage en général, prouve que l'artiste a de la vénération pour le Poussin.

M. Regnier est toujours lui; il ne copie personne; il s'est fait un genre qui a beaucoup réussi. Son grand paysage, auquel il n'y a peut-être à reprocher qu'un peu d'uniformité dans la facture, est une des bonnes productions de l'auteur; la partie intermédiaire entre les deux côtés du tableau, est surtout fort bien.

M. Rémond est lourd outre mesure; il a une exécution large mais pesante. C'est un homme de talent, qui a besoin de se mettre en garde contre sa facilité.

M. Chauvin est toujours le même : ce n'est pas absolument à titre de reproche que je dis cela.

M. Guindrand a fait des progrès à Rome, il est sur la route des succès. Son paysage n'est pas d'une très-bonne couleur, mais il est bien composé. Les études qu'il a faites en Italie sont fort estimables.

Madame Melling-Clerget, élève de M. Watelet, a exposé un paysage dont les eaux surtout sont faites avec esprit. Cette jeune artiste mérite des encouragemens et des éloges.

Deux grands paysages, étudiés avec soin, et d'une belle couleur, recommandent puissamment M. Ulrich.

M. Bidault vieillit un peu; M. Dunouy se répète; M. Taunay se continue; M. Giroux commence, et il commence bien ; le second plan, dans la demi-teinte de son étude de la Commarque, est une belle chose. Le paysage dont j'indique ainsi une partie admirable, est un des meilleurs

morceaux de ce genre dans l'exposition de cette
année.

Le *Passage des Échelles*, par M. Gudin, est
un tout-à-fait chef-d'œuvre.

M. Léopold Leprince avance tandis que tant
d'autres restent stationnaires ou reculent. Il est
un des premiers au second rang des paysagistes.

M. Schikler, amateur des arts, a un beau cabinet; M. Hippolyte Lecomte a fait plusieurs tableaux pour lui. Saint-Evremond disait : « Quand
on me parle d'un homme, et qu'on me dit, il est
reçu chez Ninon, je sais toujours quel est cet
homme; apparemment ce n'est point un sot. »

M. Brascassat a une facture brillante par laquelle il se laisse un peu trop dominer; tout est
bien dans ses tableaux, mais trop uniformément
peut-être. Il augmentera, n'en doutons pas, le nombre des maîtres du paysage. M. Théodore Richard,
qui a fait son éducation pittoresque, et qui a pour
lui la tendresse d'un père, lui a donné de bons
exemples avec de bons conseils. Les tableaux
que cet artiste bordelais a exposés en 1827, méritent beaucoup d'éloges; la nature y est rendue
avec une élégante fidélité. Je connais des études
de M. Richard (une de la forêt de Fontainebleau
surtout) qui sont charmantes.

Les dessins de M. Joly sont d'un ton chaud et
d'une touche hardie ; ses paysages à l'huile sont
gris et timidement peints. Le trait en est élégant.

M. Edouard Bertin est revenu au paysage pri-
mitif ; c'est de la peinture du moyen âge, que son
Giotto. Je ne sais ce que cet amour du gothique
produira dans l'avenir ; il y a, quant à présent,
dans le talent de M. Bertin, une naïveté qui plaît,
quoiqu'on voie bien qu'elle est un peu cherchée.
Son tableau est dans des lignes simples, le groupe
d'arbres qui couronne le dernier plan semble être
un emprunt fait aux maîtres anciens ; le ton local est apprécié par nos Anglo-Vénitiens, qui se
sont proposé les vieux tableaux pour modèles.
Il y a de bonnes parties de couleur, les terrains du
devant par exemple. Le ton des rochers est un
peu lourd ; ce qui alourdit aussi tout le tableau,
c'est le soin que l'auteur a pris de peindre les
masses et les détails dans le sens de leurs mouvemens. Cette exécution ne diffère presque pas
de celle des tapisseries. M. Édouard Bertin per-
sistera-t-il dans la route où il est entré ? Son originalité est-elle génie ou système ? Si elle est génie, elle produira des chefs-d'œuvre, indépendamment du goût du siècle ; si elle est système,
elle ne produira rien de mieux que le *Giotto*. Le

premier ouvrage de M. Bertin prouve du talent,
mais ce talent n'est pas encore de ceux qui plaisent au public; il faut parler la langue que tout
le monde peut entendre pour réussir auprès de
tout le monde. Que penserait le jeune artiste d'un
poëte qui ferait des vers comme Ronsard en présence de Béranger, de Lamartine, de Delavigne
et de Victor Hugo [1]?

M. Aligny outre les défauts du genre dans lequel M. Édouard Bertin s'est essayé; il a fait une
procession de moines dans la campagne, qui est
vraiment extraordinaire. Quelqu'un comparait ce
tableau aux dessins que donne le hasard dans la
coupe de certains marbres : cette bizarrerie est
évidemment systématique. Je parierais bien que
M. Aligny n'a aucune estime pour le talent de
M. Fabre, de Montpellier, classique raisonnable,
un peu uniforme, mais très-intelligible au moins.

M. Jules Cogniet sera un de nos meilleurs
paysagistes, s'il marche dans la voie qu'il s'est
ouverte.

---

[1] Dans les derniers jours du Salon, M. E. Bertin a exposé un petit
tableau, de beaucoup préférable à celui dont je viens de parler; il est
d'une couleur et d'un effet très-agréables; il y a encore dans la touche trop d'affectation de largeur; mais même, sous ce rapport, les progrès du peintre me paraissent sensibles.

Les tableaux de M. Debez, amateur, ont un
accent de naïveté qui me les fait estimer.

Une vue de la vallée d'Auges, par M. Mal-
branche, m'a paru un tableau agréable.

J'ai parlé ailleurs des charmans petits ouvrages de MM. Mozin et Roqueplan ; je n'ai rien à
dire du *Rodomont* de M. Petit, si ce n'est que
c'est une chose fort commune.

La *Vue des restes de l'ancienne abbaye de
Jumiéges*, par M. Valentin, est d'un bon effet ;
c'est une inspiration de l'école anglaise.

N'oublions pas M. Dupressoir, jeune homme
qui, dans une *Vue du Dauphiné*, a montré de
très-heureuses dispositions.

Et M. Daguerre, que je n'ai pas même nommé !
Oh ! celui-là, sa réputation est faite ; il peut très-
bien se passer de mes éloges ; ce n'est pas une
raison pour que je me prive du plaisir de les lui
donner.

M. Demarne entrera-t-il jamais à l'Institut, où
M. Thévenin est arrivé tout droit par la route de
Rome ? J'en doute. Cet artiste a cependant encore
assez de talent pour justifier le choix de l'Académie des Beaux-Arts ; il en a eu trop pour que je
ne sois pas en droit de taxer d'injustice le corps
qui n'appela pas à lui M. Demarne il y a quinze

ans. M. Demarne a reçu la croix d'honneur. Enfin !

M. Knipp est un peu froid; mais il étudie ses moutons et ses chèvres avec tant de soins ! M. Berré est naturel ; M. Eugène Verboeckhoven rappelle un peu, par la couleur, le Hollandais Berghem ; il est moins fin de ton. M. Edouard Swebach a une touche délicate, spirituelle, il ne lui manque qu'un peu de chaleur.

M. Horace Vernet a toujours la supériorité sur tous ses compétiteurs pour les batailles ; son engagement d'une compagnie de voltigeurs contre un parti de Cosaques est très-bien. Je ne sais si je puis ranger dans le genre des batailles cette scène de la campagne de France, où un paysan, ancien soldat, vient d'être blessé dans sa vigne qu'il défendait contre l'ennemi. A quelque classification qu'elle appartienne, elle peut être regardée comme un chef-d'œuvre, bien qu'il y ait un peu de sécheresse dans l'exécution. La femme armée d'une fourche est une figure admirable de sentiment, d'expression, de caractère et de couleur ; la tête du paysan blessé est peut-être un peu trop reflétée. La partie dramatique de l'ouvrage est excellente ; c'est sous ce rapport que le *Passage de la Bérésina*, par M. Ch. Langlois, est une chose remarquable. Ce tableau fait mal à voir ;

l'analyse serait un poëme pour qui saurait la faire.
Les ouvrages de M. Charles Langlois manquent
un peu d'exécution ; vus à distance, ils satisfont,
parce que l'arrangement en est bien entendu, que
tout y est clair et dans un bon mouvement. La
Bataille de Walls a été justement louée. Le
Combat de Benouth fait plus d'honneur à Bel-
liard qu'au peintre : c'est le moins bon des ouvrages de cet artiste.

Il ne faut pas cataloguer l'affaire de *Santona*,
par M. Cogniet, parmi les batailles ; c'est un événement militaire, comme la *Revue des tirailleurs
du régiment du prince de L....* par M. Lami. Le
Combat de Tramaca, par le même M. Lami, est
bien rendu. Ce jeune peintre, élève de M. Horace
Vernet, a profité des leçons de son maître.

M. Bellanger n'a pas réussi dans son affaire des
cuirassiers français contre des troupes hongroi-
ses ; il est confus et gris. Cet artiste a de l'esprit
et du talent ; il a déjà fait de bons tableaux, il en
fera sans doute encore. Qui a toujours été heureux ?

M. Victor Adam a dessiné pour la vingt-
deuxième livraison des *Voyages Pittoresques*
une planche qui vaut mieux que toute sa peinture
exposée au Salon de cette année. Il est vrai que

cette planche est parfaite. Dans son tableau de *la Foire aux chevaux à Caen*, il n'y a aucune solidité. Un cheval blanc danse en l'air; l'aplomb de toute sa composition s'en trouve rompu. Il y a trop de *chic* dans les ouvrages de M. Adam, et pas assez d'étude.

J'aùrai tout dit sur nos peintres de fleurs quand je les aurai nommés. Mais qu'ai-je besoin de les nommer? Tout le monde les connaît. Deux d'entre eux sont parvenus à la perfection; les autres en sont bien près.

M. Saint tient toujours le haut bout dans la miniature. Son portrait du Roi est excellent; peut-être on pourrait lui reprocher d'être trop largement touché, mais c'est un beau défaut. Le portrait de M. de Terne est fort bien aussi; celui d'une dame représentée en pied et se promenant dans un jardin, est vraiment digne d'admiration. La figure est gracieuse, sans manière, d'un ton solide et agréable, d'un dessin correct, quoi qu'on dise de la longueur de la jambe gauche. Le paysage est joliment composé; les accessoires sont ajustés avec beaucoup de goût.

Madame de Mirbel avait déjà exposé en 1824 un très-beau portrait de M. le duc de Fitz-James, elle en expose un autre cette année; il n'est pas

moins admirable ! Si elle en fait un troisième, il
sera sans doute aussi parfait [1].

M. Augustin est toujours très-précieux. Il y
a plusieurs bonnes miniatures de M. Aubry.
M. Isabey a exposé trois aquarelles qui attestent
la sûreté de sa touche; il a peint la famille Panc-
koucke. Le travail de M. Gomien est un peu
froid, ses portraits sont cependant fort estimés.
M. Gomien a fait des progrès réels; s'il pouvait
adopter une manière plus large, il aurait peu
de rivaux. M. Millet a exécuté dans des dimensions trop grandes quelques portraits qui seraient
beaucoup meilleurs si le travail se faisait deviner davantage. La couleur de ce miniaturiste est
généralement un peu rouge [2]. M. Passot, élève
de M. Millet, fait honneur à son maître. M. Troi-
vaux a de la couleur et un dessin correct; il est
nature, comme on dit; ses miniatures réussissent au Salon et dans le monde. *Un enfant*,
grande miniature, par M. Jules Vernet, est une
chose estimable. M. Maricot mérite d'être cité
cette année. M. Jacques maintient sa réputation.
M. Bilfeld a surtout le talent de saisir la ressemblance de ses modèles... Il me faudrait cinquante

[1] Voyez page 294.
[2] Voyez page 295.

pages si je voulais appuyer d'analyses les jugemens que je viens de distribuer en termes si brefs ;
je ne me dissimule pas le désavantage de ces formules, mais je suis forcé de les employer en les
détestant. La miniature occupe au Salon de 1827
une place considérable ; j'ai cité les principaux
artistes qui s'exercent dans ce genre ; il en est
beaucoup encore que je devrais nommer, mais la
plupart d'entre eux méritent moins d'éloges que
de critiques, et la critique en aphorismes a quelque chose de si cruel pour celui qu'elle frappe,
que je la dois épargner à ceux même des miniatu-
ristes dont le jury (puisque jury il y a) a eu tort
de recevoir les ouvrages. Les demoiselles Dufour
ne sont pas de ce nombre ; elles se sont fait mu-
tuellement leurs portraits en pied dans le même
cadre ; c'est un morceau distingué et qui donne
une favorable idée du talent à venir des deux
peintres ; elles doivent être encouragées.

Madame Jacquotot !... L'article qui doit con-
cerner cet habile peintre en porcelaines ne sera
pas plus long. Son nom dit tout pour l'éloge.
Quand Scarron dédiait le *Romant comique* au cardinal de Retz, il écrivait : AU COADIVTEVR, *c'est
tout dire*.

Plusieurs femmes s'exercent dans le genre qui

a illustré madame Jacquotot. Mesdames Didier[1],
Morlot, Mutel ; mesdemoiselles Jacquet, Le-
duc, Perlet et Legrand, ont exposé des ouvrages
de mérites, sans doute fort inégaux, mais tous
assez estimables pour être mentionnés. On voit,
j'espère, que je n'ai pas l'intention de mettre toutes
ces artistes sur la même ligne ; ce serait, pour
quelques-unes, une galanterie que je me repro-
cherais. Un critique doit être juste autant qu'il
peut ; si j'avais l'honneur de connaître ces dames,
je ne pourrais pas garder une telle impartialité ; je
profite de mon malheur pour être équitable.

MM. Parent, J.-François Robert, Pastier,
Legost et Fouquet sont connus des amateurs ;
chaque année on fait l'éloge des travaux de deux
ou trois d'entre eux, à propos de l'exposition des
produits de la manufacture de porcelaine de
Sèvres.

M. Constantin est plus habile qu'eux tous ; il
s'est placé à côté de madame Jacquotot, à qui
bien des artistes le préfèrent.

M. Counis rivalise maintenant le célèbre Petitot : ses émaux ne le cèdent ni en finesse ni en
vigueur à ceux de cet artiste du dix-septième
siècle.

[1] *Voyez* page 234.

J'ai parlé des dessins de M. Arsenne [1] ; je n'ai pas assez d'éloges à donner au *Vœu de Louis XIII*, d'après M. Ingres, par M. Calamatta, graveur italien; c'est un morceau admirable. Le style et jusqu'à la couleur du maître sont reproduits dans cette copie à l'estompe et au crayon noir. De charmans dessins de M. Thomas; les brillantes et solides aquarelles de M. Cicéri, de M. Atoche, de M. Joly; les lavis de feu Enfantin; de belles études au crayon que je crois de M. Hubert, mériteraient chacune une mention honorable; mais il faut que je dise comme Napoléon après Austerlitz : *Grenadiers, je vous ai vus!* Les grenadiers furent contens; je le crois bien, mais c'était Napoléon qui les louait ainsi !...

[1] *Voyez* page 366.

Fin.

A M. CH. N.

Ma foi, c'est fait;

et pourtant, mon ami, que de choses me res-
teraient à dire! De tout ce que j'ai oublié invo-
lontairement ou négligé à dessein, on ferait un
livre plus gros, et assurément plus piquant, et
meilleur sous tous les rapports que celui-ci. Fais-
le; car tu es bien celui à qui je puis dire :

> Favori des neuf Sœurs, achevez l'entreprise;
> Donnez mainte leçon que j'ai sans doute omise.

Ton goût corrigerait le mien ; où je n'ai rien
trouvé, ton esprit ingénieux trouverait quelque
chose de délicat, d'original ; tu verserais du baume
sur quelques blessures, mais aussi ne blesserais-
tu pas quelques amours-propres que j'ai caressés?
Tu en sais plus que moi sur toutes les matières
que j'ai traitées, tu serais donc beaucoup plus

34

juste ; cependant on te ferait dire aussi des choses
que tu n'as pas dites. Imagine-toi qu'un artiste est
allé se plaignant partout de moi, parce que, pré-
tendait-il, je l'avais comparé à notre ami Gudin ;
tu sais si je suis capable d'une flatterie aussi sotte.
« Je ne suis point l'émule de Gudin , disait le superbe ; je suis moi ! » Cela n'est-il pas risible? Je
te dirai à l'oreille le nom de ce mécontent , et tu
verras, quand tu te rappelleras mon opinion sur
son compte, qu'il s'est flatté en supposant de ma
part une sorte de parallèle entre lui et un de nos
premiers paysagistes.

On est venu me dire qu'un chapitre de la première partie de ce volume avait été cause d'expli-
cations fâcheuses dans plusieurs ménages de notre
bonne grande ville. A ma place, qu'aurais-tu fait?
Personne n'est désigné dans le chapitre ; tu aurais
dit aux réclamans comme Molière : « Messieurs,
c'est Sganarelle que j'ai voulu désigner et non
pas vous. »

Je suis fatigué, mon cher ami ; la carrière que
j'ai parcourue est longue ; je la borne ici, et je ne
puis pas dire : sans regrets, car la peine que j'ai
prise a bien des compensations. J'ai rendu service à quelques artistes, je l'espère du moins.

Comme le concierge dont parle Dorat savait

son château par cœur, je sais aussi par cœur mon
Salon, et, plus je le repasse dans ma tête, plus je
vois combien certaines gens qui jugent tout du haut
de leur sublimité, ont été injustes envers lui. Tu te
souviens d'avoir vu les plus belles expositions du
temps de l'Empire ; tu as comme moi la tradition
de celles qui ont précédé 1806 ; tu n'as pu oublier
celles qui ont suivi la Restauration : eh bien ! dis-
moi si aucune fut plus riche , plus intéressante,
plus curieuse que la présente ? Chacune nous
donna ses chefs-d'œuvre ; laquelle nous en donna
en si grand nombre et dans des genres si différens ? Tout, d'ailleurs, avait alors le malheur de se
ressembler dans les productions de notre école ;
c'était partout l'imitation du même style ; il y avait
des formes sacramentales dont personne n'osait
sortir ; on se contraignait à être beau d'une certaine façon , et quand on manquait du sentiment
du beau, on tombait dans l'exagération ou le ridicule. Cette année, nous avons vu des systèmes
différens produire des œuvres qu'il faudrait estimer encore, quand elles n'auraient pas d'autre
mérite que celui de n'être pas de serviles imita-
tions du même modèle. La lutte a été vive, longue , brillante ; le romantique est resté maître du
champ de bataille que le classique a d'ailleurs fai-

blement défendu. Je ne plains pas les morts.

Depuis six mois que le Salon est ouvert, il s'est passé bien des choses. M. de Villèle a cessé d'être ministre, et M. Feutrier l'est devenu. M. Delavau a quitté la préfecture de police de Paris pour le conseil-d'État, au moment où l'on exilait MM. de Peyronnet, de Corbière et de Villèle sur le banc des comtes à la Chambre des Pairs. M. Franchet a été disgracié comme M. Delavau.

Un homme d'esprit que tu as connu autrefois, faisant des vaudevilles, et secrétaire de l'institut gastronomique de Bordeaux, a remplacé M. de Corbière. On le dit ami des arts, et quelques actes de son ministère ont prouvé qu'il a de l'affection pour ceux qui les cultivent. M. de Martignac peut honorer son nom; les artistes attendent beaucoup de lui, et je crois qu'ils fondent sur sa protection des espérances que ne trompera point le ministre. Des récompenses accordées avec discernement, sans acception de personnes et d'écoles, de nombreuses commandes de tableaux et de statues, de la libéralité dans les encouragemens, voilà ce qui lui conciliera l'estime des artistes qu'il devra s'appliquer à satisfaire aussi comme citoyens, en suivant des directions politiques tout-à-fait oppo-

sées à celles où s'était engagé son prédécesseur.
Le budget des arts est pauvre, car on n'a pu payer
que *deux mille* francs à M. Périn sa *sainte Famille* qui lui en a coûté *quatre mille;* M. de Martignac s'appliquera sans doute à le doter plus ma-
gnifiquement. Les congrégations sont scandaleu-
sement riches, et, loin de faire quelque chose
pour la gloire et la prospérité de la France, elles
nuisent aux progrès de la raison, traitent le
royaume en pays conquis, et travaillent à l'as-
servissement du peuple. Que le ministre de l'intérieur retire à ces perturbateurs pieux, à ces
intrigans improducteurs les subventions que le
trésor public leur accorde, et il aura de quoi
achever les monumens, former des musées dans
toutes les grandes villes, augmenter quelques
collections qui sont d'une indigence honteuse,
pensionner la fille de Greuze [1], et traiter le
mérite autrement que comme un mendiant qu'on
satisfait avec une aumône.

Adieu, mon cher ami; je n'ai pas besoin de te
dire que je voudrais que ce livre fût excellent de
tous les points : tel qu'il est, je te l'envoie; puisse-
t-il t'amuser et t'intéresser un peu? S'il était digne

---

[1] *Voyez* page 6.

du sujet que j'avais à traiter, du public pour qui
je l'ai écrit, et de toi qui m'aimes assez pour être
souvent mécontent de ce que je fais, je pourrais
dire : *Exegi monumentum.* La bonne grâce que
j'ai à faire ici le modeste ! Combien cet air d'académicien récipiendaire est gauche ! Allons, franchement, si je trouvais mon ouvrage mauvais, je
ne l'aurais pas publié. Tu penses bien, toute comparaison à part, que si M. Ingres a exposé son
OEdipe, c'est qu'il l'a trouvé bon !

Paris, le 20 avril 1828.

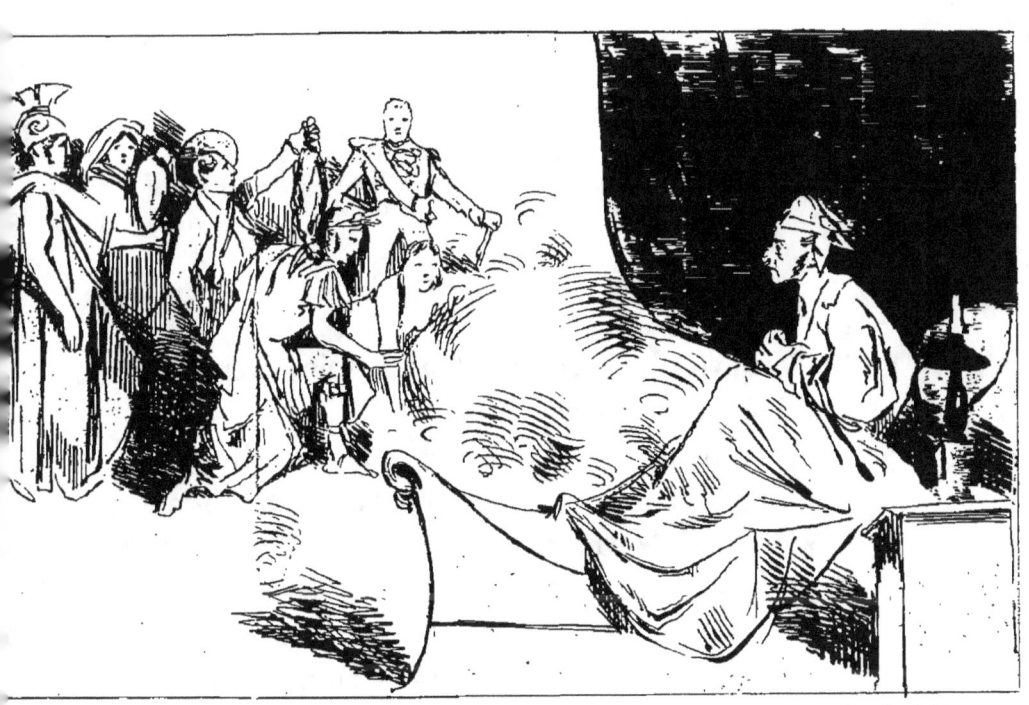

Émy Mouuet lith.   Imp. lith. de M. Gougon

Le Cauchemar

Cauchemar.

Par quel ordre ces esprits irrités viennent-ils
m'effrayer de leurs clameurs?
SHAKSPEARE.

GENEVIÈVE. — Monsieur n'a besoin de rien? Je puis aller me coucher?

LE CRITIQUE. — Oui, allez vous coucher, ma bonne, et ne m'éveillez pas demain d'aussi bonne heure qu'à l'ordinaire. Je veux dormir la grasse matinée.

GENEVIÈVE. — Monsieur a donc fini sa tâche?

LE CRITIQUE. — Oui, grâce au ciel, mon enfant! Je viens de lire mes dernières épreuves, et je n'ai pas besoin d'invoquer le Sommeil pour commencer ma nuit.

GENEVIÈVE. — Ah! j'oubliais de dire à Monsieur qu'on est venu le demander ce soir.

LE CRITIQUE. — Savez-vous qui, Geneviève?

GENEVIÈVE. — Un petit Monsieur qui venait,

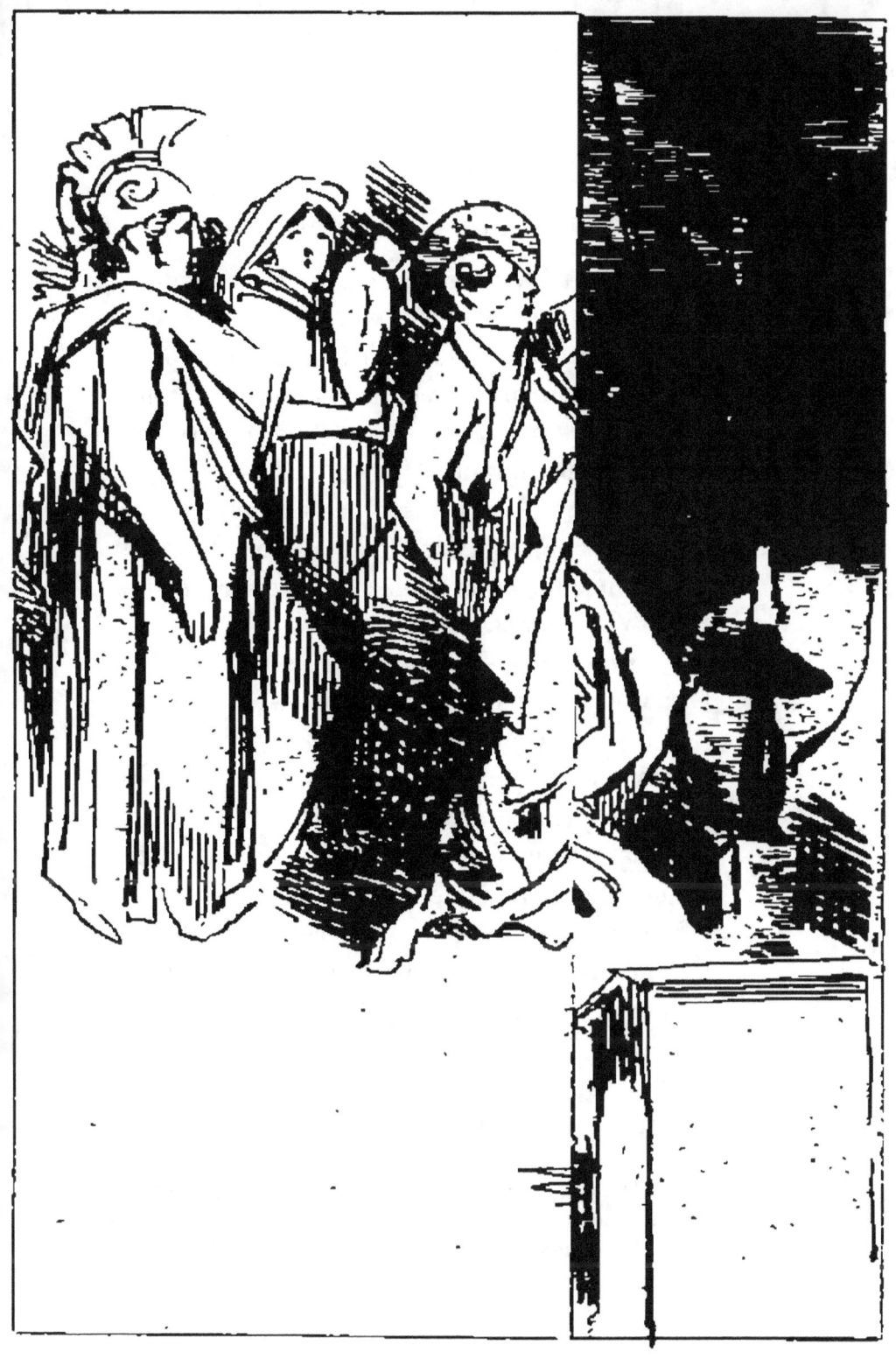

Henry Konner del.   lith. de M. Gaugain

disait-il, pour vous recommander quelqu'un ou quelque chose.

LE CRITIQUE. — Bon, bon! Je sais qui. Toute recommandation est maintenant inutile. J'ai donné le dernier *bon à tirer*, et je ne suis pas d'humeur à faire un supplément. Je suis fâché pourtant de ne pouvoir dire quelques mots de deux tableaux nouveaux de Champmartin[1]. C'est beaucoup mieux, de toute façon, que son *Massacre des Janissaires.*

GENEVIÈVE. — Pardine! que ce soit plus beau, ça n'est pas difficile. Ce diable de Massacre, j'en ai rêvé! Imaginez-vous que d'abord je n'y avais rien compris du tout; je ne voyais que des têtes, des pierres, des sabres et des bras; c'était, sans comparaison, comme ces macédoines de viandes que je vous fais quelquefois. Après, quand j'ai bien vu ce que c'était, j'ai pris peur, et ça m'a poursuivi comme la tête du dernier guillotiné poursuit la portière qui a absolument voulu l'aller voir *faire mourir*. C'est qu'elle est curieuse, cette dame Durand! Aller à la Grève pour... Tiens, voilà Monsieur parti. Il dort déjà, que

---

[1] *Une halte d'Arabes* (M. de Richelieu est un des personnages de cette scène où M. de Champmartin s'est représenté lui-même); *une Porte du Saint-Sépulcre*. La *Halte* est un bon ouvrage.

c'est une bénédiction! Le pauvre cher homme, il est assez las pour se bien reposer. Eteignons sa lampe. Allons, il a oublié d'ôter ses lunettes! Là, mettons-les sur sa table de nuit. Bien. Ma foi, il n'est pas beau en chinoise, notre Monsieur; il ne veut pas mettre de bonnet de coton; il dit que ça effaroucherait les jolis rêves. Il ronfle... il a l'air agité... il s'est couché sur le dos, et je me suis laissé dire que ça donne de l'oppression... J'ai envie de le réveiller pour l'avertir; ma foi, non; quand il souffrira, il se réveillera bien tout seul.

... Et Geneviève se retira, en fermant la porte dont le vent éteignit la veilleuse. Alors Smarra, qui, des rideaux du lit d'un ancien ministre où il avait établi son séjour depuis long-temps, était venu, par malice, se blottir pour un jour dans un des plis de la couverture du Critique, sort de sa cachette; il revêt une de ces formes fantastiques qu'il prend à volonté pour apparaître à ceux contre lesquels le diable le suscite; il fait un saut, et vient retomber lourdement sur la poitrine de notre dormeur.

LE CRITIQUE *s'agitant et se plaignant à demi-voix.* — Oh!... quel poids insupportable! Qui bondit ainsi sur moi?... Cette sotte de Geneviève aura laissé la porte ouverte... et le chat... de ma

voisine... Allez-vous-en, Minette...vilaine bête!...
Mais, non... non... ce n'est point...; Quel sourire
de lutin! Qui es-tu, monstre bizarre?

SMARRA *nazillant*. — Je suis l'envoyé du classique.

LE CRITIQUE. — Le classique! encore!

SMARRA. — Oui, encore! Tu l'as outragé, poursuivi, méconnu, raillé; il se venge au moment du sommeil.

LE CRITIQUE. — Le cruel!... Et quel messager
a-t-il choisi?... Cauchemar fatigant, laisse-moi
ou change de figure. Sois ce que tu voudras,
Pélée, Déiphonte, Ajax, Amphiaraüs, Hippomédon, Adam ou Paul-Émile, au teint d'arc-en-ciel; mais, par grâce, quitte ce parler nazillard,
cet habit brodé de vert, ces traits qui ont fait de
toi une Méduse pour l'ennui! Te rencontrerai-je
partout? à l'Académie des Beaux-Arts, prêchant
pour les dieux, grands dieux, demi-dieux de la
mythologie; à la Chambre des députés, prêchant
pour l'ancien régime; dans le tableau de Heim;
dans l'exposition du sculpteur Jacquot et sur mon
lit? Va-t-en; je bâille en te regardant, et pourtant
je ne puis dormir; faut-il que je te débite quelque
furieuse tirade à la façon d'Oreste, quelque imprécation à la manière de Camille? Faut-il...

... Smarra avait disparu, et un bruit confus de voix remplissait la chambre du critique ; un nuage lumineux descendit au pied de sa couchette et s'ouvrit devant lui ; alors il se mit sur son séant, ouvrant de grands yeux endormis, croisant ses mains, et attendant que cette vision s'expliquât.

LE CRITIQUE. — Que voulez-vous ? D'où venez-vous ? Qui vous a permis d'entrer chez moi à cette heure ? Ne savez-vous pas qu'on ne doit pas forcer la porte d'un citoyen pendant la nuit ? Qui êtes-vous ?

PLUSIEURS VOIX. — Nous sommes tes blessés.

LE CRITIQUE. — Allez vous faire panser à l'Institut.

LE PRINCE HOHENLOHE. — Me reconnaissez-fous ?

LE CRITIQUE. — Vous êtes M. Kinson.

LE PRINCE. — Non, che suis son ouvrache. Fous m'avez maltraité. Vos plaisanteries sur la maréchal de Saxe, vos combaraisons de moi avec lord Wellington, tout cela est ficilli maintenant. Che suis Française, tout-à-fait Française.

LE CRITIQUE. — J'entends bien, Monseigneur, et me le tiens pour dit. Mais que veut de moi Votre Excellence ?

LE PRINCE. — Une rébaration.

LE CRITIQUE. — Hélas ! je sais que vous en avez bon besoin ; mais je ne peux rien pour vous. Allez trouver Drolling ; il fera de vous un autre général Lagrange, et cela ne peut pas vous faire de mal. Toi, femme, que me veux-tu ?

ÈVE. — Que tu me déclares belle.

LE CRITIQUE. — C'est comme si tu me demandais de trouver joli garçon le comte de Villèle. Avant le péché, tu étais agréable ; ton regard provocateur, ta pose voluptueuse pouvaient aveugler sur tes défauts, mais maintenant... Fi, la laide ! Cache ta nudité qui ne fait pas honneur à celui qui t'a créée ; reprends tes habits de grisette ; pose pour *le Sommeil, le Réveil, les Regrets, les Souvenirs*, voilà ton lot.

ÈVE. — Mais je suis tout aussi classique que mon voisin.

LE CRITIQUE. — Qui te dit le contraire ?

THÉODOSE. — Tu as eu le front de ne pas me trouver beau ; je veux que tu te rétractes.

LE CRITIQUE. — Tu es bien fier pour un homme qui parle à genoux.

THÉODOSE. — Je parle à genoux, parce que je suis un mannequin, et que nous autres, nous gardons toujours la position qu'on nous donne. Couder m'a ployé devant saint Ambroise, et je reste là. Si j'avais telle constitution que je pusse me redresser, tu verrais comme je suis grand et superbe.

LE CRITIQUE. — Je t'accorde que tu es haut, mais tu manques de noblesse et d'expression. Bossuet a dit que tu es encore plus illustre par ta foi que par tes victoires ; tu soutiens peut-être ta réputation de saint homme ; mais celle de victorieux, tu l'as perdue tout-à-fait ; au IVe siècle tu as vaincu les Goths, au XIXe tu t'es laissé vaincre par les gothiques.

THÉODOSE. — Insolent !

LE CRITIQUE. — Allons, pas de courroux. Fais avec moi comme tu fis avec Ambroise, confesse tes fautes, et n'en parlons plus.

THÉODOSE. — Je suis irréprochable.

LE CRITIQUE. — Vous en dites tous autant, vous autres mannequins classiques... Mais que veut ce marchand de peaux de lapin ?

LE JEUNE CHASSEUR. — Je vous montre mon premier butin, un lièvre que j'ai tué moi-même. Chez papa, tout le monde en est ravi, et je viens vous prier de dire quelque chose de mon adresse. On m'a dit que vous trouviez toute ma famille ridicule.

LE CRITIQUE. — Non, trop naïve, seulement ;

vous seriez assez bien pour une enseigne de res-
taurateur, mais que diable voulez-vous faire au
milieu de sujets intéressans? Votre lièvre sera
peut-être excellent à la broche, mais au bout de
votre bras je ne le goûte pas du tout. Et puis,
tenez, je n'aime pas la chasse.

LE PRINCE DE HOHENLOHE. — Monsieur, il
n'aime rien; il n'aime pas la guerre non plus.

LE CRITIQUE. — J'admire les guerriers.

LE PRINCE DE HOHENLOHE. — A la bonne heure!
voilà qui nous réconcilie.

HECTOR. — Tu ne m'as pourtant pas épargné.

LE CRITIQUE. — Toi, Clytemnestre?

HECTOR. — Je ne suis point Clytemnestre.

LE CRITIQUE. — Pardon, je n'ai pas mes lunettes, et il me semble que tu es un vol fait à
Guérin.

HECTOR. — Je suis Hector, fils de Delorme et
de la statuaire antique; je me flatte d'être classique autant que mon frère Pâris....

LE CRITIQUE. — Autant que la rose Hélène,
autant que la violette Andromaque, autant que
la grise Hyrnétho, autant que le clément Auguste....

LA PEINTURE *pleurant*. — Assez, assez, ou je
vais suffoquer.

LE CRITIQUE. — Pourquoi ces pleurs, Madame, et ces vêtemens de deuil?

LA PEINTURE. — Chacun de vos traits contre Bouillon, Langlois, Granger et Delorme, me perce le cœur et redouble mon chagrin. Voyez l'urne que je porte; la cendre de deux grands peintres y est enfermée; David et Girodet ne sont plus, la peinture classique n'a maintenant qu'à mourir. Aussi vous voyez comme je suis faite; je fais peur à voir, n'est-ce pas '?

LE CRITIQUE. — Hélas! je n'ai pas dit autre chose depuis six mois.

LA PEINTURE. — Je sens que je n'ai pas long-temps à vivre; quelques défenseurs s'arment encore pour ma querelle, quelques médecins me traitent à l'Académie, mais je ne m'abuse point sur mon état; bientôt j'irai rejoindre au tombeau les fils illustres que je pleure.

HECTOR, THÉODOSE et ÈVE (*sanglottant*). Ma mère!

LA PEINTURE. — Je ne vous reconnais pas.

LE CRITIQUE. — Allons, Madame, un peu de courage. Qui sait? vous ressusciterez peut-être un jour.

' Le personnage qui parle est celui d'un tableau de M. Peyrane.

LA PEINTURE. — Apollon le veuille !

HECTOR. —

> Nous laisserons de nous une illustre mémoire.

THÉODOSE. — Périsse le romantique !

TOUS. — Oui, oui, qu'il périsse.

LE CRITIQUE (*appelant*). — Geneviève ! Geneviève ! Elle me laissera assassiner sans répondre.
Geneviève ! (*Il se réveille.*) Grand Dieu, quel
mal j'ai à l'estomac !

GENEVIÈVE (*entrant*). — Faites-vous assez de
sabbat, au moins, depuis une heure ! Je n'ai pas
pu fermer l'œil ; vous n'avez fait que rêver tout
haut, et j'ai eu si peur que je n'ai pas osé venir
vous réveiller. Oh ! mon pauvre maître, j'ai bien
cru que vous deveniez fou.

LE CRITIQUE. — Donnez-moi un verre d'eau.

GENEVIÈVE. — C'est toutes vos écritures qui
vous donnent comme ça la fièvre.

LE CRITIQUE. — Allumez ma lampe ; donnez-
moi une plume, de l'encre et du papier.

GENEVIÈVE. — Oui, Monsieur ; mais vous,
donnez-moi mon congé, je ne veux pas rester
dans une maison où on a, la nuit, des conférences
avec les revenans.

TABLE.

Le 26 avril 1828, à une heure après midi, S. M.
Charles X vint, dans le Grand-Salon, distribuer aux
artistes les récompenses que leur avaient accordées les
Ministres de l'Intérieur et de la Maison du Roi. Dix-
neuf décorations furent données aux peintres, sculpteurs et graveurs dont les ouvrages avaient figuré au
Louvre. M. P. Alaux, inventeur du *néorama*, et
M. Crosatier, fondeur à qui la direction des beaux-
arts confie la fonte des monumens qu'elle fait exécuter
en bronze [1], obtinrent aussi la croix. Une petite pro-
motion dans l'ordre de la Légion-d'Honneur et dans
celui de Saint-Michel a été faite le même jour. Des
médailles de première et de deuxième classe com-
plétèrent la distribution solennelle. Nous indiquerons

---

[1] C'est cet artiste qui a fondu le quadrige qu'on voit maintenant
sur l'arc-de-triomphe du Carrousel. La statue et les chevaux sont de
M. Bosio. L'ensemble de ce grand ouvrage est assez peu estimable.
M. Bosio a été créé baron.

dans cette *table*, par les lettres (S.-M.) les chevaliers
de Saint-Michel ; — (O †) les officiers de la Légion-
d'Honneur ; — (†) les chevaliers de la Légion-d'Honneur ; — (M) les médaillistes de première classe ;
— (m) les médaillistes de deuxième classe.